金冲及文丛

转折年代
—— 中国·1947

金冲及 著

生活·讀書·新知 三联书店

Copyright © 2017 by SDX Joint Publishing Company.
All Rights Reserved.
本作品版权由生活・读书・新知三联书店所有。
未经许可，不得翻印。

图书在版编目（CIP）数据

转折年代：中国・1947 / 金冲及著．—北京：生活・读书・
新知三联书店，2017.1（2023.7重印）
（金冲及文丛）
ISBN 978 – 7 – 108 – 05587 – 3

Ⅰ．①转…　Ⅱ．①金…　Ⅲ．①中国历史 – 现代史 – 大事记 – 1947
Ⅳ．① K270.5

中国版本图书馆 CIP 数据核字（2015）第 266681 号

责任编辑	马 翀
装帧设计	蔡立国
责任印制	卢 岳
出版发行	生活・讀書・新知 三联书店
	（北京市东城区美术馆东街 22 号 100010）
网　　址	www.sdxjpc.com
经　　销	新华书店
印　　刷	河北松源印刷有限公司
版　　次	2017 年 1 月北京第 1 版
	2023 年 7 月北京第 5 次印刷
开　　本	635 毫米 × 965 毫米　1/16　印张 34
字　　数	381 千字
印　　数	23,001 – 27,000 册
定　　价	55.00 元

（印装查询：01064002715；邮购查询：01084010542）

目　录

前　言　1
第一章　中国是怎样进入1947年的　1
第二章　新年前后的抗议美军暴行怒潮　58
第三章　主战场上第一回合的较量　89
第四章　从进攻延安到孟良崮战役　123
第五章　席卷全国的反饥饿、反内战风暴　172
第六章　局势急转直下的巨大震撼　217
第七章　美国政府的两难处境　236
第八章　拦腰突破挺进大别山　265
第九章　品字形阵势的形成　310
第十章　北线战局相继变化　348
第十一章　农村土地制度的大变动　373
第十二章　中间派政治力量的新抉择　396
第十三章　南京政府越来越孤立　437
第十四章　历史的转折点　469

附录　抗日战争后期中国政局的重要动向——论1944年大后方的人心剧变和"联合政府"主张的提出　481

　　一、惊心动魄的豫湘桂大溃退　481

　　二、痛苦反思引出的人心变动　489

　　三、联合政府主张的提出　495

　　四、美国的斡旋活动　502

　　五、民族资本家政治态度的变化　508

　　六、结　语　512

征引文献　515

　　一　文献、日记、档案　515

　　二　文集　518

　　三　报纸、刊物　520

　　四　回忆录、口述历史　521

　　五　综合资料　525

　　六　传记、年谱　528

　　七　专著　529

后　记　532

修订版后记　536

前　言

　　看到《转折年代——中国·1947》这个书名，读者可能会提出一个问题：拿20世纪40年代后半期的中国来说，几乎每年都有重大事情发生，例如1945年抗日战争胜利，1946年全面内战爆发，1948年国民党统治区财政经济的全面崩溃、人民解放军发动三大战略决战，1949年中华人民共和国成立，这些都是对近代中国的历史产生巨大影响的事件，为什么偏偏要挑出1947年这一年来写呢？

　　当然，前面说到的那些年，都可以而且值得写一本研究专著；而1947年在这个历史进程中有它特殊的地位。正是在这一年，中国大地上发生了一个历史性的转折：20年来在中国占统治地位的国民党从优势转变为劣势，在内战战场上从进攻转变为被动挨打，由强者变成弱者；反过来，中国共产党却从劣势转变为优势，在战场上从防御转变为进攻，由弱者变成强者。双方力量对比在一年内发生的这种巨大变化直接影响并支配着此后中国的走向。本书书名中所用"转折年代"，正是在这意义上说的。发生了这样的转折，1949年中华人民共和国成立这个历史性巨变的到来，便成为顺理成章的事情了。

　　将1947年史册的第一页和最后一页进行对照，可以感受到这种转折造成的强烈反差。这里，我想先把国共双方的主要领导人蒋介石和毛泽东在这年前后的言论及其反映出来的各自心态比较一下，可以给我们留下一个清晰的印象。这也许比列举种种具体事实更容易说明问题。

蒋介石在这一年将要到来的时候，刚刚攻占解放区在华北和华东的两大政治中心——张家口和淮阴，单方面召开国民大会，把和谈的大门关死。他那时候真是趾高气扬，踌躇满志，以为只需要三个月或半年时间就可以消灭中国共产党。他在这年2月所做的《对于最近社会经济军事情势之分析》的讲演中得意洋洋地说：

> 一年余以来，政府要收复什么地方，就收复什么地方，长春如此，张家口也是如此，而最关重要的要算收复苏北和鲁南，因为苏北湖沼纵横，鲁南丘陵起伏，交通不易恢复，最便于匪军的藏匿和逃窜而终于被国军所收复，这是前方将士英勇奋斗的成绩。政府于去年计划在五个月内收复苏北，直至今年1月底正式将共产党驱逐时为止，比预定期间，也不过只超过了一个月。最近共产党在鲁南如果完全失败，则黄河以南便不复有容身之地。所以在这种交通和军事情势之下，共产党绝对不能流窜幸存。现在共产党还想把政府拖倒，这无异是一个幻梦，不料某报反而替他们宣传，真是可笑之至！[1]

这年元旦日记中，他写下"本年工作要目"，前十项中有八项是本年军事行动计划："三，1月间，扫除苏北共匪，打通陇海东路。四，2月间，扫荡晋南共匪与收复豫北各县。五，3月间，扫除晋南共匪，收复泰安、临沂，与收复胶东、烟台、威海卫。六，4月

---

[1] 蒋中正在中央党部及国民政府联合纪念周上的讲话，1947年2月17日。

间,收复平汉路北段全线。七,5月间,收复津浦路北段全线。八,6月间,收复冀晋边区。九,6月间,向中东路进攻,9月收复北满全区。十,7月间,收复陕北,克复延安。"[1]可见他那时何等踌躇满志,仿佛胜利已经在握,不但规定了时间表,连"路线图"也画好了。

最受蒋介石信任的参谋总长陈诚,1946年10月17日在攻下张家口后在记者招待会上斩钉截铁地表示"如用军事,三五月内可以告一段落。任何一条铁路,两星期内可以打通"。[2]1947年3月,他在国民党六届三中全会上做军事报告,还说:"剿匪绝对自信,绝对有把握。"[3]他一再重申这个看法。这反映出他们那时多么地充满自信。

但到这年12月,蒋介石再也没有年初那股神气了。当讲到一年多来的战场形势时,他说:

> 他们(注:指解放军)并没有我们这样好的武器,也没有我们这样多受过严格训练的官兵,更没有什么军需资源的经济基础,这些条件我们都远胜过他们,而为什么我们不能剿灭他们?并且较之初期,匪区更扩大,匪势更嚣张,我们曾有许多将领被俘虏,许多部队被消灭,成为我们国民革命军有史以来的大耻辱!过去我们无论是东征、北伐以至抗战,没有一次战争不是光荣胜利的,现在剿匪,匪是愈剿愈多,我们却是愈战

---

[1] 蒋介石日记(手稿本),1947年1月1日"本年工作要目",美国斯坦福大学胡佛研究所藏。
[2] 本刊特约记者:《张垣之战》,《观察》第1卷第10期,1946年11月2日。
[3] 秦孝仪主编:《中华民国重要史料初编——对日抗战时期》第七编(2),台北:中国国民党中央委员会党史委员会,1981年9月版,第854页。

愈挫,这是我们从来没有受过的耻辱!^[1]

他甚至感觉到:自己也好,国民党的统治也好,已经处在"生死成败的关头"。[2] 11月21日,他在日记中写道:"审阅绥化(注:指蒋经国)条陈:党国危机四伏,党员与干部腐化已成不可救药之象,未知革命前途究竟将如何结果矣。"这年的最后一天,他在日记中又写道:"本月忧患最深,尤以最后十日,各方告急与失败之报,几乎如雪片飞来,不能有一刻之闲暇,可谓蓐食宵衣,兢兢业业,无敢或懈,自省俯仰无愧,信道益笃,成败利钝,听之天父之定夺。"[3]

郝柏村在解读蒋介石日记时,也把1947年称为"全面内战的变局"。他写道:"在军事上,1947年的成果与年初所构想者落差很大""一年来急图歼灭共军主力,不但未达成目标,且蒙重大损失已证明意图速战速决消灭共军是不可能的。"[4]

再看毛泽东,他的态度一直是冷静而从容的。1946年11月21日,面对国民党军队气势汹汹的大举进攻,他在中共中央的会议上说:前一段时间,在中国人民中间以及我们党内都存在着内战打不打得起来的问题,人们都希望国共不打仗,现在这个问题已经解决了,剩下的便是我们能不能胜利的问题了。要胜利就要搞好统一战线,就要使我们的人多一些,就要孤立敌人。在军事上,我们还是用袭击的办法,集中优势兵力,消灭敌人。解决土地问题,

---

[1] 蒋中正在中央训练团的讲话,1947年12月22日。
[2] 蒋中正在国防部作战会议上的讲话,1947年11月3日。
[3] 蒋介石日记(手稿本),1947年11月21日、12月31日"上月反省录",美国斯坦福大学胡佛研究所藏。
[4] 郝柏村著:《郝柏村解读蒋公日记(1945—1949)》,台北:天下远见出版公司,2011年6月版,第218、220页。

这是一切工作的根本。他强调指出："我们只要熬过明年一年，后年就会好转。"[1] 1947年2月1日，中共中央政治局扩大会议讨论通过《迎接中国革命的新高潮》的党内指示。毛泽东在对这个文件做说明时指出："根据最近的形势来看，高潮是确定地快要到来了。凡是出现革命高潮，总是敌人有弱点，给我们可乘之机，否则就很难。""这次革命的动力是两条战线，就是解放区和蒋管区的人民运动，而以解放区为主。"对革命胜利的时间，他做出这样的判断："少则三年到五年，多则十年到十五年。假如以少则三年到五年来说，那末，从日本投降时算起到现在已经过去一半了，即一年半了，但最后的困难我们还要估计到。"[2]

毛泽东在1946年底所说"我们只要熬过明年一年，后年就会好转"，用了一个"熬"字，是十分贴切的。对中国共产党来说，1947年这一年确实很不容易熬过，而在这一年里把整个局面扭转过来就更不容易了。毛泽东在19年后还对外国朋友说起：蒋介石打我们的时候，要算1947年上半年是最困难的时候，很多重要的根据地被它占去了，比如延安就被占去了，陕北他都走遍了。只是整个局势的好转，来得比毛泽东原来预计的更早。

到这年年底，情况已经发生根本的变化。毛泽东认为可以断言胜利已经在望。12月25日，他在中共中央于陕北米脂县杨家沟召开的会议上做《目前形势和我们的任务》的报告。报告一开始便说：

中国人民的革命战争，现在已经达到了一个转折点。这即

---

[1] 中共中央文献研究室编：《毛泽东文集》第4卷，北京：人民出版社，1996年版，第197页。
[2] 同[1]，第219、220、223页。

是中国人民解放军已经打退了美国走狗蒋介石的数百万反动军队的进攻,并使自己转入进攻。

中国人民解放军已经在中国这一块土地上扭转了美帝国主义及其走狗蒋介石匪帮的反革命车轮,使之走向覆灭的道路。这是一个历史的转折点。这是蒋介石的二十年反革命统治由发展到消灭的转折点。这是一个伟大的事变。[1]

为什么在短短一年时间里,竟会出现如此巨大的转折?看起来似乎是个奇迹,其实,根本的原因在于人心的向背,在于谁能得到中国最大多数民众的支持。人心向背,是最终能左右一切的决定性力量。当然,主观的指导方针是否正确也是至关重要的。如果指导方针不正确,即便有良好的客观机遇仍会白白地丧失掉。具体说来,这个变化是由解放区和国民党统治区人民运动这两条战线的发展所造成,而以前者为主。无论两者中哪一个方面,走过的都不是平坦的道路,而是经历过一个艰难的发展过程。正是在这样一个历史转折年代,各种矛盾冲突表现得比平时更加错综复杂,更加尖锐激烈,因而使这段历史的内容异常丰富。

这本书所要考察和探讨的是:这个转折究竟是如何到来的,它一步一步地经历了怎样的发展过程,力求把这个波澜壮阔的历史场面重新呈现在读者面前。至于能在多大程度上做到这一点,只能有待于读者的批评。

---

[1] 中共中央文献编辑委员会编:《毛泽东选集》第4卷,北京:人民出版社,1991年版,第1243、1244页。

第一章　中国是怎样进入1947年的

要谈1947年的中国，不能不先简略地回顾一下从抗日战争胜利到1946年底的国内情况。这中间，虽然不到一年半时间，发生的变化却异常深刻，影响久远。可以说，1947年的中国正是这种变化的直接继续和发展。

在这不到一年半的时间里发生了哪些变化？最重要的有这样几件事：一、国民党政府在全国范围内，特别是广大原沦陷区内迅速地丧失民心；二、中国民众和平建国希望的破灭；三、全面内战的爆发。

抗战胜利的到来，在全国人民中激起的兴奋和欢乐是难以用言语来形容的。中华民族经历了一百多年备受外国列强欺凌和压迫的屈辱岁月后，这是第一次取得完全胜利的民族解放战争。经过八年艰苦卓绝的全民族抗战后，人们日夜盼望的胜利终于来到。对原沦陷区广大人民来说，几年来在日本侵略军铁蹄下的苦难生活终于有了尽头。这怎能不使人欣喜若狂呢？

大后方的重庆，是比较早得到这个消息的地方。人们尽情地欢呼雀跃，倾泻自己的兴奋和喜悦。但以往实际生活留下的教训，特别是抗战后期亲眼目睹国民党政府种种令人痛心和愤慨的作为，又使人们的心情相当复杂：欢乐中带着忧虑。当时正在重庆的美

国记者西奥多·怀特、安娜·雅各布真切地描写道:

> 抗战胜利的消息传到了重庆。这里,正是炎热的痛苦的夏天。胜利的消息到来之时,恰好是在晚上。男人、女人、小孩……所有的人们都走出家门,涌向重庆城内的广场。公共汽车装载着两层乘客,在街道上缓缓而行。一些人站在公共汽车顶篷上欢呼着,挥舞着旗帜。汽车前部的挡板上、发动机盖上,十几个人紧紧地挤在一起。军用卡车也汇入了这一片人海。游行的人们点燃了火把。中央社来不及印出号外,就在通讯社总部的墙上贴出巨幅手写标语。
>
> 胜利降临了,战争结束了。但是,陈腐的政府、累积的苦难、由来已久的恐惧,所有这些都依然如故。与以往相比,中国不仅没有进行任何改革,而且国内和平变得更加遥远了。[1]

在原沦陷区,包括上海、南京、北平、天津、武汉、广州那些大城市,人们的心情和大后方有些差别。八年沦陷区的苦难生活,使人们对胜利的到来更加感到难以抑制的兴奋,当时流行着把这一天称作"天亮了";国民党政府在许多人心目中仍是代表自己国家的政府,而对它令人不满的所作所为却没有大后方民众那种切身感受,因而人们在最初对未来抱着热烈的期望,较少大后方民众那种深切的忧虑。

抗战胜利后不久,原来被迫蛰伏在已成为沦陷区的上海的一些进步文化界人士出版了两份很有影响的刊物:唐弢、柯灵主编

---

[1] [美]西奥多·怀特、安娜·雅各布著,王健康、康元非译:《风暴遍中国》,北京:解放军出版社,1985年版,第311、312页。

的《周报》(1945年9月8日创刊),郑振铎主编的《民主》(1945年10月13日创刊)。著名作家叶圣陶从重庆回到上海的第三天,在日记中写道:"唐弢编《周报》,为迩来最流行之刊物。"[1]在这两份刊物的创刊号上可以分别读到这样充满兴奋的文字:

> 像梦似的,一阵狂欢的呼声,从深宵的黑夜袭来,说是"中国自由了"!登时自己好像摆脱了多么沉重的锁链似的,觉到了从来没有的轻松。兴奋随着热血涌上心头,一阵一阵的昂进,不能制止。
>
> 八年来的血债,不,百年来的血债,如今总算得到了一个清算:前线坚忍浴血的同胞,经过长年累月的苦战之后,达到了欣慰的胜利;辗转呻吟在异族鞭笞之下的个人,获得了自由的喘息;世世代代积累下来的民族耻辱,得到了光荣的雪洗,总之,我们是胜利了!划时代的胜利了!摧残与耻辱成了过去的历史,伴着胜利来到的是光明的远景,新的生路和新的活力。[2]
>
> 在近一百年中,中国人在国家即将灭亡的危惧中生活着,在帝国主义及买办阶级的双重凌辱与剥削下生活着,在毫无保障的半亡国奴状态下生活着,同时也在不断的反抗中生活着。直至今日,我们可怜的中国人终于用鲜血夺得了国家的胜利,获得举世重视。中国是自由了。[3]

---

[1] 叶圣陶:《东归日记》,叶圣陶著,叶至善、叶至美、叶至诚编:《叶圣陶集》第21卷,南京:江苏教育出版社,1994年版,第36页。

[2] 胡曲园:《狂欢与急进》,《周报》创刊号,1945年9月8日。

[3] 师陀:《胜利到来》,《民主》创刊号,1945年10月13日。

> 人民久在水深火热之中,望"国军"如大旱之望云霓。我站在路旁,看见人潮中对于军队的忘情的大喊欢呼,我不自禁的热泪盈眶。在暌别了十四五年,如东北数省,或在暌别了八年,如大部分的收复区(注:指原沦陷区,下同),父老们重睹"汉官威仪",那热情是难于以言语形容之的,将怎样的慰劳、抚问之呢?[1]

原沦陷区人民的这种热情,迎来的是什么?他们得到了怎样的"慰劳"和"抚问"?事情的发展,完全出乎他们意料之外。胜利后带给人们的第一个见面礼,竟是纷至沓来的一群群政府官员、军事机关和特务机关的洗劫式接收。他们贪婪地搜刮的对象是"五子":金子、车子、房子、女子、票子,被称为"五子登科"。社会上人人为之侧目,很快便把这种"接收"改称为"劫收"。原在上海的著名记者陶菊隐痛心地写道:

> 国民党正规军进入上海前,首先到上海的是属于军统系统的忠义救国军。……接下去就是饥鹰满天飞,饿虎就地滚,前者是指由重庆乘飞机前来的接收大员,后者是指原来潜伏上海的此时公开出面趁火打劫的"地下工作人员"。一批紧接一批,一幕紧接一幕。上海市民不禁痛心疾首的问道:"难道这就是天亮了吗?"[2]

"在'劫收'过程中,这些军、政、特机构彼此间又展开激烈

---

[1] 郑振铎:《走上民主的第一步》,《民主》创刊号,1945年10月13日。
[2] 陶菊隐著:《孤岛见闻》,上海:上海人民出版社,1979年版,第323页。

争夺和相互攻击。蒋介石亲自委派的上海市长兼淞沪警备总司令钱大钧和京沪受降长官、第三方面军司令长官汤恩伯间也是如此,钱大钧在9月9日到上海,18日日记中就写道:汤恩伯宴请来沪的何应钦时,'顾毓琇谓昨总长(注:指何应钦)已训示房屋之分配,军事占优先,应听汤司令之支配。总长谓此亦指军事房屋,其余市产仍归市政府办理。余谓现在复员时期,即趋于平时状况,已无军事优先可言,因军事已成过去云。"10月6日日记中又写道:"我已接受封存而第三方面军或海军又加封或拆封。又有一库内有关于党政方面之物资,而被军方封存,致无法点查或取用。此种矛盾现象深为普遍。"[1]可见各方的争权夺利,在高层也到了白热化的程度。

这是无数善良的人万万没有想到的。它来得那么突然,势头那么猛,更使人感到震惊和痛心。这一切,实在是太残酷了。

"接收"中出现的种种怪现象真是太多太多。本来,日本侵略者在沦陷区推行的是"以战养战"政策,除了原有的大批日资企业外,还没收或征用了中国政府和民间的经济事业,太平洋战争发生后又对英美等在华财产实行军管。他们在华北以华北开发会社为"母公司",下设18个"子公司",为华北交通、北支棉花、华北电业、蒙疆电业、华北电信电话、龙烟铁矿、兴中公司等;在华中以华中振兴会社为"母公司",下设13个"子公司",如华中矿业、华中交通、华中水产、华中电气通信、华中铁道、上海恒产等公司;此外还有所谓"委托经营"的各项事业及工厂。对这些经济事业,本来应该完整地、有计划地接收过来,迅速地恢

---

[1] 钱世泽编:《千钧重负:钱大钧将军民国日记摘要》(二),台北:中华出版公司,2015年7月版,第1072、1087页。

复和发展生产,事实却根本不是如此。那些接收大员们只是不择手段地你争我夺,把原来的经济运行结构肢解分割,自己抢到手的部分也只着眼于瓜分财物。甚至在前门贴上封条,从后门便把厂内物资悄悄抢运出去,囤积起来,从事投机买卖,连机器零件也往往在短时期内损失殆尽,工人更是大批失业。《周报》第5期上就有文章写道:"生产机构的陷于停顿,这是目前的普遍现象。"[1]

这种状况下,不仅谈不上什么恢复和发展生产,相反,立刻造成生产事业的大破坏,造成社会的大混乱。天津的《大公报》上有一篇通信,题目是《接收的成绩!唐山钢铁厂可怜相》,说:"随地破铜烂铁,有些机器已生锈,有些任风吹雨打,电源限制生产,有出货也是蚀本生意。""与其说是参观,不如说是凭吊。"[2]《周报》上有一篇北平通信:

> 当局接收某一大炼钢厂,接收时,厂里正在熔铁,我们的接收大员到了,立刻把厂里的工人,不管一切的都哄(轰)了出去,马上贴上一张封条,结果使铁与机器融合在一起,而毁了全部机件。他们只要看到是敌伪所经营的工厂,不管是否正在开工,就把封条往上一贴,就算了事。因此,不知损失了多少机器与物资,说起来也够使人痛心的了。
>
> 北平人对于此地接收大员,除了行营主任李宗仁将军没有特殊印象外,此外没有一位提起来不使人摇头的。以几百万买女人、抢房子、抢黄金的事,那是所有北平人都能讲出一大套的。
>
> 今日北平是整个陷于绝望的深渊中。人心已经失尽,正如

---

[1] 韬:《释"接收"》,《周报》第5期,1945年10月6日。
[2] 《大公报》1947年3月27日。

大公报社评所论，今后政府该着眼于如何挽回人心了。[1]

这样的接收也给民族工商业很大的打击。本来他们曾希望利用从日本侵略者手中收回的庞大敌伪产业来复兴中国的民族工业。"在后方的迁川工厂联合会等团体更纷电政府，要求优先承购敌伪工厂，以弥补战时损失。历史上备受日本纱厂压抑的棉纺界尤为兴奋，由纱厂联合会要求将日伪厂委托民厂代营，他们也完全有此能力。行政院长宋子文曾一度允诺，旋又反悔。""资源委员会原本经营重工业，却接办了制糖和造纸两个轻工业；过去民营经营甚有成绩的酸碱、水泥、橡胶等工业亦归了国有。"[2]结果是：国家垄断资本大大膨胀起来，民族工商业更加陷入困境。

国民党政府在胜利后不久便因"劫收"而失尽民心，是不争的事实。蒋介石身边的工作人员也承认这一点。兼任军统局帮办的蒋介石侍从室第六组少将组长唐纵在日记中写道："我政府人员只接收敌伪之公馆、物品、家具，而将工厂封闭，听其停工，毁灭。"[3]蒋介石派到原沦陷区考察的侍从室少将秘书邵毓麟在回忆录中说到，他从上海、南京回到重庆的第二天，蒋介石找他去询问看到的情况，"我在据实报告收复地区一般情势后，强调接收问题的严重性，我还记得我曾说了这样一句：'像这样下去，我们虽已收复了国土，但我们将丧失了民心！'在旁陪坐的一位侍从室同事，在我辞退出门时悄悄地告诉我：魏德迈将军在我报告前几分

---

[1] 松平：《古都春寒录》，《周报》第30期，1946年3月30日。

[2] 许涤新、吴承明主编：《中国资本主义发展史》第3卷，北京：人民出版社，1993年版，第609、611页。

[3] 唐纵著，公安部档案馆编：《在蒋介石身边八年》，北京：群众出版社，1991年版，第554页。

钟,根据美军顾问的情报,也曾向委座(注:指蒋介石)提出了类似的报告"。他在这本回忆录中写道:"个人或有'五子'而可'登科',政府却因此基础动摇。在一片胜利声中,早已埋下了一颗失败的定时炸弹。"[1]

"在一片胜利声中,早已埋下了一颗失败的定时炸弹",这是蒋介石侍从室人员得出的结论,而蒋介石却陶醉在"一片胜利声中",看不到民心变动会带来的严重后果,以为一切优势全在自己手里,以为自己已经可以想怎样做就怎样做,对局势做出完全错误的估计。

抗战胜利后,国民党政府带给原沦陷区老百姓的第二个见面礼,是把法币同伪中储券(即伪中央储备银行发行的纸币)的比值定为1:200,以及随之而来的物价暴涨。

伪中储券是在华中和华南地区流通的货币,是同日元挂钩的。胜利后,用法币把伪中储券全部收兑回来是完全必要的。但原沦陷区是沿海和沿江富庶地区,物资丰富,而大后方僻处西部,物资贫乏。从原沦陷区的物价指数、伪中储券的发行总额、伪中央储备银行的库存现金及外汇总额,同大后方的物价指数、法币发行总额及其对美金的汇率等来比较,伪中储券对法币的比率绝不应该超过100:1。现在要原沦陷区老百姓把手中持有的伪中储券以200:1的比率换成法币,无异于使自己的财产平白损失一半以上。这对原沦陷区老百姓说来,是实行普遍的无偿剥夺,是又一次使人人都感受到切肤之痛的沉重打击。李宗仁在回忆录中说:"刚胜利时,沦陷区中伪币的实值与自由区中的法币的兑换率为200:1。以致一纸命令之下,收复区许多人民顿成赤贫了,而携来大批

---

[1] 邵毓麟著:《胜利前后》,台北:传记文学出版社,1967年9月版,第76、81页。

法币的接收人员则立成暴富。政府在收复地区失尽人心，莫此为甚。"[1]

它的后果，立刻引起物价的飞涨。当抗战胜利的消息刚刚传来后，原沦陷区物价出现过较大下跌，一个月内上海的物价下降20%。使长期饱尝物价飞涨痛苦的老百姓感到欣喜和宽慰。"把伪钞折换法币比率定为200∶1，这等于对收复区来一个突然的通货膨胀。"[2]紧随着，"上海的物价便上涨不已，奸商们趁着把货码改标法币的机会，暗地里把物价抬了三成至一倍；原售伪币一万元的，改标法币一百元；或原售伪币五万元的，改售法币三千二百五十元（涨三成）。在这时候，上海的人民刚刚欢欢喜喜的庆祝着胜利，欣幸着胜利后的物价下跌，突然的受到了这个刺激，无不十分的愤怒。高喊着要求惩办奸商"。其实，把原售伪币一万元的改标法币一百元，只是商人把政府规定的不合理兑换率造成的损失转嫁给消费者，转嫁给一般老百姓。而来自重庆的接收大员们并不觉得昂贵。他们深知法币的发行额早已高达天文数字，前景肯定不佳，便利用法币对伪中储券的有利比价，在原沦陷区尽量抢购物资。更有甚者，政府自己管理的部门带头涨价：邮务管理局公告平信信资自两元涨到二十元，等于伪币四千元，一涨十倍；京沪（注：指沪宁）、沪杭两线的火车票价又突然上涨几十倍。"这样一涨十倍，一涨几十倍的作风，奸商们还不曾有胆量干过。难道只许州官放火，不许百姓点灯么？于是奸商们的涨价作风也随之而更大胆起来。他们不是三成、五成、一倍、二倍的涨，而是

---

[1] 李宗仁口述，唐德刚撰写：《李宗仁回忆录》，香港：南粤出版社，1987年版，第557页。
[2] 本刊特约记者：《宋子文的政绩、政策、作风、资本》，《观察》第1卷第3期，1946年9月14日。

三倍、五倍乃至十倍的涨了。"[1]

《民主》周刊第 5 期辟了"物价问题专辑",发表知名人士许广平等人的七篇文章。有的文章写道:

> 当敌人已经屈膝之后,我军政当局还没来到之前,上海物价不是已经开始直线下泻了吗?论理,中国既是战胜国,不是战败国,战后一切东西只有一天比一天便宜,生活只有一天比一天安定的道理呀。退一万步讲,即使不能更便宜,更安定,至少总不该更昂贵、更艰难吧?实际的情形,说也奇怪,却恰恰与此相反。
>
> 伪币换法币已经是二百比一了,而物价的上涨,截至目前为止,于二百比一后又至少已经高涨了四五倍。谁倒霉?当然是老百姓喏。上天无路,入地无门,力竭声嘶,生死两难,这是他们今日的境遇。
>
> 老百姓今日的心境,比起八月一日那时满望着揩泪眼看太平的心境来,在短短不到三个月的中间,也已经像有隔世之感了。何况老百姓今日的生活真已到了山穷水尽的地步呢?[2]

老百姓的心境,在短短不到三个月的时间内已有"隔世之感",从对政府抱着热烈期待到几乎降至冰点,没有亲历其境的人也许难以想象,但这确是事实。人们满腔热情的期望,得到的却是冰冷的回报。原来抱着过多的希望,在转瞬间破灭,给人的刺激太大,使人更加痛苦。这种心情是相当普遍的。

---

[1] 编者:《制止物价高翔的方案》,《民主》第 4 期,1945 年 11 月 3 日。
[2] 张凤举:《民瘦》,《民主》第 5 期,1945 年 11 月 10 日。

不久后担任上海市长的吴国桢说："日本投降后，一开始人们广泛地向国民党政府发出欢呼……接着威望就下降了，这都是因为在接收所谓的敌产中出现了腐败。""国民党政府开始很快失去威望。这种情况不仅在上海有，几乎各地都有。"[1]国民党政府军令部部长徐永昌1945年12月8日的日记记载道："平津近有谣谚曰，天天盼中央，中央来了更遭殃之语。"[2]"天天盼中央，中央来了更遭殃"这句话，在当时的公开刊物上也可以读到。抗战期间长期蛰居上海的著名文学家、教育家夏丏尊临终前用已很模糊的声音，对去看望他的老友叶圣陶说："胜利，到底啥人胜利，无从说起。"[3]这是多么伤心的话！连陈诚在日记中也写道："余所感不安者，待遇实在太低，使工人无法维持其最低之生活耳。"[4]

上海也好，北平也好，都是万众瞩目的大城市，还不足以说明其他各地老百姓的境遇。至于那些一直被漠视的迅速破产中的农村，情况就更加悲惨了。《周报》上有一篇评论尖锐地指出："上海还是全国的经济中心，返顾其他各地一般人的生活状况，自然更其惨不忍睹了。灾区的湖南人在吃草根树皮，湖北人更在吃土，跟上海人相比，何啻天渊！"[5]1946年10月的《观察》上发表一篇湖南特约通信写道："去年秋间，农人便开始没有饭吃。""驯至后

---

[1] [美]裴斐、韦慕庭访问整理，吴修垣译：《从上海市长到"台湾省主席"——吴国桢口述回忆》，上海：上海人民出版社，1999年版，第1、2、3页。

[2] 徐永昌著：《徐永昌日记》第8册，台北："中央研究院"近代史研究所，1990年6月影印，第197页。

[3] 叶圣陶：《东归日记》，叶陶著，叶至善、叶至美、叶至诚编：《叶圣陶集》第21卷，南京：江苏教育出版社，1994年版，第43页。

[4] 陈诚著：《陈诚先生日记》（二），台北："国史馆"，2015年7月版，第708页。

[5] 芜：《安定民生第一》，《周报》第30期，1946年3月30日。

来，得食日艰，连猪牛也不吃的艾叶、芭蕉兜、野芋头、荸荠草、大叶丝、鸭舌草等，既无米麦搀合，又无油盐烹调，后来竟至各人只许采食自己田土内的草，连野生的草类都涉及物权问题来了。""营养不良，营养不足，过分的劳动，都是疾病的原因。紧张，恐怖，忧虑，哀感，都是足以影响健康的心理现象，生活在上述情况下的灾民，怎能不病不死？"编者给这篇报告加了个副题："以政杀人，且看杀人者何以善其后？"[1]不了解这些，便很难理解此后几年间中国局势会如此迅速变化的深刻社会原因。

"国民党当局对这一切一筹莫展。3月间，国民党举行六届二中全会，这是抗战胜利后它所举行的第一次中央全会。行政院长宋子文做行政总报告。与会的中央监察委员王子壮在日记中写道：报告毕，会上继之以激烈之批评，如物价上涨，毫无对策，接收工厂，只有关门，官吏舞弊，效率低减。下午继续，致宋表示个人负责，确是作的不好，我亦非各位理想中之院长，他人有好的方法，我可以相让等语。"4月27日，他又写下"政府当前之危机"，称："我政府今日之一筹莫展，必将使多数人心灰意冷，此前余不安之所在，离心力日增之所以也。""宋子文之诺言犹在，而好官我自为之，如此为政，政岂不糟耶！"[2]

抗战胜利后，人们普遍的强烈愿望是什么？是和平建设。这种心情是很容易理解的：在经过百年屈辱后，在经过八年浴血抗战，付出了那样沉重的代价才取得胜利以后，大家欢欣鼓舞，十分珍惜这个难得的机会，希望能够得到休养生息，集中力量把国

---

[1] 本刊特约记者：《谷仓边缘的饥馑》，《观察》第1卷第9期，1946年10月26日。
[2] 王子壮著：《王子壮日记》第10册，台北："中央研究院"近代史研究所，2001年8月影印本，第540、600、601页。

家建设好，一步步走向繁荣富强，对这些充满美好的憧憬。中国民主同盟主席张澜在1945年8月11日发表谈话，说：

> 这胜利是中国上千万人的血泪汗换来的。我想无论在朝在野的人士，得到这胜利的消息，痛定思痛，在万分欢欣之余，必都有一种沉痛的回味，这胜利真来得不容易啊！现在国人惟一的希望，也正是惟一的责任，就是要怎样保持这经过数十年艰苦沉痛才换得的胜利的成果。
>
> 于是，我们感到中国今天更迫切需要统一、团结、民主。必如此，才能使全国人一德一心，和衷共济，以尽其最大的最善的努力，也才能担负起一切建国工作。[1]

这些话，反映出当时大多数中国人的想法。事情很明显，在这种情况下谁要是敢冒天下之大不韪，发动全面内战，谁就会失去人心。但是，人们尽管有着善良的愿望，要实现和平建设又岂是容易做到的事情？胜利刚刚到来，内战的阴云就笼罩着中国的上空。8月13日，毛泽东在延安干部会议上的讲演中说：

> 对于蒋介石发动内战的阴谋，我党所采取的方针是明确的和一贯的，这就是坚决反对内战，不赞成内战，要阻止内战。今后我们还要以极大的努力和耐心领导着人民来制止内战。但是，必须清醒地看到，内战危险是十分严重的，因为蒋介石的方针已经定了。[2]

---

[1] 龙显昭主编：《张澜文集》，成都：四川教育出版社，1991年版，第223、224页。
[2] 中共中央文献编辑委员会编：《毛泽东选集》第4卷，北京：人民出版社，1991年版，第1125页。

蒋介石的方针确实早已定了。他一直把中国共产党看作自己最危险的敌人,下决心要消灭中国共产党。早在抗日战争初期,他在约见前来参加国民参政会的中共参政员王明、博古、林伯渠、董必武、吴玉章等时就提出取消共产党的主张,那时他所采取的主要还是软的一手,说欢迎共产党员加入到国民党内来,但绝对不能用跨党的办法。他把话说得很直率:"此事乃我的生死问题,此目的如达不到,我死了心也不安,抗战胜利了也没有什么意义,所以我的这个意见,至死也不变的。"[1]这个要求自然被中共中央拒绝。当抗战进入相持阶段后,随着日军进攻的威胁减轻,他对中国共产党领导的抗日根据地和游击战争在敌后的迅速发展越来越感到忧心忡忡。他在1938年12月31日的日记回顾这一年时写道:"共党乘机扩张势力,实为内在之殷忧。"几天后,他在1939年1月6日的日记中把话说得更明白:"目前急患不在敌寇",而在"共产党之到处企图发展""沦陷区游击队之纷乱无系统"等四端,"应定切实对策,方足以消弭殷忧也"。[2]从蒋介石日记里透露出的这些内心变化中可以看出,他已将注意重点逐渐从对日作战转向防共反共方面。国民党在各地制造的磨擦活动明显增多起来,以后发展到掀起多次反共高潮。但那时抗日战争还在继续,国际国内的条件都不容许他在这时发动全面内战。

抗战一胜利,日本侵略者已经投降,情况发生巨大变化,如何消灭共产党对蒋介石来说就成为最重要的事情。在他看来,由于有美国的援助,这时他各个方面的力量都已发展到巅峰状态,完全有能力在很短的时间内用武力消灭中国共产党,现在正是最

---

[1] 中央档案馆编:《中共中央文件选集》第11册,北京:中共中央党校出版社,1991年版,第6页。

[2] 秦孝仪总编纂:《蒋介石大事长编初稿》卷四(上册),台北:1978年10月版,第285、291页。

好的机会，如果不及早下手，共产党的力量就会一步一步发展起来，酿成他的心腹大患。

可见，抗日战争的胜利，便不惜冒天下之大不韪，立刻准备发动全面内战，是蒋介石早已拿定主意的既定方针。

令人吃惊的是，他们竟向日本侵略军统帅请教如何对付共产党。当时担任何应钦侍从参谋的汪敬煦回忆道："抗战胜利后，蒋委员长知道共产党终将称兵作乱，就交代何先生草拟一份清剿共产党计划。为了这个计划，何先生还特别去拜访日本驻华派遣军司令官冈村宁次。冈村建议何先生千万不能对共产党大意，更不要轻视他们。"于是，何应钦拟订了一个两年计划，"它的重点在分两年三阶段来实施，可说是采纳了冈村宁次的忠告小心应付，绝不躁进"。"计划拟好之后，派萧毅肃专程赴重庆呈给委员长，过了许久仍无下文。""此时陈诚另外提了一份六个月消灭共产党的计划。陈诚以民国二十年代江西剿共的经验，认为共军不足以抵挡装备机械化的国军。""委员长心里很急，希望赶快把共产党解决。"[1]这段史料十分重要。国民党当局竟会向冈村宁次请教"剿共"计划，这是人们几乎都不会想到的，同民众的希望完全背道而驰。

既然如此，他们为什么不立刻动手大打，而又在这时提出国共和谈的问题来？蒋纬国为他父亲写的传记中说了一句老实话："盖当年接受和谈的原因，显然是被迫的，是欲罢而不能的。"[2]

蒋介石为什么要"被迫"进行和谈，"欲罢而不能"？蒋纬国没有讲清楚。其实，事情是这样的：这时他要放手发动全面内战

---

[1] 刘凤翰、何智霖、陈亦荣访问，何智霖、陈亦荣记录整理：《汪敬煦先生访谈录》，台北："国史馆"，1993年3月版，第20、21、22页。

[2] 蒋纬国主编：《历史见证人的实录——蒋中正先生传》第3册，台北：青年日报社，1997年版，第13页。

还有许多困难和顾忌。在国内,全国人民经过八年抗战后渴望实现国内和平,普遍反对内战。在国际上,美、英、苏等国从各自利益出发,都不赞成中国在这时发生大规模内战。而对蒋介石来说,更大的困难在于他的军队主力在抗日战争时期已经远远地退缩到西南地区,把他们运送到内战前线需要时间。如果没有美国大规模空运和航运,是不可能在较短时间内做到的。美国总统杜鲁门在回忆录中写道:

> 当对日战争胜利时,中国的情况就是这样。蒋介石的权力只及于西南一隅,华南和华东仍被日本占领着。长江以北则连任何一种中央政府的影子也没有。
>
> 事实上,蒋介石甚至连再占领华南都有极大的困难。要拿到华北,他就必须同共产党人达成协议。如果他不同共产党人及俄国人达成协议,他就休想进入东北。由于共产党占领了铁路线中间的地方,蒋介石要想占领东北和中南就不可能。事情是很清楚地摆在我们面前,假如我们让日本立即放下他们的武器,并且向海边开去,那末整个中国就将会被共产党人拿过去。因此我们就必须采取异乎寻常的步骤,利用敌人来做守备队,直到我们能将国民党的军队空运到华南,并将海军调去保卫海港为止。因此我们便命令日本人守着他们的岗位和维持秩序,等到蒋介石的军队一到,日本军队便向他们投降。这种利用日本军队阻止共产党人的方法是国防部和国务院联合决定而经我批准的。[1]

---

[1] [美]哈里·杜鲁门著,李石译:《杜鲁门回忆录》第2卷,北京:世界知识出版社,1965年版,第70、71页。

此外，蒋介石觉得国民党也需要有一些时间进行整编，增强战斗力。胡宗南在日记中记录蒋介石的话："抗战以来，军队疲劳、空虚，无机整训，如马上与共作战，证明我部队不行，一经接触，便即挫败。"他又说："自日本投降以后，我军消沉散漫到达极点，因此知道军队没有一时期整顿训练，而随便剿匪，绝无把握，而至于失败。"[1]

正是在这种情况下，蒋介石连续三次致电毛泽东，邀请他到重庆商谈。他估计毛泽东不敢冒险来重庆，这样可以在全国人民面前显得他有诚意实现和平建设，而把内战的责任完全推给中国共产党；如果来了，也可以借谈判来换得将他的军队主力运送到华中、华北和东北的时间。

中国共产党本来希望抗战结束后能避免发生内战。1942年7月9日，毛泽东在给刘少奇的电报中曾讲到中共中央书记处对战后局势的考虑："国民党在战后仍有与我党合作的可能。虽然亦有内战的另一种可能，但我们应争取前一种可能变为现实。"当接到蒋介石来电后，中共中央政治局在1945年8月23日和26日先后举行两次会议。毛泽东在第一次会议上说："现在的情况，是我国抗日战争的阶段已经结束，进入了和平建设阶段。""我们现在的新的口号是'和平、民主、团结'。"他还讲道："对国民党的批评，本来决定停一下的，但因为日本宣布投降，蒋介石下令要我们'驻防待命'，所以不得不再批评它一下，今后要逐渐缓和下来。以后我们的方针仍是'蒋反我亦反，蒋停我亦停'，以斗争达到团结，做到有理有利有节"。这时，苏联也希望毛泽东去重庆谈判，实现国内和平。在第二次会议上，毛泽东明确表示：可以去，必须去。

---

[1] 胡宗南著：《胡宗南先生日记》（上），台北："国史馆"，2015年7月版，第547页。

他说:"由于有我们的力量、全国的人心、蒋介石自己的困难和外国的干涉四个条件,这次去重庆是可以解决一些问题的。"[1]

为了统一党内的思想,毛泽东为中共中央起草党内指示,写道:

> (国民党)在内外压力下,可能在谈判后,有条件地承认我党地位,我党亦有条件地承认国民党的地位,造成两党合作(加上民主同盟等)、和平发展的新阶段。假如此种局面出现之后,我党应当努力学会合法斗争的一切方法,加紧国民党区域城市、农村、军队三大工作(均是我之弱点)。在谈判中,国民党必定要求我方大大缩小解放区的土地和解放军的数量,并不许发纸币,我方亦准备给以必要的不伤害人民根本利益的让步。无此让步,不能击破国民党的内战阴谋,不能取得政治上的主动地位,不能取得国际舆论和国内中间派的同情,不能换得我党的合法地位和和平局面。但是让步是有限度的,以不伤害人民根本利益为原则。
>
> 在我党采取上述步骤后,如果国民党还要发动内战,他就在全国全世界面前输了理,我党就有理由采取自卫战争,击破其进攻。[2]

很清楚,中国共产党当时是做了和、战两手准备的,而把重点放在力争实现两党合作、和平发展的新局面上。

1945年8月27日至10月11日,毛泽东、周恩来、王若飞到重庆,

---

[1] 中共中央文献研究室编:《毛泽东文集》第4卷,北京:人民出版社,1996年版,第4、5、7、16页。
[2] 中共中央文献编辑委员会编:《毛泽东选集》第4卷,北京:人民出版社,1991年版,第1153、1154页。

同蒋介石等进行谈判。10月10日,双方签署《国民政府与中共代表会谈纪要》,通常称为"双十协定"。《会谈纪要》中,尽管军队和解放区政权问题还没有达成协议,但国民党表示承认和平团结的方针和人民的某些民主权利,表示要避免内战,两党和平合作建设新中国。这个《会谈纪要》的签订,使渴望和平的人们感到一些宽慰,但仍无法放心。著名文学家郑振铎在《读国共会议记录》一文中表达了这种复杂心情。他写道:

> 国民们在十五年喋血作战,流离迁徙,九死一生,家破人亡之余,需要的第一件事,便是休生养息。我们决不愿再看见血,再看见战争,再听到炮声枪声!谁要再行发动内战,谁便是冒天下之大不韪。
>
> 从毛泽东先生到重庆、开始会谈以后,我们哪一天不在探问着会谈进行的情形,不在关心着会谈进行得顺利与否。一点小小的争执的谣言便足以使我们担惊受怕。一件小小的挑拨离间之举动,便足以使我们切齿痛恨。我们是那样的睁大着眼睛,伸出了双手,在期待,在盼望这次会谈的成功。这个会谈纪录的发表,使我们略略松了一口气,但还不能放下沉重的忧虑的心。国共之间的关系如何能够圆满解决,仍是我们发愁的中心问题。[1]

他们这种"发愁"、这种"不能放下沉重的忧虑的心"是有理由的。正当重庆谈判正在进行的时候,蒋介石就向各战区司令长官秘密发出命令:

---

[1] 郑振铎:《读国共会议记录》,《民主》第2期,1945年10月20日。

> 目前与奸党谈判，乃系窥测其要求与目的，以拖延时间，缓和国际视线，俾国军抓紧时机，迅速收复沦陷区中心城市。待国军控制所有战略据点、交通线，将寇军完全受降后，再以有利之优越军事形势与奸党作具体谈判。彼如不能在军令政令统一原则下屈服，即以土匪清剿之。[1]

"双十协定"签署后，蒋介石又向各战区发出密令，要求他们遵照他在十年内战时期手订的《剿匪手本》"督励所属，努力进剿"。他们以"受降"为名，向已由人民解放军控制的各解放区大举进攻，而把进攻的重点放在沿平汉、津浦、平绥、同蒲、正太等铁路线向前推进，企图迅速支配华北的战略要地和主要交通线，分割解放区，控制华北，打开进入东北的通路。晋冀鲁豫军区参谋长李达分析道："他们企图控制铁路，发扬美国现代化装备之优势，割裂我各解放区的联系，压迫我军退入农村或山地，而便于各个歼灭之。"[2]

怎样对待国民党军队的这种进攻？中共中央在10月20日致电各中央局并转各区党委、各兵团首长，指出："国民党力图在最近几个月内控制更多地方，力求他们在华北东北占优势，力图削弱我党我军，以便在有利于他们的条件下实现和平妥协，故在目前过渡阶段上发生了大规模的猛烈的军事斗争（不能把目前这种大规模的军事斗争误认为内战阶段已经到来）。"电文要求各地对当前形势有清楚的认识，毫不动摇地坚持斗争，以便有利地转到和

---

[1] 中共中央关于张治中向胡宗南传达蒋介石之密示致中共驻重庆代表团电，1945年9月20日。
[2] 李达：《高树勋起义促成平汉战役迅速胜利》，公孙訇主编：《高树勋纪念文集》，北京：中国文史出版社，1998年版，第201页。

平发展的新阶段。"目前斗争的胜利愈大,和平实现的时间将愈迅速,愈对全中国人民有利。"[1]

在国民党军队的各路进攻中,最重要的是由第十一战区副司令长官马法五、高树勋率领三个军四万多人,在10月中旬从豫北的新乡出发,沿平汉铁路向北进攻,企图和沿同蒲、正太铁路东出石家庄的胡宗南部会合,打通整个平汉铁路。这是他们联络华中和华北的主要通道,也是分割华北解放区的重要步骤。第十一战区司令长官孙连仲在进攻部署基本就绪后,先乘飞机到北平,会合由美国帮助空运和海运到平津的国民党军队,进行华北的受降工作。中共中央军委命令晋冀鲁豫军区坚决歼灭这支沿平汉铁路北上的国民党军先头部队,指出这一仗关系全局极为重大。晋冀鲁豫军区在司令员刘伯承、政治委员邓小平指挥下,集中三个纵队和地方武装共十万多人,顽强抗击,在10月24日在邯郸以南地区将向北进攻的国民党三个军包围。国民党这三个军原是西北军冯玉祥旧部,不是蒋介石的嫡系部队,要他们充当华北内战的先头部队,士气不高。激战期间,高树勋率新八军等约万人,在战场起义。高树勋在起义时召集总部科以上军官会议说"蒋介石在抗日战争刚刚结束又打内战,我们坚决反对。十年内战期间,共产党力量还较小,蒋介石调动了百万大军,几次'围剿'都失败了。现在共产党的力量比那时大几十倍,还想用武力来解决,根本是不可能的,所以我们退出内战,主张和平"。他又说:"我们新八军过去受蒋介石中央嫡系的歧视,大家都清楚。就供给而言,比人家差十几倍,还经常受到他们监视、分化和吞并。我在西安时,

---

[1] 中央档案馆编:《中共中央文件选集》第15册,北京:中共中央党校出版社,1991年版,第371、372页。

还当面受到胡宗南的侮辱,这些年来受气的事是说不完的。"[1]这些话引起大部分军官的共鸣,起义顺利地发动。高部起义的第二天拂晓,马法五突围逃跑。11月2日,马部被歼,马法五被俘。邯郸战役中共歼灭国民党军三万多人,在国民党内部引起很大震动,对阻挡国民党军沿平汉铁路北进、掩护解放军调整战略部署,起了重大作用。

邯郸战役后,国民党中央宣传部长吴国桢发表谈话强辩"政府在此次战争全居守势"。毛泽东以中共发言人名义针锋相对地指出:"这一路国民党军的许多军官,其中有副长官、军长、副军长多人,现在都在解放区,他们都可以证明他们是从何处开来,如何奉命进攻的全部真情。这难道也是取守势吗?"[2]

内战局势的愈演愈烈,使渴望和平民主的民众深深感到焦灼不安。11月25日,昆明各校师生和社会人士六千多人在抗战期间由北京大学、清华大学、南开大学内迁后组成的西南联合大学的草坪上,举行时事晚会,钱端升、费孝通等四教授到会发表演讲,主张迅速制止内战,成立民主联合政府。国民党第五军邱清泉部包围了西南联大校本部。"在教授们的讲演声中,会场四周,企图威胁到会群众和扰乱会场秩序的机关枪、冲锋枪、小钢炮一齐响了。散会之后,交通又被断绝,数千人在深夜的寒风中踯躅着,颤抖着。昆明愤怒了!"第三天,全市各校学生宣布罢课。12月1日,大批国民党特务和身着制服、佩戴符号的军人,携带武器,分批闯入西南联合大学、云南大学等处,投掷手榴弹,炸死四人,重伤

---

[1] 王定南:《邯郸起义与高树勋同志》,公孙訇主编:《高树勋纪念文集》,北京:中国文史出版社,1998年版,第221、222页。

[2] 中共中央文献编辑委员会编:《毛泽东选集》第4卷,北京:人民出版社,1991年版,第1167页。

十一人，轻伤十四人。"从这天起，整整一个月中，作为四烈士灵堂的联大图书馆，几乎每日都挤满了成千成万扶老携幼的致敬的市民，有的甚至从近郊数十里外赶来朝拜烈士们的遗骸。"[1]

这样的惨案，发生在离抗日战争胜利只有三个多月的时候，发生在西南联大这样的最高学府里，针对的是民众主张制止内战，进行和平建设的要求，立刻震动了全国。在重庆，由郭沫若、沈钧儒、史良等主持，举行追悼大会。在上海，举行了由宋庆龄、柳亚子、马叙伦、许广平等主祭的万人追悼大会。昆明学生罢课联合会明确宣布："我们要指出，这是一个在当局指挥下的有计划的屠杀。"[2]《周报》的读者来信说："我们的政府似乎并不想建设一个有健全政治的民主的国家，不然的话，不能以堂堂军政当局对于学生们正当的要求（我相信反对内战是目前每个中国人民所热烈赞成的），加以如此无理的狙击。"[3]重庆《新民报》发表《刺刀乎？民主乎？》的社评，写道："昆明学潮惨案，受害的却是赤手空拳的学生。他们既无武器更非军队，而竟受到武力的攻击，这乃是证明没有武力就得不到安全保障么？假如无武力即无发言权，我们又有什么理由来责备共产党的拥军自卫呢？"[4]国民党政府被迫宣布云南警备总司令关麟征"停职议处"，在政治上陷于十分被动的地位。

国际局势同样不利于蒋介石在这时发动全面内战。美国总统杜鲁门正派遣五星上将马歇尔为特使，在12月15日启程来华，

---

[1] 闻一多：《一二·一运动始末记》，中共云南省委党史资料征集委员会、中共云南师范大学委员会编：《一二·一运动》，北京：中共党史资料出版社，1988年版，第48、49、50页。

[2] 昆明学生罢课委员会：《一二·一惨案实录》，《民主》第11期，1945年12月22日。

[3] 陈兆珂：《昆明血案反响》，《周报》第16期，1945年12月22日。

[4] 转引自汪朝光著：《中华民国史》第3编第5卷，北京：中华书局，2000年版，第125页。

"调停内战"。杜鲁门在给马歇尔的信中强调:"我特别希望你竭力说服中国政府召开各主要政党代表的国民会议,以实现中国的统一,同时实现停止敌对行动,尤其是在华北停止敌对行动。"[1] 27日,苏、美、英三国外长莫斯科会议公报中主张中国必须停止内争。更重要的是,邯郸战役等的挫败使蒋介石觉得自己对全面内战还没有完全准备好。局势一时有所缓和。

正是在这种情况下,经过马歇尔的斡旋,国共两党达成关于停止国内军事冲突的协定。1946 年 1 月 10 日,双方各自下达停战令。这样,战争确实在全国范围内(东北除外)停止了一个时期,使中国人民燃起了新的希望,认为内战有可能制止。

同一天,由"双十协定"规定而为全国人民瞩目的政治协商会议在重庆开幕,出席会议的有国民党、共产党、民主同盟、青年党和无党派人士 38 人。会议进行了 22 天,通过宪法草案案、政府组织案、国民大会案、和平建国纲领、军事问题案五项协议。这些议案规定"国民政府委员会为政府之最高国务机关""国府委员名额之半,由国民党人员充任,其余半数由其他党派及社会贤达充任";"积极推行地方自治,实行由下而上之普选""省长民选""省得制定省宪,但不得与国宪抵触";"立法院为国家最高立法机关,由选民直接选举之,其职权相当于各民主国家之议会";"行政院为国家最高行政机关,行政院长由总统提名,经立法院同意任命之,行政院对立法院负责。"[2]

政协协议的这些规定,并不是新民主主义性质的,如"行政

---

[1] [美] 哈里·杜鲁门著,李石译:《杜鲁门回忆录》第 2 卷,北京:世界知识出版社,1965 年版,第 73、74 页。

[2] 历史文献社编选:《政协文献》,历史文献社,1946 年 7 月版,第 61、84、134、135 页。

院对立法院负责"等在形式上倒是接近西方式的议会民主制,实际上仍是由国民党主导。毛泽东在去重庆谈判前就说过:"中国如果成立联合政府,可能有几种形式。其中一种就是现在的独裁加若干民主,并将存在相当长的时期。对于这种形式的联合政府,我们还是要参加进去,进去是给蒋介石'洗脸',而不是'砍头'。"[1]

这些规定有利于冲破国民党的一党专政和推进民主政治,有利于保障解放区的地方政府的合法地位,有利于和平建国,真能做到的话,在历史上是进了一大步,因而受到人们的欢迎,并对它寄予很大的期望。郑振铎写道:"中国的政治情势,好像很有好转的希望,好像很有前途,很有光明;也许从此便可渐渐走入坦途;但至少,并没有恶化下来,却是事实。""问题不在于这次政治协商会议的结果如何,而在于政治协商会议以后,所有的协议能否逐一实现;国民们能否更积极的督促着政府,逐渐走上更民主、更进步的大道上去。""为政者不在多言,惟力行如何耳。假如说尽了'好话',而'好事'却迟迟不做,那末冠冕堂皇的'好话',也是一片'空话'而已。"[2]在很长一段时间内,政协协议成了国民党统治区很多人衡量是非的重要尺度:谁能坚持政协路线,谁就得人心;谁要破坏政协路线,谁就不得人心,就把自己置于同广大人民群众对立的地位。

中国共产党真心实意地准备履行这些协议,甚至一度过于乐观了。毛泽东在颁布的停战令中说:"中国和平民主新阶段,即将从此开始。"政协会议闭幕后第二天,中共中央向各中央局、各区党委、各纵队负责人发出内部指示说:

---

[1] 中共中央文献研究室编:《毛泽东文集》第4卷,北京:人民出版社,1996年版,第7页。
[2] 郑振铎:《政治协商会议以后》,《民主》第17期,1946年2月9日。

从此，中国即走上和平民主建设的新阶段。

虽然一切决议尚待实行，即是实行，离开全国彻底民主化还是很远；但是，只要各党派在全国合法化，人民有了初步民主自由，民主运动即可能逐步发展，成为不可抗御的力量，破坏封建专制主义，推动国家继续走上民主化。

中国革命的主要斗争形式，目前已由武装斗争转变到非武装的群众的与议会的斗争，国内问题由政治方式来解决。党的全部工作，必须适应这一新形势。[1]

实际工作中，中国共产党在政协协议达成后的一段时间内，已开始着手采取落实的措施：

第一，在内部初步商定参加国民政府委员会和经过改组后的行政院的成员名单。中共中央致电在重庆的代表团，告诉他们："国府委员仍照周在延所提八人，即毛（泽东）、林（伯渠）、董（必武）、周（恩来）、刘少奇、范明枢、张闻天为适宜，以便将来指导中心移至外边。第一次会议少奇可不出席。范明枢能否出外，已去电询问，尚未得复。如范不就，则提傅茂公（彭真）。""同意周（恩来）、林（伯渠）、董（必武）、王（若飞）分任行政院副院长、两部长及不管部。"[2]

第二，这个电报中所说"将来指导中心移至外边"，是指移到接近南京的苏北淮阴。当时在解放区担任苏皖边区临时行政委员会主席的李一氓回忆道：

---

[1] 中央档案馆编：《中共中央文件选集》第16册，北京：中共中央党校出版社，1992年版，第62、63页。
[2] 中共中央发渝台电，1946年2月6日。

其实从中国共产党来讲，是真心愿意和国民党合作建国的。蒋介石公开撕毁停战协定、发动对解放区的进攻，似乎在我们的预料之内，也似乎在我们的预料之外。因为在淮阴的时候，我曾经得到华中局一个通知，说党中央要从延安搬到淮阴来。参加南京工作的同志有事情要开会就去南京，没有事情又不开会就可以回到淮阴的总部。中共中央的总部就要建在淮阴，就由我负责找一个适当的地方，建立中共中央总部。当时我的设想是砖木结构的平房，地势要高，不会被水淹。我也曾和少数同志到淮阴城外走过几遍，看了些地势较高的位置。还没有定下来的时候，解放战争就开始了，这个计划自然没有实现。[1]

第三，解放区的复员整军工作也已开始。中共中央的意见，第一期精简三分之一，三个月内完成；第二期再精简三分之一。在实行中，晋察冀部队复员人数最多，进行也最快。那里，原有野战军九个纵队，二十六个旅，加上地方部队共三十二万多人，这次率先复员了十万多人。[2]

国民党当局却没有实行政协决议的诚意。当希望实现政协协议的人们对未来抱着乐观期望的时候，意想不到的打击几乎紧随着到来。

当政协会议还在进行时，不祥之兆便已出现。那时，政治协商会议陪都各界协进会在重庆沧白堂连续举办讲演会，除请政协代表讲话外，还听取各界的意见。国民党特务先是在台下起哄，狂呼乱骂，以后还大打出手，抛掷石块，杂以爆竹，打伤多人，使

---

[1] 李一氓著：《模糊的荧屏》，北京：人民出版社，1992年版，第354页。
[2] 郑维山著：《从华北到西北》，北京：解放军出版社，1985年版，第20、21、22页。

会议无法进行。更严重的事件是：2月10日，重庆近万人在较场口广场召开庆祝政协成功大会，会议还没有开始，数十名暴徒就冲上主席台，抢占播音器，殴打主席团成员郭沫若、李公朴、施复亮等，还以石块、木凳等向人群乱掷，致使大会未能开成。此事是在国民党重庆市党部主任委员方治直接策划下发生的。

这又是一件震动全国的大事。特别因为人们原来对政协的成功抱着那样热烈的期望，一转眼间竟会发生这样的事，更使人感到格外震惊和愤怒。人们不禁要说："政治协商会议刚刚闭幕，和平建国纲领刚刚公布，墨汁还没有干，而政府所在地之重庆，竟发生了这样有组织的可怕的凶殴惨剧，凡关心中国前途的人恐怕没有一个不悲愤欲绝的！我们除了向被殴受伤的各界人士敬致慰问之意外，不能不严重的质问政府：民权到底有保障没有？""一定有一批人物，生怕政治协商会议会成功，所以不惜用种种卑鄙恶劣的手段来破坏。"[1]原来渴望在战后能社会安定、和平建国的民族工商业者也深感失望。迁川工厂联合会理事长胡厥文在回忆录中说："从这一段频繁的政治活动中，我深感蒋介石的言行不一，不可靠，不得人心。"[2]

3月1日至17日，国民党召开六届二中全会。人们都注视着这次会议对政协决议究竟采取什么态度。会上大吵大闹，认为政治协商会议是对共产党的过分"让步"，特别是对政协通过的宪法草案表示强烈不满。会场空气十分紧张。谷正纲等甚至痛哭流涕，垂泣而道。这些哭哭闹闹的中央委员其实并不了解蒋介石对政协的真意只是权宜之计。陈诚在日记中便记下俞大维、周至柔对他

---

[1] 郑振铎：《民权到底有保障没有》，《民主》第18期，1946年2月16日。
[2] 胡世华、吕慧敏、宗朋整理：《胡厥文回忆录》，北京：中国文史出版社，1994年版，第85页。

所说：蒋介石"有成竹在胸，要有取必先有予之意"。[1]但这番吵闹对蒋介石也有一个用处：有借口可以刚过一个多月后便把政协期间所做的口头承诺一笔勾销。会议决议强调：五权宪法绝不容有所违背，所有对五五宪草的修改都应由国民大会讨论决定。这就从根本上推翻了政协已经达成的协议，公开抛弃政协决议的基本原则。正如《周报》评论中指出的那样："二中全会的惟一使命是在推翻政治协商会议，是要人民安安顺顺的再在国民党统治下做奴隶。"[2]《周报》另一篇文章得出结论："在他们想起来，开会（注：指政协会议）无非哄哄洋人，哄哄老百姓而已。"[3]国民党以中央全会的方式推翻政协决议，进一步证实：此前发生的一系列暴行并不是孤立的事件，而是国民党最高当局决策的表现。

连美国国务院在1949年发布的《美国与中国的关系（白皮书）》也写道：

> 中国舆论对停止冲突及政协决议的反响是热烈赞许，同时也认识到决议的履行，将是敌对的两党有无诚意合作的严重的考验。国民党内部有势力的集团对政协表示强烈的憎恨。国民政府军事将领们恐惧地位的动摇而反对军队整编。凡此种种表示着国民党方面顺利履行决议的障碍。扰乱的事件，如国民党所纵容的便衣队袭击重庆庆祝政协成功的群众大会，警察对少数党出席政协代表的干扰、袭击在重庆的中共报馆，凡此种种

---

[1] 陈诚著：《陈诚先生日记》（二），台北："国史馆"，2015年7月版，第698页。
[2] 韬：《二中全会》，《周报》第27、28期合刊，1946年3月16日。
[3] 丕强：《从政治协商会议到国民党二中全会》，《周报》第27、28期合刊，1946年3月16日。

均足以加强吾人对国民党顽固分子反对政协的忧虑。[1]

人们的希望已经破灭。一切事实表明：蒋介石决不甘心放弃独裁统治，正在一步步走向发动全面内战。3月15日，毛泽东在中共中央政治局会议上说：蒋介石的主张有两条：第一条，"一切革命党全部消灭之"；第二条，"如果一时不能消灭，则暂时保留，以待将来消灭之"。蒋介石的这两条，"第一条很清楚，第二条是人们容易忘记的，稍微平静一点就忘了。2月1日到9日就忘了，较场口事件一来就又记得了"。[2]这时离全面内战的爆发已只有三个多月了。从这时起，中共中央逐步加强对蒋介石集团的批评和揭露，加强对全面内战的各项应变准备。全面内战爆发后近五个月，刘少奇在一次中共中央的会议上回顾年初情况时又说过一段话：在一、二月份，是糊涂了一下，现在证明和平是不可能的了。但和虽不可能，谈判仍是必要的，因为人民要和平。[3]

就在国民党当局公开抛弃政协协议时，它的军队主力已经在美国军用飞机和运输舰的抢运下，控制了北平、天津、青岛、上海、南京等各大城市，并且通过受降活动，接收了一百多万日本军队和几十万伪军的武器装备，并收编大量伪军。2月间，美国第七舰队又将由美国装备和训练、曾在印缅战场作战的国民党新一军、新六军等精锐部队先后运抵秦皇岛，转往东北。3月初，对日宣战后进入东北的苏联红军，开始从东北的重要城市和铁路线撤走。国民党军立刻进驻沈阳，向中国共产党领导的军队已经从日

---

[1]《中美关系资料汇编》第1辑，北京：世界知识出版社，1957年版，第201页。
[2] 毛泽东在中共中央政治局会议上的发言记录，1946年3月15日。
[3] 刘少奇在中共中央政治局会议上的发言记录，1946年11月21日。

伪军队手中接管的地区大举进攻。从4月18日起,新一军、新六军等向四平街发动猛攻,东北民主联军主力经过一个多月的顽强阻击后撤离。国民党军队随即进占长春,控制了松花江以南的大部分地区,出现"关内小打,关外大打"的局面。

5月初,国民党政府从重庆还都南京。周恩来率领中共代表团也到达南京,住在梅园新村,继续谈判,尽最后努力来争取避免全面内战的发生,但谈判已越来越艰难了。5月28日,周恩来致电中共中央,根据种种情况判断:蒋介石自进长春后,"现内战已临全面化边缘"。[1] 6月3日,他又会见马歇尔,长谈六小时,严正地指出:美国一面表示要赞助中国的和平民主,一面却又在帮助国民党进行内战。并且正告他:"蒋若全面打来,我必全面抵抗。"[2]

直到全面内战爆发的前夕,中共中央还在6月19日致电各野战军负责人说:

> 观察近日形势,蒋介石准备大打,恐难挽回;大打后,估计六个月内外时间如我军大胜,必可议和;如胜负相当,亦可能议和;如蒋军大胜,则不能议和。因此,我军必须战胜蒋军进攻,争取和平前途。[3]

可见,中国共产党只是在国民党军队对解放区(包括解放军已从日伪手中解放的地区)一再进攻下才被迫采取自卫行动,而这样做仍力图以此争取和平前途的实现。抗战胜利后的中国内战

---

[1] 周恩来致中共中央电,1946年5月28日。
[2] 周恩来致中共中央并叶剑英、罗瑞卿电,1946年6月3日。
[3] 中央档案馆编:《中共中央文件选集》第16册,北京:中共中央党校出版社,1992年版,第196页。

是谁一手挑起来的，从事实中不难得出结论。

蒋介石早就确定要发动全面内战，想用武力来消灭中国共产党。他所等待的只是适当的时机。国民党军队在5月23日进占长春，蒋介石当天就飞往沈阳。25日，他兴奋地写信给宋子文说："此地实际情势，与吾人在南京想象者完全不同。""只要东北共军主力消灭，则关内关外之事，皆易为力，已作缜密之处置，请勿过虑。"[1]他因一时的胜利而更加得意忘形，对形势发展和力量对比做出完全错误的估计，以为用武力消灭共产党完全有把握了，而且只要三个月到五个月就能够解决。美国这时也加紧对国民党政府发动内战的援助，3月间先后组成美国陆军顾问团和海军顾问团，6月17日又决定将留在太平洋战场的大量军用剩余物资低价转交给国民党政府，使蒋介石更加有恃无恐。全面内战爆发的火药味已经浓烈地弥漫在全国上空。上海的报刊上公开评论道："东北的烽烟由扩大而蔓延到中原和苏北，看来似乎大规模的内战已无法避免了。"[2]局势的发展，使人们感到极度不安。

早年参加中国同盟会和中国国民党、三次担任过教育部次长、多年任北京大学教授的著名民主人士马叙伦在这时发表《内战还不停止吗？》一文，尖锐地警告国民党：

> 在国民党总觉得我的武力一定可以得胜利的，因为抗战中从美国得来的新式配备，加上飞机轮船，都是处于优势的，但是德国有地下的重工业制造厂，还救不了他的失败。

---

[1] 秦孝仪主编：《中华民国重要史料初编——对日抗战时期》第七编（3），台北：中国国民党中央委员会党史委员会，1981年9月版，第129、130页。

[2] 子午：《内战与民生》，《周报》第36期，1946年5月11日。

我们以为在共产党方面,战是他根本不愿意的,因为战是他们的损失;可是应战是他们不能避免而且愿意的,因为不应战而坐待消灭,当然没有这样的道理。

国民党想要消灭共产党,是世界都知道的,从"东北除外"以至二中全会、参政会一路的表演,是证实了的,所以除了受了党化教育的和不了解国内和国外情势的,都觉得国民党是像讨战的,这是第一点给人们的恶劣印象,也可以说失了群众的同情。

在饥民遍地、人民厌战情绪高涨到了极度,而政治腐败和人民对政府的不信任到了极度,经济方面自己下了封锁,无法寻觅出路,社会的总崩溃不过时间问题。工潮、教潮、学潮,潮之不已,民潮已跟了上来,例如浙西已再度不靖,武进到捣毁法院,这些情形底下,自己救自己还来不及,却还要打仗,除非愿意"孤注一掷",我们想不出别的理由。[1]

面对全面内战一触即发的严重局势,国民党统治区各界人士还想做一次巨大的努力来制止内战。6月23日,上海各界十多万人举行声势浩大的示威游行,欢送马叙伦、盛丕华、阎宝航、雷洁琼、吴耀宗等十位请愿和平代表前往南京,呼吁制止内战,实现和平。这些代表中有大学教授,有工商界人士,有大学生,也有宗教界人士。著名作家叶圣陶也到车站送行。他在当天日记中写道:"各界送之。各团体皆结队而来,张旗唱歌。至九时,广场人满,不知其数,殆在五万以上。""今日之口号为'反对内战,

---

[1] 马叙伦:《内战还不停止吗?》,《周报》第37期,1946年5月18日。

争取和平'。""据实而言,自以今日之会为真正民意之表现。"[1]

当天下午,火车到达南京下关车站,早就等候在那里的大群自称"难民"的暴徒一拥而上,对代表团代表包围毒打。暴行延续达五小时,马叙伦等四人身受重伤。雷洁琼教授的头发也被扯下来,血流满面。她写道:"这次殴打显然是有组织的,否则宪兵警察为什么对殴打的暴徒完全采取了纵容的态度,当我们被暴徒包围时,他们并未加以干涉,而在殴打时,他们退避而作壁上观,容许暴徒在交通孔道的车站纷扰五小时之久,堂堂首都好像陷入无政府状态之中。"[2]在场记者和欢迎人员受伤的也有十二人。周恩来得知消息后,立刻向国民党当局交涉,将受伤者送进医院,并赶往医院探望。有的代表被打得遍体鳞伤,衣服也被撕破,对周恩来说:我过去总是劝你们少要一点兵,少要一些枪,现在我认识到你们的战士不能少一个,枪不能少一支,子弹不能少一点。身负重伤的马叙伦也握着周恩来的手说:中国的希望只能寄托在你们身上了。[3]在场的李维汉后来写道:"这次上海和平请愿运动和'下关惨案',是大革命以来上海的乃至全国的第一次声势浩大的群众运动,影响极大,深刻地教育了广大人民。"[4]

著名经济学家马寅初,针对下关事件写了一篇《勉人民代表》说:"这样对付时局,是自掘坟墓的办法。旁观者清,老百姓心中明白,在光天化日之下,其欲以一手掩尽天下人的耳目者,真是

---

[1] 叶圣陶:《东归日记》,叶圣陶著,叶至善、叶至美、叶至诚编:《叶圣陶集》第21卷,南京:江苏教育出版社,1994年版,第86页。

[2] 雷洁琼:《下关被殴》,《周报》第44期,1946年7月6日。

[3] 刘昂:《肝胆相照的光辉篇章》,李先念等著:《不尽的思念》,北京:中央文献出版社,1987年版,第144页。

[4] 李维汉著:《回忆与研究》(下),北京:中共党史资料出版社,1986年版,第643页。

一个大傻瓜。现在火已经烧到国内各界各级的人民头上，连他们自己推选出来的代表，亦遭法西斯野心家的毒手，这是老百姓莫大的耻辱，是可忍孰不可忍！"[1]

下关惨案的发生，是一个明白的信号。它表明蒋介石采取全面内战行动的决心已经下定，全面内战已经迫在眉睫，这种前途已无法改变。

马叙伦没有讲错："在国民党总觉得我的武力一定可以得胜利的。"

那时候，双方军事力量的对比，看起来确实悬殊。国民党军队在整编后共有陆军正规军86个师（即原来的军），约200万人，加上其他兵种、非正规军、军事院校、后方机关等，共430万人。而人民解放军只有野战军61万人，地方部队和后方机关人员66万人，总数127万人。双方兵力数量的对比是3.5∶1。至于武器装备，双方的差距更大。国民党军队约有四分之一是用美械装备起来的，又接收了侵华日军100万人的武器，拥有人民解放军所没有的坦克、重炮、作战飞机和海军舰艇等，而解放军很大部分是抗战时期在敌后进行游击战争的地方武装改编而来，被国民党当局看作"毫无军事训练之老百姓"（国民党中央宣传部部长彭学沛语）。[2]国民党还控制有全国76%的土地和71%的人口，控制着几乎所有的大城市和主要的交通线，控制着几乎全部的现代工业。中国共产党方面控制的只有农村和一些中小城市。优势仿佛都在国民党方面。在蒋介石心目中，这些是可以决定战争胜败的。他对这场战争取得胜利，深信有完全的把握。

---

[1] 马寅初：《勉人民代表》，《周报》第44期，1946年7月6日。

[2] 《大公报》1946年8月24日。

当时任国民党军第三十二集团军总司令的李默庵，1982年在美国报纸上发表文章，回忆国民党六届二中全会时的情况：

> （蒋介石）咨询政府各主要负责人，认为如果撕毁达成的协议，势必要进行战争，对军事上有无把握。旋由当时军政部长陈诚提出国共兵力报告：A，政府军：正规军约五百万人，其中三十六个军约一百二十万人，已完成半美式装备。新自缅甸撤回的新一、新六两个军约十万人，是完全美式装备。各省的地方团队及新收编的伪军约二百万人，再加新收缴的日军约一百万人的武器装备。B，共军，估计包括各地游击部队，最多不超过一百五十万人，其中约二十万人战斗力较强。总计双方军力不成对比，可以一战。（以后陈诚在南京，多次公开此讲话，在六个月内可以消灭共军，即基此估计。）
>
> 蒋介石先生听取了陈诚这个国共兵力不成对比、作战很有把握的报告后，即决定对中共采取战争政策。[1]

到6月下半月，蒋介石认定发动全面内战的时机已经成熟。这个月的17日，他在国民政府纪念周上说："共（注：指中共）果不就范，一年期可削平之。"28日，白崇禧在中常会议上报告说："必须即进剿。"[2]

他们当时的战略方针是：全面进攻，速战速决。也就是说：同时向关内各解放区发起进攻，企图在三至六个月内首先消灭山海

---

[1] 李默庵著：《世纪之履》，北京：中国文史出版社，1995年版，第250、251页。

[2] 徐永昌著：《徐永昌日记》第8册，台北："中央研究院"近代史研究所，1990年6月影印，第289、293页。

关内的解放军主力，先控制津浦铁路和平汉铁路，确保华北，稳定长江以南地区，然后再集中力量解决东北问题。这是他们对国内全盘局势根本没有进行具体分析就得出的一厢情愿的主观设想，并且根据这样的主观设想开始行动了。

这个进攻从哪里开始呢？以鄂北宣化店为中心的中原解放区是他们首先需要扫清的障碍，它是华北各解放区的屏障，处境又比较孤立，他们便决定从这里下手。

中原解放军是抗战胜利后由三支部队汇合而成的。一支是原在鄂豫边区的李先念、郑位三等率领的新四军第五师；一支是从广东北返的王震、王首道等率领的八路军第三五九旅南下支队；一支是从河南中部南下的王树声等率领的嵩岳军区部队。1945年10月24日，这三支部队在豫西的桐柏山区会师，组建成中原军区，以李先念为司令员，郑位三为政委。为了避免同国民党军队冲突，中原军区机关和主力部队主动撤出桐柏山区，由平汉铁路西向东转移，准备到皖北向新四军主力靠拢。部队在1946年1月上旬行进到湖北礼山（今大悟县）和河南光山一带时，正值停战令颁发。中原军区恪遵停战协定，立即停止行进，临时在以宣化店为中心的这块地区就地待命。

这个地区在鄂豫两省的交界处，东西长约二百里，南北宽约五十里。在这样狭小的地区内，突然密集着原在行进中的中原军区部队九个旅六万多人，而且同其他解放区隔离，在态势和地形上都十分不利。

在蒋介石眼中，中原解放区的存在不仅威胁武汉，而且使他们在大举进攻晋冀鲁豫、苏皖解放区时不能不有"后顾之忧"，无法集中力量北上，所以是必须首先扫除的"障碍"。他又看到中原解放区存在的上述困难和弱点,认为有机可乘,便把它定为首先开刀的目标。

他利用停战期间,调集十一个正规军二十六个师约三十万人,以郑州绥靖主任刘峙为总指挥,在宣化店地区周围构筑碉堡六千多座,将中原军区及所属三个军区分割成"品"字形,层层包围,并且断绝这个地区的粮食、医药供应,使中原解放军面临粮尽援绝的严重威胁。中原军区领导人对这种严峻的局势有着清醒的认识。李先念后来回忆道:"中原自古是兵家必争之地,我们是在国民党统治的心脏地带,他们决不会甘心让我们呆在这里的。对国民党假和谈、真备战的阴谋,我们是有认识的,对他们要打内战是有思想准备的,尤其是王震同志从延安回来传达毛主席指示以后,思想上更明确了。其他解放区可以会有一段和平时期,而中原解放区则不可能,必须立足于打。"[1] 1946年5月8日,周恩来和军事三人小组人员到宣化店时,又反复叮嘱他们:"你们不要依靠谈判,绝对不要幻想国民党发善心,他是不会发善心的。你们必须依靠自己的力量。""你们脑子必须复杂一点,一定要设法用枪杆子突围出去。"[2] 因此,他们对必要时如何突围是有准备的,预先制订出应对的方案。

6月中旬,蒋介石发动全面内战的准备工作已基本完成,认为消灭中原解放军的时机已经成熟。18日,他电令刘峙"统一指挥五、六两绥署之部队围歼李先念部"。20日,刘峙将"彻底围歼"中原解放军的作战计划下达所属各部。它的要旨是:

---

[1] 李先念:《关于正确评价中原突围》,鄂豫边区革命史编辑部编:《中原突围》第3辑,武汉:湖北人民出版社,1986年版,第8、9页。

[2] 邹作盛:《中原突围前夕——忆周恩来副主席在宣化店》,人民出版社编:《周恩来总理八十诞辰纪念诗文集》,北京:人民出版社,1978年版,第245、246页。

绥署为使尔后主力方面作战有利,以剿灭豫鄂边区共军之目的,决以第五、第六两绥区所属部队,分由豫南、豫东对信阳、经扶、潢川间的共军,尤其是对宣化店、泼陂河方面共军之主力,集结优势兵力,一举分区包围歼灭之。[1]

6月19日,中共中央致电郑位三、李先念、王震,向他们通报:"宁周(注:指在南京的周恩来)电称:蒋决定大打,你处须随时注意敌情,准备突围。"[2]情况已十分危急。再拖延下去,无异坐以待毙。21日,中原局致电中央,指出:"国民党军队对我边区之军事上的包围、封锁,最近已愈益加强。""在此情况下,我在万不得已时的突围行动已愈困难。现在我区局势确已发展到必须迅速主动突围的地步。""因此,我们提议,中央能允许我们在本月底即开始实施主力突围的计划,即经鄂中分两个纵队分别向陕南及武当山突围,然后转至陕甘宁边区。"[3]23日,中央复电:"同意立即突围,愈快愈好,不要有任何顾虑,生存第一,胜利第一。""今后行动,一切由你们自己决定,不要请示,免延误时机,并保机密。"[4]

这时,国民党进攻部队开始向指定地点运动。6月26日拂晓,国民党军队分四路向中原军区部队采取军事行动。当晚,中原部

---

[1] 中原突围战役敌情资料,转引自中国人民解放军军事科学院军事历史研究部编著:《中国人民解放军全国解放战争史》第2卷,北京:军事科学出版社,1996年版,第34页。

[2] 中共中央文献研究室、中国人民解放军军事科学院编:《毛泽东军事文集》第3卷,北京:军事科学出版社、中央文献出版社,1993年版,第274页。

[3] 中原局关于请求在本月底突围致中央电,刘武生主编:《从延安到北京》,北京:中央文献出版社,1993年版,第96、97页。

[4] 同[2],第288页。

队按预定计划分三路突围。经过激烈战斗,主力抢在7月1日前向西越过平汉铁路,进入豫鄂陕边界地区,跳出国民党军队的包围圈。国民党武汉行营的《战斗详报》中也说:"各部6月26日开始进剿,7月2日停止攻势。"[1]国民党军的这个战报,已把这场攻势是谁发动的以及它的时间说得十分清楚。但蒋介石并没有就此罢休。胡宗南7月30日日记:"委座对李匪突围之事,严追责任,并限三日内肃清。"[2]这个计划仍然落空。突围到达延安的王震于10月3日在陕北新华广播电台说:

> 在为生存自卫的突围战中,我军俘虏了十五军军官,缴获蒋介石给刘峙的手令,知道了蒋介石全面围攻中原中共部队的恶毒计划,是发动全面内战的开始,知道蒋介石梦想在四十八小时内消灭中原李先念将军所部六万余人,幻想造成所谓"惊人的胜利与奇迹"。蒋介石这个梦想,由于我军胜利突围,完全被粉碎了。[3]

中原解放区在国民党军队重围下,坚持半年以上,是有重大战略意义的。它就像一道屏障那样,拖住国民党三十万大军,推迟了他们进攻晋冀鲁豫、苏皖解放区的时间,使华北、华中主力度过应付蒋介石进攻的最困难时期,为华北、华东、东北等解放区做好迎击全面内战的准备工作争取了宝贵的时间。中原部队转

---

[1] 中国第二历史档案馆编:《中华民国史档案资料汇编》第5辑第3编,军事(二),南京:江苏古籍出版社,2000年版,第6页。

[2] 胡宗南著:《胡宗南先生日记》(上),台北:"国史馆",2015年7月版,第580页。

[3] 王震:《人民军队是不可战胜的》,鄂豫边区革命史编辑部编:《中原突围》第3辑,武汉:湖北人民出版社,1986年版,第15页。

移时，在双方力量悬殊的情况下付出了代价，受到不小损失，但它的突围成功，又是给国民党内战计划的一个重大打击。蒋介石在 7 月 6 日日记中写道："李先念匪部由宣化店越平汉路西窜。所部指挥无方，防堵不力，使匪飘忽自如，如入无人之境，后患不堪胜数必矣！"[1]

中国共产党力求避免发生的事情终于发生。全面内战就这样开始了。

中共中央最初还想再看一看局势到底会怎样发展，在 7 月 5 日致周恩来等的电报中说："我军主力现作准备，如坏转则大打，如好转则不打，如拖延则小打。"[2]事情很快就清楚了：蒋介石并不就此歇手，而是决心大打。美国新任驻华大使司徒雷登在给国务卿的报告中写道：7 月 19 日他在庐山第一次同蒋介石会谈时，"他问我，我对中国历史的了解是否证明这一信念：历代王朝及其统治者，其成败无不取决于在对付政治叛逆和其他有组织的暴力对手时，运用恩威并施这一原则。委员长随即引用了一句相应的成语，并提醒我，他已成功地以这种两面手法击败一系列对手。他不能容忍武装的反对派"。[3]

从 7 月至 9 月，国民党军队先后向苏皖、山东、晋冀鲁豫、晋察冀、晋绥各解放区大举进攻。中共中央最初曾设想在北战场和南战场都实行外线出击，把战争引向国民党统治区，使根据地不受破坏；但不久在听取各战场指挥员意见后，根据双方力量对比

---

[1] 蒋介石日记（手稿本），1946 年 7 月 6 日 "上星期反省录"，美国斯坦福大学胡佛研究所藏。
[2] 中共中央文献研究室、中国人民解放军军事科学院编：《毛泽东军事文集》第 3 卷，北京：军事科学出版社、中央文献出版社，1993 年版，第 322 页。
[3] [美] 肯尼斯·雷、约翰·布鲁尔编，尤存、牛军译：《被遗忘的大使司徒雷登驻华报告》，南京：江苏人民出版社，1990 年版，第 4 页。

的实际情况和有根据地作战易得到民众支持的有利条件,又调整了作战部署,决定还是先在内线打几个胜仗后再转向外线,更为适当。

对解放区的全面进攻,蒋介石在7月6日所写"本星期预定工作课目"中又开列了一张详细的"路线图"和"时间表":"三、对李先念匪部之兜剿部署及方针。四、廿五日至八月十五日。五、鲁南,八月十五日至卅日。六、胶济路,八月卅日。七、津浦路,八月卅日。八、平承路,九月五日至十五日。九、平绥路,九月十六至卅日。十、同蒲南段,八·一五日。十一、长治区,八·十至卅日。十二、平汉路,八月十日至卅日。"[1]

国民党军队大规模进攻,首先从苏北(包括苏中、苏北两解放区)开始。6月16日,周恩来就曾致电中央:"彼军事行动首在苏北。"[2] 7月5日,国民党"镇(江)、扬(州)驻军举行战场心理演习,一时枪炮声震耳"。[3] 13日,中共中央军委致电陈毅等,通知他们:

> 宁周午文(注:即7月12日)称:苏北大战即将开始,蒋军将由徐州向南,由津浦向东,由江北向北,三方面同时动作,先求解决苏北,然后打通津浦、平汉。
>
> 在此情况下,待敌向我苏中、苏北展开进攻,我苏中、苏北各部先在内线打起来,最好先打几个胜仗,看出敌人弱点,

---

[1] 蒋介石日记(手稿本),1946年7月6日"本星期预定工作课目",美国斯坦福大学胡佛研究所藏。

[2] 中共中央文献研究室、中国人民解放军军事科学院编:《周恩来军事文选》第3卷,北京:人民出版社,1997年版,第313页。

[3] 《大公报》1946年7月7日。

然后我鲁南、豫北主力加入战斗，最为有利。

一切从长期打算，争取最后胜利。[1]

这里说的"鲁南、豫北主力"，指的是陈毅领导的山东军区和刘伯承、邓小平领导的晋冀鲁豫军区的主力。他们的出动，放在下一步。

苏北指的是江苏在长江以北的地区，是中国共产党在抗日战争时期创建的巩固的根据地。它东濒黄海，南临长江，北接山东，西有运河。境内地势平坦，农业、盐业比较发达，物产丰富，经济繁荣，南部是水网地区，北部是旱地平原，划分为苏中、苏北两块解放区，人口近两千万，苏皖解放区的首府淮阴就在这里。它同南京、上海隔江相望，向西又可以切断津浦铁路。国民党政府5月初还都南京后，对它深感如芒刺背，有如古人所说："卧榻之侧，岂容他人鼾睡。"一定要除之而后快。

5月底，国民党军当局以薛岳代替顾祝同担任徐州绥靖公署主任。进攻从南路开始。从南路进攻苏中解放区的国民党军队，集结在长江北岸的南通、泰兴、靖江、泰州一线，共五个整编师十五个旅，共十二万人，由第三方面军司令长官汤恩伯（6月下旬由李默庵接任，不久改称第一绥靖区司令长官）指挥，企图向北直进，攻占东台、兴化、高邮等地，再同从皖北向东推进的国民党军汇合，会攻苏皖解放区的首府——淮阴。李默庵回忆道："国民党进攻苏皖解放区的战略计划是从西、南、北三面缩小包围圈，聚歼华中野战军于苏北根据地，解除对南京、上海中心地区以及京沪铁路、

---

[1] 中共中央文献研究室、中国人民解放军军事科学院编：《毛泽东军事文集》第3卷，北京：军事科学出版社、中央文献出版社，1993年版，第340页。

津浦铁路南段、陇海铁路东段的威胁。根据这样的战略计划,我奉命指挥了对苏中人民解放军华中野战军粟裕部的作战。"[1]

苏北地区解放军的兵力并不多。抗日战争胜利后,"(原在苏北的)新四军第三师已奉命开往东北,新四军第二师、第四师、第七师主力和从江南北撤的苏浙军区叶飞纵队奉命北调山东,接替由山东开往东北各部队的防务"。[2]华中野战军司令员粟裕率领保卫苏中解放区的部队只有两个师和两个纵队共十九个团,约三万多人,同进攻的国民党军兵力悬殊,约为1与3.5之比。部队正处在转变期中。"如何实现从抗日战争胜利后的暂时和平状态转入战时体制、从游击战为主转入以运动战为主的战略转变,是解放战争初期的重大问题。"[3]

但是,华中野战军也有许多有利条件:这些部队大多是苏中的子弟兵,又经过抗日战争的严酷锻炼,战斗力很强;根据地的群众基础好,特别是经六七月间的土地改革后,农民对保卫解放区、保卫土改果实的积极性很高;指战员对当地的地形和民情熟悉;在根据地的北面,已经控制陇海铁路东段(徐州和海州之间),同山东解放区联成一片,有着坚强的依托。

粟裕对国民党军将对苏中解放区大举进攻的打算早有察觉。6月24日,他对《新华日报》(华中版)记者发表的谈话中说:"沿江一带反动派调集了六七个军,其中大部已渡江北来,单苏中地区集中了十个师的兵力约八九万人之众,后继部队还不在内。其即

---

[1] 李默庵著:《世纪之履》,北京:中国文史出版社,1995年版,第253页。
[2] 粟裕著:《粟裕战争回忆录》,北京:解放军出版社,1988年版,第355页。
[3] 张爱萍:《序言》,《苏中七战七捷》编写组编:《苏中七战七捷》,南京:江苏人民出版社,1986年版,第2页。

将全面大举进攻苏中已无可疑义,而且夕之间就会见诸行动。"[1] 7月9日,李默庵决定在13日分四路在空军配合下向苏中解放区发起攻击,但很快发现作战计划已经泄露,只得暂停进攻,而粟裕在这个作战计划下达的第二天就已获得确切情报。他经过反复权衡利弊,果断地决定集中第一师、第六师、第七纵队主动出击国民党军原定的攻击出发地——宣家堡和泰兴城。这两个地方,都是在停战令发布后被国民党军违约侵占的。当时驻在那里的是蒋介石嫡系部队整编第八十三师(原番号为第一〇〇军)的先头部队两个团。这个师用美械装备,受过美国教官训练,曾作为远征军到缅甸作战,战斗力较强,孤立突出而又极为骄傲。师长李天霞常对人说:"我的部队没有问题,一个团就可同解放军干一下。"[2] 他们根本没有想到解放军敢到他们的出发地去打,这就叫出其不意,攻其不备。在兵力使用上,粟裕于局部集中了绝对优势兵力。他后来说:"宣家堡、泰兴两地各驻敌军一个团,我们各用一个师(两个旅六个团)的兵力去打,形成了我们跟敌人是六比一的优势。"[3] 这更是对方万万没有想到的。

这一仗,用粟裕在《苏中战役总结》中的话来说,是:"因敌不日将向我军进攻,乃先发制人,大胆试战。""首先予敌以有力打击,以错乱敌人的部署。""在湖南号称铁军、美械化的十九旅山炮营及五十六团、五十七团(残留不到一个营),于六十小时内即全被歼灭,为我华中战场首次胜利歼灭战。虽仅俘虏三千数百人,

---

[1]《粟裕军事文集》编辑组编:《粟裕军事文集》,北京:解放军出版社,1989年版,第241页。
[2] 罗觉元:《国民党进犯苏北的回忆》,《苏中七战七捷》编写组编:《苏中七战七捷》,南京:江苏人民出版社,1986年版,第472页。
[3] 粟裕著:《粟裕战争回忆录》,北京:解放军出版社,1988年版,第369页。

但挫了敌人的锐气,开始增强我军民自卫战争的胜利信心,尤其增加了我军对美械化顽军作战的经验与信心。"[1]

7月17日,周恩来在南京举行记者招待会严正声明:"目前内战形势已经从局部向全面发展,大规模内战主要地已在四个战场上进行,首先是中原战场。""苏北战场,国民党用十二个军加上地方团队约五十万人,于本月15日从三方面向我作全面进攻,并有海空军配合。""此等情势如果任其发展,平汉、津浦两线与热河及东北也很快有卷入内战的可能。我们要求国民党当局少作违反事实宣传,立即下令全面停战,否则应负内战全部责任。"[2]

宣泰战斗的失利,使国民党军大吃一惊,再也不敢小看华中解放军,但他们决不会就此罢手,而是改为密集兵力,采取分进合击、稳扎稳打的战术,分多路向如皋、海安方向逐步推进。他们以为解放军不会轻易放弃这些战略要地和交通枢纽,力求在这一带同华中野战军主力进行决战。华中野战军只有三四万人,如果采取正规作战,只能防御对方一路的进攻,很难抵敌。粟裕坚决地把作战的主动权牢牢掌握在自己手里,迅速转移兵力,以主力作远距离机动,寻找对方弱点,创造战机,在运动中以优势兵力进行突然袭击,各个歼灭。继宣泰战斗后,又先后取得如(皋)南战斗、海安战斗、李堡战斗、丁(堰)林(梓)战斗、邵伯战斗、如(皋)黄(桥)战斗六次重大胜利。粟裕说:"这七次战斗并不是事先规划好的,但每次战斗都由同一战役指导思想联系着,那就是遵循中央军委'先在内线打几个胜仗'的指示,着眼于战争初期的作战要求,从当面实际情况出发,灵活出兵,哪里好消灭

---

[1]《粟裕军事文集》编辑组编:《粟裕军事文集》,北京:解放军出版社,1989年版,第258页。
[2]《大公报》1946年7月18日。

敌人就在哪里打仗,什么时候好消灭敌人就在什么时候打仗,什么敌人好消灭就打什么敌人。"[1]这种打法,表现了指挥员的勇敢机智、部队的高昂士气,也同能得到当地老百姓的全力支持分不开,是国民党军队无法对付的。

这七次战斗的胜利,被称为"苏中七战七捷"。它从7月13日开始,到8月27日胜利结束。在连续四十五天的作战中,华中野战军以十九个团(8月增加到二十二个团)同兵力占绝对优势的国民党军对抗。国民党军虽然先后占领如皋和海安,但有六个旅和五个交通警察大队被歼,共五万多人,占进攻苏中解放区的国民党军总兵力的五分之二。蒋介石在8月28日(也就是苏中战斗结束的下一天)的日记中写道:"我第九十九旅在黄桥以东遭遇挫折后,人心浮动,高级将领亦为之气馁,可叹也!"[2]华中野战军伤亡一万五千人,但迅速得到补充,还有大量缴获,装备得到改善,战斗力进一步增强。

苏中战役,是人民解放军在全面内战爆发后进行的第一个较大规模的战役。它大大鼓舞了全军士气,并且在实际战斗中取得了对装备优良的国民党军作战的经验,有着十分重大的意义。它证明,劣势装备、数量又少的人民解放军,只要有正确的作战指导,只要依靠当地老百姓的支持,完全能够歼灭美械装备、数量上又占优势的国民党军队。

苏中战役结束后,只隔了十来天,刘伯承、邓小平指挥的晋冀鲁豫野战军又在鲁西南地区取得定陶战役的胜利。

晋冀鲁豫野战军当时的作战特点是:避实就虚,大踏步进退。

---

[1] 粟裕著:《粟裕战争回忆录》,北京:解放军出版社,1988年版,第354页。
[2] 秦孝仪总编纂:《蒋介石大事长编初稿》卷六(上册),台北:1978年10月版,第242页。

在定陶战役前，他们刚从8月10日起，发动了陇海战役，以突然行动，在陇海铁路汴（开封）徐（州）段实施宽正面强袭，歼敌两个旅，连同地方团队共一万六千人，并迫使国民党不得不从追击中原突围部队的兵力中抽出三个整编师回援，打乱南线国民党军进攻的部署。刘伯承总结这次战役的主要经验时说："出敌不意，或在敌防不胜防的条件下，透入敌之纵深，进行宽正面而有重点的突然袭击，是容易奏效的。"[1]战役结束后，晋冀鲁豫野战军主力迅速撤回鲁西南地区。

在陇海战役中，晋冀鲁豫野战军的伤亡同国民党军队相比虽只有三分之一，但也有五千多人。他们撤回鲁西南地区时，蒋介石误以为晋冀鲁豫野战军是因伤亡过重而溃退，立刻命令徐州绥靖主任薛岳和郑州绥靖主任刘峙集中十四个整编师、三十二个旅共三十万人发起大规模进攻，企图逼迫晋冀鲁豫野战军主力连续作战，将它歼灭于鲁西南的定陶、曹县一带。而晋冀鲁豫野战军集结在这一带的主力只有五万多人，在陇海战役中减员大，部队相当疲劳，兵力弹药都来不及补充。

战场局势确实十分严峻。怎么办？野战军参谋长李达在《回顾定陶战役》中写道：

> 在强大的敌军面前，刘邓首长极其冷静。他们多次对我讲了对战争形势和进攻之敌的分析看法。认为：我野战军立即迎击优势敌人，确有较大的困难，可是不把敌军的嚣张气焰打下去，破坏他们的进攻计划，那么我野战军将被迫在很短时间内退到老黄河以北，放弃鲁西南这一战略要地。这对我野战军以后的战略机

---

[1] 中国人民解放军军事学院编：《刘伯承军事文选》，北京：解放军出版社，1992年版，第343页。

动极为不利,也将对战争全局发生不利影响。因此,无论如何困难,也要坚持连续作战,力争粉碎敌军的猖狂进攻。[1]

这个仗怎么打,能不能打赢,单靠坚定的决心当然是不够的,必须对当面敌情进行周密的分析。粗粗地看,对方大军似乎铺天盖地般扑来;细细剖析,却到处有隙可乘。第一,进攻的国民党军三十二个旅三十万人中,进攻鲁西南的是二十五个旅,而用于第一线的兵力只有十五个旅十万多人。这股敌军分郑州和徐州两个部分,这两部分又分成六路,每路的兵力只有一到两个整编师。这就有可能集中优势兵力,各个击破。第二,郑州、徐州这两部分的国民党军指挥不统一。徐州绥靖公署的部队大多是蒋介石的嫡系部队,其中第五军和整编第十一师是蒋介石五大主力中的两支,全部美式装备,战斗力强,可以先避开他们。郑州绥靖公署的部队,力量相对较弱,却又是主攻部队,如果能集中兵力先挫败这支军队,郑徐两路的钳形攻势便会随之瓦解。第三,在国民党军中存在着嫡系和杂牌的矛盾,在遭受围攻时,相互救援并不积极。在郑州绥靖公署的进攻部队中有嫡系也有杂牌,其中唯一的嫡系部队是从中路进攻定陶的整编第三师,在遭受围攻时,其他各路杂牌军为了保存自身实力不会积极援助。而且这个师在进攻中原解放区时伤亡较大,又是长途跋涉赶来,部队既不充实又相当疲惫。

刘伯承总结定陶战役的主要经验时说:"诱敌入解放区打为有利,但必须组织有力而适当的运动防御,消耗敌人弹药,损伤其人马,造成我主力决战的有利条件。""在战役上,集中优势兵力打敌基干军队、打敌嫡系为有利。此次打整三师,其他不积极配合。

---

[1]《李达军事文选》编辑组编:《李达军事文选》,北京:解放军出版社,1993年版,第249页。

整三师被歼,则全线溃退。"[1]

在做了敌情分析以后,刘伯承、邓小平下定先打整编第三师(原番号为第十军)的决心。对作战的时机,决定乘徐、郑两路国民党军的"钳头"还没有合拢、郑州各路进攻军间隔比较大时果断地发动攻击。

9月3日深夜,晋冀鲁豫野战军集中九个旅的兵力在定陶地区对孤立冒进的第三师进行围歼。到6日中午全歼该师,俘获中将师长赵锡田。接着,野战军主力迅速转移兵力,追歼其他退却中的援军。整个战役历时五天,到9月8日结束,共歼国民党军四个旅一万七千人,其中俘虏一万两千人,缴获坦克六辆、大小炮两百多门、轻重机枪七百一十余挺,枪四千三百多支。晋冀鲁豫野战军伤亡三千五百人。国民党郑州绥靖主任刘峙因此被撤职,由陆军总司令顾祝同兼任。

中原突围、苏中七战七捷、定陶战役,是全面内战爆发后三个重要战役。延安《解放日报》为定陶战役的胜利发表社论,指出:"这是继中原我军突围胜利与苏中大捷之后又一次大胜利。这三个胜利,对于整个解放区南方战线,起扭转局面的重要作用。蒋军必败、我军必胜的局面是定下来了。"[2]

蒋介石在人民解放军的三次胜利中吃了不少苦头,但他并没有从这些事实中得出应有的结论,更不认为战争的局面正在被扭转,相反还认为已实现自己预期的夺占解放区大片土地的目标,倚仗自己兵力上的优势,如果某一路被歼就另调部队迅速补上,继续气势汹汹地向解放区全面进攻。中原解放军胜利突围后,蒋介石

---

[1] 中国人民解放军军事学院编:《刘伯承军事文选》,北京:解放军出版社,1992年版,第346、347页。
[2] 《蒋军必败》,延安《解放日报》1946年9月12日。

在日记中写道:"虽被李先念股牵制我军兵力甚多,而于我之总计划尚无大碍,惟进展时期或须延缓半月耳!"[1]国民党政府国防部新闻局局长邓文仪8月24日在记者招待会上说:"相信战争不会拖得太久,因为中共以八十万军队抗政府之三百万大军,在战争的历史上是没有侥幸的,共军非以一抵十不能获胜的。"[2]国民党军进攻苏中的指挥官李默庵在回忆录中的一段话,也多少能反映出不少国民党高级将领当时的心态。他说:

> 在苏中的七次作战,粟裕称"七战七捷",消灭蒋军六个半旅。当时,我部上报损失,在五个旅左右,约有四万人。有不少官兵被俘后,加入了解放军的队伍,我们还损失了不少武器装备。但是,由于双方作战目的不一样,各自评价也不一样。我当时奉命作战目的主要在于收复地盘,以占领城市,驱走解放军,维护占领区的安全。所以,尽管损失了一些部队,但终收复了盐城以南的大部分地区,保障了浦口至南京的铁路以及长江下游的交通,解除了解放军对南京政府的威胁。从这点上看,我部达到了作战目的。由于我指挥的部队较多,损失一些,也算正常,南京政府从来没有怪罪我什么。[3]

这以后,国民党军队更加加紧对解放区的全面进攻,并且倚仗兵力上的优势,进攻南线和北线都取得较大进展,夺占了解放区大片土地。

---

[1] 秦孝仪总编纂:《蒋介石大事长编初稿》卷六(上册),台北:1978年10月版,第225页。
[2] 《大公报》1946年8月25日。
[3] 李默庵著:《世纪之履》,北京:中国文史出版社,1995年版,第274、275页。

对南线，他们着重进攻皖北和苏北，再向北推进。7月下半月，在皖北地区集结重兵进攻，进展顺利。原在淮南的解放军被迫向东转移到苏北的淮安、淮阴一带。淮北战场上，解放军在8月初对泗县进攻失利，也只得后撤运河以东。国民党军徐州绥靖公署乘势提出为"迅速攻占淮阴、淮安，歼灭苏北共军之目的，以苏北绥靖军向泗阳、淮阴、淮安进剿，开始执行第二期绥靖计划"。[1] 由原担任南京卫戍任务的国民党军最精锐的整编第七十四师担任主攻，桂系部队主力第七军等助攻。8月29日，第七军攻占苏北重镇宿迁。整编第七十四师在第七军之后，经泗阳南下，乘原有守军调整部署而北上的华中野战军主力未及赶到的空隙，凭借优势火力，在9月19日攻占苏皖解放区的首府淮阴，接着又在22日攻占淮安，基本上控制了运河以西地区。淮阴和淮安处在运河和淮河交汇的联结点，是苏北的重要物资集散地，也是解放军在苏北的中心城市，有着重要的战略意义，它的失陷，产生了不小的影响。以后，北上的国民党军又先后攻占高邮、东台、兴化。蒋介石在日记中写道："高邮、宝应相继克服，苏南运河线完全打通矣。"[2] 国民党的另两大主力第五军和整编第十一师在9月20日前后攻占鲁西南重镇菏泽等地，整编第二十六师和快速纵队在10月8日攻占鲁南的峄县、枣庄。国民党军已比较快地把战线向北推进到苏北和鲁南解放区的腹地，企图割断这两个解放区之间的联系。

在北线，东面的国民党军第十三军在8月28日攻占热河省会承德，接着又南下攻占长城要隘古北口、喜峰口。这是他们早就力

---

[1] 徐州绥署纪要，转引自中国人民解放军军事科学院军事历史研究部编著：《中国人民解放军全国解放战争史》第2卷，北京：解放军出版社，1996年版，第74页。

[2] 蒋介石日记（手稿本），1946年10月12日，美国斯坦福大学胡佛研究所藏。

图实现的目标,为的是可以掩护北宁铁路的侧背,保障华北和东北间这条重要交通线的畅通。更严重的是,西面的第十二战区司令长官傅作义集中战斗力较强的主力五个师和四个骑兵纵队(师)共三万多人,沿平绥铁路东进。解放军兵力不足,最初又存在轻敌思想,猝不及防,难以阻挡。9月13日傅军攻占绥东重镇集宁。16日,原来围攻大同已一个半月的解放军被迫撤除对大同的包围。聂荣臻后来说:"从实践的结果来看,发起大同战役,有考虑不当之处。因为大同敌人的兵力虽不雄厚,而城防设施是颇为坚固的。当时我军既没有重武器装备,又缺乏攻坚经验,哪里有把握攻下大同?"[1]大同撤围后,华北解放区的政治军事中心张家口便处在国民党军第十一和十二战区两路主力东西夹击的不利形势下,已无法守住。

国民党对解放区的全面进攻,到1946年10月达到最高峰,使用的兵力由战争开始时的72个旅增加到117个旅,增加了63%。10月份,也是国民党军夺占解放区城市最多的一个月,共63座。

这时,万众瞩目的的战局焦点集中在张家口。9月30日,周恩来给马歇尔的备忘录严正声明:"我兹特受命向阁下声明,并请阁下转达政府方面,如果国民党不立即停止对张家口及其周围的一切的军事行动,中共不能不认为政府已公然宣告全面破裂,并已最后地放弃了政治解决方针;其因此所造成的一切严重后果,当然全部责任均应由政府方面负之。"10月9日,他又致马歇尔备忘录:"现在只有立即无限期地停止进攻张家口,并将进攻部队撤至原防,才是表示政府愿意重开谈判,避免破裂。"[2]

---

[1] 聂荣臻著:《聂荣臻回忆录》(下),北京:解放军出版社,1984年版,第628页。
[2] 中共中央文献研究室、中共南京市委员会编:《周恩来一九四六年谈判文选》,北京:中央文献出版社,1996年版,第654、674页。

但蒋介石大打的主意早已拿定。他陶醉于自己军事上的表面优势，又陶醉于全面内战发动后接连夺取了解放区不少城市。于是，不顾共产党的一再警告和全国各界人民的强烈反对，一意孤行。10月2日，他在日记中记载："约司徒（雷登）来谈，实告其张家口非由中央收复不可。"[1] 11日，傅作义部乘张家口西北方面的守备兵力不足的空隙，避开铁路，绕由长城以北的荒芜之地，突然向张家口扑来，迅速夺占张家口。

蒋介石在当天日记中写道："国防（对北）基点竟告完成，不胜感激天父圣恩。一年来时刻悬虑最重大之一事，至此始得释放也。"第二天又写道："收复张家口实为关内对北最重要亦为最后最大之难关，一年来寝食不安者，实以此为最甚。此一计划与目的果能实现，决非人力想象所能为，若上帝不佑中华之复兴，其盍能致此耶？"[2]

必要时放弃张家口的计划，虽然在9月中旬已经确定，这个决策是正确的，但在华北部队内部仍引起一些思想混乱。"那时候有些同志，尤其是党政机关的一些同志，思想还一时转不过弯来，对于为什么撤离张家口，心里想不通，感情过不去，好像撤离了张家口就不得了，什么都完了似的。"[3] 在具体的作战指导上也有一些教训。当时担任张家口卫戍司令的郑维山回忆道："在西线之所以招致傅作义的突袭，则由于自绥远战役以来的轻敌思想始终未得扭转。首先对傅军东进的路线也作了错误的判断（经兴和而柴沟堡）。这是张家口迅速失陷的直接原因。"[4]

---

[1] 蒋介石日记（手稿本），1946年10月2日，美国斯坦福大学胡佛研究所藏。

[2] 蒋介石日记（手稿本），1946年10月11日、10月12日"上星期反省录"，美国斯坦福大学胡佛研究所藏。

[3] 聂荣臻著：《聂荣臻回忆录》（下），北京：解放军出版社，1984年版，第639页。

[4] 郑维山著：《从华北到西北》，北京：解放军出版社，1985年版，第29页。

攻占张家口，使蒋介石更加得意忘形。他的亲信、国民党政府外交部长王世杰当天在日记中写道："国军攻入张家口，此事证明中共显已过分高估其抵抗能力。""张家口之占领，可以断绝关内共军与关外共军之陆路联络及关内共军之枪弹接济。"[1]当天下午，蒋介石神气十足地宣布根据他们单方面决定而召开的国民大会在下个月举行。他在几天前的日记中早已写道："决心召开国大不再展期，以克共党与各党派延宕扰乱阻碍政治也。"[2]正在奔走调停的中国民主同盟秘书长梁漱溟，早晨看到报上登载着国民党军队攻下张家口的消息时，脱口而出向记者说了一句传诵一时的名言："一觉醒来，和平已经死了。"[3]

作家叶圣陶在10月14日的日记中写道："国民党攻下张家口，宣布召开国大之后，共党尚无所表示。一般论调均以为分裂之局已成，此后将为长期之争战。和平不可致，建国徒成话头，国家地位益低落，人民生活益困顿，前面似惟有一团黑耳。"[4]

司徒雷登第二天在给美国国务卿的报告中写道："恰恰在同一天，张家口陷落与国大召集会的公布同时发生。前者在情绪上激起强烈反响，而后者则导致争论：总统是否有权擅自决定国大日期而不与其他党派领袖协商。蒋的单方面行为反映了独裁专横倾向。共产党正是利用这种反感情绪，将小党派拉向自己营垒。"[5]

---

[1] 王世杰著：《王世杰日记》第5册，台北："中央研究院"近代史研究所，1990年3月影印，第405页。
[2] 蒋介石日记（手稿本），1946年11月1日，美国斯坦福大学胡佛研究所藏。
[3] 罗隆基：《参加旧政协到参加南京和谈的一些回忆》，全国政协文史资料研究委员会编：《文史资料选辑》第20辑，北京：中华书局，1961年版，第259页。
[4] 叶圣陶：《东归日记》，叶圣陶著，叶至善、叶至美、叶至诚编：《叶圣陶集》第21卷，南京：江苏教育出版社，1994年版，第122页。
[5] [美]肯尼斯·雷、约翰·布鲁尔编，尤存、牛军译：《被遗忘的大使司徒雷登驻华报告》，南京：江苏人民出版社，1990年版，第24页。

事情发展到这等地步,国共和平谈判已没有什么可以再谈的了。11月5日,国民党单方面召开的"国民大会"开幕。中国青年党、民主社会党和部分"社会贤达"参加,国共谈判已没有任何意义。19日,周恩来率领中共代表团大部分人员李维汉、邓颖超等(留下董必武等少数人员),结束历时一年多的谈判,乘美军专机返回延安。和谈虽然以破裂告终,但它在国民党统治区民众中留下的影响是什么力量也无法消除的。李维汉在当天回延安的日记中写下这样一句话:"国共谈判破裂了,但我党满载人心归去。"[1]

11月22日,蒋介石在日记中记道:"与宗南、辞修谈军事方略,指示今后作战要旨:应先消灭太行山刘伯承股,然后方可专心对陕北也。"25日,又记道:"我军昨晚决策,对北满、胶东与延安进剿之企图决暂中止,以全力先肃清苏北与剿灭刘伯承主力为第一第二之目标。其次则逐次扫荡晋南,进占长治、上党区,拔除其太行山之根据地老巢,为冬季作战之要领。"[2] 蒋介石全面进攻解放区的军事行动计划已经很具体了,尽管它后来无法实现。

国共谈判破裂,这是时局的一个重要转折时刻。11月21日,中共中央在延安举行会议,出席的有毛泽东、朱德、刘少奇、周恩来、任弼时等二十人。周恩来报告了一年来谈判的经过。毛泽东说:内战打不打得起来的问题,现在这个问题已经解决了,剩下的便是我们能不能胜利的问题了。刘少奇说打的方针是定了。现在证明和是不可能了。胜利从国际国内分析是可能的,但要经过很长的困难时期,要提倡克服困难。这次会议确定了"打"的方针,这是整个客观局势发展所决定的,但也确定现在暂不公开提出"打

---

[1] 李维汉著:《回忆与研究》(下),北京:中共党史资料出版社,1986年版,第652页。
[2] 蒋介石日记(手稿本),1946年11月22日、25日,美国斯坦福大学胡佛研究所藏。

倒蒋介石"的口号。12月9日,一位西方记者向毛泽东提问:"中国国内局势是否就要打下去?"毛泽东回答得很爽快:"是要打下去,因为人家要打。"[1]

其实,国民党军队在内战中的根本弱点已越来越清楚地暴露出来。他的嫡系部队整编第九十师师长严明向胡宗南报告:"本部官兵心理,经此次剿匪可归纳为:一、怕死,不敢与匪接近,对情况道听途说,无切实报告。二、军纪,军行所过,军纪荡然,杀牛,啃包谷梗,翻箱倒箧,奸淫掳掠,无所不为,即以柴火一项而论,山间柴火得之最易,而不一定要用柴火,而都用老百姓之门板。三、通信,无线电已失作用,通信技术不够,人员不够。……四、战术,部队长把许多兵放在山顶上、围寨内,而在隘路口、交通要点上,匪必经之地区,而不放一兵,匪逃跑了,不与你战,你的战术要点变为死点。五、训练上,战斗、纪律及训练皆差,应予严格。"[2]这种状况和抗战时期有很大不同。其中最主要的,一个是士气,一个是同民众的关系,都直接表现出人心向背的趋势。

蒋介石却看不到这些而对军事形势做了完全错误的估计。年终将要来到时,司徒雷登再次向美国国务卿报告:蒋介石约见他,极为乐观地表示:"共产党问题必须以某种方式在半年内解决。""并且也相信能够在六个月内粉碎共产党军事力量。"[3]

和平发展已不可能。中国就是在这种情况下进入1947年的。

---

[1] 中共中央文献研究室编:《毛泽东文集》第4卷,北京:人民出版社,1996年版,第203页。
[2] 胡宗南著:《胡宗南先生日记》(上),台北:"国史馆",2015年7月版,第587页。
[3] [美]肯尼斯·雷、约翰·布鲁尔编,尤存、牛军译:《被遗忘的大使司徒雷登驻华报告》,南京:江苏人民出版社,1990年版,第46页。

第二章　新年前后的抗议美军暴行怒潮

揭开 1947 年中国历史的第一页，国民党报纸上宣传得十分热闹的是在 1 月 1 日这一天公布"国民大会"所通过的《中华民国宪法》和《宪法实施之准备程序》。蒋介石在同一天主持举行隆重的谒陵典礼，并发表告全国军民同胞书，说："今天政府颁布中华民国宪法，国家即已进入民主宪政的坦途，从此全国同胞要认真行使民权，善尽义务，这是民国成立以来一件划时代的大事。"[1]

同蒋介石那样兴奋的口气形成鲜明反差的是，国民党统治区的老百姓对这部《宪法》的公布也好，对当局宣布进入"宪政"时期也好，普遍反应极为冷淡，没有觉得这是什么"大事"，更谈不上"划时代的大事"了。叶圣陶在 1946 年 12 月 26 日的日记中说得很坦率："国民大会已闭幕，宪草已议定，此原是国家大事，而以基础之不稳固，操纵者之别有用心，人皆以玩戏视之。"在 1947 年 1 月 1 日的日记中又写道："今日起放假三日，算是功令，名义为庆祝宪法完成。实则此次宪法，一般民众固未措意，有识之士多不予承认。"[2] 此刻最吸引人们注意力的，却是因驻华美军在北平强行奸污北京大学先修班的女生激起的抗议美军暴行运动正以迅

---

[1] 秦孝仪总编纂：《蒋介石大事长编初稿》卷六（下册），台北：1978 年 10 月版，第 351 页。
[2] 叶圣陶：《东归日记》，叶圣陶著，叶至善、叶至美、叶至诚编：《叶圣陶集》第 21 卷，南京：江苏教育出版社，1994 年版，第 148、150 页。

猛之势席卷全国。

《观察》特约南京通信中做了这样的鲜明对比:"三十六年(注:即1947年)的首都,以两个不同的游行来开始。元旦天气晴朗,国旗飞扬,街上增加了不少'普天同庆'的彩牌楼,只有在各大学中似乎并不欣赏这三天庆祝假期,偏[遍]贴了抗议美军暴行、要求美军退出的提议、文告、宣言、标语、漫画、剪报,几乎是每五分钟贴一批,每一小时开一次会。"[1]这种简单明了的用事实来比较,也许比千言万语的评论更能使人清楚地了解当时的民众情绪,了解中国是在怎样的情况下进入1947年的。

抗议美军暴行运动,在抗日战争胜利后不久能够以这样的声势席卷全国绝不是偶然的,因为这个问题正触及亿万中国人心灵深处最为敏感的痛处。中华民族在一个多世纪以来受尽了外国列强的欺压和侮辱,伤透了中国人的心。特别是经过八年浴血抗战,终于打败长期骑在中国人头上作威作福的日本侵略者以后,每个中国人都觉得扬眉吐气,可以抬起头来做人了。他们最无法忍受的,是重新看到外国列强又以征服者的姿态,无视中国的主权,无视中华民族的尊严和利益,在中国国土上耀武扬威地为所欲为,甚至任意杀害和侮辱中国的同胞。这使每个有爱国心的中国人,都会立刻联想起一百多年来民族的屈辱和苦难,都会抑制不住满腔热血的沸腾,奋不顾身地起来抗争。

抗日战争期间,不少美国军人特别是空军人员来到中国的大后方。他们的人数不多。在中国人看来,他们是盟军,是来帮助中国抗战的,因此对他们怀着一种亲近的感情。当美国军人乘坐军车经过街道时,人们常常友好地伸出大拇指向他们喊道:"顶好!"

---

[1] 本刊特约记者:《南京的新岁》,《观察》第1卷第22期,1947年1月25日。

但战后这种情况很快发生了变化。著名的自由主义知识分子储安平多少带有伤感地写道:"在战争时期,中国人对于美国都怀有一种广泛的好感。这种感情,包含着感激和敬佩两种成分。""但是这种感情在过去短短几个月中,已经起了很大的变化。""这诚然是一个不幸的变化,不幸这又竟然是一个不可否认的变化。"[1]的确,中国人对美国的感情在短短几个月内发生了很大的变化,是谁也无法否认的。这种变化,是事实教育的结果。

抗日战争一胜利,美军集中力量所做的第一件事,就是动用它的空军和海军,帮助远远退缩到西南地区的国民党军队迅速抢运到原来被日本占领的华北、华东和东北去。由他们运送的国民党军队共四十到五十万人。当时作为盟军中国战区参谋长魏德迈把它称为"世界历史上规模最大的空中军队调动"。他在给艾森豪威尔的一份报告中写道:

> 领先收复失地的整军整师的军队由美国飞机空运到上海、南京和北平。从太平洋调来美国第七舰队的一部分军舰,后来运送中国部队至华北,另有五万三千名海军陆战队占领平津地区。负有军事占领任务的中国部队的空运工作由第十和第十四航空队负责,这无疑是世界历史上规模最大的空中军队调动。[2]

美国的海军陆战队,在日本投降前并没有在中国登陆。1945年9月、10月间却开始大批在天津、塘沽、青岛登陆。前后在中

---

[1] 储安平:《我们对于美国的感觉》,《观察》第1卷第11期,1946年11月9日。
[2]《中国战区史料》第2卷,转引自资中筠:《美国对华政策的缘起和发展(1945—1950)》,重庆:重庆出版社,1987年版,第43、44页。

国登陆的海军陆战队达五万人。美国海军航空队三个大队进驻青岛、北平。美国军舰还大批开入上海港口，停泊在黄浦江上。他们来到中国，在名义上是为了帮助中国军队解除日军武装，并遣返日俘。这两项任务的进展出奇地缓慢，驻华美军也就长期停留下来，似乎不打算有什么尽头。

作为主要战胜国之一（号称"四大强国"）的中国，胜利后却在自己国土上长期有外国军队驻留，马路上常看到挟着"吉普女郎"招摇过市的美国大兵驾着汽车横冲直撞，这本身已使人感到难以理解和接受，严重刺伤了中国人的民族自尊心。更何况，许多美国兵在中国土地上，根本谈不上对盟邦的尊重，以这块国土上的主人自居，甚至不把中国人当人看，俨然像征服者来到殖民地那样，肆无忌惮，为所欲为，制造出一起又一起的事端和惨案，这就不能不在中国人心里郁积起越来越强烈的愤慨。

叶圣陶从重庆坐船回到上海，久别归来，刚到吴淞口抛锚，给他第一个印象便是："近处泊美国军舰二十余艘，电灯闪烁，望如厦屋，颇有威胁之感。"[1]寥寥数语，他心中的滋味可想而知。刚从英国归来的著名记者萧乾给外国友人的信中讲得更加淋漓尽致："船一到吴淞口，我就知道形势不妙。一路上，经过许多弱而独立的国家如埃及，引港的（也就是旅行者最初看到的国旗）都是本国人，然而敝国出港迎纳轮船的不但是挂了美旗的小汽轮，一路上停泊的也都是又黑又大的美国军舰；一直到市区，才看见数只笨重木船，上面随风惨淡的摆晃着敝国的国旗。海港是如此，飞机场呢？不论上海的龙华，北平的西苑，把门的是美国宪兵，有

---

[1] 叶圣陶：《东归日记》，叶圣陶著，叶至善、叶至美、叶至诚编：《叶圣陶集》第21卷，南京：江苏教育出版社，1994年版，第32页。

些指示招牌根本不见华文。个个美宪都吃得又肥又大,嘴里照例嚼着口香糖,随嚼随把过客上下打量。只有在初期占领的德国美军军用机场上有过这现象。然而我们还不能发牢骚,一发就是反美,而反美就是反政府,反政府当然即是叛国喽!"[1]

抗战期间蛰居上海的鲁迅夫人许广平在抗战胜利后不过两个来月时写道:"第一件给上海这批吃苦人遇到的是友军(注:指美军)来了,带来大批飞机,满天空旋转,喤喤声飞过的时候,自然有小孩们噢噢的欢迎声,对我们还不直接发生什么大关系。另外从飞机带来的吉卜卡(注:即吉普车,那时是新鲜东西),却是给上海人一新耳目,起先不过少数,停在国际饭店门口比较多。满街横冲直撞却是近来的事,中国也真乏,不曾准备好适应这一环境,每每吉卜卡经过的地方,都带来了好些新印象。比方说,吉卜卡开过来了,正和电车一擦而过,就好像流星擦过地球,险极了。""十字路口转过来了,车声、铃声几乎都没有听得见,车到,人到,或者吉卜卡到,三轮车也到,撞个正着,吉卜卡开过去了,三轮车慢慢拖起来,没奈何自认晦气。""没有把吉卜卡开出来的友军并不少,他们闹酒吧间、咖啡室","他们刚来的时候,许多人见到都怀着尊崇敬佩的情绪接待着的,这些时候,不知怎的却都换了一种漠然处之或敬而远之的态度了"。[2]

这只是刚刚开始,所以话还讲得比较客气。过了两个多月,我们已可看到这样的评论:"最近的上海,几乎已经成了美国兵的世界,吉普横飞,所过之处,伤人毁物,连警察都无法制止。人民的感情,也渐渐改变,不是伸出拇指高呼'顶好'那种情景

---

[1] 萧乾:《给英国老约翰》,《观察》第1卷第9期,1946年10月26日。
[2] 景宋:《上海人》,《民主》第3期,1945年10月27日。

了。"[1]"读上海的报章杂志的言论,对于美军在上海多所攻讦,真是无日无之。"[2]在上海出版的《新华日报》单就1946年报刊上所载美军侮辱中国妇女的事实综合举隅刊出,现从其中选录若干条如下:

1月12日　上海王振犹先生投函《文汇报》说:他居住在霞飞路金神父路附近,每日公毕归家,常见美军醉酒滋事。一日有一水兵,入一商店挟店主之女于腋下,频问要多少钱。某一夜又见美水兵强挟一女子至弄堂,该女子狂呼救命,幸经有人帮助,始得免于侮辱。

3月15日夜　上海新昌路邓姓女子由外归家,竟被四个美兵跟踪闯入,强行奸淫。

4月10日　上海《辛报》载,某女中学生放学经过"美国军人俱乐部"所在地斜桥弄,两个美国水兵从三轮车上跳出,"老鹰抓小鸡般的抓住一个女学生,拖回车上,两个水兵狂搂着她"。

6月28日　重庆美兵四名,竟公然闯入会仙大厦旅社女浴室,对正在沐浴的妇女百般侮辱,复纠集美兵二十余人将该旅社大肆捣毁。

8月26日　《文汇报》读者蒋汉民叙述目睹美军侮辱中国妇女的事实说:"昨夜我同一个友人在南京西路散步,当行至距国际饭店东约六七家门面的地方,见有三个美国水兵癫狂地向东走路,大约是喝醉了酒,抑或装疯作态,走起路来忽而闯向左,忽而向右偏,跌跌冲冲,委实好笑,所以我的视线便老是注意

---

[1] 黄裳:《关于美国兵》,《周报》第20期,1946年1月19日。
[2] 冷红:《论美国军人所说的话》,《民主》第12期,1945年12月29日。

着他们——三个烂水手。""那时候，东面走来一个年约二十五岁左右的女郎，手中提着东西，一本正经地赶路，甫经行近美兵身旁时，其中一个美兵突不顾羞耻地将女子胸前乱摸。那时候我看到这女子可真尴尬极了，便用尽全身之力挣扎，终算被她挣离了魔掌。而看这个不要脸的东西，却很得意地发出疯狂的笑声！8月25日。"

9月1日 住南京中山路服务机关公务员张某之妻、妹二人，晚间观剧归来，为驾吉普车两"友邦"军人跟踪追上，其妹经挣扎逃脱，其妻则曾被拉至某草坪上强奸，达一小时之久，衣裤尽为撕破，乳部重伤。当行奸时，有挹江门宪兵队长目见，竟未敢干涉，仅于事毕护送回家，该两"友邦"军人则扬长驰去。

9月17日 上海《新闻报》载：前晚将近午夜十二时，跑马厅草坪上，经美军巡逻哨兵查见有一少女晕倒碧草如茵之广场上，满脸血斑，衣服不整，当即急救始醒。讯得少女名周根弟，年华双十，在南京中路仙乐斯舞厅伴舞，当晚有稔客菲籍美兵，舞罢携周入跑马厅散步，行至暗处，欲强行非礼，周女力拒，被菲人挥拳击倒，面部受伤出血，即不省人事。其所携皮箧内贮法币二万元，美金票五元，又新制舞衣一件已失去。当由美军送周根弟住医院，一面通知美宪兵查缉该菲人法办。

9月30日 上海《文汇报》载，昨晚十时许，有美海军水手一名，在圆明园路169号大厦门首巨型石柱旁，与一鸠形鹄面之妇人，从事秽亵之性行为，虽其他行人众多，犹复恬不知耻，视若无睹。其后行人驻足而观，愈聚愈众，且有呼喊"MP"（注：即美国宪兵）前来驱逐者。但该无耻水兵，匪特无所恐惧，且益恼羞成怒，于"事"毕之后，竟拔拳乱打行人。当时有好几个行人被打伤或被撕破衣裳,打碎眼镜。[1]

请每个有良心的中国人读一读,这还是什么世界,哪里还是一个号称"四强之一"的战胜国,对这样的事实又怎么能默默地忍受下去?前面所说的,还只是美军侮辱中国妇女的一部分事实。此外,驻华美军的吉普车肆意飞驰在各大城市人众稠密的街道上,碰伤和碾毙行人。单以上海来说,据国民党官方估计,从1945年9月12日至1946年1月10日的120天内,就发生吉普车祸495起,死伤244人。在天津,据《益世报》记载,驻津美军汽车年来闯祸百余起。美军还任意殴打和枪杀中国人。天津农民何万顺在田中割禾,被美国兵当作射击目标打死。天津美兵还把一个流浪街头的11岁的女孩抛入河中淹死。人力车夫更常被打得头破血流,甚至送掉性命。1946年7月30日,一个美国兵在上海雇车,车夫因为不懂英语,动作稍慢,就被美国兵拔刀砍去五个手指。上海的人力车夫臧大咬子因为向美国兵索取应付车资而被美军打死。8月4日,天津美军追捕逃兵,竟"开枪误中值岗警士,当即身死"。[2] 9月7日,美国宪兵又对辅仁大学附中高三学生曾桂明无故开枪射击,身中一弹。[3]这类报道在报刊上经常可以看到。各种骇人听闻的暴行和血案层出不穷。

这些冷酷的事实,使每个有民族自尊心的中国人不能不痛苦地感到:尽管抗战胜利了,外国人在中国领土上耀武扬威的日子并没有过去。人民中郁积的愤怒越来越强烈。全国规模抗议美军

---

[1]《一年来美军侮辱我国女同胞的事实举隅》,上海《新华日报》1947年1月5日。

[2]《大公报》1946年8月5日。

[3]《大公报》1946年9月8日。

暴行运动的爆发,已只是迟早的事情了。

随着大批美军来到中国,美国商品也像洪水一样在中国市场上泛滥起来。美货所以能如此泛滥,除挟有经济优势外,还同美国政治军事势力的深入中国直接有关。抗战刚胜利不久的1945年9月25日,国民党军统特务头子戴笠宴请到重庆访问的美国第七舰队司令金开德海军上将。金开德在席上就公然表示"美国舰队开入中国上海之后,将来即可在中国经商了"。[1]这话说得何等明白。叶圣陶从重庆回到上海后,对美国货的泛滥深感触目惊心。他在日记中一再写道:

> 目前现象,已觉我国衣食住行全将仰赖美国,将来更益发展,殆将如菲列宾之与美国然。此大可痛心矣。(1946年5月27日)
>
> 龙文留饭,谈至九时后而去,其所任事之水泥厂(在无锡)已停止工作,恐将闭歇。缘美国之水泥已到沪,每袋三千元。而无锡之厂,制造一袋所用之煤,即不止三千元,此何可与抗乎,其他工业大抵如是。苟非有整个的彻底的工业计划,我国将无工业可言,而永为美国经济上之奴隶,而今当局固甘为奴隶者也。(5月31日)
>
> 美国货益充斥,且贱如火柴肥皂亦大批运到,小工厂将不能立足。(8月2日)[2]

当时的刊物上也有评论:"住在上海的人,只要一出门便可看

---

[1] 唐纵著,公安部档案馆编:《在蒋介石身边八年》,北京:群众出版社,1991年版,第543页。

[2] 叶圣陶:《东归日记》,叶圣陶著,叶至善、叶至美、叶至诚编:《叶圣陶集》第21卷,南京:江苏教育出版社,1994年版,第76、78、100页。

到满街的美国货。不但工业品,就连农产品如棉花、面粉、大米以至水果、奶粉也是美国货。我们这农业国的地道货质既劣,价尤昂,只好退避三舍。于是我们这个国家眼看要实行全部'美式配备'了。""呜呼,我们打了八年的仗,打成一个菲律宾第二了。"[1]

这使本来处境极端困难的民族工业更加难以维持,陷于停顿和濒临破产。胡厥文在回忆录中说:"美国剩余物资的倾销,加上官僚资本的压迫,在1946年一年,上海的民营工厂就有76%倒闭。"[2]在华北,"民营工业方面无法与美货抗衡,英、加出品也将相继而至。据久大、永利两大化工事业之发言人预料,经济政策如不改善,则此世界知名之大工业,纵不停于战前之军阀作恶,不停于抗战军事,亦将于胜利后之今日宣告停顿"。[3] 这是何等伤心的话!

但美国并不以这种状况为满足。他们支持国民党政府的重要目的之一,是要保证美国资本在中国的特殊权益,是要使中国经济完全处于美国的控制之下,并且用条约的形式把这种特殊权益固定下来。马歇尔来华时,美国政府就把中美商约的谈判同他的来华使命联系起来。

1946年11月4日,国民党政府外交部长王世杰和美国驻华大使司徒雷登在南京签订《中美友好通商航海条约》,并且在一星期内完成了全部批准手续。这个条约共三十条,主要内容有:"缔约此方之国民,在缔约彼方领土全境内,应许其不受干涉,从事并经营依法组成之官厅所不禁止之商务、制造、加工、科学、教育、宗教及慈善事业";"不得阻止缔约此方之国民进入、旅行与居住

---

[1] 木耳:《周末杂感》,《周报》第40期,1946年6月8日。
[2] 胡世华、吕慧敏、宗朋整理:《胡厥文回忆录》,北京:中国文史出版社,1994年版,第97页。
[3] 《大公报》1946年8月6日。

于缔约彼方之领土,以经营中华民国与美利坚合众国之贸易,或从事于任何有关之商务事业";"缔约此方之国民、法人及团体,在缔约彼方领土内之住宅、货栈、工厂、商店及其他业务场所,以及一切附属房地,概不得非法进入或侵扰";"缔约此方之船舶,应许其在缔约彼方现在或将来对外国商务及航业开放之任何口岸、地方或领水内,起卸一部载货,再将余货运往上述之任何其他口岸、地方及领水,无须缴纳异于或高于本国船舶在同样情形之下所应缴纳之吨税或港税,此项船舶出港时,并应许其在现在或将来对外国商务及航业开放之口岸、地方及领水内,同样装货",如此等等。[1]

这个条约是中国在抗日战争期间废除原有不平等条约体系后同外国签订的第一个商约。它最突出的特点是:在"平等"词句掩盖下的极端不平等。表面上,缔约国双方彼此都可以不受限制地在对方"领土全境内"自由设厂、通商、航行;但当时中美经济力量悬殊,中国根本谈不上到美国去自由设厂、通商、航行;剩下的便只有美国可以不受限制地在中国领土全境内自由设厂、通商、航行。那时有一份杂志刊载了一幅嘲讽该条约的漫画,画的是长嘴鹤在一只长颈瓶里喝水,对蹲在旁边的猫说:我们是平等的,都可以自由地在这瓶里喝水。连王世杰在签约当天的日记中也写道:"此约之磋商历时九月,盖彼此虽承认依平等互惠之原则订立此约,然因中美经济状况不同,所谓互惠实际上仍易成为片面之惠。"[2]

---

[1] 中国第二历史档案馆编:《中华民国史档案资料汇编》第5辑第3编,外交,南京:江苏古籍出版社,2000年版,第542、546、557、558页。
[2] 王世杰著:《王世杰日记》第5册,台北:"中央研究院"近代史研究所,1990年3月影印,第417、418页。

十分自然，这个条约一公布便激起中国社会各界的强烈反对。著名经济学家马寅初在条约签订后几天便写文章愤怒地责问道："《中美商约》的谈判经过，我不知道。除了外交部之外，其他机关很少知道，这种秘密谈判，是不应该的。这条约与人民生活有极大关系为什么秘密谈？美国与我们谈判，一定先征求工商界的意见作为根据，但是我们的商人如何？政府问也不问。"他的结论是："这次的条约只是表面上平等，实际上是不平等条约。两国情形不同，不能互惠。"[1]半年后，他又发表一篇《美国为什么对中国有野心》的长篇文章，指出："美国是资本主义发达到高度的国家，他的生产机构是掌握在私人手中，一切生产专以盈利为目的。"他提出一个问题："美国为什么要紧握中国的市场？"并且回答道："我们知道美国的工业生产早已膨胀到饱和的程度。在战争时期，由于军需的庞大，销路不成问题。一旦战争结束，就发生了生产过剩的现象。救济办法，非限制生产力的膨胀，即须寻找制造品的出路。""因此要非法签订所谓中美商约，名为互惠，实则偏惠，名为平等，实则偏面，无非要使中国化为美国的市场。"[2]这对一百多年来饱尝不平等条约之苦的中国人说来，又是一个强烈的刺激。

美国在战后肆无忌惮地干涉中国内政，特别是支持国民党政府打内战，加紧在政治上控制中国，自然更激起中国民众的强烈不满。我们且不引用中国共产党在这方面所做的大量揭露和抨击，就是读一读著名自由主义政论家储安平在《观察》上发表的《我们对美国的感觉》，也可以多少感受到当时弥漫在中国社会中那种

---

[1] 马寅初：《中美商约条文内容空泛，利权丧失无可避免》，《经济周报》第3卷第20期，1946年11月14日。

[2] 徐汤莘、朱正直编选：《马寅初选集》，天津：天津人民出版社，1988年版，第296、300页。

对美国强烈不满的情绪。储安平这样说：

> 现在美国是有钱的国家，中国是贫穷的国家；美国是强大的国家，中国是衰弱的国家；假如美国在此时间，欲使中国为其尾巴，成其工具，是直乘人之危，非尽友邦之道。我们看到现在中国［的］美国人，横冲直撞，任意殴打学生，调戏妇女，碾死行人，简直目无"中国"。我们的政府，在外交上，一味的跟着美国走；在经济上，没有钱就向美国要；在内政上，请美国参加和谈。我们几乎可以夸张地说，今日中国在精神上实已亡于美国了！我们不欲否认，美国之过问中国政治，到头还是为了美国的利益。[1]

是的，长期郁积的愤怒终将爆发，这是谁也阻挡不住的，何况这种愤怒已经不只是郁积在少数人的心头，而是相当广泛地存在于社会大多数阶层中。只要正视这个现实，对1946年和1947年之交的抗议美军暴行运动能够那么迅猛地席卷全国，便不会感到奇怪了。

中共北平市委在《抗暴运动总结》中写道："运动之来，如急风骤雨，看似突然，实则有其深厚的基础和原因。一年多以来，各地美军暴行的层出不穷，经济侵略威胁着每一个阶层，援蒋内战，以及蒋统治的窒息人民，所以累积的怒火由这导火线突然迸发。"[2] 这是中肯的评论。

成为抗议美军暴行运动的直接导火线，是1946年12月24日

---

［1］储安平：《我们对于美国的感觉》，《观察》第1卷第11期，1946年11月9日。
［2］北京市档案馆编：《解放战争时期北平学生运动》，北京：光明日报出版社，1991年版，第70页。

晚（也就是圣诞节前夜），美国海军陆战队两名水兵在北平闹市区的东单操场强奸了北京大学先修班女生沈崇。第二天，亚光通讯社发出这则消息。国民党政府力图把这件事掩盖下去，北平警察局长汤永咸要求中央社通知各报禁止刊登有关消息。26日，《新民报》巧妙地把警察局这个通知改编为新闻在报上发表。同一天，《世界日报》等仍把亚光通讯社这则消息公开披露，全文是：

> 大学女生某，年十九岁。昨晚九时，赴平安电影院看最后一场《民族至上》影片。散场后，忽见身后有美兵两人尾随。进行至东单大操场地方，该两美兵即对该女施以无礼。该女一人难敌四手，大呼救命。适有行路人闻知，急赴内七分局一段报告。由警士电知中美宪警联络室，派员赴肇事地点查看。美兵已逃去其一，当将余一美兵带走。该女被强奸后，送往警察医院检查后，转送警局处理。[1]

北平各大学在这一年正值抗战期间内迁各校复员返回原处不久，燕京大学在5月间完成从四川成都迁回北平，清华大学和北京大学在9月间完成从云南昆明迁回北平，路上历时近一个月，途中艰难劳顿，学校和师生们虽因时局而苦闷，但迁回北平后百事待理。《大公报》报道："教育复员，在文化故都已成为一凄凉悲壮之场面。教育文化工作者历八年来之茹苦含辛后，既不能从事'劫搜'于前，亦不能如地主、买办及亦官亦商者之'复员'于后，恢复其旧有荣华富贵。北大傅代校长斯年为了教授们的辛酸，曾

---

[1] 中共北京市委党史研究室编：《抗议美军驻华暴行运动资料汇编》，北京：北京大学出版社，1989年版，第127页。

慨乎言之,'苦在肚子里',不愿对外声张。"[1]至于原在沦陷区的师生不少人在抗战胜利后初期还对国民党政府抱有幻想,有"正统思想"。爱国民主学生运动一时相对较为沉寂。

沈崇事件的消息一传开,带来猛然的冲击力量。各校学生中立刻沸腾起来,群情激愤,反应极为强烈。首当其冲的自然是北京大学。26日下午,北大红楼大操场西侧的墙上公布了这则惊人的消息。《观察》的北平特约通信写出了当时北京大学学生的普遍心情:

> 看到了这一种消息,每个北大的同学都咬牙切齿,气愤万分,随即墙壁上贴满了红的绿的抗议宣言。他们一致的认为:这是一种兽性的行为,这是新帝国主义者蹂躏中国的深一层的表露,受奸污的不仅是沈小姐一人,而是全中国的妇女,全中国的同胞;如果美军一天不退出中国,中国人民的人权与自由便一天没有保障。
>
> 同时,灰楼有女同学的哭声,有些是愤慨,有些是恐惧,她们说:"我们是来自天南地北的女孩子,没有亲戚,没有友人,美军是这样的暴行,我们是这样的没有保障,谁能担保同样的污辱不会落在我们的头上?"是这样,仇恨与反抗积压着每个年青[轻]人的心头,复员[以]来沉寂的北大要怒吼了。
>
> 当天的晚上,无论在西斋、三院、红楼与灰楼,每个人都抛下了书本,讨论着有关抗议工作的事项,有的并发动了签名;种种激昂的言论与行动,写出了暴风雨前夕的情景。[2]

---

[1]《大公报》1946年7月11日。

[2] 本刊特约记者:《北平学生示威记》,《观察》第1卷第21期,1947年1月18日。

首先起来行动的是：第二天上午12时，北大女同学召开全体大会，议决十项抗议的办法。北大训导长、三青团负责人陈雪屏却说："该女生不一定是北大学生，同学们何必如此铺张？"这些话更加激怒了北大学生。下午6时，史学会召集举行各系级代表大会，在会上成立北京大学学生抗议美军暴行筹备会，决定联合北平各大中学在30日罢课游行。北大全体同学抗议美军暴行大会发出告全国同学书，尖锐地把美军暴行同百年以来中华民族遭受的深重民族灾难联系起来，怀着新仇旧恨，悲愤地责问：

> 为什么经过八年抗战赢得了主权、独立、领土完整的中华民国，如今她的善良的人民仍旧受到外国人的压迫呢？我们的主权独立，为什么我们的司法机关不能审判在我们国境内肇事的外人？我们的领土完整，为什么还有耀武扬威的美国士兵在各地迫害我们的父老兄弟，强奸我们的姊妹呢？
>
> 在过去，我们受了日本的压迫，□□□如今美国代替了日本来迫害我们，来侮辱我们，我们能忍受吗？
>
> 不！绝不！斩钉截铁的不！
>
> 同学们！支持我们！我们同是苦难的一群，为了争取做人的最低权利，争取做一个独立自由国家的公民，我们要拿出一切的力量来，紧密地团结在一起，抗议美军不法暴行，要求美军立即退出中国！[1]

这些含血含泪的文字，无疑能深深打动每个有爱国心的中国

---

[1] 中共北京市委党史研究室编：《抗议美军驻华暴行运动资料汇编》，北京：北京大学出版社，1989年版，第135页。

人，激起他们强烈共鸣。国民党当局为了急于将这场熊熊烈火扑灭下去，又采取了一些愚蠢行动。他们的中央社消息中有"该女子年二十余岁，似非良家妇女"等语。北京大学红楼和总办事处墙上在28日早晨竟贴出几张"情报网"，说是这次受辱的女子是延安派来的特务，故意勾引美军奸淫，以便造成惨案。这样，沈崇在北平的亲属不能不出来声明：沈崇出生于1928年，现在才十八岁零几个月。她是福建闽侯人，曾祖父是曾任清朝两江总督的沈葆桢，父亲是国民党政府交通部的处长，刚从南方来到北平求学，对外界极少交往。这样，国民党当局的愚蠢行动，只能加强和促进抗暴运动的发展。

29日，地处城外的清华大学和燕京大学学生积极行动起来（北京大学的校址当时主要在城内的沙滩）。清华大学学生宣布罢课。燕京大学学生自治会召开全体大会，抗议美军暴行。晚6时，北京大学抗议美军暴行筹委会召开全校各系级代表大会，研究下一步的行动。突然闯来几辆吉普车和大卡车，运来一百多个手执木棍、腰悬手枪的暴徒，自称是中国大学等校的学生，冲进会场，大打出手，并且霸占会场，宣布成立所谓"北平各大学学生正义联合会"，反对举行罢课和游行。这次打砸行动，完全是在国民党当局一手策划下进行的。国民党政府北平警察局内六分局在当晚向北平警察局长汤永咸的报告中写道："北大抗议美军暴行筹备会于今晚召开之第二次会议，因中大一部党团（注：指国民党、三青团）同学赶到参加，并有北大一部分党团同学合作，人数颇多……遂将抗议美军暴行筹备会办公室捣毁，并将写作之标语、壁报撕毁，复继续开会讨论反对游行罢课问题，迄八时半散会。"[1]这件事有如

---

[1] 北京市档案馆编：《解放战争时期北平学生运动》，北京：光明日报出版社，1991年版，第78页。

替学生的抗暴运动火上添油。已经宣布罢课的清华大学学生听到这个消息后,十分愤慨,连夜发动同学签名,决定进城游行。

走在抗议行动前列的仍是清华大学和燕京大学的学生。12月30日清晨,清华、燕京二校召开学生代表联席会议,决定当天进城游行。那天寒风凛冽,气温在零下15℃。两校的游行队伍约一千五百人,打着"抗议美军暴行大游行"的横幅和两校的校旗,顶着寒风,步行四个小时,在中午赶到沙滩北大操场。辅仁、朝阳、中法等校学生的游行队伍也来到北大,和北大学生会合后出发游行。辅仁、师大、铁道管理学院等队伍随后也赶到了,共有八九个大学,五千多人,占北平大学生总数的三分之一稍多。游行队伍经过的地方,到处张贴标语,如"谁无姐妹,岂容美国人强奸""有良心的中国人起来呵,驱逐美军出中国"等。他们到事件发生的东单广场举行街头集会,围观的群众约有两万人。他们还对附近的美军高呼:"Get away! American soldiers!"(美国兵滚出去!)但没有发生殴打外国人的事情。集会进行到下午4时左右结束后,学生们派出二十多个代表到北平行辕请愿,大队经东长安街、南池子口分途回校。燕京大学教授雷洁琼、夏仁德(美籍)参加了游行。北京大学教授许德珩、朱光潜、沈从文、张颐、袁翰青、向达、任继愈、钱端升等四十八人(包括理学院院长江泽涵、法学院院长周炳琳在内)向美国驻华大使司徒雷登送去抗议信。同一天,天津的南开大学和上海的复旦大学、同济大学、暨南大学、上海法学院等校学生也宣布罢课。

第二天,也就是1946年的最后一天,上海的交通大学、复旦大学、暨南大学等十七所专科以上学校举行联席会议,决定成立上海市学生抗议驻华美军暴行联合会,并通过行动办法;南京的中央大学和金陵大学分别召开系科代表大会和全体同学大会，决定举行罢课；江西南昌的中正大学等校学生一千多人举行了示威游行。抗暴运动席卷全国的趋势已很明显。

这次爱国学生运动同中国共产党的关系是怎样的呢？首先，从前面的叙述中可以清楚地看到，这次抗议行动是当时广大爱国学生出自内心的共同要求，符合他们的认识和愿望。这是抗暴运动所以能如此迅猛地兴起的客观基础。离开这一条，任何力量都不可能把这样的抗暴运动强加给学生，更不可能随心所欲地去"运动"学生从事这样或那样的活动。同时，也需要看到：中国共产党在学生运动中的领导作用十分重要。一次群众运动中，有正确的领导和没有正确的领导是大不一样的。这种领导，不是站在群众之外，而是站在群众一起，代表群众的利益和愿望，指明正确的方向和途径，站在前头带领群众步伐一致地去实现自己的要求。中国共产党就是这样做的。

中国共产党在北平各大学中的组织，当时有北系和南系两个系统，都处在秘密状态。北系的北平学委由中共晋察冀中央局城市工作部领导，书记是佘涤清，领导原在沦陷区的各校地下党员。南系是指南方局领导的北平学委，领导原在西南联合大学等校的地下党员，负责人有袁永熙、黎智、王汉斌、李之楠等。"1946年秋季开学后，原在大后方的一些大学复校，学生全部迁京。从此，北平的学生运动是由南系、北系共同领导的。"[1]这两个系统当时虽没有统一领导，党员间也不发生横的关系，但由于宗旨相同，彼此很快相熟，互相心照不宣，能够共同协商，密切合作。

---

[1] 中国人民政治协商会议北京市委员会文史资料研究委员会编：《北平地下党斗争史料》，北京：北京出版社，1988年版，第13、14页。

对地下党来说,"抗暴运动是一场遭遇战",因为谁也无法预先料到会在这时发生沈崇被辱这样一个迅速激起公愤的事件。南系北平学委负责人王汉斌回忆道:"我们到北平,是准备进行长期隐蔽的斗争。"[1] 24日晚的事情一发生,在北平平明日报社任记者的地下党员李炳泉迅速把情况报告党组织。地下党南系和北系北平学委负责人分别紧急商议对策。他们当机立断地做出反应。26日,北系负责人佘涤清和南系负责人单独会见,共同分析形势,讨论如何行动,立即分头做了部署。佘涤清回忆道:

> 我们共同认为,美国政府支持蒋介石打内战,美国兵在中国土地上为非作歹,激起了中国人民的民族义愤,时机对我们非常有利,地下党应当放手发动群众,作出反应,给美蒋以打击。
>
> 北平是在敌人严密统治下的,因此,我们在放手发动群众的同时,在行动上务必谨慎小心,绝不能让艰苦积蓄的革命力量遭到摧残。根据以上看法和分析,我们共同确定:抓住沈崇事件,举起维护民族尊严的旗帜,激发广大群众的民族义愤,放手发动同学们掀起抗议运动,提出惩凶、道歉、赔偿损失等要求。斗争要有理有利有节,从实际出发,根据发动群众的情况来部署行动,包括罢课和游行。我们还商定:北大是关键学校,我们要重点做好北大的发动和组织工作;北大抗议运动,最好由女同学先出面,因为他们先搞更容易获得同情;清华的进步力量占优势,又有全校性的统一的学生自治会,因此,应由清

---

[1] 中共北京市委党史研究室编:《抗议美军驻华暴行运动资料汇编》,北京:北京大学出版社,1989年版,第713页。

华的这个公开合法的组织多出面和各校串连，多做些工作。[1]

各校的共产党员在得到党组织的通知后，立刻站在发动抗暴运动的最前列，发挥了重大作用。作为"关键学校"的北京大学，那时有地下党员一百多人。26日下午最早举行抗议活动的北大女同学大会，就是由在北大女同学会担任领导职务的地下党员刘俊英、耿仁荫、杜平等发动召开的。当晚举行的各系级代表会上，经过一番争执，刘俊英又被推举为大会主席。会议决定：联络各院校的社会团体一致行动；罢课一天；必要时举行游行示威。

这时，壁报虽然贴满了北大民主墙，进步学生的情绪尤为激昂，但大字报都是不具名的，不少政治处于中间状态的学生对进一步采取什么行动仍在观望。北大的地下党员虽多，但也存在一些不利条件：全校的学生自治会还没有成立，在学生中缺少一个经全校选举产生、便于公开地实行统一号召和领导的机构；北大当时有六个学院，学生三千多人，校址分在五处，不易一下集中起来；学校刚刚开学，三部分学生（西南联大、临大和一年级学生）彼此间很不熟悉；国民党、三青团分子在学校里也有相当势力，气焰还很嚣张，有时甚至公开搞打砸抢，对学生中的进步活动进行威胁。在这种情况下，"12月27日北大女同学的一次集会上，曾经举行过一次投票，结果，在三百多人中，赞成罢课的有一百多人，赞成游行示威的只有五十人。在这时候，条件不成熟，如果硬要游行，很可能脱离大多数群众，成了少数左派学生的盲

---

[1] 中国人民政治协商会议北京市委员会文史资料研究委员会编：《北平地下党斗争史料》，北京：北京出版社，1988年版，第274、275页。

动"。[1]抗暴运动的烈火已经在北京大学开始点燃起来,但是,要采取进一步的行动,单靠北大一个学校的力量是不够的,还需要看其他学校特别是在城外的清华大学和燕京大学的态度,如果他们能够进城支援,就可以游行。

清华大学中,中国共产党的力量是比较强的,北系和南系的地下党员加在一起有五十多人,他们在学生自治会、各系系会和进步社团中起着核心作用。复校后第一届学生自治会,经过民主选举,常务理事中就有两名地下党员,常驻会主席严令武也是不久后就入党的进步学生。沈崇事件的消息传来后,地下党员立刻在大饭厅前剪贴和用大字报抄发当时报上关于这一事件的消息。清华园内立刻群情激愤,维护民族尊严的责任感在学生中表现得十分强烈,尽管大考已经临近,大家也无法再坐下来安心读书了。28日,学生自治会召开全校代表大会,决议第二天罢课一天,并组成罢课委员会;至于是不是游行,代表大会授权学生自治会根据运动发展情况做出决定。29日晚上11时,国民党特务打砸北大抗暴筹委会的消息传来,校园里的激愤情绪更加高涨。南系和北系的学委负责人王汉斌、张大中都赶到清华园同校内党员商议,认为发动示威游行的条件已经成熟,立刻连夜发动同学签名表态,共有一千多人签了名,由学生自治会出面负责游行的组织工作,并派人同燕京大学联系。燕京大学是一所由美国教会在中国兴办的大学。那时全校学生约七百人,南系和北系的地下党员有二十来人,是一支不小的力量。燕京大学的学生自治会在1946年6月成立,是抗战胜利后北平各大学中成立最早的学生自治会之一。自治会

---

[1] 中国人民政治协商会议北京市委员会文史资料研究委员会编:《北平地下党斗争史料》,北京:北京出版社,1988年版,第300页。

的几个负责人都参加了地下党的外围组织,后来陆续入党,能够自觉地接受地下党的领导。沈崇事件发生后,燕京大学学生自治会决定罢课,抗议美军暴行。29日晚得知特务打砸北大抗暴筹委会后,也派人到清华联络。30日清晨,清华、燕京两校学生自治会举行联席会议,决定两校在当天联合进城游行,并把这个决定通知了北京大学。12月30日北平各大学抗议美军暴行的示威游行便是这样开始的。它既表现了北平各校学生们相当普遍的强烈情绪和要求,又同中国共产党的发动组织工作分不开。

中共中央在北平学生抗议美军暴行游行的第二天,向国民党统治区的党组织发出《关于各大城市响应北平学生运动的指示》,指出:

> 北平学生因美兵强奸女生事,已造成有力的爱国运动,上海、天津闻亦将响应,望在各大城市(平、津、京、沪、渝、昆、港、蓉、杭等)及海外华侨中发动游行示威,并坚持下去;不能游行的地方,亦可进行请愿及组织后援会,一面提出目前具体要求,如要求此案及以前历次悬而未决的惨案彻底解决,要求美国兵犯罪由中国法庭按中国法律公开审判(如华侨在美犯罪一样)等,一面依据情况联系到美军全部撤离中国,反对美国干涉内政,出卖军火,进行借款,助长内战,及废除中美商约,抵制美货等口号。在运动中要尽量推动一般中立分子出面,造成最广泛的阵容,并利用国民党所宣布的元旦起实行宪法人权条文,采取理直气壮的攻势,使国民党不敢压迫,并达到暴露国民党之媚外卖国及其国大制宪全系欺骗之目的。[1]

---

[1] 中央档案馆编:《中共中央文件选集》第16册,北京:中共中央党校出版社,1992年版,第366页。

抗议美军暴行运动的迅速高涨,使国民党政府大为震惊,担心运动迅速向全国蔓延。

进入1947年的第一天,蒋介石发表告全国同胞书,特地有一段话说:"愿我全国青年对建国大业有所贡献,切不可为别有用心的宣传所摇惑而自误其平生,要知中国最迫切的需要无过于建设,青年应为建设明日的新中国而努力。"1月4日,他接见外交部长王世杰、教育部长朱家骅,查询处理学潮办法,强调:"中美国交与关系,不能以美兵个人罪行,而妨碍破坏。"[1] 同一天,国民党政府行政院长宋子文下令禁止学生示威运动,并饬教育部训令全国各地阻止学生运动。当日中央社南京电称:

> 关于北平美兵奸污女生事件,行政院顷对教育部及各地方政府之指示如次:"根据北平两美兵犯有奸污中国女生情事,现悉:美方已将犯事美兵依法交付军事审讯,我北平市政府亦在就地交涉之中。此事为该犯事美兵之私人行为,犯事者自应受到法律裁判,至中美两国之友谊,自不应因此而受损害,任何人亦不应以此种私人行为为借口,而有损侮我友邦或友邦人民之行动。各学校当局及地方行政机关,务各本此旨,负责劝导,遇有可能越轨行为,并应负责阻止为要。"[2]

抛开那些冠冕堂皇的词句不说,可以清楚地看到国民党政府对事态演变已感到张皇失措,并且力图禁止学生的反美示威活动。

---

[1] 秦孝仪总编纂:《蒋介石大事长编初稿》卷六(下册),台北:1978年10月版,第351、353页。
[2] 中共北京市委党史研究室编:《解放战争时期第二条战线·学生运动卷》上册,北京:中共党史出版社,1997年版,第372页。

但是美军在华暴行已非一日，青年学生中积累的愤慨早已十分强烈，沈崇事件更使学生们义愤填膺，政府这些举措不但无法阻挡抗议美军暴行运动在全国范围内迅猛展开，并且更增强学生们和社会各界对国民党政府媚外政策的不满。

1947年1月1日这一天内，在天津，南开大学、北洋大学学生罢课，并联合各中等以上学校学生两千多人举行示威游行，在沦陷区沉寂九年的《义勇军进行曲》重新唱响起来。学生向报界发表的书面谈话中称："一、我们的态度很公正，正义和爱国心就是我们的背景。二、我们南大和北洋为什么要罢课呢？人人都知道罢课是要荒废学业的，但是罢课是沉痛的表现。三、现在我们的沉痛和愤慨正继续高涨着，游行将要是我们必要手段。"[1]在上海，复旦大学、交通大学等21所专科以上学生一万多人举行游行，38位大学教授联名发表抗议美军暴行书。在南京，中央大学、金陵大学等四校组成反对美军暴行大会主席团，通过罢课、游行等项决定。在苏州，五千多名大中学生举行示威游行。在杭州，浙江大学、医专等校学生两千五百多人举行示威游行。在重庆，重庆女子师范学院及重庆大学女同学会分别发表致沈崇同学慰问信。

就拿上海来说，《群众》所辟"全国学生抗议美军暴行示威游行特辑"中有一篇"记1月1日上海学生抗议美军暴行示威大游行"的报道，其中写道：

> 1月1日，这民族解放的一年的第一个日子，抗击的铁流，从各个学校向黄浦江边汇合。悲愤的歌声，在寒风里振荡。外滩公园门口矗立着"上海市学生抗议驻华美军暴行联合大游行"

---

[1]《大公报》1947年1月1日。

的血的横布幅,仿佛怒视着全市的美军。

暨南、复旦、美专的宣传队,到处发着传单和标语。来往的公共汽车上,贴满了愤怒的口号。用粉笔,用油漆,画着美军暴行的情景。

在美军总部的门口,宣传队把所带的英文标语贴满了石柱、玻璃窗、墙壁。有一位同学没有刷子,就用手抔起面糊头贴。站在门口的美国海军和宪兵,在广大群众的呼喊中,表现着惊愕的神情,逐步向后移动。

交通大学,一直传到最后的暨南大学都在吼叫:中国不是殖民地!中国不是美军占领区!美军立即退出中国!

吕班路口的场面是动人至深的:当宣传车的号筒向人民演讲时,从几条马路赶来了成千的民众。"吉普车撞死的是我们的同胞,被打死的臧大咬子是我们的同胞,被强奸的是我们的女同学,也是大家的同胞。""我们要为这些被撞死、打死、被强奸的同胞们复仇!""我们立刻要求兽军退出中国!"聚集在钟表店门口的老百姓齐声喊起来:"滚出去,滚出去!"靠近左面的徐重道药店门口的群众举起手高呼:"中华民国万岁。"这种打成一片的热烈情绪是以往几次的游行所没有的。[1]

就这样,在1947年整个1月份,上海、南京、天津、武汉、长沙、南昌、济南、广州、福州、桂林、成都、重庆、西安、兰州、开封、洛阳、沈阳、长春、哈尔滨、齐齐哈尔等大中城市的学生不断罢课,举行示威游行,参加的人数达五十万。许多大城市都成立了抗暴联。3月8日,全国学生抗暴联合会在上海成立。

---

[1]《上海学生强大的行列》,《群众》第14卷第1期,1947年1月7日。

学生掀起的抗暴巨潮，在社会各界得到广泛同情，引起强烈反响。

中国民主同盟在1月6日到10日举行一届二中全会。全会的政治报告中说："最近因强奸女生而引起的反对美军驻华运动，普遍到了全国每个都市、每个学校。这种运动的意义十分明显。这不是单纯的反美运动，而是中国人民警告美国离开中国内战的漩涡，而是中国人民反对内战、争取和平的群众大运动！这种运动才是中国和平民主的真基础！这真是中国和平与民主前途的曙光！"[1]

许多著名的大学教授公开站在同情和支持学生抗暴运动一边，有的还参加了学生的示威抗议活动。元旦那天，上海专科以上学生万人大游行时，方令孺、周谷城、周予同、张志让、洪深、郭绍虞、马寅初、萧乾、章靳以、楚图南、蔡尚思、潘震亚、陈子展、蔡仪等三十八位教授联名发表对美军暴行的抗议书，愤怒地写道："此次美兵在北平之暴行乃对我国大学女生而施之，此在其他独立国家之内实为不易想象之事。而其所以竟在我国发生者，实为其战后久以半殖民地视我之所致。平津学生勃然而起，以罢课游行表示其对于此次暴行及美军驻华之主张，上海及京杭各地学生继之而起。我们认为这些学生对于严惩暴行、赔偿损害及美军撤退等主张，按之正义与政治上之需要，均甚正确。应予声援，特此抒告。"[2]

抗议美军暴行运动也发展到台湾。1月9日，台湾大学、师范学院等台北大中学校十几个单位约七八千人，在台北新公园运动

---

[1] 中国民主同盟中央文史资料委员会编：《中国民主同盟历史文献（1941—1949）》，北京：文史资料出版社，1983年版，第284页。

[2]《大学教授对美军暴行抗议书》，《群众》第14卷第1期，1947年1月7日。

场召开抗议大会。主席报告美军暴行经过和开会意义,并且说:"台湾已是中华民国的一部分,我们台湾青年爱国热情并不低于外省各地同学,今天就是我们的表现!"大会高呼"抗议美军暴行""美军滚出中国"等口号。会后,在市内举行游行。[1]

文化界、妇女界、工商界、劳动界团体和著名人士,纷纷发表谈话或公开信,强烈抗议美军暴行,要求美军撤出中国。叶圣陶说:"兽行的军人,必须教他们回国去。兽行发生在他们本国,咱们管不着,可不容许发生在咱们中国。"胡子婴说:"只有美军立刻退出中国,才能消灭这类暴行,不然我们得永远承受如同日军在中国时的同样耻辱!"马寅初说:"假使这种事情也能忍受,中国做奴隶的资格就养成了,我们决不能忍气吞声。""现在的政府到底是中国人的政府,还是美国人的政府?假如是中国人的政府,应该迅即提出抗议,严重交涉,否则就该下台,愧对国人,还有什么面目坐踞高位?"[2]

抗议美军暴行运动,已超越学生运动的范围,形成广泛的人民运动。这是一个有重大意义的进展。1月5日,中共中央的指示中说:"北平学生反对美军的爱国运动,得到上海、南京、天津等地学生的响应。在这一运动中,群众已对美蒋采取攻势,标志着全国性的革命高潮确已接近。对于这一事变的重大意义必须充分估计。"第二天,中共中央又对国民党统治区的党组织发出指示:

此次平津京沪学生的反美示威,成绩甚好,影响甚大。蒋

---

[1] 潘振球主编:《中华民国史事纪要》1947年1—3月,台北:"国史馆",1996年6月版,第131页。
[2] 中共北京市委党史研究室编:《抗议美军驻华暴行运动资料汇编》,北京:北京大学出版社,1989年版,第390、391、392页。

介石在各学校罢课结束后,始发出禁止罢课的命令,同时,也更揭露他的独裁卖国行为。美帝国主义虽万分恼怒,但对示威群众,仍不得不竭力避免冲突,而民族工商业家及自由主义教授,则一致同情这一运动。可见民主爱国运动的基础正日益扩大,与解放区自卫战争的胜利已渐能起着配合作用,而美蒋的统治则日趋孤立,其政策则更加反动。今后在民族主义口号之下的民主爱国运动,定会继长增高,层出不穷。[1]

2月1日,中共中央举行政治局会议,讨论毛泽东起草的《迎接中国革命的新高潮》的党内指示。周恩来在会上做了国民党统治区人民运动的报告。他在这个报告中,第一次把国民党统治区的人民运动称作第二战场。第二战场是一个十分重要的提法。它把国民党统治区的人民运动(特别是学生运动)提到了同第一战场——人民解放战争相配合的地位。他说:反美斗争,去年还不会料到有这样大的发展,因为许多人原来对美国有幻想。现在,学生运动和小贩运动都直接地是反美运动。群众中,从贫民、工农到民族资产阶级都不满美国的压迫。斗争还要继续发展下去。这个运动是配合自卫战争最有力的运动。[2]

学生反美爱国运动经历了暴风骤雨式的高潮以后,怎样才能使它的成果巩固并坚持下去?2月17日,周恩来为中共中央主持起草给北平、天津市委的指示,根据实际情况,提出四条指导原则:"一、积极扩大深入坚持学生爱国运动,并与学生本身斗争联

---

[1] 中央档案馆编:《中共中央文件选集》第16册,北京:中共中央党校出版社,1992年版,第378、383页。

[2] 周恩来在中共中央政治局会议上的发言记录,1947年2月1日。

系起来。二、积极建立与发展青年积极分子的组织。三、党的组织仍应精干隐蔽,不应过分集中统一,但是党员应以群众面目出现,积极影响抗暴。四、对特务秘密捕人计划要公开揭露,取得舆论援助。"[1]

国民党统治区学生运动会这样迅猛地发展起来,蒋介石事前毫无思想准备,采取的对策仍然是他所习惯的极端高压,想用这种手段把方兴未艾的学生运动平息下去。2月13日,他对美国报业访华团谈话时说:"最近之反美运动,乃共产党所制造者。"[2] 17日,北平市警察局和宪兵十九团出动八千余人开展"户口大检查",逮捕两千多人,清华大学、铁道学院等有多名学生被捕。重庆、广州、青岛、天津、昆明等地的学生,也有多人被国民党军警殴伤、被当局逮捕或被学校除名。24日,北京大学和清华大学的汤用彤、向达、朱自清、张奚若等十三位教授联名发表呼吁保障人权的宣言,对北平军警当局摧残人权、非法捕人表示抗议。26日、27日,北大学生为抗议非法逮捕清华大学学生罢考两天。28日,北大、清华、燕京、中法等校学生联合发表告同胞书,抗议非法逮捕,要求保障人权。

这时,学生运动面对的情况确实十分险恶,处理不慎就会招致重大损失。2月28日,周恩来为中共中央起草指示,一针见血地指出国民党所以采取这些高压措施,"其企图不外:一、如我及人民团体、社会舆论默不作声,彼正好得寸进尺,加强镇压;二、如我及进步群众受其挑衅,实行硬碰,彼正好以有准备的打击,挫我锐气,加强恐怖;三、如我只动员少数进步分子提出中间分

---

[1] 中共中央致北平、天津市委的电报,1947年2月17日。
[2] 潘振球主编:《中华民国史事纪要》1947年1—3月,台北:"国史馆",1996年6月版,第541页。

子尚不能接受的口号,进行反抗,正好中其暴露我方力量之计,便于其分化挑拨,各个击破"。在这样复杂的环境中应该怎么办?指示中巧妙地指出:"针对目前蒋的镇压政策,我们应扩大宣传,避免硬碰,争取中间分子,利用合法形式,力求从为生存而斗争的基础上,建立反卖国、反内战、反独裁与反特务恐怖的广大阵线。"在宣传上,对蒋介石的任何一个反对设施、恐怖行为,都要尽情揭露,宣告中外。在行动上,"应避免在不利的条件下去硬碰,这不是保守,而是领导群众变换方式,绕过暗礁"。"此次蒋特捕人打人,是其预定计划,我如不管条件如何,仍在学生中号召游行示威,有遭其屠杀的危险。且一般学生对捕人事件,有愤慨的,也有畏缩的,我应顾及此种不同,联合大多数学生首先向学校当局要求生命保障与释放同学,继之联合学校当局,向地方当局要求生命保障与释放同学。"指示中更重要的是,提出要适时变换斗争策略和口号:"在斗争中要联系到,有时要转移到经济斗争上去,才能动员更广大群众参加,而且易于取得合法形式,有了经济斗争的广大基础,也易于联系到反特务反内战的斗争上去。"[1]

尽管国民党当局继续坚持并加强这种高压政策,3月初又公然强令留在南京、上海、重庆的中共代表团人员全部撤返延安,但是,由于国民党统治区内各种社会矛盾都在进一步激化,又有了明确的指导方针和符合实际的斗争策略,国民党统治区的人民运动不但没有因此发生停顿或遭受重大挫折,相反却迅速地向前发展,不久又掀起了反饥饿、反内战、反迫害运动的更大高潮。

---

[1] 中共中央文献编辑委员会编:《周恩来选集》上卷,北京:人民出版社,1980年版,第268、269页。

第三章　主战场上第一回合的较量

如果说国民党统治区的人民运动是第二战场，那么，更重要的较量自然发生在军事斗争这个第一战场上。

对蒋介石和国民党政府来说，当1947年到来时，尽管在新年文告中郑重其事地把那部"宪法"的公布称作"一件划时代的大事"，其实连他们自己也没有把它真看作是那么一回事，无非是用来哄哄老百姓和应付美国人罢了。他们的真正注意力依然集中在军事问题上，依然想以速战速决的手段来消灭中国人民解放军，消灭中国共产党。

这时，全面内战已经经历了整整半年。国共双方的战略指导方针已经清楚地显示出来。那是两种不同的指导方针。

中国共产党，在战争实践中认真总结经验，很快就提出：要以歼灭敌人有生力量为主要目标，不以保守或夺取地方为主要目标；在战役部署和战术部署上，都要应用集中优势兵力、各个歼灭敌人的作战方法。

这种战略指导方针和作战方法，从根本上说，是中国共产党自建军以来的传统做法。但这时的客观条件和以前已有很大不同：在十年内战时期，国民党兵力远远超过工农红军，双方力量悬殊，战争的主要形式是"围剿"和反"围剿"，革命根据地的地域比较窄小，部队运动的回旋余地不大，也难以大规模地歼灭敌人；抗日战争时期，敌我力量对比更为悬殊，八路军和新四军以分散兵力打游击战为主，以集中兵力打运动战为辅。现在情况改变了：尽管国民党军队的武器得到加强，而人民解放军的数量和质量、革命根据地的规模，都已今非昔比。因此，必须根据新的历史条件，在实践中迅速探明并掌握新的战争的特殊规律，以指导战争并赢得胜利。

全面内战爆发后，人民解放军在初期的作战中，在相当程度上同时担负着战略侦察的性质。中共中央一直密切地注视着战局的发展，细心观察国民党军队的长处和弱点，从解放军作战成功或受挫的实践中，总结能够克敌制胜的有效办法。1946年7月16日，中央军委根据晋冀鲁豫野战军陈赓纵队在晋南作战的经验，致电各局、各军区转各师各纵首长，指出："我陈赓纵队现已开始作战，采取集中主力打敌一部、各个击破之方针，取得两次胜利。我各地作战亦应采取此种方法，每次集中火力打敌一部，其比例应为三对一，最好是四对一，以求必胜，各个击破敌人。"[1]同月20日，毛泽东为中共中央起草党内指示，明确地提出："战胜蒋介石的作战方法，一般地是运动战。因此，若干地方、若干城市的暂时放弃，不但是不可避免的，而且是必要的。暂时放弃若干地方若干城市，是为了取得最后胜利，否则就不能取得最后胜利。此点，应使全党和全解放区人民都能明白，都有精神准备。"[2]8月28日，苏中七战七捷将要胜利结束时，毛泽东又为中央军委起草电报，总结华中野战军的经验：每战集中绝对优势兵力打敌一部，故战无不胜，

---

[1] 中共中央文献研究室、中国人民解放军军事科学院编：《毛泽东军事文集》第3卷，北京：军事科学出版社、中央文献出版社，1993年版，第348页。
[2] 中共中央文献编辑委员会编：《毛泽东选集》第4卷，北京：人民出版社，1991年版，第1187页。

士气甚高；缴获甚多，故装备优良；凭借解放区作战，故补充便利；加上指挥正确，既灵活，又勇敢，故能取得伟大胜利。[1]

到这年9月16日，也就是全面内战爆发刚刚两个半月后，毛泽东为中共中央军委起草党内指示：在军事指导方针上已经形成一条明确而系统的新思路。以后解放战争的胜利推进，就是循着这条思路一步一步发展下去的。指示写道：

> 我军应以集中兵力打运动战为主，以分散兵力打游击战为辅。而在蒋军武器加强的条件下，我军必须特别强调集中优势兵力、各个歼灭敌人的作战方法。
>
> 集中兵力各个歼敌的原则，以歼灭敌军有生力量为主要目标，不以保守或夺取地方为主要目标。有些时机，为着集中兵力歼击敌军的目的，或使我军主力避免遭受敌军的严重打击，以利休整再战的目的，可以允许放弃某些地方。只要我军能够将敌军有生力量大量地歼灭了，就有可能恢复失地，并夺取新的地方。[2]

蒋介石和国民党政府的战略指导方针恰好相反。它是：倚仗自己兵力，特别是武器装备的优势，以夺取地方为主要目标。具体地说，准备沿主要铁路干线由南向北，夺取重要城市，控制交通线，分割解放区，再对被分割的解放区进行"分区清剿"，以消灭解放军，变解放区为国民党统治区，力争在三至六个月内消灭

---

[1] 中共中央文献研究室编：《毛泽东文集》第4卷，北京：人民出版社，1996年版，第175页。
[2] 中共中央文献编辑委员会编：《毛泽东选集》第4卷，北京：人民出版社，1991年版，第1199、1200页。

关内的解放军主力，下一步再解决东北问题。蒋介石下这样的决心，也是经过一番考虑的，并且认为自己拥有以往不具备的条件，因而是可行的。他对军官训练团第二期全体学员的讲话中，颇有信心地对他这种战略指导方针做了说明：

> 你们在前方作战的将领，对于匪军（注：这是蒋介石对人民解放军的称呼，下同）的弱点，当然看得很清楚。我今天只指出匪军的一个致命的弱点，就是匪军无论如何集中兵力，负隅顽抗，始终不能掌握任何重要的据点，不能占据任何重要的城市。他对于重要城市和交通要点，不但无力进攻，并且不能据守。他最大限度，也只能临时袭击，而不能长时占据。大家要知道，现代作战最紧要的莫过于交通，而控制交通就先要能控制都市，因为都市不仅是经济政治文化的中心，一切人才物资集中之所，而且在地理形势上，他一定是水陆交通的要点。我们占领重要都市之后，四面延伸，就可以控制所有的交通线，交通线如果在我们控制之下，则匪军即使有广大的正面，也要为我所分割，所截断，使其军队运动的范围缩小，联络断绝，后勤补给都要感到困难，终于处处陷于被动挨打的地位，所以匪军不能占据都市，实在是他致命的弱点。大家还要知道，不能掌握交通要点和大城市，对于政治经济以及宣传号召，也有莫大的影响！因为没有大城市作为根据地的匪军，就永远只能流窜，永远只能算是流寇，不能使别人相信他的力量。
>
> 现在我们明白了匪军最大的弱点之所在，就可以针对匪军的这种弱点来决定我们作战纲要，第一步必须把匪军所占领的重要都市和交通据点一一收复，使共匪不能保有任何根据地。

第二步要根据这些据点，纵横延展，进而控制全部的交通线。如果所有铁路公路交通运输都控制在我们的手中，则我军运输方便，进退自如，一个兵即可当十个兵之用，一团兵即可当十团兵之用。同时匪军方面则因占领地区被分割，兵力便无法集中。须知过去匪军之所以能做到"以大吃小，以多吃少"，完全是他们机动性大过我们，行动飘忽，随时可以集中他的主力来消灭我们一点。现在我们如能掌握交通，使匪军不能自由调动，不能集中主力，则他们"以大吃小，以多吃少"的策略就无法实现，而我们正可反其道而行之，用"以大吃小，以多吃少"的方法来消灭他们，因此我们作战的纲领可以说是先占领据点，掌握交通，由点来控制线，由线来控制面，使匪军没有立足的余地。[1]

既然在他看来，"没有大城市作为根据地的匪军，就永远只能流窜，永远只能算是流寇"，他在1947年2月17日在中央党部及国民政府联合总理纪念周上的讲话中又对"流寇"问题进一步发了一通议论：

> 现代战争和古代已大不相同，现代交通工具进步，兵员运动迅速，政府有飞机、火车、汽车和坦克，调动方便，流寇绝无隐蔽容身之地，怎么还能存在？大家要知道，过去时代的流寇，只有两种本领，一种是负隅，凭借险阻，顽强抗拒；其次是流窜，政府向东进攻，他们就向西流窜，政府向南进攻，他

---

[1] 秦孝仪主编：《蒋介石思想言论总集》卷二十二，台北：中国国民党中央委员会党史委员会，1984年10月版，第112、113页。

们就向北流窜,例如唐末的黄巢,就是以流窜为能事,又如清代的捻匪,正在今日的豫东一带流窜了三年,政府要去追剿十分困难。但现在的情形却完全不同了,交通如此发达,武器如此进步,无论什么险阻,经不起飞机的轰炸,无论流窜如何迅速,赶不上火车汽车,所以流寇是无法存在的。[1]

陈诚这年7月7日在国民党中央党部纪念周上做军事报告时还夸耀说:"收复苏北,使匪之食粮供应困难,鲁南之匪以苏北为补给仓库,苏北收复后,山东山地之匪已丧失补给来源,给养极度困难。"[2]

应该看到,蒋介石倚仗自己的优势兵力,夺取解放区许多重要城市,打通一些交通线,蹂躏大片解放区土地,确实取得一些进展,给解放军带来不少困难:根据地缩小或被分割,使部队打运动战的回旋余地减少,稍有不慎,还会因孤立缺援而被各个击破;后方供应基地受到破坏,部队的弹药和粮食的补给常常遇到困难;一些重要城市的放弃,也容易使士气和民众心理多少受到影响,解放区的干部和官兵大多是本地人,看到家乡被蹂躏,难免会出现某些思想混乱以至埋怨情绪。解放军付出的代价是不小的,它所面对的局势相当严峻。

但是,蒋介石在一个根本点上估计错了:人民解放军不是"流寇",并且从1929年红四军第九次党的代表大会起一直坚持地反对"流寇思想"。它并不以大城市为根据地,而是以广阔的农村为

---

[1] 秦孝仪主编:《蒋介石思想言论总集》卷二十二,台北:中国国民党中央委员会党史委员会,1984年10月版,第20页。

[2]《大公报》1947年7月9日。

根据地。它的指挥员和战士大多是来自翻身农民的子弟兵,内部团结,士气高涨,能够不怕疲劳地连续作战,能够隐蔽地发动突然袭击,或迅速转移,跳出国民党军队精心策划的包围圈。它得到当地民众的全力支持,能够严密封锁消息,能够就地取得必要的人力和食品支援。经过前一阶段的历次战斗,解放军的武器装备(特别是重武器装备)得到明显增强,各级指挥员积累起对付具有现代武器装备的国民党军队的丰富作战经验。粮食供应的困难也是可以克服的。相反,蒋介石本来为数有限的用于野战的军队,随着对解放军一些城市和交通线的占领,不可避免地要以一部至大部改任守备,占地愈多,兵力愈分散,加上在作战中不断被歼,它的野战兵力正越打越少。这些,都是蒋介石没有看到或不想看到的。

郝柏村以后有过一段反思:"中共与国民党在斗争策略最大差异,在共党深入农村基层其所控制地;国军虽进入,但不能建立有效政权与控制基层社会,军队到那里,党政到那里,军队撤退了,党政亦不能原地生存。共党则是以党政掩护军队,军队撤退了,其党政仍在原地有效施政,包括对军队的物质支持。通常大军离开补给线则不能生存,而共军则不然,只要在其党政控制区内,不须补给站,地方政府就是全面的补给线。鲁西、冀南、豫东、皖北,均为农村地区,共党地方政权控制已久,能发挥其全面补给、全面情报、全面反情报,故刘伯承以二十万以上大军,可在其区飘忽行动,完全立于机动、主动地位,而难于捕捉聚歼。"[1]

国民党方面编写的战史,谈到华东地区作战时,在战略方面

---

[1] 郝柏村著:《郝柏村解读蒋公日记(1945—1949)》,台北:天下远见出版公司,2011年6月版,第238页。

做了这样的检讨:"当时徐州绥署之战略观念(构想),系以扩大占领地域为目的(渐及于规复苏北打通必要交通线),故平均使用兵力,同时向多方面发展。因此,既无歼灭匪军之意图,亦无捕歼匪军之方案及部署。此为在战略构想上最大之错误。""俟匪军有生力量消灭后,广大地区自然可以获得。反之先求控制地域,致兵力渐形分散孤立,予匪军实施运动战(机动作战)逐次击灭之好机,匪且趁机发展壮大,致使双方战力,匪长我消。"[1] 撇开其中一些污蔑性用词不说,也且不讨论国民党军队有没有可能先来消灭人民解放军的有生力量,那么,他们检讨中指出的战略性错误有相当大部分是符合实际情况的,只是他们还没有勇气指出这种战略观念不仅是徐州绥靖公署的,其实正是蒋介石的战略指导方针。

由于战争指导方针的不同,国共双方这时对战局发展前途的估计也根本不同。

中共中央在1947年2月1日召开的政治局扩大会议上,通过毛泽东起草的《迎接中国革命的新高潮》的党内指示。指示中写道:"去年七月至今年一月的七个月作战,已歼灭蒋介石进犯解放区的正规军五十六个旅,连前共达一百个旅左右,则军事形势必将发生重大的变化。"[2] 毛泽东在会上所做的口头说明中讲得更明白:"革命胜利还有相当长的时间,我过去曾说过,少则三年到五年,多则十年到十五年。假如以少则三年到五年来说,那末,从日本投降时算起到现在已经过一半了,即一年半了,但最后的困难我们

---

[1] "三军大学"编纂:《国民革命军战役史第五部——"戡乱"》第2册(下),台北:"国防部史政编译局",1989年11月版,第64页。

[2] 中共中央文献编辑委员会编:《毛泽东选集》第4卷,北京:人民出版社,1991年版,第1211、1212页。

还要估计到。"[1]他已经在安排革命胜利的时间表了。

蒋介石做出的却是另一种估计。有如前引，他在1947年2月17日那次讲演中所说：

> 一年余以来，政府要收复什么地方，就收复什么地方，长春如此，张家口也是如此，而最关重要的要算收复苏北和鲁南，因为苏北湖沼纵横、鲁南丘陵起伏，交通不易恢复，最便于匪军的藏匿和逃窜而终于被国军所收复，这是前方将士英勇奋斗的成绩。政府于去年计划在五个月内收复苏北，直至今年一月底正式将共产党驱逐为止，此预定期间，也不过超过了一个月。最近共产党在鲁南如果完全失败，则黄河以南便不复有容身之地。所以在这种交通和军事情势之下，共产党绝对不能流窜幸存。现在共产党还想把政府拖倒，这无异是一个幻梦，不料某报反而替他们宣传，真是可笑之至！[2]

现在，我们就来看一看这两种不同战争指导思想在现实战局中是怎样较量的，看一看哪一种对战局发展的估计符合客观实际。

国民党统帅部心目中，进入1947年后同解放军决战的主战场是山东。

作为实行这种决战的第一步，1946年和1947年之交，战火的焦点在苏北和鲁南。蒋介石在1946年12月17日日记中写道："涟

---

[1] 中共中央文献研究室编：《毛泽东文集》第4卷，北京：人民出版社，1996年版，第223页。
[2] 秦孝仪主编：《蒋介石思想言论总集》卷二十二，台北：中国国民党中央委员会党史委员会，1984年10月版，第21页。

水、邳县皆已收复，苏北不久肃清矣。"[1]前面说到，他在1947年元旦所写"本年工作要目"中又规定：1月间，先肃清苏北，再打通陇海铁路，再行北上，可见他在发动全面内战初期的军事行动，确实是按照原来的设想部署的。在前一阶段的作战中，国民党军已先后控制淮北、淮南、苏中三个地区，解放军在苏北回旋机动的余地已大为缩小。参谋总长陈诚在1946年11月15日的国防部作战会议上提出："为争取主动计，我应采取战略攻势、战术守势、分区扫荡原则，先肃清苏北、鲁中地区，再准备解决刘伯承匪部主力，进一步再准备对刘伯承、聂荣臻两股匪军联合之作战。"[2]所以，把进攻的主要力量放在这块战场上。他们有一个完整的设想：准备打通陇海铁路徐（州）海（州）段，把华中和山东解放区分割开来，先夺占苏北，再进军鲁南，力求在山东同华东地区的解放军主力进行决战，至少将他逐到黄河以北。

根据这一部署，蒋介石大大增强进攻华东解放区的兵力，调集主力二十多个旅，由徐州绥靖公署主任薛岳在1946年12月7日下达命令，兵分四路，向苏北、鲁南大举推进：一、整编第十一师和第六十九师共六个半旅由苏北宿迁向沭阳、新安镇进攻；二、整编第七十四师和第二十八师、第七军（相当整编师）共七个旅由淮阴向涟水进攻；三、第一绥靖区司令官李默庵指挥的六个旅继续由苏中的东台北上，进攻盐城、阜宁；四、整编第二十六、五十一、五十九、七十七师附第一快速纵队共九个旅在鲁南向临沂进犯。这四路进攻相互呼应，各路都在12月13日开始行动，确

---

[1] 蒋介石日记（手稿本），1946年12月7日，美国斯坦福大学胡佛研究所藏。
[2] 国防部作战会议（第21次）纪录，转引自中国人民解放军军事科学院军事历史研究部编著：《中国人民解放军全国解放战争史》第2卷，北京：军事科学出版社，1996年版，第153、154页。

实气势逼人。中共中央军委做了这样的估计:"薛岳所属李默庵(苏中)、李延年(苏北)、冯治安(鲁南)、王敬久(鲁西)、王耀武(胶济)及直属各部共达八十个旅,为全国第一强敌,而我苏中、苏北现处困难中。"[1]国民党军统帅部的企图是把华东地区的解放军分割成相互隔离的四块或五块,再进行分区"清剿"。

在四路进攻中,整编第十一师和整编第七十四师是蒋介石的精锐主力。这两路进攻的矛头集中地指向山东解放区和华中解放区的接合部,企图强行切断这两个地区之间的联系,以便实施各个击破,先分割围歼处在陇海铁路以南的华中野战军主力,再全力进攻以临沂为首府的山东解放区。这是相当狠的一招。

再看整个华东战场上解放军的状况:抗日战争胜利后,罗荣桓率领山东部队主力、黄克诚率领原在苏北的新四军第三师已北上东北。这两支大部队北上后,在陈毅率领下接防的山东野战军只辖有第一、二纵队和鲁南第八师(最初还有第七师,在11月间归华中野战军建制);粟裕率领的华中野战军有第一、六两个师和第七、九两个纵队(以后又增加第七师),虽然取得苏中的七战七捷,但毕竟双方兵力悬殊,只能从苏中撤出,逐步向北收缩。淮阴、淮安失陷后,华中野战军已面临被国民党军队三面包围的危险;运河线以东的苏北根据地已形成长蛇形,只剩下盐城、阜宁、涟水、沭阳四城,缺少足够的回旋余地;部队经过连续四十多天的激战后相当疲劳,需要适当的休整和补充;迎头压来的全副美械装备的整编第七十四师等部,战斗力远比李默庵所率各部为强,解放军当时还不具备歼灭该部的条件。如果同山东解放区的联系被切断,华中野战

---

[1] 中共中央文献研究室、中国人民解放军军事科学院编:《毛泽东军事文集》第3卷,北京:军事科学出版社、中央文献出版社,1993年版,第546页。

军面对的局势将十分困难，处理稍有不慎，便会陷入危局。

针对这种状况，中共中央早已下了将山东野战军和华中野战军会合并统一指挥的决心，在9月间就提出："山野华野两军集中行动，两个指挥部亦应合一，提议陈毅为司令员兼政委、粟裕为副司令员、谭震林为副政委，如同意，请即公布（对内）执行。"[1]两野战军领导人也深感：华中、山东长期相依，合则俱存，分则俱亡。陈毅随即来到华中分局，从10月底到11月初在涟水西北陈师庵等地先后召开多次干部会议，分析战局，树立高度集中统一的思想。12月9日，陈毅在回鲁南后率领山东野战军主力南下，12日，粟裕从苏北盐城兼程北上，到达陈毅处，共商会同作战的部署。

国民党军队的四路进攻，来势虽猛，兵力虽众，但也存在着明显的弱点：正面拉开三百多里，间隙甚大，利于解放军对他们各个击破。需要做出决断的是，首先击破其中的哪一路。

在四路进攻中，对解放区威胁最大的是分别由淮阴和宿迁出发的两路。从淮阴东扑涟水的整编第七十四师装备精良，战斗力强，当时难以将它歼灭。从宿迁向东北进攻沭阳这一路中，整编第十一师虽是精锐主力之一，但刚到苏北，地形民情都不熟悉；而和它同路推进的整编第六十九师轻举冒进，同整编第十一师之间又有矛盾，这两支部队难以紧密配合、协同作战，山东野战军主力的待机位置正好处在该部进攻方向的两侧。因此，陈毅在权衡几种方案的利弊后，倾向于集中力量先打这一路。中共中央军委在粟裕到达陈毅处的第二天电示："整十一师到达宿迁后，必配合六十九师及预三旅等向沭阳进攻，惟有歼灭该敌方能保持沭阳在我

---

[1] 中共中央致陈毅、张鼎丞、邓子恢、粟裕、谭震林电，1946年9月23日。

手中。"[1]陈毅、粟裕随即下定决心先歼整编第六十九师,再伺机打击整编第十一师。山东野战军第一纵队司令员叶飞回忆道:

> 首先打击宿迁出犯之敌,吃掉这一路的全部或大部,尔后伺机歼灭另一路,这个作战方案的依据是:整六十九师师长戴之奇是三青团中委,急于想先进新安镇,封锁陇海路,抢夺头功,向蒋介石邀赏,而他的广东部队尚未受我打击,骄狂轻率,前进较快;胡琏的整十一师虽系陈诚的起家本钱,为国民党军的五大主力之一,但刚调来宿迁,因此先打戴之奇这一路对我军有利。而且整六十九师除原辖的六十旅及重建的二七六团外,其四十一旅原属整二十六师马励武部,预三旅原属整五十七师段茂霖部,工兵五团属国防部,各成系统,矛盾较多,战斗力较弱,容易击破并歼灭之。宿北的地理位置,也有利于我军于战后向北、向西机动作战,保持主动。[2]

人民解放军投入宿北战役的兵力,主要是山东野战军,包括第一、第二纵队和第八师等;那时华中野战军的主力第一师正由盐城北上、第六师正在涟水抗击整编第七十四师等的进攻,但它的第九纵队和第七师一部也投入了这次围歼整编第六十九师的战斗,开始了两个野战军的共同作战。这是战场上出现的重要变化。

戴之奇部原来以为整编第二十六师等这时向临沂的进攻一定可以牵制住原在鲁南的陈毅部主力,根本没有想到山东野战军主

---

[1] 中共中央文献研究室、中国人民解放军军事科学院编:《毛泽东军事文集》第3卷,北京:军事科学出版社、中央文献出版社,1993年版,第575页。

[2] 叶飞著:《叶飞回忆录》,北京:解放军出版社,1988年版,第386页。

力会在这时南下出其侧背，全师放胆东进。这个师和整编第十一师的进攻目标分别是沭阳和新安镇，他们越向前进，彼此间的距离就拉得越大。在陈毅、粟裕指挥下，人民解放军一部迅速切断整编第六十九师同整编第十一师之间的联系，阻击整编第十一师来援；而集中了三倍于敌的兵力将立足未稳的整编第六十九师合围于宿迁以北。

合围后，战局发展得很顺利。宿迁以北地区地形开阔，多为平原，只有几个小高地。村庄小而密，没有水壕城垣，无险可守。12月15日黄昏，解放军乘整编第六十九师翼侧暴露、各部间出现较大空隙的机会，以突然行动对它发起攻击；同时，顽强地阻击各路来援之敌。经过四天激战，到19日上午，将整编第六十九师全部歼灭。该师师长戴之奇自杀，副师长饶少伟及官兵一万六千多名被俘。整编第十一师也受到重大打击。整个战役共歼灭国民党军三万三千多人。这是一次巨大的胜利。苏中七战七捷歼敌五万多人是七仗的总和，其中最大的一仗歼敌一万七千多人，宿北战役比那一仗的规模更大。

宿北战役使华东战场局势为之改观。这以前，国民党军队分四路向苏北和鲁南解放区压来，形成半包围圈，解放军在战场上处于被动地位。华中野战军更有被分割包围的危险。宿北战役的胜利，打垮了这四路中威胁最大的一路，不仅在半包围圈上撕开了一个缺口，打破了国民党军队切断山东和华中两野战军之间联系、迅速结束苏北战事的企图，反而切断了国民党军队四路之间的南北联系，把他们分割成山东、苏北两坨，为下一阶段的鲁南作战创造了有利条件。

更加重要的是，在这次战役中，华东地区两个野战军实现了会师：华中野战军撤离苏中战场后到达苏北，山东野战军也从运河线上西撤到运河以东的苏北地区，改变了过去各自在淮北、苏中作战的情况。两军从战略上的配合，转变为集中在一起进行战役上的协同。两支野战军的领导机构也合并为一个。陈毅在宿北战役结束后给中共中央的电报中写道："过去的问题是山东部队常不安心南下作战，华中部队亦不肯入鲁作战。数月来的矛盾，由于战局演变，现已解决，今后可集中从鲁南向南打。"[1]当然，两个野战军的全部集中仍需要有个过程。叶飞在回忆录中写道："山野、华野两支野战军全部集中作战，那是宿北战役以后的事了。"[2]

山东野战军和华中野战军在陈毅、粟裕统一领导下全部集中作战，使解放军在华东战场上真正集中了兵力，形成强有力的拳头，能够灵活机动地夺取战场上的主动权，打更多有声有色的大仗。这在此前是难以办到的。

宿北战役临近结束时，解放军领导机构曾考虑：下一步应该在哪里作战，是在鲁南还是苏北？ 12月18日，毛泽东为中央军委起草给陈毅、粟裕的电报，提出应以在鲁南为宜："此战胜利，整个苏鲁战局好转，涟水暂失将来可以收复，也一定要收复。但第二步作战，似以集中主力歼灭鲁南之敌，并相机收复枣（庄）峄（县）台（儿庄），使鲁南获得巩固，然后无顾虑地向南发展，逐步收复苏北、苏中一切失地。究应如何，望按实情处理。"[3]

这两支野战军会合后，以军力论，在各解放区中已占第一位。

---

[1] 中国人民解放军军事学院编：《陈毅军事文选》，北京：解放军出版社，1996年版，第359页。

[2] 叶飞著：《叶飞回忆录》，北京：解放军出版社，1988年版，第397页。

[3] 中共中央文献研究室、中国人民解放军军事科学院编：《毛泽东军事文集》第3卷，北京：军事科学出版社、中央文献出版社，1993年版，第581页。

随着他们在宿北战役后向北转移，山东对人民解放军来说，成为同国民党军队作战的主战场。这个主战场的胜负如何，对全国战局起着举足轻重的作用。

继宿北战役进行的鲁南战役，是国共双方在进入1947年后的第一场大仗，也是山东野战军和华中野战军全部集中后在山东一起打的第一场大仗。宿北战役在12月19日结束，鲁南战役从1月2日开始，中间相隔只有十二天，解放军主力还要从苏北转移到鲁南，所以这两次战役实际上是连续进行的。

鲁南解放区是抗日战争时期建立起来的老解放区，群众基础好，基层组织严密，地方武装民兵也比较坚强。"枣庄、傅山口、卞庄线以北为山区，道路狭窄，不利于大兵团机动；该线以南为平原，交通便利，但地势低洼，每逢下雨，道路泥泞，车辆不便通行。山东解放区首府临沂到新安镇一线是沟通鲁南与苏北两解放区的交通干线。"[1]

国民党军队虽然在宿北战役中受到沉重打击，但没有放弃原定的作战计划。在攻占皖北、苏北后，便以四个整编师和配备美式重武器的第一快速纵队，向鲁南大举进攻。其中，整编第二十六师和第一快速纵队已经推进到临沂西南三十公里的卞庄、向城一带。宿北战役后，他们受到很大震动，立刻停止前进，就地构筑简易工事，转入防御。但他们怎么也没有想到，解放军主力在经过宿北的激战后竟会不停顿地迅速回师鲁南，连续作战，所以戒备松懈；部队东西摆成一字长蛇阵，首尾长达二十五公里，容易受解放军夹击；它同左右两侧的西北军冯治安部和东北军周毓英部矛盾较

---

[1] 南京军区《第三野战军战史》编辑室著：《中国人民解放军第三野战军战史》，北京：解放军出版社，1996年版，第80页。

深，并且相距在三十公里左右，因而处于孤军突出的地位。

陈毅、粟裕等经过反复研究，认识到中央军委、毛泽东所以一再指示要在鲁南作战，实际上已明确了今后一定时期内山东将是主要战场这个问题。鲁南巩固了，再南下、北上或西进都能取得行动自由。他们决定在回师鲁南时，一开始就集中二十七个主力团去打孤立突出的整编第二十六师和快速纵队三个旅六个团，这样，兵力四倍于敌，可以有取胜把握。12月23日，他们命令已集中在宿北的山东野战军、华中野战军主力秘密兼程北上，会同原在鲁南和从鲁中南下的部队，迅速投入这场战斗。25日，中共中央军委致电陈毅、粟裕，批准他们的计划，指出"鲁南战役关系全局，此战胜利即使苏北各城全失亦有办法恢复"，并且要求他们"打一比宿北更大的歼灭战，第一仗似以打二十六师三个旅为适宜""究应如何，望根据具体情况处理"。[1]

1947年1月1日，解放军各路参战部队都已隐蔽到达进攻出发位置。整个战役分为两个阶段：先歼整编第二十六师及第一快速纵队，再攻歼峄县和枣庄的守军。

这时正是新年元旦。整编第二十六师师长马励武（黄埔一期生）对解放军主力的隐蔽北上毫无觉察，认为前方平静如常，便离开部队在峄县城内同家眷一起过年。1月2日晚，解放军按原定部署突然发起进攻。整编第二十六师原是北伐前直鲁联军旧部，曾先后由徐源泉、丁治磐统率，具有较强的战斗力，但这时失去指挥，又在毫无准备的情况下仓促应战，上下一片混乱，到4日清晨已大部被歼。这是1947年打的第一仗。

---

[1] 中共中央文献研究室、中国人民解放军军事科学院编：《毛泽东军事文集》第3卷，北京：军事科学出版社、中央文献出版社，1993年版，第591页。

1月4日上午，第一快速纵队和整编第二十六师残部全力向峄县方向突围。第一快速纵队是国民党军仅有的三个机械化纵队中装备最好、战斗力最强的一个，下辖整编第八十旅及战车、汽车、工兵、炮兵等部队，装备中型、轻型坦克36辆，原来的番号是装甲兵团。它的战车部队曾受美国军官训练，抗战时在印缅战场作过战。但在突围时，突然风雪交加，国民党空军无法掩护，坦克常陷于泥泞的道路上。解放军又在他们必经的途中炸桥、破路、挖掘深沟，战士们爬上坦克向里塞进手榴弹。结果，除七辆逃到峄县外，其他突围部队全部被歼。解放军还缴获了炮五团的一〇五榴弹炮，是抗战时驻印军所属新式炮兵团的，从而很大改善了华东野战军的重武器装备，在以后的战役中发挥了不小的作用。

气势汹汹地向临沂推进的整编第二十六师和第一快速纵队共两万多人，为什么出人意料地在三天内遭到全歼？除解放军指挥的正确、指战员的英勇善战和当地老百姓的全力支援外，从国民党军方面来看，不久后在峄县缴获的马励武日记把原因归结为："孤军深入已属犯兵家大忌，而况孤军久立，不退亦不进，致为'匪'乘！"他还写道：

推其原因：（一）为我战略之错误，不该令我师久暴于无依托之地位，所谓孤军深入"匪区"，无援无依，兵家之大忌！（二）我师既不能进即可退回以保实力，后既无援，应于情况不利前自动退至有利地带，以待战机之到来。（三）"匪"对我孤军深入一切明了后，乃下定一完善之作战计划，将我全面包围，所谓陷入重围成为被动！第二日更各个施行包围，以致成为死消耗战，以如此精良之武器而卒陷于各个击破之惨境，岂不可痛？

（四）苦战两昼夜损失甚大乃令突围，而气候又下大雨，加之干部死伤甚多，战力亦消耗太大，致突围时无强大力量抵御"匪"之包围攻击，卒成覆败之局，亦云惨痛而空前矣！[1]

蒋介石本来把"此次陇海东段之会战"看作"整个剿匪成败之最大关键"。[2]这次失败完全出乎他的意料。他在1月5日的日记中写道："半年以来剿匪损失，以此为最大。此乃徐州绥署伯陵（引者注：即主任薛岳）指挥错误，对战车重炮皆置于最前方突出部，且其时甚久，此无异送精械于匪部。"[3]它给蒋介石精神上的打击很大。他在日记中又写道："今日因向城损失太大，故大小动作无不惊心吊胆也。手拟令稿，且戒前方各军师长，使之戒惧毋忽也。"他撤换薛岳，将徐州绥靖公署改为陆军总司令徐州指挥部，由顾祝同移驻徐州并兼顾郑州的军事指挥。

解放军这一次胜仗打得干净利落，接着就是如何进入第二阶段，抓紧乘胜扩大战果。那时，南侧的冯治安所部整编第三十三军（即第三绥靖区）已向后撤退，西渡运河，依托既设工事固守，河流湍急，解放军强渡不易，难以围歼；而西侧的峄县、枣庄敌军孤立突出，驻守在那里的整编第二十六师残部和整编第五十一师内部混乱，士气低落。陈毅、粟裕决定迅速调整部署，全力西进，进攻峄县、枣庄。这又是出乎国民党意料的。

攻打峄县的战斗进展顺利。1月9日晚发起攻击，迅速扫清外围，直逼城垣。峄县守军兵力薄弱，但城防工事坚固。解放军

---

[1] 枣庄市出版办公室编：《鲁南战役资料选》，山东：山东人民出版社，1982年版，第152、153页。
[2] 蒋介石日记（手稿本），1947年1月9日，美国斯坦福大学胡佛研究所藏。
[3] 蒋介石日记（手稿本），1947年1月5日、7日，美国斯坦福大学胡佛研究所藏。

调集炮兵、主要是刚从国民党军第一快速纵队缴获的榴弹炮组成四个炮兵群,向城内区分目标,猛烈轰击,完全压制住守军火力,随即突入城内。经过一昼夜激战,到 11 日拂晓全歼守军,俘获留在城中的整编第二十六师师长马励武。

枣庄矿区筑有大批集团碉堡群,市内又有众多坚固的建筑物和煤矿坑道。解放军受到顽强抵抗。攻城部队经过充分准备,调集更多兵力,在强大炮火支援下,进行连续爆破,在 19 日下午发起总攻,进入市区,同守军展开逐屋争夺。到 20 日中午,终于全歼守军整编第五十一师师部和两个团,俘获整编第五十一师师长周毓英。

这样,历时十八天的鲁南战役胜利结束,共歼国民党军两个整编师、一个快速纵队,共五万三千余人,其中俘虏一万七千余人,缴获坦克二十四辆,汽车四百七十余辆、各种火炮二百余门,打破了国民党会攻临沂、围歼华东解放军主力的计划。

蒋介石在 1 月 25 日所写的"上星期反省录"中记道:"本月第二十六师与第五七一师之两师师长皆被俘,旅长被俘者共有三人,新式重炮三十六门,其余各种大炮损失之数大小共有二十门之数。共匪获此至少约有三分之一能用,藉此攻击我据点。此枣庄之所以失守,可云二十年剿匪以来最大之损失,能不戒惧?"[1]

鲁南战役是山东、华中两个野战军完全会合后,统一指挥,集中兵力进行的一次大歼灭战,关系重大。它首创了华东战场上一次歼敌两个整编师的纪录,进一步丰富了实施大规模运动战和攻坚战的经验。缴获的大量装备特别是坦克、火炮等重型武器,俘获的大批技术人员,为此后组建特种兵纵队提供了物质和技术基础。这很大地增强了解放军的武器装备和战斗力,粟裕总结说:

---

[1] 蒋介石日记(手稿本),1947 年 1 月 25 日,"上星期反省录",美国斯坦福大学胡佛研究所藏。

"宿北、鲁南两个战役的胜利,使我军实现了自己的战略意图,夺取了战场的主动权。在以后作战中,进行莱芜、泰安、孟良崮等战役时,就主动得多了。""特别是使山东和华中两野战军在作战思想、指挥关系和组织编制等方面实现了统一,为尔后扩大胜利、进行更大规模的运动战和歼灭战奠定了基础。"[1]部队中原来因两淮和苏北地区被国民党军队占领而出现的消极情绪扭转了,士气普遍高涨。

当解放军发动晋南战役时,国民党军负责鲁西的冯治安部并无动作。时任顾祝同参谋的郝柏村写道:"冯治安部为旧西北军,抗战时在台儿庄表现很好,但内战时期显然官兵的战斗意志不若共军,甚至意图保存兵力,此为对日抗战与内战之重大精神分界。"[2]

鲁南战役胜利结束后,根据中共中央军委的命令,山东野战军和华中野战军正式统一整编为华东野战军,陈毅任司令员兼政治委员,粟裕任副司令员,谭震林为副政治委员,下辖九个纵队,还新建了一个特种兵纵队(下辖榴炮团、野炮团、骑兵团、工兵营和特科学校),都在山东解放区作战。不久,又成立两个纵队在苏中、苏北敌后坚持战斗。陈毅在山东临沂附近举行的野战军干部会议上讲话,说:"我华东野战军是山东、华中部队的汇合,是全解放区兵力最大集中的地方,是解放区爱国自卫战争主要战线之一,又是美蒋集中大军进攻的主攻方向。特别今后山东地区的战争,将成为中国人民与美蒋恶势力的决战场所之一,因此,我

---

[1] 粟裕著:《粟裕战争回忆录》,北京:解放军出版社,1988年版,第450、451页。
[2] 郝柏村著:《郝柏村解读蒋公日记(1945—1949)》,台北:天下远见出版公司,2011年6月版,第228页。

们的任务很大，担子很重。"[1]除华东野战军外，还成立了华东军区，辖三十万人。这次整编，统一了组织、编制、制度，进一步实现了集中统一指挥，充实了部队的人员和装备，大大提高了解放军在华东战场的作战力量，为迎接将要到来的山东这个主战场的更大规模作战创造了十分重要的条件。

这时，华东战场的格局已发生很大变化：当华东野战军集中力量进行鲁南战役时，从盐城、涟水、宿迁北上的国民党军队已推进到陇海铁路的徐州至海州一线。双方主力在鲁南形成对峙局面。国民党军队察觉华东解放军主力确已进入鲁南地区，便准备集中主力向山东解放区大举进攻，陈诚在1月间亲自到前方指挥，声言要在鲁南实行决战；华东野战军主力集结在临沂周围休整待机，准备迎击前来进攻的国民党军队。双方都严阵以待，以主力对主力。鲁南上空战云密布，一场大战已显得迫在眉睫。

国民党当局在宿北、鲁南两次战役失利后，急于想打几个胜仗，又误把侵占苏北和皖北解放区、将华东野战军挤到山东视为"战略上的胜利"。蒋介石在1月9日就曾致电陆军总司令顾祝同说："此次陇海东段与鲁南之作战，实为堵截共军成败之惟一关键，万不可以一隅之得失，而置根本计划于不顾。""必须先集中我主力对付陈毅一股以后，再肃清刘伯承股，此为既定不易之方针。"[2]10日，整编第七十四师攻占解放军在苏北的最后一个县城沭阳。20日，国民党军队打通已中断一年多的陇海铁路东段，更使他们十分得意，认为可以集中力量进攻鲁南了。陈诚到前方后，决定薛岳仍

---

[1] 中国人民解放军军事学院编：《陈毅军事文选》，北京：解放军出版社，1996年版，第361页。
[2] 潘振球主编：《中华民国史事纪要》1947年1—3月，台北："国史馆"，1996年11月版，第124页。

驻徐州,他自己进驻陇海铁路东端的新安镇指挥作战。

他们判断华东野战军主力必定会固守作为山东解放区首府的临沂,认为:"临沂为鲁南东部交通中枢,交通线四通八达,北及西北至沂蒙山区各县均有公路或大道可通,故扼沂蒙山区南侧要冲,对匪军而言,势在必守。"[1]因此,在1月下旬制订了"鲁南会战"计划,调集十一个整编师三十个旅组成南北两线兵团,以临沂、蒙阴为目标,实施南北对进,准备两面夹击:南线由整编第十九军军长欧震指挥八个整编师、二十一个旅,分三路北犯临沂;北线由第二绥靖区副司令官李仙洲指挥三个军九个旅,南下直驱莱芜、新泰、蒙阴地区。此外,以八个整编师担负陇海、津浦、胶济铁路沿线守备任务;还从冀南、豫北抽调四个整编师集结于鲁西南地区,企图阻止晋冀鲁豫野战军东援和华东野战军西撤。1月27日,一年前被迫起义的郝鹏举率部两万多人在赣榆叛变,被任为国民党军鲁南绥靖区司令官兼第四十二集团军总司令,所部置于海州以西,担任进犯临沂的侧翼掩护任务。国民党军队集中这样巨大的兵力,包括几支精锐主力,以志在必得之势,向一个解放区发动进攻,在过去还不曾有过,真有点"黑云压城城欲摧"的架势。2月2日,蒋介石到徐州,主持徐州绥靖公署军事会议,部署"临沂主力战"的作战方案。他在日记中写道:"共匪在鲁南非决战不愿放弃""不如此不能聚而歼之矣。"[2]

华东野战军原来准备在临沂外围,灵活机动地伺机对进攻中的国民党军实行各个击破,并据此做出了部署。粟裕在《莱芜战

---

[1] "三军大学"编纂:《国民革命军战役史第五部——"戡乱"》第2册(下),台北:"国防部史政编译局",1989年11月版,第205页。

[2] 蒋介石日记(手稿本),1947年2月10日,美国斯坦福大学胡佛研究所藏。

役初步总结》中说道:"在我主力未转移北上时,我原定于临沂外围歼灭敌人,并做了保卫临沂的准备与部署,发出了作战预备令,提出了在临沂及其以南对敌作战的三个方案。""但当我于正面加强压力后,敌仍采取稳扎稳打、步步为营战法,缓步齐头前进。"[1]华东野战军参谋长陈士榘回忆录中也写道:进攻的国民党军队"每日平均以约十公里的速度逐步推进"。"我们等待了四天,在南线未获良好的战机。"[2]华东野战军为了寻找歼敌机会,曾经采取各种手段逼迫他们突出一路,但国民党军并没有中计,反而停滞靠拢,就地构筑工事,等待北线兵团逼近后再行决战。仅仅在沂河、沭河之间宽约三四十里的正面上就摆了二十多个团,而且行动谨慎,不易各个击破。甚至当华东野战军第二纵队在2月6日和7日包围并全歼处在东侧白塔埠地区的原伪军郝鹏举部时,其他国民党军队不但没有东援,反而向后退缩。在这种情况下,华东野战军如果向国民党主力所在的南线兵团出击,只能打些击溃仗,很难达成全歼其中一部的目的。而国民党军的北线兵团此刻正在迅速向南推进,2月4日占领莱芜、颜庄。

就在同一天,中共中央军委致电陈毅等,指出为了打好这一仗,必要时可放弃临沂。电文中说:"敌愈深进愈好,我愈打得迟愈好;只要你们不求急效,并准备于必要时放弃临沂,则此次我必能胜利。"[3]军委还致电刘伯承、邓小平,要求晋冀鲁豫野战军直接威胁并抑留国民党军第五军邱清泉部及其他部队不致东援。

---

[1]《粟裕军事文集》编辑组编:《粟裕军事集》,北京:解放军出版社,1989年版,第294、295页。

[2] 陈士榘著:《天翻地覆三年间——解放战争回忆录》,北京:中共中央党校出版社,1995年版,第205页。

[3] 中共中央文献研究室、中国人民解放军军事科学院编:《毛泽东军事文集》第3卷,北京:军事科学出版社、中央文献出版社,1993年版,第653页。

"这时，陈毅同志提出了一个重要设想：既然南线敌人重兵密集，战机难寻，而北线敌孤军深入，威胁我后方，我们不如改变原定作战方针，置南线敌重兵集团于不顾，而以主力北上，以绝对优势兵力，歼灭北线之敌。"[1]这个及时大幅度调整作战部署的计划得到中共中央军委批准。

此刻，十分重要的是要隐蔽全军意图。如果风声稍有走漏，孤军深入的国民党军北线兵团会迅速缩回，整个作战计划就会全盘落空。2月10日，华东野战军留下第二、第三纵队伪装全军，在南线采取宽正面的防御，命令全军主力分三路隐蔽地兼程北上。同时，又部署一部分地方武装进逼兖州，并且在运河上架设浮桥，在黄河边筹集渡船，使国民党军造成华野主力准备将抢渡黄河西进的假象，以迷惑国民党军。

国民党当局对华东野战军的真实意图毫无察觉，而对他们想象中的"临沂争夺战"寄以极大期望。2月4日，中央社发表"一周战况的综合观察"，大吹大擂地说："鲁南共军自知末日将临，妄图作困兽斗，自1月31日由蒙阴抽调兵力万余兼程增援临沂，同时集中主力于枣庄、郯城、临沂中间地区，以防国军反击。本月1日以来，国军节节推进，大规模歼灭战态势已成，一般预料半月内即可得辉煌战果。"[2]他们认为：鲁南局势渐临决定阶段。其实，情况有如郝柏村后来所说，国民党军"鲁南主力进展迟缓。国军此时处境是主战场求决战不可得，支战场则挫败与被动"。[3]

---

[1] 粟裕著：《粟裕战争回忆录》，北京：解放军出版社，1988年版，第461页。
[2] 《大公报》1947年2月5日。
[3] 郝柏村著：《郝柏村解读蒋公日记（1945—1949）》，台北：天下远见出版公司，2011年6月版，第236页。

2月15日，华东野战军放弃临沂城。蒋介石、陈诚等误以为解放军已无力决战，只得"向北逃窜"，夸大宣传在临沂外围歼灭共军十六个旅，督促南北两线兵团加紧对进夹击。蒋介石在当天日记中写道："此次战略可说完全成功。"[1] 16日兴高采烈地致电陈诚、薛岳："今经我大军围堵，临沂既告收复，而刘股则形成流窜，陈股亦受我南北夹击，东临大海，西阻湖山，跼促一隅，惟如过去各级指挥官每以部队疲劳过甚为虑，或以战场局部胜利为满足，不能鼓励将士急起直追，则虽克城复池，仍不能将其彻底肃清，至蹈九仞一篑之覆辙，务希激励所部各级扫荡，以为一劳永逸之计。"[2] 国民党中央社2月17日电称："鲁南战局自临沂经国军收复后，共军新四军已成土崩瓦解之势。"[3] 国民党军第二绥靖区司令官兼山东省政府主席王耀武回忆道：

> 解放军第三野战军（注：指华东野战军）自临沂向北转移后，陈诚就捏造战绩，谎称已把第三野战军击败，以图借此振作士气。他还打电报给我说："我军在苏北和鲁南与敌作战，歼敌甚众。敌军心涣散，粮弹缺乏，已无力与我主力部队作战。陈毅已率其主力放弃临沂，向北逃窜，有过黄河避战的企图；务须增强黄河防备，勿使其窜过黄河以北，俾便在黄河以南的地区歼灭之。"

陈诚把这个捏造的战绩报告给蒋介石后，蒋介石就以为第三野战军已无力量与国民党的主力部队作战，梦想乘机将第三

---

[1] 蒋介石日记（手稿本），1947年2月15日"上星期反省录"，美国斯坦福大学胡佛研究所藏。
[2] 秦孝仪总编纂：《蒋介石大事长编初稿》卷六（下册），台北：1978年10月版，第392页。
[3] 《大公报》1947年2月18日。

野战军陈毅所指挥的部队吸引于新泰、莱芜地区而消灭之。他与陈诚拟定了新的作战布置,由陈诚电令我执行。其电令的大意如下:"匪军在临沂等地失败后,已无力与我军主力作战,有北渡黄河避战的企图,着该司令官派一个军进驻莱芜,一个军进驻新泰,诱敌来攻,勿使其继续北窜。待我守军将敌吸引住以后,再以部队迅速增援,内外夹击而歼灭之。"[1]

郝柏村在解读蒋介石1月间对山东战局的指挥时写道:"蒋公领导风格,事无巨细,都常详尽指示或手令。古语云:'将在外,君命有所不受。'而蒋公指示过详,未必与第一线情况相符,但前方将领对蒋公指示,一向绝对服从,故有强其所难之态度。"他又写道:"从一月以来的军事发展来看,共军不但不怕打,而且更具信心而敢打、能打了。1946年的整个军事战,国军是求战共军之主力专以歼灭,而共军避免决战的战略是成功的。共军在1946年面临国军攻势,一面避免主力决战,故突围者突围(如李先念),后撤者后撤(如苏北、鲁西),但仍待机集中兵力突袭一点,吃掉国军整编师级单位,这就是毛泽东'伤十指不如断一指'的战略。"[2]

现在来看山东的北线情况。

当时由第二绥靖区副司令官李仙洲指挥的北线兵团共三个军(第七十三军、十二军、四十六军)。第十二军是东北军,军长霍

---

[1] 王耀武:《莱芜蒋军被歼记》,全国政协文史资料研究委员会编:《文史资料选辑》第8辑,北京:中华书局,1960年版,第120、121页。
[2] 郝柏村著:《郝柏村解读蒋公日记(1945—1949)》,台北:天下远见出版公司,2011年6月版,第229、230页。

守义为保存实力,常常不听指挥,避免打硬仗。第七十三军是湖南部队,抗日战争中曾受王耀武指挥,抗战胜利后调赴南京,担任首都外围守备任务,1946年6月初由王耀武要求,经徐州空运济南,沿胶济铁路向东推进,是这三个军中的骨干力量。第四十六军是广西部队,原为整编师,该军的一个师长海竞强是白崇禧的外甥。它在1946年8月从海南岛海运到青岛。11月间王耀武急于要打通胶济铁路,以利济南的补给,要求第四十六军从青岛向西推进。经过小的战斗,这两支部队在坊子附近会合,打通了胶济铁路。"这一小仗的结果,官兵心里骄傲起来了,以为人民解放军装备差,不能打硬仗。"[1]

为了急于实现南北夹击的意图,对解放军又抱着轻视的态度,北线兵团从胶济铁路上的明水出发,经吐丝口镇南下,走的是一条几近直线的路线。这条路线的地势对南下的国民党军队十分不利。国民党山东省党部主任委员庞镜塘曾提出"采取由吐丝口南下,则军队进入峡谷,前后便不能互相策应,首尾不能相顾,最后终于全部被歼为止,这是下策。在对敌方的情况还不够十分了然的情况下,万不可轻于采用,国防部所决定采用的正是这条路线。"[2]他还致电国民党中央秘书长吴铁城,要他同陈诚商洽,但陈诚并不采纳,还再三电令第二绥靖区遵照前令执行。王耀武在这次战役后所写《战斗详报》中也写道:"鲁中地区皆为绵亘之山地,尤以博山、新泰以东迄沂蒙一带,岗峦重叠,地势险要,中多羊肠

---

[1] 杨赞谟:《国民党桂系第四十六军在莱芜战役的覆灭》,山东省政协文史资料委员会、莱芜市政协文史资料委员会编:《莱芜战役纪实》,北京:中国文史出版社,1995年版,第205页。

[2] 庞镜塘:《关于莱芜蒋军被歼记一稿的补充材料》,全国政协文史资料研究委员会编:《文史资料选辑》第23辑,北京:中华书局,1962年版,第226页。

小径，殊碍大军之运动，而明水经大寨、吐丝口至莱芜及博山经莱芜至新泰公路悉遭匪军破坏，且沿途到处埋设地雷，设伏截击，运输联络至为困难。"[1]但在陈诚严令下，北线兵团仍沿这条路线南下。到解放军从临沂撤守前，第十二军新编第三十六师（由伪军改编）留在吐丝口镇，第七十三军进驻莱芜东南的颜庄，第四十六军作为先头部队已在2月8日占领新泰，摆成首尾不能相顾的一字长蛇阵。

尽管解放军撤出临沂后，蒋介石、陈诚认为华东野战军已无力决战，严令北线兵团迅速南下增援，王耀武却比他们要清醒一点。他觉得陈诚夸大了战绩，因为这以前国民党军在苏北和鲁南地区没有歼灭过解放军一个整师或一个整纵队，这次没有经过激烈战斗便迅速进入临沂；又据逃回的被俘人员说，解放军死伤虽多，但补充的新兵和武器很多，士气旺盛，绝不是无力作战；还据空中侦察，发现解放军有向北运动迹象。第二天便自行决定李仙洲集团全线后撤。李仙洲回忆道："（2月）16日早4时，奉到王耀武电令，着整编第四十六师（注：该整编师到达青岛后已将番号恢复为第四十六军）即由新泰撤回颜庄，前方指挥所及第七十三军（欠一师）撤至莱芜县城及其附近地区。"[2]前方指挥部立即转令实施。

但是，蒋介石却认定华东野战军主力将向西北运动，抢渡黄

---

[1] 第二绥靖区司令官王耀武莱芜战斗详报，中共山东省党史资料征集研究委员会、中共泰安市委党史资料征集委员会、中共莱芜市委党史资料征集委员会编：《莱芜战役》，山东：山东人民出版社，1986年版，第436页。

[2] 李仙洲：《莱芜战役落荒被歼始末》，中共山东省党史资料征集研究委员会、中共泰安市委党史资料征集委员会、中共莱芜市委党史资料征集委员会编：《莱芜战役》，济南：山东人民出版社，1986年版，第409页。

河。他得知王耀武将李仙洲集团北撤后，立刻加以指责，并且严令王耀武必须确保莱芜、新泰，并派部队向大汶口方向袭击。蒋介石给王耀武电令的大意如下："佐民弟鉴：匪军在苏北、鲁南地区作战经年，损失惨重，士气低落，现已无力与我主力部队作战，并有窜过胶济、北渡黄河避战的企图。为了吸引住敌人，不使北渡黄河得有喘息的机会，而在黄河南岸将敌歼灭，以振人心，有利我军以后的作战，切勿失此良机，务希遵照指示派部进驻新泰、莱芜。新、莱两城各有一军之兵力，敌人无力攻下，敌如来攻，正适合我们的希望。"[1] 在蒋介石严令下，2月17日，王耀武又命令第四十六军掉回头去重占新泰，第七十三军军部率一个师折返颜庄。这样忽进忽退，往返奔波，使李仙洲部疲惫不堪，怨声载道。

这时，华东野战军主力悄悄北上合围的部署已近完成。20日中午，解放军在博山以南地区伏击，并在第二天拂晓全歼正自张店经博山南下归还建制的国民党军第七十三军第七十七师。21日晨，又包围了国民党的粮弹基地吐丝口镇，切断了李仙洲部的北撤道路。这一切，完全出乎国民党军队意料。蒋介石在20日日记中写道："研究对陈、刘二股的黄河各渡口进击部署及搜炸东阿、东平、宁阳、汶上各县区域，以阻制其渡河计划。"到21日，才得知"悉麻峪、何东庄有的营被俘，及吐丝口阵地被匪冲破，情势甚危，不胜挂虑"。[2] 王耀武、李仙洲手忙脚乱地急令已由新泰撤至颜店的第四十六军再撤至莱芜，同第七十三军会合。而中央社对外依然宣传："被困沂蒙山区共军21日拂晓前向北麓之莱芜及其

---

[1] 王耀武:《莱芜蒋军被歼记》，全国政协文史资料研究委员会编:《文史资料选辑》第8辑，北京：中华书局，1960年版，第121页。

[2] 蒋介石日记（手稿本），1947年2月20日、21日，美国斯坦福大学胡佛研究所藏。

以北之吐丝口矿山镇一带窜扰,遭国军阻击,正激战中。""其企图显欲自北麓作试探性突围。"[1]

国民党军两个军的兵力密集在莱芜一个县城内,原以为解放军很难把它攻下来。但是,莱芜城圈很小,城墙也不坚固,军心不稳。北线兵团的大宗粮弹都存储在吐丝口镇。拿第七十三军来说,弹药消耗较大,粮食只能维持三天。这就使固守莱芜已无可能。22日,王耀武命令李仙洲率部突围。他认为,莱芜至吐丝口不过二十余里路程,李仙洲部"以如此强大力量,在空军掩护下作短距离之战斗前进,绝未料其失败"。[2]第四十六军军长韩练成早同中国共产党有秘密联系,突围开始前悄悄离开指挥岗位,更使国民党军队陷于混乱。23日晨,李仙洲开始率部突围,人马、车辆、辎重挤在狭窄的道路上,根本无法保持正常的队形,也很难展开兵力和火力。下午1时,突围部队进入华东野战军预设阵地。左右两翼埋伏的解放军突击兵团迅速出击,以四倍于国民党军的兵力,将包围圈越缩越小。国民党军指挥失灵,建制混乱,溃不成军,迅速失去有组织的抵抗能力。陈毅生动地描写道:"五万敌人挤在一块长二十里、宽四五里的山沟沙滩上,我炮兵一炮打到敌司令的骡马队,骡马又跳又叫,全盘混乱。士兵都叫喊:'缴枪,缴枪,老子这辈子没有打过这样的仗!'就投降了,战斗总共不过三小时。"[3]经过几个小时激战,突围部队大部被歼,李仙洲被俘。第七十三军军长韩浚率领一千多人,会合吐丝口镇守军新三十六师残

---

[1]《大公报》1947年2月22日。
[2] 中国第二历史档案馆编:《中华民国史档案资料汇编》第5辑第3编,军事(二),南京:江苏古籍出版社,2000年版,第279页。
[3] 中国人民解放军军事学院编:《陈毅军事文选》,北京:解放军出版社,1996年版,第426页。

部继续向北突围，仍被全歼，韩浚也被俘。第十二军原来担负掩护任务，这时丢下突围部队不顾，迅速撤回济南。

蒋介石这时已无计可施。他在22日日记中抱怨："临沂收复以后，辞修以为匪已向黄河北岸溃窜，故对剿务若已完者，故其自徐州回来请病休假，时现自足之骄态。不料陈毅主匪已向我莱芜、吐丝口一带进攻，前方布置未妥，多为匪在途中袭击消灭，而经济、政治与外交发生变化，同时凑集，而且其危状皆为从来所未有，诚所谓存亡危急、一发千钧之时也。"24日，根据空军侦察"乃知第七十三军与四十六师已被匪部一网打尽"。25日飞济南。日记写道："如此重大失败为生平未有之惨败。""此役至少在二万人以上，美械枪炮亦尽为匪所得，此种利器被匪利用以创我军。今后剿匪已成不了之局。""剿匪前途茫茫，不知上帝何日厌乱，敉平此匪。""研讨济南防御方略，决定放弃胶济路，据守济南、潍县与青岛三点。"[1]

莱芜战役从2月20日开始，到2月23日结束。三天内，共歼灭国民党军第二绥靖区前进指挥部、两个军和所辖的六个师，还有第十二军新三十六师大部，毙伤俘国民党军官兵五万六千余人。这个战果确实是惊人的。难怪王耀武听到消息后要抱怨说："五万多人，不知不觉在三天就被消灭光了，老子就是放五万头猪在那里，叫共军抓，三天也抓不光呀！"[2]这一仗连同南线和胶济铁路沿线作战，解放军共歼国民党军七万多人，缴获大批火炮、汽车等。这次战役对整个局势带来巨大影响，粟裕做了这样的概括：

---

[1] 蒋介石日记（手稿本），1947年2月22日"上星期反省录"、24日、25日，美国斯坦福大学胡佛研究所藏。

[2] 陈士榘著：《天翻地覆三年间——解放战争回忆录》，北京：中共中央党校出版社，1995年版，第112页。

莱芜战役，是华东我军转入纵深腹地后，在敌大军压境逼我决战的情况下打的一个大运动仗。敌我双方统帅部和战役指挥员都对战役作了精心筹划，并且都投入了各自可能集中的最大兵力。这次战役，出敌意料，仅三天时间，即以我军获得大胜、敌军惨遭失败而迅速结束，打得干净利落。战役后，我军乘胜扩张战果，几天之内，控制胶济铁路二百五十多公里，解放县城十三座和重镇几十个，使我鲁中、渤海、胶东、滨海四个解放区连成一片；与正面战场的胜利相呼应，我苏中、盐阜、淮北、淮海的敌后斗争也取得了进一步发展，从而大大改善了我军的战略态势。[1]

当时担任国民党军第三绥靖区副司令官的张克侠在2月28日的日记中写道："国共双方均力图在战场上解决其命运，不到两月时间，共军战绩至足惊人，俘获之众多为历来战役所无。国军已集中优势兵力于战场，如若一役不能挽回颓势，则前途不堪设想。"[2]

这次战役结束后，中共中央军委来电："三月份可全部作为休整时间。你们全军彻底休整一个月，以利今后作战。"[3]华东地区解放军经过这次休整，实力明显得到增强，不少是由国民党俘虏兵补充的，包括有一批能掌握火炮等重武器的技术人员，总兵力由1946年7月的五十七万多人增加到六十四万多人，增长12%。其中，野战军由十三万人增加到二十七万多人，增长一倍，武器装备也

---

[1] 粟裕著：《粟裕战争回忆录》，北京：解放军出版社，1988年版，第477、478页。
[2] 张克侠著：《佩剑将军张克侠军中日记》，北京：解放军出版社，1988年版，第328页。
[3] 中共中央军委致陈饶粟谭电，1947年3月10日。

有很大改善。

山东战局发生在内战的主战场，它对战争全局的影响太大了。蒋介石在 2 月 28 日日记中回顾一个月来的经过时，伤感地写道："军事临沂虽已收复，鲁西与豫东之刘匪虽已击退，然而莱芜最之大损失，实为国军无上之耻辱，因之胶济路又不能不缩短战线，只守据点。"[1] 这是他在月初万万没有想到的。郝柏村评论道："七十三军与整四十六师在莱芜吐丝口被歼，使整个鲁南会战外线合围的计划完全失败，故蒋公有剿共前途茫茫之感。"[2]

国民党方面编写的战史，在叙述了宿北战役、鲁南战役和莱芜战役后，综合地评论道："当时国军兵力，系居于绝对优势，徐州附近调集之部队共约八十余万人，而陈匪兵力尚不足四十万，且国军装备优良，超过匪军甚多。""惜国军失误过多，反而为陈匪所乘，于四十天内，连续击灭国军四个整编师、一个快速纵队及一个军，其对双方战力与士气之消长，影响尔后作战者甚巨，所以此次作战，实为双方在主战场上胜败之转折点所在。"[3]

华东的战争形势，已进入一个新的发展阶段。

---

[1] 蒋介石日记（手稿本），1947 年 2 月 28 日 "上月反省录"，美国斯坦福大学胡佛研究所藏。

[2] 郝柏村著：《郝柏村解读蒋公日记（1945—1949）》，台北：天下远见出版公司，2011 年 6 月版，第 239 页。

[3] "三军大学"编纂：《国民革命军战役史第五部——戡乱》第 2 册（下），台北："国防部史政编译局"，1989 年 11 月版，第 217、218 页。

第四章　从进攻延安到孟良崮战役

山东莱芜战役结束后不到二十天，国民党军队的胡宗南集团发动了对延安的大规模进攻。陕北战局成为全国战场上最引人注目的焦点。

蒋介石把主要进攻兵力放在山东和陕北这东西两翼。是不是有一个全盘的钳形攻势的战略考虑？看来不是。当时担任国民党政府国防部第三厅（主管作战）厅长的郭汝瑰说："有人说蒋介石重点进攻，是从山东和陕西两翼进行钳形攻势。事实上他没有这样高的战略水平。"[1]这是一个能从近处观察蒋介石作战指挥的人得出的结论，很值得注意。确实，蒋介石在军事指挥上很大的弱点恰恰是缺乏通盘的长远的战略考虑，缺少预见，往往只根据眼前某些变动便做出重大决策，带有相当大的主观性和被动性；有时虽然提出过一些战略性的设想，又缺乏对实际情况的周密分析，更缺少对形势发展存在多种可能性的冷静估计，一遇到原来没有料想到的局面，便张皇失措，摇摆不定，头痛医头、脚痛医脚地应对，使原来的设想落空。而他所了解到的情况又常同实际相去甚远。王耀武这样评论："见委员长者，必先准备其愿听的话。"[2]因此，上述这种情况便屡见不鲜。

---

[1] 郭汝瑰著：《郭汝瑰回忆录》，成都：四川人民出版社，1987年版，第244页。
[2] 徐永昌著：《徐永昌日记》第8册，台北："中央研究院"近代史研究所，1990年6月影印，第215页。

胡宗南是黄埔军校第一期学生中最受蒋介石信任和重用的一个。他十分忠于蒋介石，野心勃勃，好大喜功，也很有政治权谋。他所统率的第一军是蒋介石从黄埔军校开始赖以起家的嫡系部队，装备优良，有"天下第一军"之称。抗日战争期间，他除参加淞沪防御战外没有打过什么硬仗，升迁却很快，从第一军军长，经第十七军团军团长、第三十四集团军总司令、第八战区副司令长官，到第一战区司令长官，长期率领重兵包围和封锁中共中央所在地——陕甘宁边区。可是，正因为一直处于后方，部队的人数虽多，装备虽好，实际作战的经验少，战斗力逐渐减弱以致丧失。抗战胜利后，他任西安绥靖主任，拥兵四十五万，仍担负着包围和封锁陕甘宁边区的任务，并且成为蒋介石发动内战的总预备队。这支战略总预备队如果抽出来投入哪一个战场，都会产生不小的影响。

全面内战爆发前后，胡宗南曾多次向蒋介石建议突袭延安：一次是1946年5月18日，胡宗南提出《攻略陕北作战计划》，要采取"犁庭扫穴"、直捣延安的闪击行动；一次是同年10月中旬，他再次提出作战计划，要求在11月初开始行动，突袭延安，侵占陕北。蒋介石两次都复电要他暂缓。11月22日，胡宗南到南京见蒋。他在当天日记中写道："委座不赞成现时攻延安，主张巩固同蒲路而攻取长治，夹击刘伯承，以消灭其主力为最大目的。饭毕，陈总长来，同谈攻延安问题。余报告现攻延安，仅仅二十日时间，如过此二十日时间，则天寒地冻，不能用兵，即共党攻榆林，亦不能攻延安。委座谓，不攻延安，已决策。"[1]为什么蒋介石要胡宗南暂缓突袭延安？当时担任胡宗南机要秘书的中共地下党员熊向晖做了这样的分析："胡在抗战期间没有多少战功，想攻占陕北，

---

[1] 胡宗南著：《胡宗南先生日记》（上），台北："国史馆"，2015年7月版，第600页。

提高声望。蒋认为目前攻占陕北,军事上意义不大,政治上不到火候,命他暂缓。"[1]

那么,为什么蒋介石到这时又决定要突袭延安呢?这事决定得十分仓促。胡宗南在日记中也反映出这一点。他在2月26日写道:"委座电谕,来南京一行,明日即来。答:拟于28日来京。奉谕:可。"28日,胡宗南赶到南京,他记道:蒋介石"问余,对陕北攻击有把握否?答:有把握。""问:作战方案带来否?答:未带。你可与陈总长及国防部研究。"3月1日,他到参谋次长刘为章办公室,"研究攻击延安计划"。[2]

如此仓促地决定突袭延安的直接原因是:美、苏、英、法四国外长会议将于1947年3月10日在莫斯科开会,蒋介石得到消息说美、苏将在会议上提出中国问题来讨论。这以前,1945年12月16日至27日,美、苏、英三国外长举行莫斯科会议,在《公报》中写道:"三国外长曾就中国局势交换意见。他们一致认为:必须在国民政府之下建立一个团结而民主的中国,必须由民主分子广泛参加国民政府的所有一切部门;并且必须停止内争。他们重新确认:他们对于不干涉中国内政的政策信守不渝。"[3]这个公报,曾对国民党政府的内战政策起了一定的制约作用,促成了国共停战协定的签订和政治协商会议的召开。蒋介石生怕第二次莫斯科会议再次出现类似情况(如和平调停等),想在会议期间抢先拿下延安,完全关死谈判的大门,造成既成事实,使会议不致对中国国

---

[1] 熊向晖著:《历史的注脚——回忆毛泽东、周恩来及四老帅》,北京:中共中央党校出版社,1995年版,第95页。

[2] 胡宗南著:《胡宗南先生日记》(上),台北:"国史馆",2015年7月版,第628、630、632页。

[3] 四川大学马列主义教研室卓兆恒等编:《停战谈判资料》,成都:四川人民出版社,1981年版,第316页。

内局势产生影响,因此进攻延安的心情便十分迫切。他在3月2日日记中写道:"昨晚……与宗南、为章研讨收复延安计划,决定积极进行。此时行之,对于政略与外交,皆有最大意义也。"[1]刘为章也说:"三国外长会议,可能干涉中国问题,如能一举打垮,则苏联亦爱莫能助之。"[2]可以看到,蒋介石在此时决定进攻延安,相当程度上同"外交"有关。

美国驻华大使司徒雷登在3月23日致马歇尔国务卿的电报中也分析道:"政府显然是在这个月决定攻占延安的。因为,委员长在2月16日的讲话中还表明,政府打算巩固它目前的地位,集中力量打通交通线。""还有迹象表明,俄国对中国占领大连和旅顺的方针的改变以及莫洛托夫在莫斯科会议的建议,增加了中央政府对俄国人的疑惧,担心他们可能正策划另一次行动,甚至担心他们可能会以某种方式承认延安。占领延安会挫败这个计划。"[3]这也证明蒋介石进攻延安是匆促决定的,并且在很大程度上同"外交"有关。

胡宗南这次赶往南京时,带了他的参谋长盛文一起去。盛文这样回忆:

> 蒋主席召集胡长官和我到南京去,他首次表示将要进攻延安。因为延安是共党的首都,乃共党发号施令之中枢。主席问我们有没有力量攻取延安。
>
> 当时三人会谈之中,胡长官问我:"你看怎样?攻延安有没

---

[1] 蒋介石日记(手稿本),1947年3月2日,美国斯坦福大学胡佛研究所藏。
[2] 胡宗南著:《胡宗南先生日记》(上),台北:"国史馆",2015年7月版,第632页。
[3] [美]肯尼斯·雷、约翰·布鲁尔编,尤存、牛军译:《被遗忘的大使司徒雷登驻华报告》,南京:江苏人民出版社,1990年版,第70、71页。

有把握？"我说："有把握，可以攻！"主席说："你做计划，这个计划你要亲自做，不要假手任何人，绝对保持机密，做好了我来看看。"攻延安的计划只有主席、我和胡长官三人知道，连国防部都被蒙在鼓里。[1]

胡宗南又立刻要熊向晖紧急赶到南京，准备在军事进攻同时进行的政治进攻，着重是要准备一份告陕北民众书，提出施政纲领。3月2日，也就是蒋介石决定"积极进行"进攻延安计划的第二天，熊向晖赶到南京，胡宗南要盛文向他介绍情况。熊向晖回忆道：

> 盛文说，前天（2月28日）总裁急电胡先生来南京，胡先生不知是什么事，把我带来。当天下午总裁就传见。总裁说，美苏英法四国外长内定3月10号在莫斯科开会，已经获得确实情报，马歇尔、莫洛托夫又要重新提出中国问题。总裁当机立断，命令胡先生直捣共产党的老巢延安，选在3月10号四国外长开会的这一天发起进攻。外交交涉由外交部办。总裁训示，现在剿共，仍要"三分军事，七分政治"。胡先生马上想到你，把你请回来。[2]

作战计划经蒋介石批准后，胡宗南立刻调整编第一军董钊部

---

[1] 张朋国、林泉、张俊宏访问，张俊宏记录：《盛文先生访问记录》，台北："中央研究院"近代史研究所，1989年6月版，第65、66页。

[2] 熊向晖著：《历史的注脚——回忆毛泽东、周恩来及四老帅》，北京：中共中央党校出版社，1995年版，第100、101页。

(整编军相当于原来的集团军）附重迫击炮营，星夜从晋南运城向陕甘宁边区南部的宜川一带集合，调整编第二十九军刘戡部附战车、重炮部队，从陇东赶回洛川一带集合，作为他东西两路从正面进攻陕甘宁边区的主力，加上其他一些部队，用于正面进攻的兵力大约二十个旅、十七万人，连同西、北两面的马步芳、马鸿逵、邓宝珊部，共三十四个旅、二十五万人，还从上海、徐州、西安等地调集九十四架飞机，分批轮流轰炸延安。"企图在三至六个月时间内解决陕北问题，把中共中央和解放军逐出西北。"[1]在把人民解放军逐出西北后，就可以使胡宗南集团这支战略总预备队的力量能够腾出手来东进，用于中原或华北战场，达到对人民解放军各个击破的目的。彭德怀做过这样的分析：蒋介石的打算是"以压倒优势兵力，歼灭陕甘宁边区我军，压迫我军和我党中央、解放军总部到黄河以东，然后沿无定河、黄河封锁之。这样蒋介石可以抽出嫡系胡宗南部主力控制于中原或华北，加强机动兵力。这是蒋介石当时的阴谋企图"。[2]

发动进攻的日期，原来定在3月10日，后来推迟到14日。为什么推迟呢？盛文回忆道："本来我预定三月十日攻击，九号一早接到主席电话，说十号不能攻，因为美国大使赫尔利要到延安，必须等他走了再攻，赫尔利一直到十三号才走，因此我改为十四号攻击。"[3]盛文的回忆同事实有一些出入：并不是赫尔利去了延

---

[1] 任子勋：《国民党军进犯陕甘宁边区初期的失败》，全国政协、陕西省政协、甘肃省政协、青海省政协、宁夏自治区政协、新疆自治区政协文史办公室合编：《解放战争中的西北战场——原国民党将领的回忆》，北京：中国文史出版社，1992年版，第110页。

[2] 彭德怀著：《彭德怀自述》，北京：人民出版社，1981年版，第243页。

[3] 张朋园、林泉、张俊宏访问，张俊宏记录：《盛文先生访问记录》，台北："中央研究院"近代史研究所，1989年6月版，第70页。

安,这时赫尔利已不在中国,美国大使早已换成了司徒雷登,推迟进攻的原因是美军驻延安观察组还没有撤离,要等他们在12日撤离后才能发动进攻。但蒋介石在3月13日的日记中记载:"本日对匪巢延安开始轰炸,并令陆军明日进剿。"在15日的"上星期反省录"中写道:"自14日起对共匪老巢延安开始进剿。"[1]

国民党军队向延安发动进攻后,对外仍秘而不宣。直到3月17日,也就是莫斯科会议正讨论要不要把中国问题列入议程时,才由中央社发布消息说:"陕北方面16日消息,共军全线出犯,西起鄜县以北,东达延安以南之临真镇,沿线国军奋勇固守。"第二天,中央社电讯又称:"延安中共连日广播:决以十万兵力增强延安防线,并以精锐部队南取西安,消灭胡宗南部。自11日起洛川中部以北地区即首先发生接触,国军坚强固守,几濒于危。"[2]这些消息编得过于离奇,很少有人相信。

中共中央对如何应对胡宗南部向延安发动的进攻,一直紧张地准备着。由于双方兵力悬殊,自然不可能采取死守延安、同胡军决战的打法,只能在运动中不断打击和削弱对方。1946年11月,当胡宗南策划突袭延安时,中共中央就把相当大一批在延安的中央机关工作人员和家属等疏散到瓦窑堡,准备在必要时放弃延安。但以后四个月间在战场上没有大的动静,又值农历春节到来,有些人开始产生某些松懈情绪,已疏散到瓦窑堡的机关工作人员和家属也有一千多人又回到延安。[3]

胡宗南这次对延安的进攻有着很大的突然性,中共中央在

---

[1] 蒋介石日记(手稿本),1947年3月13日、15日"上星期反省录",美国斯坦福大学胡佛研究所藏。
[2] 《大公报》1947年3月18日、19日。
[3] 杨尚昆著:《杨尚昆回忆录》,北京:中央文献出版社,2001年版,第235页。

1947年3月初才得到确切的情报。中央军委立即分析形势，认为应该实行积极防御的方针，将胡宗南集团这个蒋介石的嫡系部队和保存在西北的战略预备队牢牢牵制在西北地区，这将大大有利于其他战场的作战。接着，又做出主动放弃延安的果断决策。习仲勋、王震主编的《中国人民解放军第一野战军战史》写道：

> 3月11日，中央军委再次分析了形势，认为胡宗南集团大举进攻已迫在眉睫，兵力数倍于我，我军正面防御作战处于十分不利的地位；同时我军在陕北作战，目的是钳制胡宗南集团，实现这一目的的关键不在守住延安，而在于让敌人进入陕北后，无法脱身。根据这个分析，中共中央、中央军委作出了主动放弃延安的重要决策。确定陕北我军的基本作战方针是：诱敌深入，必要时放弃延安，与敌在延安以北山区周旋，陷敌于十分疲惫、十分缺粮的困境，然后抓住有利战机，集中优势兵力在运动中逐次加以歼灭。[1]

做出主动放弃延安的决策，不等于可以不战而放弃延安。无论从政治影响来看，还是从争取时间、掩护中央机关安全转移和疏散群众来看，都必须在延安以南地区进行顽强抗击，给予胡宗南进犯军以相当的杀伤。但要做到这一点并不容易。那时候，留在延安附近的兵力太少了：张宗逊、习仲勋正率领第一纵队和新编第四旅、警备第三旅等一万多兵力在陇东地区同马步芳、廖昂

---

[1] 第一野战军战史编审委员会编：《中国人民解放军第一野战军战史》，北京：解放军出版社，1995年版，第43页

等国民党军五个旅作战,从 3 月 7 日起才开始东返;王震率领的第二纵队正在山西孝义地区活动。能够用在正面阻击的只有教导旅加上两个团,共五千多人,组成防御兵团;而胡宗南用在第一线的攻击部队有十二个旅,八万多人,兵力相差十五倍。需要防守的正面阵地,是东西一百多里、纵深七八十里的地区,它的艰难可想而知。

3 月 10 日,中央军委副主席兼总参谋长彭德怀来到前线。他在视察部队和阵地后,问教导旅旅长兼政治委员罗元发:"你们的弹药情况怎样?"罗元发回答:"部队子弹太少,平均每人只有十发。"彭德怀说:"你们要想尽一切办法,争取抗击一星期。你们多防守一些时间,中央机关和延安人民就有充裕时间转移。"他又说:"我的意思不是让你们死守,而是要采取运动防御,机动灵活地抗击敌人的进攻,并大量杀伤敌人,争取时间,保证中央机关和延安人民安全转移。"[1]

3 月 13 日,"蒋介石的飞机,即在美军观察组人员撤退后七小时,来延安投弹轰炸"。[2] 14 日午前 4 时,胡宗南部队发动猛烈攻击。为了支援地面部队作战,国民党政府还调集空军作战飞机九十四架,对延安和附近地区投下五十九吨炸弹。防御兵团依托自己熟悉的山区地形和早先修成的防御工事,到处布设地雷,和地方民兵紧密配合,对进犯军进行顽强抗击。进犯军遇到原来没有预计到的顽强抵抗,死伤五千两百多人,进展仍很缓慢,完全打破了胡宗南"三天占领延安"的原定打算。解放军伤亡约七百人。16 日,中央军委颁布命令,从第二天起,边区一切部队统归彭德

---

[1] 罗元发著:《战斗在大西北》,乌鲁木齐:新疆人民出版社,1983 年版,第 12、13 页。
[2] 新华通讯社编:《新华社评论集(1945—1950)》,北京:新华通讯社,1960 年 7 月编印,第 140 页。

怀、习仲勋指挥。人民解放军总参谋长职务由中央军委副主席周恩来兼代。随后,正式成立西北野战兵团。彭德怀建立的司令部是一个十分精干的指挥机构。他在《彭德怀自述》中写道:"我离开了军委,从西北局调了张文舟同志作参谋长。我要三局配备了两个手摇马达小电台,调了几个参谋、译电员,组织了一个小司令部,全部人员五六十人。"[1] 18日,中共中央机关和延安群众疏散完毕。黄昏,毛泽东、周恩来离开延安。当晚,彭德怀通知教导旅:抗击任务已经完成,要求部队在当晚22时撤至青化砭以东隐蔽集结。19日上午,边区部队全部撤出延安。当天下午,胡宗南部队进入延安,得到的只是一座空城。

在撤出延安前,毛泽东还做出一项重要决定:中共中央不东渡黄河,仍然留在陕北。16日,他对赶到延安的新四旅副旅长程悦长和团长袁学凯说:

> 好多地方来电报,催我过黄河,中央有个安全的环境,对指挥全国作战的确有好处。不过,我有点想法。
>
> 其一,我们在延安住了十来年,一直处在和平环境中。现在一有战争就走,我无颜对陕北乡亲,日后也不好再见面。我决定和陕北老百姓一起,不打败胡宗南决不过黄河。
>
> 其二,我不离开陕北还有一个理由。胡宗南有二十多万人马,我们只有两万,陕北的比例是十比一。这样我们其他战场就要好得多,敌我力量对比不这么悬殊。党内分工我负责军事,我不在陕北谁在陕北?现在几个解放区刚刚夺得主动,我留在陕北,蒋介石就不敢把胡宗南投入别的战场。我拖住"西北王",

---

[1] 彭德怀著:《彭德怀自述》,北京:人民出版社,1981年版,第245页。

其他战场就可以减轻不少压力。[1]

撤出延安后几天，中共中央在清涧县的枣林沟举行政治局扩大会议，正式决定：由毛泽东、周恩来、任弼时率领中共中央机关和人民解放军总部继续留在陕北，指挥全国各战场的作战；由刘少奇、朱德等组成中央工作委员会，前往华北，进行中央委托的工作。毛泽东和中共中央留在陕北，就把胡宗南集团这支兵力牢牢地抑留在陕北，无法调往其他战场作战。

这是一项对战争全局有着重大影响的决策。

攻下延安，蒋介石也好，胡宗南也好，都兴高采烈，以为是取得了巨大胜利。蒋介石在3月19日日记中写道："本日十时半国军克复延安城区。十一年来共匪祸国殃民，根深蒂固之老巢铲除于一旦。为国为党雪耻复仇之念已偿其半矣。此与关内共匪已失凭藉，所有战略与政略据点均已铲除净尽矣。感谢上帝宏恩保佑中华，使之转败为胜也。"蒋介石总是那样自大，真以为这下就可以"转败为胜"了。[2]

参谋总长陈诚在3月20日的记者招待会上报告攻下延安的经过。这次他不再推托说什么共军"全线出犯"，更不说什么共军要"以精锐部队南取西南，消灭胡宗南部"，而是在历数中共种种"罪状"后说："在此情形下，政府不能再事容忍，除采取军事行动外，无其他办法。延安为共军发号施令的中心，故必先取该地。攻势于十四日开始，十九日晨十时收复延安。"他接着说："共军保卫延

---

[1] 李银桥著：《在毛泽东身边十五年》，石家庄：河北人民出版社，1991年版，第8页。
[2] 蒋介石日记（手稿本），1947年3月19日，美国斯坦福大学胡佛研究所藏。

安之兵力,为数不下十六万人,以如此庞大兵力'保卫大延安',但经五日来之战斗,竟告不守,由此可见共军战斗力之衰竭。"记者同他之间还有一些对话:"问:共军总部现到何方?答:向延安东北溃退,究系何地尚未知悉,可能到晋西北。""问:俘虏中有无重要人物?答:详细报告未来。""问:延安攻下后可以缩短战事多久?答:不能估计,但必缩短。"[1]西安绥靖公署副主任兼延安指挥所主任裴昌会写道:

> 胡宗南部队进犯延安之前,人民解放军为了诱敌深入,中共中央和边区政府也早已撤出延安,同时实行坚壁清野,使延安成为一座空城。但是,胡宗南在接到董钊的电报整第一旅进占延安城后,就督促洛川指挥所参谋们捏造战报,竟扯漫天大谎说:"我军经七昼夜的激战,整第一旅终于十九日晨占领延安,是役俘虏敌五万余,缴获武器弹药无数,正在清查中。"当这一战报经西安留守的参谋长盛文转报蒋介石并公布后,跟着陕西省政府主席祝绍周就命令西安市的商店、居民一律要在当天晚上悬挂国旗,燃放鞭炮,庆祝所谓"陕北大捷"。
>
> 三月二十日,我和薛敏泉正在吃早饭的时候,胡宗南拿着一张抄电纸,显得特别得意的神气递给我们看。电文是:"宗南老弟:将士用命,一举而攻克延安,功在党国,雪我十余年来积愤,殊堪嘉尚,希即传谕嘉奖,并将此役出力官兵报核,以凭奖叙。戡乱救国大业仍极艰巨,望弟勉旃。中正。"接着胡说:"你们看攻占延安,先生(胡对蒋介石的通常称呼)是多么高兴

---

[1]《大公报》1947年3月21日。

呀！"[1]

"进攻延安，结果虽占领，实际是扑空。"[2]胡宗南的这种大吹大擂，连美国驻华大使司徒雷登也不相信。他在上述给马歇尔的电报中说："政府宣布消灭了十万共军，但这一数字显然严重夸大了。在共产党调外人员返回期间，美国观察员报告说：延安实际上疏散了。显然很久以前共产党就为这一不测事件做好了准备。他们从来没有任何保卫延安的真正打算，如果保卫延安意味着蒙受损失的话。他们更注重坚持长期发展的战略，从一切遭受敌人压力的地点撤退，把敌人引到口袋里，然后用游击战术逐步暗中破坏敌人的力量。目前政府的战线严重地发展到孤军深入、四面为敌的地区。"[3]

事情倒是多少被司徒雷登说中了。对胡宗南说来，占领延安只是灾难的开始。

随着延安的攻占，蒋介石兴奋之余，就把关注的重点放在追问清查结果上。他不断打电话询问：有什么重要俘获？有中共首脑人物和重要文件没有？中共首脑人物的去向何在？但胡宗南对这些问题一个也回答不出。更使他苦恼的是：解放军的主力似乎

---

[1] 裴昌会：《胡宗南部进犯延安纪略》，全国政协、陕西省政协、甘肃省政协、青海省政协、宁夏自治区政协、新疆自治区政协文史办公室合编：《解放战争中的西北战场——原国民党将领的回忆》，北京：中国文史出版社，1992年版，第106、107页。

[2] 郝柏村著：《郝柏村解读蒋公日记（1945—1949）》，台北：天下远见出版公司，2011年6月版，第243页。

[3] [美]肯尼斯·雷、约翰·布鲁尔编，尤存、牛军译：《被遗忘的大使司徒雷登驻华报告》，南京：江苏人民出版社，1990年版，第71页。

在一夜之间便突然消失，不知道到哪里去了。不但他不知道，就连处在第一线的指挥人员董钊、刘戡等也不知道。他们除由前线的地面部队派出许多搜索队，配合电台，进行地上搜索外，空军方面也派出不少飞机进行中远距离的搜索，对陕甘宁边区和山西各地都搜遍了，始终找不到中共中央和解放军主力的去向。"董、刘两军进出于延安以北的东西线，四顾茫茫，一点情况也摸不着，竟不知今后应如何行动才好。"[1]

正是针对胡宗南此刻急于寻找解放军主力进行决战这种焦灼不安的心理状态，彭德怀率领的西北野战兵团派第一纵队的一个营伪装主力，故意暴露于延安西北地区，并经国民党飞机侦察证实，使胡宗南误以为解放军主力正在向安塞撤退，急忙指挥整一军和整二十九军分别向延安西北和正北方向进攻。企图围歼西北野战兵团于安塞地区。彭德怀看得很清楚："胡似系判断我主力在安塞及其以西地区，有进攻安塞找我主力决战企图。"[2]西北野战兵团在撤出延安后，兵力得以集中，机动性大为增强。彭德怀把主力（包括刚由山西赶到不久的第二纵队）全部隐蔽集结在延安东北的青化砭，决心伺机打一场歼灭战，消灭胡宗南一部，狠狠打击国民党军队进攻延安时那种不可一世的气焰。

青化砭，位于延安东北六十多里处，旁靠三十多里长的蟠龙川，咸榆公路沿着蟠龙川曲折而行，两侧是连绵起伏的高山，是伏击战的好战场。西北野战兵团为什么判断胡宗南一定会有一支

---

[1] 范汉杰:《蒋介石改变战略，胡宗南部重点进攻延安》，全国政协、陕西省政协、甘肃省政协、青海省政协、宁夏自治区政协、新疆自治区政协文史办公室合编:《解放战争中的西北战场——原国民党将领的回忆》，北京：中国文史出版社，1992年版，第85页。

[2] 彭德怀传记组编:《彭德怀军事文选》，北京：中央文献出版社，1988年版，第218页

部队钻进这个长长的口袋？那是因为：咸榆公路从咸阳经洛川、延安、绥德通往榆林，是当时陕北唯一的一条公路，胡宗南占领延安后一定需要打通这条公路，会向这方面伸出触角；它又处在胡宗南部主力从西北和正北推进的东面，胡一定需要有一支部队担任侧翼的警戒。因此，彭德怀早就在这里侦察地形，布下袋形阵地。由于陕北的群众条件好，老百姓帮助严密封锁消息，对方对解放军主力的行动竟毫无察觉。骄横的胡宗南正急于求战，又缺少同解放军主力作战的经验，没有吃过多少苦头，果然派出刘戡部第三十一旅沿咸榆公路向青化砭开来。

彭德怀、习仲勋在 3 月 22 日向毛泽东报告："胡宗南二十一日令卅一旅经川口渡延水，限二十四日到达青化砭筑工据守。""我拟以伏击或乘敌立足未稳，围歼卅一旅。"毛泽东立即复电："同意你们二十二日辰时的作战部署。"

"慎重初战"是毛泽东历来的主张，"必须敌情、地形、人民等条件，都利于我，不利于敌，确有把握而后动手"。青化砭战役打得好不好，对陕北战争的全局势必产生极大的影响。这场战役的经过，参加战斗的第二纵队政治部主任王恩茂在日记中有很生动的描写：

> 敌人进占延安之后，有向甘谷驿、延长、青化砭等地继续前进模样。为着隐蔽目标，以利歼灭继续前进的敌人，部队均向甘谷驿以北移动，纵直移驻野狐子沟，没有天亮就移动了。（3 月 21 日）
>
> 胡宗南的第一军均到了延安，据悉胡军二十七师之三十一旅要从临真开青化砭。总部（注：指西北野战兵团）有令，准

备消灭这个旅。（3月22日）

西北局二十一日指示中，讲到敌人进到延安之后，兵力分散，困难增多，利于我们歼灭它，但敌人进入边区的力量仍然是强大的。……如此看来，敌人不仅是占领延安的问题，而是企图整个摧毁边区的问题。边区的形势是很严重的，但边区有力量粉碎敌人这一企图。（3月23日）

等了一天，可是敌人没有来。是因为部队暴露，敌人发觉了没有来，还是敌人改变了计划？如是前面的原因，敌人必派飞机来侦察，但是敌机终日未来，故也有可能未被发现。部队到了黄昏时即撤回附近村子休息，拟于明日拂晓前，仍进入原来隐蔽阵地，待机歼敌。（3月24日）

部队仍然进到昨天命令的地区埋伏。敌人三十一旅直属队，九十二团全部，八时由拐峁出发，十一时其先头部队到了青化砭，十时其后尾部队已离开了房家桥，行进时，其右侧派了一个连搜索警戒，但未搜索到我们的埋伏部队。待敌先头部队到了青化砭，那是十一时，战斗即发起了。我们预伏部队以排山倒海之势，从东西两面山上侧击下去，敌人虽占领了几个山头抵抗和掩护，但无险可守，其部队慌乱不堪，我军动作勇猛迅速，一小时半即将敌全部解决，未有一人漏网，真是一个干净、彻底、完全歼灭了敌人的歼灭战。这一个胜利非常重要。敌人占领延安后，没有遭到歼灭性的打击。这是遭到歼灭性打击的第一次，以后还将继续这样的胜利，给敌人继续歼灭性打击。我们奉命到陕甘宁来保卫边区，保卫毛主席，保卫党中央，这是第一个胜利。取得了这一胜利，提高了我们歼灭敌人的信心。（3月25日）[1]

---

[1] 王恩茂著：《王恩茂日记——解放战争》，北京：中央文献出版社，1995年版，第94—98页。

成为笑柄的是:因为青化砭战役的消息一时还没有传到南京,国民党中央宣传部长彭学沛就在同一天还在记者招待会说:"预料中央军将很快肃清陕北以迄黄河地区的中共军。"[1]

青化砭伏击战给了胡宗南很大打击,在当天日记中写了八个字:"一夜未睡,感慨无限。"[2]他发觉西北野战兵团主力并不在延安的西北,而在它的东北方向。他立刻调集整一军和整二十九军主力共十一个旅,改分两路东进,企图集中强大兵力,同西北野战兵团决战,或把它赶到黄河以东。由于在青化砭吃了亏,他们再也不敢像原先那样大胆推进了,变得小心翼翼。新华社社论报道说"胡军每次进攻,全军轻装,携带干粮,布成横直三四十里之方阵,只走山顶,不走大路,天天行军,夜夜露营,每日前进二三十里。据俘虏讲,这是所谓国防部指导的新战术"。但是,西北野战兵团主力早已迅速转移得不见踪影。新华社那篇社论继续写道:

> 胡宗南应用这种战术,其结果是怎样呢?现在所已经表现出来的是:第一,占领了一些地区之后,不能不分散兵力担任守备,因而其所能集中的兵力,就越来越小。到现在已由攻延安时的十四个旅减为八个旅;第二,由于分散兵力,因而其薄弱之点就显露出来,被我军歼灭机会就加多了;第三,因为人民反对,胡军所集中的主力,像瞎子一样,只能到处扑空,白天武装大游行,晚上几万人集中大露营;第四,由于粮食缺乏,将士疲劳,减员异常巨大,据俘虏供:胡军士兵每天只吃一顿

---

[1] 潘振球主编:《中华民国史事纪要》1947年1—3月,台北:"国史馆",1996年11月版,第1035页。
[2] 胡宗南著:《胡宗南先生日记》(上),台北:"国史馆",2015年7月版,第638页。

稀饭,一顿干饭,有些队伍干脆饿饭,士兵离开队伍里即被我游击队捉去。因为露营而病者极多,许多士兵乘机逃亡。一个月中,连队减员多者百分之六十,少者百分之三十九。在这种情形之下,胡军士气以非常快的速度降低下去,其战斗力亦以同样速度降低下去。[1]

陕北黄土高原的地形相当特殊:"岗原断裂,无从攀登。其延川以北,壑谷盘洞,河流引成沟洫,两岸红黄土壁屹立耸峙,远望一如平地,近则断绝不通。虽两崖可面对谈话,然欲亲近,非环绕迂回至数小时,绝难到达。其间无道路,只有溪径,沿溪而行谷缝,骡马行动困难,遑论车辆。矮林密布,浮尘厚积,晴则干裂,雨则泞滑。"[2]熟悉地形的本地人可以行动自如,外来的国民党军队却是举步维艰,和他们平时在大路上行军俨不相同。

胡宗南部队在陕北高塬的山梁上,逐山前进,辛苦地走了十二天,"游行"二百多公里,还是没有找到解放军主力,只占领了延川、清涧、瓦窑堡几座空城,部队疲惫不堪。由于离后方太远,交通线太长,运输困难,给养也发生困难。胡宗南只得把整编第七十六师留下守备延川、清涧,把第一三五旅留下守备瓦窑堡,主力在4月5日南撤蟠龙镇、青化砭休整补充。8日,他会见大公报记者时仍说:"陕西境内的战事大约可于五月底结束。"[3]

解放军主力撤出青化砭后,一直在隐蔽休整,中间有过几次战机,因为对方兵力比较密集,仍"决定不打,因为我们打仗的

---

[1] 新华通讯社编:《新华社社论集(1947—1950)》,北京:新华通讯社,1960年7月编印,第5、6页。
[2] 陈孝威著:《为什么失去大陆》(下),台北:跃升文化事业有限公司,1988年7月版,第368页。
[3] 《大公报》1947年4月16日。

原则，没有十分的把握就不打"。[1]解放军耐心地疲困对方，消耗它，迫它分散，寻找弱点。不久，机会终于来了。

守备瓦窑堡的胡军第一三五旅孤零零地留下后，在瓦窑堡修筑工事，严防解放军的进攻。但解放军的正规部队并没有来，地方武装却经常去袭扰。第一三五旅代旅长麦宗禹回忆当时的窘境道："由于寨内外工事坚固程度不够，不敢派部队侦察解放军的情况。瓦窑堡虽留有少数老百姓，我们却打听不到解放军活动的任何消息。其实，解放军的主力就在瓦窑堡东南十公里处。到瓦窑堡后，由于老百姓仇恨国民党军队，坚壁清野，部队在当地得不到粮食补给，士兵个人所带的粮食，经过十余天的食用，已无存储。我曾急电延安指挥所请求补给粮食，当时没有得到确切的答复。后来胡宗南复电说：瓦窑堡的守备任务由第二十四旅的第七十二团接替，交接完毕后，你旅经羊马河到某地与第二十九军取得联系，然后由兵站补给粮食、服装等。"[2]

4月13日，第一三五旅同北上换防的第七十二团交接完毕。第二天清晨，撤离瓦窑堡，沿瓦窑堡和蟠龙镇间的大路南下。中共中央军委已经获悉这个情报，立刻电示彭德怀、习仲勋注意侦察，准备乘该旅南下途中进行伏击，加以歼灭。这时，胡宗南部整编第一军和第二十九军正以九个旅的密集兵力，分别由蟠龙、青化砭向西北方向移动，同瓦窑堡南下的第一三五旅相距不远，这个情况和青化砭伏击战时有很大不同。13日拂晓，彭德怀在瓦窑堡

---

[1] 王恩茂著：《王恩茂日记——解放战争》，北京：中央文献出版社，1995年版，第103页。
[2] 麦宗禹：《整编第一三五旅羊马河被歼记》，全国政协、陕西省政协、甘肃省政协、青海省政协、宁夏自治区政协、新疆自治区政协文史办公室合编：《解放战争中的西北战场——原国民党将领的回忆》，北京：中国文史出版社，1992年版，第157页。

西南的总部召集旅以上干部开会,决定乘第一三五旅没有来得及同主力靠拢之前,在瓦窑堡以南把它一举歼灭。彭德怀在会上说:"消灭一三五旅,必须具备两个条件:一是阻住敌人援兵,一是速战速决。"[1]

这确是必须具备的两个条件。如果不能阻住胡部援兵九个旅北上,不但难以歼灭第一三五旅,而且会使自己陷于胡部南北夹击的险境。如果不能速战速决,兵力处于劣势的西北野战兵团也难以长期挡住胡部主力的北上。根据这个判断,西北野战兵团"决心来个'虎口夺食',命第一纵队抗击敌两个军,把敌人主力引向蟠龙、子长大道以西;第二纵队和教导旅、新四旅在敌一三五旅南下必经的羊马河设伏,将敌一三五旅一举歼灭"。[2]

4月14日这一天,第一纵队以两个旅的兵力佯装西北野战兵力主力,顽强抗击胡军整编第一军和第二十九军的九个旅,使它无法到达羊马河。第二纵队和教导旅、新四旅设伏在羊马河一带,以四个旅的优势兵力围歼胡军第一三五旅这一个旅。羊马河伏击战的打法也和青化砭伏击战有所不同。教导旅旅长罗元发回忆道:"羊马河的地形很有利于我军伏击。也是两边两道小梁,中间夹着一条大路。估计到敌人接受青化砭教训,不会钻公路,要走两旁山梁,各部的设伏阵地都放在三到四道山梁里,使敌人看不到,打不着。等他进入埋伏圈后,迅速向敌人发起猛攻,缩小包围圈。"[3]

果然,第一三五旅的南下,不敢走山谷平川,而沿着山岭推进。他们的先头部队到达羊马河时,从山顶四望,没有看到解放军的

---

[1] 王政柱著:《彭总在西北解放战场》,西安:陕西人民出版社,1981年版,第26页。

[2] 张宗逊著:《张宗逊回忆录》,北京:解放军出版社,1990年版,第312页。

[3] 罗元发著:《战斗在大西北》,乌鲁木齐:新疆人民出版社,1983年版,第45页。

踪影，就放了心，大胆地继续前进，进入伏击地区。解放军伏击部队突然从四面合围，有的连续越过几道山梁，一直冲到敌军面前。经过六个小时的激战，战斗在下午4时结束。西北野战兵团以伤亡四百七十九人的代价，俘获第一三五旅代旅长麦宗禹，毙、伤、俘该旅官兵四千七百多人，首创解放军在西北全歼胡军一个整旅的先例。胡宗南在当天日记上又写了"一夜未睡"四个字。

羊马河伏击战的胜利同青化砭伏击战的胜利相距只有半个多月。彭德怀在给中央军委的电报中说："南北对进之敌，相距不及五十五里，仍歼敌一旅，使刘、董九旅之众，无法救援。此役，我集中兵力的对比，尚不及敌三分之一，足见敌军战力弱，士气低，我军战力强，士气高。"[1]它用事实证明单靠边区现有的兵力（六个野战旅及地方部队），不借助任何外援，就可以逐步解决胡宗南部队。但抓住这次伏击战的战机并不容易。第二纵队政治部主任王恩茂在当天的日记中写道：

> 这次胜利以前，有三次没有打到敌人，即石家砭、石嘴行动，贺家渠行动，吴家寨行动，一次打到了敌人，但未歼灭敌人，即永坪战斗，所以，我和很多同志均极关心，如这次战斗不能打胜，则不仅有关战斗士气，而且影响指挥信心，对于边区战局有很大关系。现在这一仗打胜了，衷心喜悦。从此，胡军部署将要混乱，更利我们歼灭它。[2]

羊马河伏击战胜利的第二天，毛泽东给西北野战兵团发来电

---

[1] 彭德怀传记组编：《彭德怀军事文选》，北京：中央文献出版社，1988年版，第221、222页。
[2] 王恩茂著：《王恩茂日记——解放战争》，北京：中央文献出版社，1995年版，第113页。

报,在具体分析前一阶段作战经验的基础上,对西北战场的作战方针做出明确指示。电报写道:"敌现已相当疲劳,尚未十分疲劳;敌粮已相当困难,尚未极端困难。""目前敌之方针是不顾疲劳粮缺,将我军主力赶到黄河以东,然后封锁绥德、米脂,分兵'清剿'。""我之方针是继续过去办法,同敌在现地区再周旋一时期(一个月左右),目的在使敌达到十分疲劳和十分缺粮之程度,然后寻机歼灭之。""应向指战员和人民群众说明,我军此种办法是最后战胜敌人必经之路。如不使敌十分疲劳和完全饿饭,是不能最后获胜的。这种办法叫'蘑菇'战术,将敌磨得精疲力竭,然后消灭之。"[1]

为了使胡军"达到十分疲劳和十分缺粮之程度",西北野战兵团制订了一个十分巧妙的计划:一方面迎合他们"不顾疲劳粮缺,将我军主力赶到黄河以东"的企图,以一支不大的部队伪装主力北进,引诱胡军主力大举北上,远离后方,奔赴边区北部的绥德一带;另一方面又乘他们后方空虚的机会,以主力突然袭击胡军的粮弹补给基地蟠龙镇。这两个方面是相互联系、不可分割的,前者正是为后者创造必需的前提。

蟠龙镇地处延安以北、羊马河以南,在咸榆公路西侧,是胡军在陕北的补给总站。胡宗南部主力每次"武装大游行"后,就得到这里来休整并补充粮食和弹药。守军第一六七旅是蒋介石嫡系整编第一军的主力,装备精良,战斗力比较强,加上地方武装,兵力近七千人。蟠龙镇周围,依托起伏的山脉和地形,修筑有众多形成交叉火网和纵深防御的碉堡群,并且有深宽各六七米的外

---

[1] 中共中央文献编辑委员会编:《毛泽东选集》第4卷,北京:人民出版社,1991年版,第1222、1223页。

壕，壕外和山凹要道又设有地雷、铁丝网等障碍物。如果胡军主力依然留在蟠龙镇或者位于离蟠龙镇不远，能够及时增援的地方，兵力不足的西北野战兵团要攻克这样坚固设防的重镇是不可能的。

这时，从延安撤出的中共中央和陕甘宁边区党政机关的部分工作人员正在边区北部东渡黄河，向山西转移。国民党空军在空中侦察，发现绥德、米脂以东的黄河各渡口正集中着不少船只，解放军又有多路小分队正向绥德方向前进，以为西北的解放军主力准备从这里渡河。蒋介石立刻急电胡宗南，要他迅速以主力沿咸榆公路北上；又令驻守榆林的邓宝珊部南下夹击。4月26日，也就是羊马河战斗结束后十多天，刚在陕北人稀粮缺地区武装"游行"几天后疲惫不堪地回到蟠龙镇的胡宗南部主力整编第一军和第二十九军九个旅，又整装从蟠龙镇出发，经瓦窑堡向绥德、米脂推进，要打通咸榆公路，同邓宝珊会师，想把解放军赶过黄河东岸去。

27日，彭德怀、习仲勋致电中央军委报告："董、刘两军二十七日十五时进抵瓦市，有犯绥德模样。蟠龙留一六七旅直及四九九团守备，似有粮弹未发完。""我野战军本日隐蔽于瓦市东南及西南，拟待敌进逼绥德时，围歼蟠龙之敌。"[1]中央军委复电：攻击蟠龙，决心很对，如胜利，影响必大，即使不胜，也取得经验。彭德怀、习仲勋做了周密的部署。为了尽可能将胡军主力引得更远，他们还以第三五九旅一部为主，并从每个旅抽出一个排，配合地方武装，伪装成西北野战兵团主力向北撤退，节节抗击胡军主力，沿途有意丢弃一些军用物品，制造假象，引诱胡宗南部主力加快北上。"当胡军主力由蟠龙地区向绥德前进时，人民解放军在山头上看着他们蹒跚通过，每个兵背着武器、工作器具、背包和九天

---

[1] 彭德怀传记组编：《彭德怀军事文选》，北京：中央文献出版社，1988年版，第222页。

干粮，穿的是露出背脊和屁股的烂棉衣，笨重和褴褛得像狗熊一样。专挑没有道路的黄土高山爬上爬下。天气也好像故意与胡宗南作对，在胡军前进时下了一场透雨，弄得胡军个个滚得像落汤鸡，跌得像泥菩萨。"[1]

胡军主力走了一个星期，离蟠龙镇已经够远了，在5月2日到达绥德。西北野战兵团主力却乘此得到了足够的休整，也在5月2日黄昏突然把蟠龙镇包围起来。胡军主力才得知后方危急，这是他们根本没有想到的，一时不知所措，米脂不去了，黄河边上也不去了，在绥德周围转了三天。就在这三天里，西北野战兵团对蟠龙镇发动了猛攻。和前两次的伏击战不同，这是一场攻坚战。彭德怀说："如果说青化砭和羊马河之战，我们吃了两块肥肉，那么蟠龙镇一仗，我们要准备啃骨头了。"[2] 由于西北野战兵团装备弱，缺乏攻坚火炮，对付坚固设防的守军，主要靠对壕作业来排除对方地雷、铁丝网、外壕等障碍，靠突击、爆破、火力支援和近战夜战等手段来突破和占领对方的阵地。到5月4日午夜12时，全部肃清从四周各个山头阵地溃退到蟠龙镇的守军，蟠龙攻坚战胜利结束。

这次攻坚战，用了两天三夜时间，共歼守军六千七百余人，俘获号称胡宗南"四大金刚"之一的第一六七旅旅长李昆岗，缴获军服四万套、面粉一万多袋、子弹百万余发和大量药品，给了西北野战兵团很大补充，使胡宗南部的粮弹供应更加陷入困境。犹豫不决的胡宗南，直到5月4日李昆岗再三呼救后，才令董钊、刘戡率领主力南下驰援。可是已经晚了，不但无法挽回战局，连

---

[1] 新华通讯社编：《新华社评论集(1945—1950)》，北京：新华通讯社，1960年7月编印，第152页。
[2] 王政柱著：《彭总在西北解放战场》，西安：陕西人民出版社，1981年版，第30页。

费了九牛二虎之力占领的绥德也只好被迫放弃。胡军的士气更加低落。主力部队走了那么远的路，吃了那么多苦，疲惫不堪，一无所获，反而把蟠龙镇丢掉了。胡宗南接到蟠龙失守的消息后，再一次在日记中写下"一夜未睡"。分散各处的守备部队更是人人自危，对工事失去信心。难怪新华社记者在评论中要写一首打油诗来嘲笑："胡蛮胡蛮不中用，延榆公路打不通，丢了蟠龙丢绥德，一趟游行两头空！官兵六千当俘虏，九个半旅像狗熊，害得榆林邓宝珊，不上不下半空中。"[1]

胡宗南在5月12日把他的两个整编军长召到延安来总结教训。董钊说："山地行军疲劳万分，士气很坏，纪律废弛，部队不能作战。""部队携带物品太多，行军纵列深重，不便作战。"刘戡说："旅长被俘三人，打死一人，影响军心士气。""军官平时不求进步，如做工事、运用兵力无研究。部队纪律之坏，简直就是土匪。"[2]而这些对他们却是不治之症。

中共中央军委在一份电报中总结道："胡宗南三十一个旅攻入边区，三个月被我彭习军（六个野战旅另一地方部队）歼灭二万以上。现敌盲目乱窜，已失主动。我尚保有绥、米、葭、吴、安、保、靖七个全县及其余全部乡村。中央在此，安如磐石。"[3]

确实，在陕北战场上，解放军撤出延安后的短短一个多月内三战三捷，歼灭国民党军队一万四千人，稳定了陕北战局。尽管双方力量对比悬殊，解放军却打得有声有色，根据不同的条件采

---

[1] 新华通讯社编:《新华社评论集（1945—1950）》，北京：新华通讯社，1960年7月编印，第153、154页。

[2] 胡宗南著:《胡宗南先生日记》（上），台北："国史馆"，2015年7月版，第648页。

[3] 中共中央军委致陈饶黎粟，并告刘邓、朱刘电，1947年5月10日。

取不同的战法，迷惑敌人，创造战机，各个歼敌，使"志大才疏"的胡宗南率领的十多万战略后备部队，被牢牢地牵在陕北战场无法脱身，迅速陷入被动挨打的局面，再也没有力量他顾。

还要注意到，为了进攻延安，胡宗南令原在晋南地区的嫡系主力整编第一军董钊部西渡黄河，投入陕北战场。他原来打算只用三个月时间就可以结束陕北军事，再将这支部队调回晋南，结果却深深地陷在陕北。山西阎锡山集团的主力，在遭解放军不断打击后已缩在晋中地区。这样，晋南的国民党正规军只有四个旅四个团，共三万六千多人，兵力顿时空虚。人民解放军晋冀鲁豫野战军第四纵队和太岳军区部队，在陈赓、谢富治指挥下，乘机向晋南三角地区发动强大攻势，横扫汾河两岸。这次攻势从4月4日开始，历时三十六天，歼灭国民党军队一万四千余人，攻克县城二十多座，控制了禹门渡、风陵渡两个重要黄河渡口，除运城、临汾两个孤立据点外解放了全部晋南地区。它不仅切断了胡宗南集团和阎锡山集团之间的联系，并且使陈谢部队直抵黄河岸边，西可威胁关中，南可进窥洛阳，造成胡宗南的后顾之忧，有力地配合了西北野战兵团的作战，也为陈谢部队此后转入战略进攻创造了有利条件。

事情在一个多月时间里竟发生这样大的变化！这一切，都是蒋介石、胡宗南在发动进攻延安前根本没有料想到的。

我们再把目光转回到山东战场。

山东和陕北，是当时蒋介石心目中的两大重点进攻战场。莱芜战役给蒋介石的打击是沉重的，但他并没有从中吸取应有的教训。蒋介石十分自负，即使遭受很大挫折，仍然只是责怪部下而不肯做真正的自我反省，甚至认为造成军事失利的原因正在于前方将领没有听他的话。莱芜战役是 2 月 23 日结束的，蒋介石立刻飞到济南。25 日，他在济南对高级将领说：

> 此次莱芜作战失败，实在是我们革命军全体军人最大的耻辱！这不能怪我们下级官兵没有战斗的能力，而完全是由于高级指挥官的指挥错误！指挥官如果稍有军事的常识，稍能运用脑筋，决不致遭遇如此全盘的失败。[1]

第二天上午，他在南京对军事将领讲话中又说：

> 现在我们一般高级将领矜骄自满，疏忽懈怠，对部下监督不严，考核不勤，不把剿匪当作我们生死攸关的一件事。这种现象，已经是我们失败的朕兆，而我认为最危险最痛心的一件事还不在此。我今天可以老实告诉大家，现在一般高级将领对于统帅的信仰，可以说完全丧失了！我亲口说的话，亲手订的计划，告诉前方将领，不仅没有人遵照实行，而且嫌我麻烦，觉得讨厌！以为委员长年纪老了，过了时代，好像家庭里面的一个老头子，唠唠叨叨，什么都管，尽可以不必重视他。你们这种心理状态，无论和我当面谈话或在电话里面的语气往往表现出来，这就证明了你们矜骄自大对于统帅的信心动摇！这就是你们一切失败的总因。[2]

---

[1] 秦孝仪主编：《蒋介石思想言论总集》卷二十二，台北：中国国民党中央委员会党史委员会，1984 年 10 月版，第 26 页。

[2] 同 [1]，第 29、30 页。

他撤销了由薛岳、刘峙分别指挥的徐州和郑州两个绥靖公署，以陆军总司令顾祝同坐镇徐州，统一指挥原徐州、郑州的部队。粟裕当即在华东野战军高级干部会上评论道："薛岳用兵尚机敏果断，而顾祝同则历来是我军手下败将，这无异以庸才代替干才。在高级军事指挥人员的更迭上，正象征着国民党的日暮途穷，最后必然会走向崩溃。"[1]

顾祝同走马上任后，鉴于第二绥靖区新败之后，已无力胜任南北会攻沂蒙山区的任务，就修改作战方针如下："由西、南两面向蒙山进剿，夺取蒙山，迫匪于蒙山与沂山地区与我决战，抑或迫匪放弃沂蒙山区老巢，向胶济路以北、东北地区退缩，以利我尔后之围剿。"[2]

他把原冀鲁豫战场主力王敬久集团调到山东，连同山东战场原有主力，编组成三个兵团和两个绥靖区，进攻山东的兵力达到二十四个整编师，计六十个旅，共四十五万五千人，其中包括国民党军在关内的三大精锐主力——第五军、整编第十一师、整编第七十四师，全都用在山东战场上，使山东解放区面对大军压境的严峻局面。

他还在3月15日堵住黄河的花园口缺口，使在1938年抗日战争初期决堤改道的黄河重归故道，形成从山西风陵渡到山东济南约一千公里的黄河防线，以切断晋冀鲁豫和华东两大解放区的联系，防止晋冀鲁豫野战军向南支持山东战场。

顾祝同主持的《陆军总司令徐州司令部鲁中会战经过概要》

---

[1]《粟裕军事文集》编辑组编：《粟裕军事文集》，北京：解放军出版社，1989年版，第304页。

[2]"三军大学"编纂：《国民革命军战役史第五部——戡乱》第2册（下），台北："国防部史政编译局"，1989年11月版，第250页。

写道:"国军决先扫荡黄河右岸亘津浦路沿线之匪,打通津浦中段,遮断陈、刘两匪之联络,诱敌匪主力于当面而击灭之。"[1]

经过这样大幅度调整部署后,3月下旬,国民党军队再次发动对山东解放区的大规模进攻。这次进攻分两步进行:第一步,汤恩伯指挥的第一兵团(以整编七十四师为骨干)和欧震指挥的第三兵团(以整编第十一师为骨干)东西对进,在4月上旬打通临沂至兖州的公路,占领鲁南山区;王敬久指挥的第二兵团(以第五军为骨干)在4月初打通了津浦铁路的兖州至济南段。上海《申报》在4月8日报道:"国军刻正在向沂蒙山区稳定推进,以面的渗进作战,逐渐压紧对沂蒙山区之包围圈。"[2]第二步,三个兵团再齐头向鲁中山区推进,企图迫使华东野战军在这里同它决战,或退至胶东一隅,或被迫北渡黄河,使国民党军队得以占领整个山东解放区。

进入5月,蒋介石在"本月大事预定表"上所列的第一项工作就是"山东剿务,胶济路以南地区匪军主力之击溃及其各巢穴之占领"。第二项工作是"陕北残匪之肃清"。[3]可见他已经把山东的军事行动列为第一项任务了。

3日,他在日记中写道:"七时起飞到徐州,听取剿务报告。前方各师军长精神萎顿疲玩,各图自保,毫无互助合作、协同一致精神,以致屡失战机,处处被动,又不遵奉其上官命令,故全线停滞延缓形成呆死态势,殊深忧虑。乃命墨三(顾祝同)拟稿重

---

[1] 中国第二历史档案馆编:《中华民国史档案资料汇编》第5辑第3编,军事(二),南京:江苏古籍出版社,2000年版,第285页。
[2] 潘振球主编:《中华民国史事纪要》1947年4—6月,台北:"国史馆",1996年11月版,第91页。
[3] 蒋介石日记(手稿本),1947年5月1日,"本月大事预定表",美国斯坦福大学胡佛研究所藏。

申赏罚,并将李天霞革职留任,以警其余将领玩忽者戒也。"[1]

在作战方针上,鉴于以往的教训,国民党军队这一次也有改变。"部队前进非常谨慎,一天推进不足十公里,最慢的时候,一天只推进二三公里。"[2]粟裕对他们的作战方针这样概括:"解放战争开始,多采取长驱直入、分进合击、乘虚进袭等战法。鉴于屡遭我军各个歼灭之惨痛教训,鲁南战役后,蒋军统帅部即提出了'集中兵力,稳扎稳打,齐头并进,避免突出'的作战方针;又因为莱芜战役采取南北夹击,致北线被我歼灭,遂进而提出了'密集靠拢、加强维系、稳扎稳打、逐步推进'的方针,妄图进一步加强兵力密度,成纵深梯次部署,作弧形一线式推进,使我无法分割和各个击破,而陷我于战略、战役布势上被动不利之地位。"[3]

这样,山东解放区便面对着比以往更加严重的局势。陈毅指出:"山东是敌人主战场,敌军力量集中,加重了山东的负担,造成了许多困难。敌人'看得起'、重视山东,战局比过去严重。"[4]远在东北的陈云在一封信中也谈到国民党军在苏北、鲁南的作战计划:"兵力总数是敌大我小(东北程度较差),但敌兵力仍不够,故只能而且已经采取'分别先后,集中重兵,各个击破'的计划。这一计划在苏北、鲁南收得若干效果,其原因敌我相较,敌仍有两个有利条件:兵多,运输便利。"[5]由于国民党军队兵力过于密集,

---

[1] 蒋介石日记(手稿本),1947年5月3日,美国斯坦福大学胡佛研究所藏。
[2] 陈士榘著:《天翻地覆三年间——解放战争回忆录》,北京:中共中央党校出版社,1995年版,第132页。
[3] 粟裕著:《粟裕战争回忆录》,北京:解放军出版社,1988年版,第484、485页。
[4] 中国人民解放军军事学院编:《陈毅军事文选》,北京:解放军出版社,1996年版,第387、388页。
[5] 陈云给高岗的信,1947年4月2日,赵凤森、郝仲文主编:《四保临江》,中共吉林省委党史工作委员会,1987年11月版,第72、73页。

准备充分，行动谨慎，华东野战军在陈毅、粟裕领导下采取持重待机的方针，并抓紧时间进行一个月的整训。自4月初起，华东野战军分路南下，利用在解放区腹部作战的有利条件，忽东忽西，忽南忽北，既打又撤，高度机动，在一个多月内连续四次作战。但已成为惊弓之鸟的国民党军队一经接触，立刻收缩或靠拢，不轻易分兵，以求自保。其中，解放军在4月23日至26日突然包围并攻克孤立地悬在国民党军西翼的泰安城，歼灭守备该城的川军整编第七十二师两万余人，附近的国民党军整编第七十五师和八十五师仍按兵不动，不敢前来救援。因此，解放军一直没有机会抓住并歼灭某一路蒋军主力，未能达到预期的作战目的。但在这个过程中，几路国民党军主力部队每日行军，东西奔波，仍无法判明华东野战军的意图和动向，无法同它实行决战，弄得疲惫不堪。陈毅把这种打法称作"耍龙灯"。

中共中央军委和毛泽东密切注视着山东战局的发展，连续致电陈毅、粟裕，从战略思路上给予提示。5月4日电说："敌军密集不好打，忍耐待机，处置甚妥。只要有耐心，总有歼敌机会。"5月8日电说："目前形势，敌方要急，我方不要急。""第一不要性急，第二不要分兵，只要主力在手，总有歼敌机会。凡行动不可只估计一种可能性，而要估计两种可能性，例如调动敌人，可能被调动，亦可能不被调动，可能大部被调动，亦可能只有小部被调动。凡在局势未定之时，我主力宜位于能应付两种可能性之地点。"5月12日电说："敌五军、十一师、七十四师均已前进。你们须聚精会神选择比较好打之一路，不失时机发起歼击。究打何路最好，由你们当机决策，立付施行，我们不遥制。"5月14日电说："集中力量打破一路，则全局好转。"[1]

华东野战军参谋长陈士榘谈到从这些电报中得到的启示说：它"指出了我们前一阶段在兵力部署上存在分兵的缺点，而主力又都用于正面阻击敌人，有不敢大胆放敌人前进的缺点；指出了我们在作战指导思想上，只考虑调动、分散敌人兵力的可能，没有考虑敌人不被调动时的作战方案；指出了我们当时急于求成的急躁情绪，缺少耐心的缺点"。[2]

蒋介石却以为山东战局发展顺利，又得意起来。他在5月10日日记中写道："济南、徐州之行，军事之效已见。莱芜已如期收复，而匪竟向北溃退。彼必以余到济南督导我军向胶济路进展，故其仓皇北撤。默察匪情实已举棋不定、惶惑无主之象，陈毅似已毙命乎。"[3] 国民党又分路向鲁中腹地急进。

蒋介石一来劲，解放军的战机终于出现了。

解放军一个多月来数次撤回，避免同国民党军队主力轻易决战，使蒋介石和参谋总长陈诚产生错觉，误以为这是解放军战斗力已明显削弱、"攻势疲惫"的表现，于是催促各部加快向鲁中山区进犯。5月中旬，国民党军开始全线进攻。第一兵团司令官汤恩伯急于立功，不待第二、三兵团统一行动，就以整编第七十四师直指华东野战军指挥部所在地坦埠，企图实施中心突破，打掉解放军的指挥中心，并从侧面围剿解放军的主力（他们判断华东野战军的主力集结在沂水城一带）。

---

[1] 中共中央文献研究室、中国人民解放军军事科学院编：《毛泽东军事文集》第4卷，北京：军事科学出版社、中央文献出版社，1993年版，第52、58、70、73页。

[2] 陈士榘著：《天翻地覆三年间——解放战争回忆录》，北京：中共中央党校出版社，1995年版，第135页。

[3] 蒋介石日记（手稿本），1947年5月10日，美国斯坦福大学胡佛研究所藏。

整编第七十四师最初由蒋介石的心腹、军务局长俞济时组建，是国民党军队中最精锐的部队，全部美械装备，受过美国军事顾问团特种训练，具有相当的指挥、战术、技术水平。抗战胜利后最早空运到南京，有"御林军"之称。全面内战爆发后，在8月间调出南京，作为进攻华东解放区的主力，在攻占淮阴、涟水、沭阳、临沂时都充当主攻的角色。他们素来异常骄横，自称"有七十四师，就有国民党"。国民党军徐州绥靖公署副主任李延年也曾在淮阴吹嘘："有十个七十四师，就可以统一全国。"[1] 这一次，他们仍以为在他们猛攻下，解放军主力不是主动后撤就是被突破，根本没有想会落到被围歼的地步。从解放军来看，由于他们担负中央突破的任务，态势较其他进攻部队突出，已经进入华东野战军主力集结位置的正面，解放军的部署不需要做大的调整，就可以在局部对该师形成五比一的绝对优势。该师是重装备部队，进入鲁中山区后，地形对它十分不利，机动受到限制，重装备不但不能发挥威力，甚至成为拖累。而华东野战军主力在打了宿北、鲁南、莱芜等战役后，武器装备有很大改善，火力大大增强，特种兵纵队已有相当基础，指挥员已积累起大兵团运动战的作战经验，因而具有围歼强敌的基本条件。只要歼灭了整编第七十四师，可以立刻挫败国民党军队这次作战行动，迅速改变整个战场的态势。

正是基于这些判断，粟裕决心一改历来先攻弱敌或孤立之敌的战法，主动撤出泰安和莱芜，集中主力，以"猛虎掏心"的办法，从国民党军队的战斗队形中央揳入，切断整编第七十四师同友邻部队的联系，以便把它一举全部歼灭。粟裕回忆道："时间紧迫，

---

[1]《华东权威军事家评孟良崮大捷》，临沂行署出版办公室编：《孟良崮战役资料选》，济南：山东人民出版社，1980年版，第9页。

我立即将上述种种想法向陈毅同志汇报。陈毅同志十分赞同,说'好!我们就要有从百万军中取上将首级的气概!'并立即定下战役决心。"[1]

5月12日晨,华东野战军发出歼灭整编第七十四师的命令。这时,该师已通过孟良崮山区北上,仍在继续向坦埠推进。13日黄昏,华东野战军担任主攻的五个纵队开始出击,其他部队迅速构筑对国民党军两翼部队进行阻击的坚固阵地。14日上午,整编第七十四师师长张灵甫才判明华东野战军有围歼该师意图,命令部队停止北进,向南退却。当晚,缩集在孟良崮、芦山地区固守,美式重炮和许多现代化装备不得不丢弃山下。这时,汤恩伯仍电令张灵甫:"匪来犯我,实难得之歼匪良机。""贵师为全局之枢纽,务希激励全体将士,坚强沉毅,固守孟良崮,并以一部占领垛庄,协同友军,予匪痛击,以收预期之伟大战绩。"[2] 15日拂晓,原来隐伏在鲁南敌后的华东野战军第六纵队抢占该师退路必经的垛庄,完成对整编第七十四师的合围。

整编第七十四师为什么敢于单独向坦埠挺进?战役结束后,陈毅参加被俘的该师高级将校(包括整编第七十四师参谋长魏振钺、副参谋长李运良、旅长陈传钧等)时事座谈会时,曾向他们提出这个问题。据山东《大众日报》6月19日的报道,得到的回答是:"系判断解放军主力不在该地,又因左右有友军(指蒋军)依托,我部依据山地挺进不算冒险,即令有危险也可以突围,总不致全军覆没,不料事与愿违,一面受着解放军重重包围,退路不及保持,

---

[1] 粟裕著:《粟裕战争回忆录》,北京:解放军出版社,1988年版,第495页。
[2] 中国第二历史档案馆编:《中华民国史档案资料汇编》第5辑第3编,军事(二),南京:江苏古籍出版社,2000年版,第309页。

一面友邻部队增援不到,以致失事;自然主要原因还在于国防部作战计划太主观,太不了解前线实情了。"[1]这些高级将校说出了一些实情,但他们即使在被俘后仍不敢直截了当地指出,这个"太主观、太不了解前线实情"的作战计划并不是国民党政府的国防部所能确定,而是蒋介石直接确定的。

整编第七十四师已经被紧紧围困在孟良崮、芦山地区,这是蒋介石完全没有料想到的,但他仍极端自以为是地认为:该师战斗力强,处在山峰陡峭、岩石累累、易守难攻的高地,附近有十个整编师的兵力可以增援,正是同华东野战军决战的好时机。他在15日日记中写道:"朝课后得前方报告,鲁中共匪已倾巢出犯,企图先消灭我进攻坦埠之第七十四师。幸该师已于昨日安全撤退,在孟良崮布置阵地,未为匪所算。此次匪果被我强制,其不能不与我决战形势之下。如我各部队能把握此惟一战机,必可予以致命之打击,惟祈天父佑我完全胜利为祷。"[2]他一面命令张灵甫坚决固守,吸住华东野战军的主力,一面急令周围各路部队火速增援,企图内外夹击,同华东野战军主力实行决战。张灵甫也自恃建制完整,处于战线中心,外有大量援军,要求空投粮弹,依托山头高地固守。国民党中央社5月15日徐州电称:"国军主力兵团正急往邀击,共军华东野战军在胶济以南之最后命运,将于此战决定。"[3]

对解放军来说,"这时的关键,一是围歼第七十四师能否迅速解决战斗;二是阻援力量能否挡住敌之援军"。[4]

---

[1] 临沂行署出版办公室编:《孟良崮战役资料选》,济南:山东人民出版社,1980年版,第33页。
[2] 蒋介石日记(手稿本),1947年5月15日,美国斯坦福大学胡佛研究所藏。
[3] 《大公报》1947年5月16日。
[4] 粟裕著:《粟裕战争回忆录》,北京:解放军出版社,1988年版,第501页。

这样的仗是人民解放军以前没有打过的：围歼战是一场激烈的阵地攻坚战，阻援战则是艰苦的阵地防御战，战斗必须在两三天内解决。解放军的顽强阻击，挡住了国民党增援部队一波又一波的冲击。有的增援部队同整编第七十四师相距只有五公里左右，却无法会合。孟良崮山区地势虽然陡峭，但多为岩石山地，构筑工事困难，重装备部队更难以运动和展开；山上极少草木及土层，水源奇缺，国民党飞机空投的粮弹和水囊大多落在解放军阵地上，整编第七十四师数万官兵饥渴难支。由于国民党军队各路增援部队已经逼近孟良崮，华东野战军总部命令各阻援部队坚决进行阻击，同时命令各主攻部队加紧猛攻，一定要抢在国民党军增援部队赶到前歼灭整编第七十四师。15日下午起，解放军对孟良崮发起总攻，猛烈的炮火向密集山头的国民党官兵轰击，四飞的岩石碎片也具有巨大的杀伤力，步兵在炮火掩护下分多路向山头突击。到16日下午，全歼整编第七十四师。张灵甫和副师长蔡仁杰被解放军战士用美制汤姆式手提机枪击毙。蒋介石在当天日记中写道："临睡前得七十四师不利情报，忧虑更甚。悲痛之情为近来所未有也。"17日又写道："朝课后得孟良崮已无七十四师符号之报。""鲁中剿务顾祝同无知妄为，所有决策无不错误，愚而错误，又不肯请示，故余之意图与计划皆为其粉碎，演成杂乱无章之象，以致第七十四师被匪整个之消灭，痛愤无已，不知如何结果矣。"19日写道："近日局势严重，而以鲁南第七十四师之被匪消灭为最痛。"[1]

5月24日的山东解放区《大众日报》上发表了一篇《蒋七十四师覆灭情景》，这样写道：

---

[1] 蒋介石日记（手稿本），1947年5月16日、17日，"上星期反省录"、19日，美国斯坦福大学胡佛研究所藏。

从十四日起，完成包围圈。十五日，即将狼奔豕突的七十四师，完全压缩在孟良崮大山中。人民解放军集中炮火猛烈轰击，照明弹照明夜空如同白昼。蒋军因数日来到处遭遇人民彻底空舍清野，饮食困难，又经连日战斗伤亡惨重，弹药及给养大部抛弃于溃逃途中；而孟良崮高山野岭，人烟稀少，粮水俱无，致蒋军饥渴疲惫不堪。白天蒋军成群结队，用降落伞曳系食品、汽水，向被围蒋军阵地上投掷，但多数为解放军所获。从十五日起，蒋军虽自东西南北四面增援……均遭解放军强力阻击，一一打退，并歼俘其各一部。十五日晚，人民解放军向孟良崮群山发起总攻，展开大规模的山头围歼战。七十四师师长张灵甫亲自指挥所部三个旅，固守几座无草无木光秃秃的山头，负隅顽抗。解放军则表现更加顽强，英勇冲锋，与敌反复肉搏，更以密集的炮火轰击敌阵，山头上遍是浓烟烈火，弹片和碎石乱飞，如闪电、云雾、冰雹，战斗空前激烈。……至十六日午时，我攻山部队已攀登峭壁，控制孟良崮所有制高点。……据山顽抗的残敌被最后解决。下午，枪炮声停歇，蒋介石嫡系主力美械七十四师遂从此全部覆灭。[1]

孟良崮战役，全歼了国民党军中最精锐的整编第七十四师，连同各路阻击战共毙伤俘国民党军队32000多人，缴获山炮、战防炮、六〇炮、迫击炮273门，火箭筒、枪榴弹筒、掷弹筒104个，火焰喷射器11具，轻重机枪3468挺，步枪6977支，炮弹7202发，各种子弹2082580发，手榴弹6360枚，战马1397匹，另击毁坦克5辆。解放军指战员伤亡约12000人。值得注意的是，经过严格训练，

---

[1] 临沂行署出版办公室编：《孟良崮战役资料选》，济南：山东人民出版社，1980年版，第104、105页。

有很强战斗力的整编第七十四师官兵被俘的有19676人,他们中不少人随后参加了人民解放军。

中国人民解放军在孟良崮战役中取得的胜利,像晴天霹雳一样,震动了全国,在粉碎国民党军队向解放区大举进攻中起了举足轻重的作用。新华社为此发表《祝蒙阴大捷》的评论,指出:"蒋介石以近一百个旅使用于华东战场,欲以此决定两军胜负,这个主观幻想业已接近于最后破灭。这次蒙阴胜利,在华东人民解放军的历史上更有特殊意义。因为:第一,这是打击了蒋介石今天最强大的和几乎惟一的进攻方向;第二,这是打击了蒋介石的最精锐部队(四五个精锐之一个);第三,这个打击是出现在全解放区全面反攻的前夜。"[1] 上一年在涟水战役中放下武器的一个原整编七十四师营长曾说:"如果七十四师被歼灭了,就没有任何部队能抵抗解放军了。"[2] 这次胜利,使国民党军队的将领们更加丧失信心,使他们的士兵更加缺少斗志。徐永昌在5月19日的日记中写道:"据报七十四军(美械师且最有能战历史)在沂水、蒙阴间为共匪十五六万人包围,五日苦战,至十六七日几于全师覆没。""该师约二万人,闻仅收容得两个团长等官佐及数百士兵云云。"同月27日的日记中又录赵子立对他所说的话:"七十四师之失,影响军心颇大。"[3]

郝柏村也评论说:"孟良崮的失败,是关内整个剿共战争的转捩点。"他还说道:"孟良崮之战后,蒋公与徐州司令部的指导有

---

[1] 新华通讯社编:《新华社评论集(1945—1950)》,北京:新华通讯社,1960年7月编印,第162页。
[2] 临沂行署出版办公室编:《孟良崮战役资料选》,济南:山东人民出版社,1980年版,第17页。
[3] 徐永昌著:《徐永昌日记》第8册,台北:"中央研究院"近代史研究所,1990年6月影印,第416、420页。

异。徐州总部则不顾孟良崮之挫折,继续向坦埠、沂水攻击,贯彻原计划。如能一鼓作气完成使命,亦可稍补孟良崮之失败,但蒋公则放弃原目标,就地取攻势防御,整训整备,再图与共军作战,特由京飞徐决定缓攻。"[1]

国民党军队虽然仍没有放弃对山东进攻的计划,但他们进攻的势头已被打掉,并且"从上到下真正地被华东野战军打怕了"。[2]

从1946年底到1947年4月,在东北战场上,林彪、彭真、高岗、陈云等率领的东北民主联军进行了"三下江南、四保临江"的战役。这在东北战局发展的进程中是一转折点,对改变东北民主联军在战场上的被动局面具有决定性的作用。

抗战胜利后的一段时间内,国民党军队曾处在大举进攻的主动地位。他们先后调集七个军二十个师约二十五万人,连同地方部队、交警总队等共四十万人,在东北保安司令长官杜聿明指挥下,气势汹汹地向东北进兵。这七个军全部由美械或半美械装备,其中新一军、新六军是国民党军队的精锐主力,曾在印度经过美国军官严格训练,参加过抗日战争时期印缅战场的作战,战斗力很强。东北地域广阔,铁路和公路网密集,交通便捷,便于国民党军队机动地运用兵力。苏联红军根据刚刚签订的《中苏友好同盟条约》的规定,把他们在战争后期从日本关东军手中夺得的沈阳等大城市交由国民党军队接管。而东北民主联军当时的处境却相当困难:大多由山东、苏北等南方地区远道调来,武器、交通和防寒等设

---

[1] 郝柏村著:《郝柏村解读蒋公日记(1945—1949)》,台北:天下远见出版公司,2011年6月版,第260、262页。

[2] 粟裕著:《粟裕战争回忆录》,北京:解放军出版社,1988年版,第505页。

备远较国民党军队落后,很不适应在东北严寒气候下从事长时间的野外作战;东北解放区又建立较晚,群众条件远不如关内各老解放区,使部队的行动和作战保障增加了困难。因此,战争初期在国民党军队凌厉攻势面前,不能不处于艰难而被动的局面。

1946年6月东北暂时休战时起,东北民主联军已经度过最困难时期。

从表面上看,国民党军队这时已先后占领锦州、沈阳、四平街、长春、吉林等重要城市,控制了松花江以南的广大地区,包括鞍山、本溪、抚顺等钢铁和煤炭基地,似乎气焰万丈,不可一世。其实,他们的进攻力量已接近用尽。随着占领地区的扩大,战线延长,不得不把有限的兵力分散进行守备,可以用于机动作战的兵力逐渐减少。关内各个战场的屡遭失利,更打乱了国民党军统帅部的全盘计划,使他们原定的先在三到六个月内解决关内问题、再集中力量解决东北问题的设想再也无法实现,甚至连从关内抽调兵力增援东北也难以做到。美苏关系也使他们存在顾忌。这是他们宣布在东北暂时休战的原因所在。

对中国共产党来说,情况恰好相反。它的潜力还只是刚开始发挥出来。中共中央东北局根据毛泽东"建立巩固的东北根据地"的指示,让开大路,占领两厢,在放弃一些重要城市后,派出大批干部深入到农村中去,发动群众,深入开展土地改革,赢得众多贫苦农民的全力支持,使解放区出现一派欣欣向荣的新气象,又抽调一批主力部队协同地方武装剿灭土匪,巩固战略后方,在短期内站稳了脚跟。东北民主联军也抓紧时间进行休整和补充,到这年冬实力已有很大增强。野战军共有五个纵队、三个独立师和总部直属部队约十五万人,加上各军区武装,总兵力已达三十六万人，武器装备也得到显著改善。

郝柏村在谈 1947 年夏季东北军事形势时写道："由于国军自进军以来，未歼灭共军有生力量，仅占领各城市，而共军林彪此际已发展正规野战军四十二个师以上，已居于优势，且有机动集中能力，而国军驻守各地，相形之下，处处兵薄弱。自年初以来，共军取攻势。"[1] 而东北解放军所以能有那样大的发展，又同东北局"七七决议"后把工作重心集中到发动群众、建设巩固的东北根据地这个根本上直接有关。

还有一个不可忽视的情况：随着国民党军队进入东北并扩大了占领区，许多国民党官员抱着抢肥缺、发横财的目的大批涌入东北，贪污受贿，营私勒索。一些地方豪绅在他们纵容下也雄霸一方，欺压百姓。这就使原来对国民党政府抱有期望的东北民众大失所望。国民党东北保安副司令长官郑洞国回忆道："当时，对于东北社会秩序紊乱、人民怨声载道的局面，熊式辉、杜聿明和包括我在内的一些高级将领，虽然忧虑重重，却毫无办法。"一次，他去找杜聿明深谈这种忧虑。"杜将军闻言沉默了半响，突然睁大眼睛愤愤地说：'人家共产党自有一套主张，懂得发动民众，争取民心。我们懂得什么？还不是大家都想着发财！'停了一下，他又神色凄凉地说：'你说我们在东北腐败，其实全国又何尝不是如此？这样下去，我们的天下不会有几天了。'"郑洞国叙述了这番对话后感伤地写道："我们自知在政治上不是共产党的对手，便将希望寄托于军事上。"[2]

---

[1] 郝柏村著：《郝柏村解读蒋公日记（1945—1949）》，台北：天下远见出版公司，2011 年 6 月版，第 271、272 页。

[2] 郑洞国著：《我的戎马生涯》，北京：团结出版社，1992 年版，第 437、438 页。

9月，蒋介石在庐山召开军事会议。陈诚在会后直接坐飞机到沈阳，召开东北国民党军高级将领会议，根据他们在东北兵力不足、无力对南北满同时发动进攻的情况，只能把原定目标加以收缩，又感到东北民主联军南满部队对沈阳威胁较大，于是制定了"南攻北守，先南后北"的作战计划，准备先夺占南满解放区，切断东北解放区同华北解放区和山东解放区的联系，解除后顾之忧，等关内能抽兵增援东北后，再大举北上，占领全东北。

针对国民党军队的这种意图，"东北局和东北民主联军认为，坚持南满，加强南满根据地建设，是打破国民党军'南攻北守，先南后北'企图的中心环节。于是提出了坚持南满、巩固北满、南北满紧密配合、集中兵力放手打击国民党军的作战指导方针。为此，确定第三、第四纵队和三个独立师坚持南满斗争，其余主力大部集中在北满地区，伺机南进，配合南满部队作战。"[1] 10月31日，东北局派东北局副书记、东北民主联军副政治委员陈云和副总司令萧劲光到南满，领导当地军民抗击国民党军队的大举南下。

那时，南满的局势十分严峻。到12月上旬，南满解放区只剩下临江、长白、抚松、濛江四个县，人口稀少，粮食困难，回旋余地狭小。东北民主联军在南满的部队四万多人，被压缩在长白山脚下的狭长地带。萧劲光回忆道：

> 这一地区，满打满算只有二十三万人口。二十三万穷苦百姓要担负三四万部队的支前工作，本来就很困难。加上当时地方上土匪、特务、伪警察、地主武装到处活动，不少干部被杀

---

[1] 第四野战军战史编写组著：《中国人民解放军第四野战军战史》，北京：解放军出版社，1998年版，第150页。

害，被胁迫，我们的一些地方武装哗变，广大群众尚未发动起来，不敢与我接近，使我军的处境更加困难。在零下四十度的严寒下，我们不少人没有棉衣、棉帽、手套御寒。吃的是冻得啃不动的窝窝头和酸菜，住的也很困难，部队经常露宿在冰天雪地中，靠烤火过夜。[1]

在这样艰苦的条件下，部队内部对南满根据地的前途有着种种议论：有的认为南满坚持不住了，再待下去就要"到鸭绿江去喝水""到朝鲜去留洋了"；有的提出"留得青山在，不怕没柴烧"，主张把主力撤过松花江，保存力量，日后反攻；有的认为南满必须坚持，也能够坚持，特别是第四纵队在宽甸新开岭地区经过三天激烈战斗后于11月2日全歼骄傲冒进的国民党第五十二军第二十五师，开创了东北战场全歼国民党军一个师的记录，使南满部队看到国民党军队的进攻是能够打败的，南满斗争是可以坚持的。

12月11日到14日，辽东军区（亦称南满军区）在通化七道江军区前线指挥所召开师以上干部参加的军事会议，讨论如何坚持南满斗争的问题，会上发生了激烈的争论。陈云得知这个情况后，在13日夜顶着大风雪从临江赶到七道江。他在听取大家意见后，对坚持南满斗争的战略意义和"留下""撤去"两者的利弊做了重要讲话。他说：

东北的敌人好比是一头牛，牛头牛身子是向着北满去的，

---

[1] 萧劲光：《在南满的战斗岁月里》，赵凤森、郝仲文主编：《四保临江》，中共吉林省委党史工作委员会，1987年11月版，第92页。

在南满留下了一条牛尾巴。如果我们松开了这条牛尾巴,那就不得了,这头牛就要横冲直撞,南满保不住,北满也危险;如果我们抓住了牛尾巴,那就了不得,敌人就进退两难。因此,抓住牛尾巴是关键。

如果我们不坚持南满,向北满撤,部队在过长白山时要损失几千人。撤到北满,敌人还要追过来,还要打仗,从南满撤下来的部队又会损失几千人。如果我们从南满撤了,敌人可以全力对付北满,那时北满也很可能保不住,部队只得继续往北撤,一直撤到苏联境内。但我们都是中国共产党人,不能总住在苏联,早晚有一天还要打过黑龙江,打到北满,打到南满。在这些战斗中,以前从南满撤下来的部队又要损失几千人。而且,当初主力撤向北满后留下来的地方武装也会受到很大损失。这样前前后后加在一起,向北满撤会损失一万多人,占当时我们在北满部队人数一半。相反,如果我们留下来坚持南满,部队可能损失四分之三,甚至五分之四,但只要守住南满,就不会失去犄角之势,就可以牵制敌人大批部队,使他们不能集中力量去打北满。两相比较,还是坚持南满比撤离南满损失小。而且,敌人当时在南满的兵力也不够,我们坚持南满是完全有可能的。[1]

最后,他加重语气说:"我是来拍板的,拍板坚持南满。"陈云的讲话,得到多数人的赞同,基本上统一了大家的认识。16日,萧劲光、陈云、萧华、程世才将会议的决定电告林彪、东北局并中共中央,同时要求"东、西、北满能牵制住当前敌人",得到批准。

---

[1] 萧劲光著:《萧劲光回忆录》,北京:解放军出版社,1987年版,第348、349页。

12月17日，国民党军队约六个师的兵力，大举发动向临江地区的猛攻。主力靠拢向内圈压缩，企图把东北民主联军南满部队消灭或困绝于长白山中。南满部队一面凭险顽强抗击，一面又以第四纵队主力大胆地插入敌后，用来牵制并调动正面进攻的国民党军队，使它难以前后兼顾。为了策应南满战场的作战，东北民主联军集中在北满的十二个师兵力，在1947年1月5日出其不意地跨越冰封的松花江，南下出击。"三下江南，四保临江"的战役便这样开始了。

"四保临江"，是指东北民主联军南满部队四次击退国民党军队的大规模进攻，保卫以临江为中心的南满解放区。它是在异常艰苦的条件下进行的。特别在初期，曾出现"地区缩小，人民情绪下降，兵员困难"的状况。其中，兵员不足是相当严重的困难。陈云在一个电报中说：

> 力争上述较好局面不是轻易的，必须经过多次中小规模的对敌歼灭战，而我又需付出一定代价。过去安东、通化未失守前，主力兵员不充实，平均每师仅六千多人。主力经过战后伤亡减员，而地方武装可补充。加之现有之长白四县，总人口二十二万，规定旧历正月底止扩军一千，能否完成未定。沦陷区短期内扩军则无望。以上原因，使主力目前得不到补充，且在不断减员。因连队不充实，干部怕伤亡大，战斗信心降低。至于求打胜仗，争取俘获补充，亦须一个过程方能解决。[1]

---

[1] 陈云致林彪并彭真、高岗电，1947年1月16日，赵凤森、郝仲文主编：《四保临江》，中共吉林省委党史工作委员会，1987年11月版，第42页。

正是在这样艰难的情况下，南满部队表现了坚韧不拔的顽强意志，克服重重困难，加上积极机动的指挥和民众的支持，不仅击破了国民党军队四次对南满解放区的进攻，扩大了根据地，并先后歼灭国民党军两万多人，缴获大量火炮、枪支、汽车，改善了武器装备。部队在作战的实际锻炼中越战越强。第四次保卫临江的战斗中，在4月3日突然包围并全歼国民党军第十三军八十九师，俘虏该师代理师长张孝堂以下七千五百余人，南满部队只伤三百一十九人，亡七人。国民党方面的战史也承认：国民党军队"先后曾四次调派大军，对临江地区发起攻击"，但东北民主联军南满部队"借酷寒之气候，复杂之地形""专事机动突袭，避不正面决战，致我每次出击，均徒劳无功。""除第二十五师受损较重之外，参加辽东作战各部队，如第九十一师、第二师、第八十九师及第五十四师，亦皆蒙受相当之损失。"[1]

"三下江南"是指东北民主联军北满部队为了策应南满的战斗，三次渡过松花江南下作战。战斗也异常艰苦。由于松花江的阻隔，北满部队只能在1至3月份江面封冻、人马辎重能通行无阻时，才能实行大兵团的机动作战。这是最寒冷的季节，北满的气温常在-40℃左右。北满部队的御寒装备严重不足，部队在野外难以坚持长时间的作战活动。在一下江南的作战中，参战部队在两昼夜内就被冻伤八千多人。但部队在作战的实际锻炼中越战越强。他们在三下江南中，突然发起攻击，寻找国民党军队的薄弱据点，并采用围城打援等办法，大量歼敌，共歼灭国民党军三万多人，包括给予全副美械装备的国民党军精锐主力新一军等以沉重的打

---

[1] "三军大学"编纂：《国民革命军战役史第五部——"戡乱"》第2册（上），台北："国防部史政编译局"，1989年11月版，第470页。

击,大大提高了作战能力。而且,每次南下都调动了国民党军队,从而有力地减轻了南满部队的压力。

"三下江南、四保临江"的胜利,从根本上扭转了东北战场的局势。当时担任东北民主联军第四纵队副司令员的韩先楚回忆道:"从1946年12月17日国民党军第一次进攻临江开始,到1947年4月3日粉碎敌人第四次进攻临江,四个月的作战,我军克服了冰雪严寒、装备供应不足等种种困难,终于打破了国民党军的南攻北守计划。加上北满根据地建设的迅速进展,到1947年4月已消灭土匪八万二千人,大股土匪被肃清,使东北战场上出现了敌人由进攻到防御、我军由防御到进攻的历史性的转折。"[1]时任东北民主联军第一纵队司令员的万毅等也回忆道:"经过北满我军三下江南和南满四保临江作战,改变了东北战场敌我形势,缩小了敌占区,扩大了解放区。南满我军胜利地收复了金川、辑安、柳河、辉南、桓杜等五座县城和广大乡村;北满不但巩固了江北根据地,而且我军的活动范围南越松花江,日渐逼近敌人在北满据守的中心城市吉(林)长(春)两市。"[2]

从国民党方面来看,在这以后,便不能不"改变战略,由攻势转为守势"。[3]他们十分担心北满的解放军再度南下,已没有足够兵力去应付战局了,便派郑洞国去南京见蒋介石要求向东北增派援军。蒋介石对他这样答复:"东北的情况确实很严重,你们一

---

[1] 韩先楚:《东北战场与辽沈决战》,陈沂主编:《辽沈决战》上册,北京:人民出版社,1988年版,第96页。

[2] 万毅、刘震、徐斌洲:《三下江南作战》,伍修权主编:《辽沈决战》续集,北京:人民出版社,1992年版,第53、54页。

[3] "三军大学"编纂:《国民革命军战役史第五部——戡乱》第2册(上),台北:"国防部史政编译局",1989年11月版,第470页。

定要设法稳定住局面。但目前我派不出军队到东北去,你们要自己想办法。""你回去告诉熊主任和杜长官,根据目前情况,我军在东北应当采取'收缩兵力,重点防御,维持现状'的方针,将来再待机出动。现在要增加兵力是绝对没有办法的。"因此,郑洞国评论道:"此后,国民党军队再也无力在东北向解放军发动大规模战略进攻,而东北解放军则由此从战略防御转入战略进攻。整个东北的军事形势开始发生了根本性的变化。"[1]

这个转折,对整个东北战场有着深远的意义。

在谈了那么多正经的事情后,顺便再抄录一段可以当作笑料看的中央社4月20日沈阳电。这个电讯是刊诸报端的。不需要做任何解释,读者便可以明白为什么当时民众对中央社消息如此不信任的原因:

> 兹据确息:东北共军各首领于三月二十八日在哈市(注:指哈尔滨)南岗喇嘛台总司令部开会时,林彪主张再行南犯,哈市市长李天佑竭力反对,并主张脱离毛泽东而与政府合作,各不相下,遂乃火并,时李之勤务员张学仁(前传李弟不确)奉命开枪,射中林彪右小腹,林亦当场将张学仁击毙。嗣经政委钟子云将李天佑扣押,林彪则以伤势险恶,由市医院转送五道街犹太病院救治,经院长勾娄背夫施行手术后,延一昼夜终告毙命,现仍停尸于该院地下室冰窖中。至林彪职务已由吕正操代理,李天佑亦被处死刑。政委聂鹤亭继任伪哈尔滨市长兼卫戍司令。[2]

---

[1] 郑洞国著:《我的戎马生涯》,北京:团结出版社,1992年版,第444、446页。
[2] 《大公报》1947年4月21日。

从1946年底到1947年5月的孟良崮战役结束，蒋介石、陈诚一再夸下海口所说的三个月到六个月内用武力解决共产党问题的期限已到，事实的发展不仅证明它只是一场春梦，而且整个战场局势已发生相反方向的转变。这是蒋介石、陈诚怎么也料想不到的。

这种转变，甚至在国民党统治区内的民众也逐渐认识到了。1947年5月23日，上海出版的《时与文》周刊上有一篇文章写道：

> 放眼看战场，局势与去年张家口会战以前的情形已经完全不同了。就战略形势上说，过去国军在重要战场上多能保持优势，而现在，多数战场上的优势已掌握在共军手里，而仅有的一二主力集中的战场也至少是拉平了。因此，在过去国军握有主动权的地区，如今主动已握在共军手里了。在战术上说，共军经过十个月的作战之后，在火力和机动力方面都有了飞跃的进步。过去它多半是在诱敌伏击中制胜对手，现在则已能不断地进行反攻和攻势了。而在国军方面，虽然采取了放弃支战场、集中主战场的补救办法，乃至采取了集中兵力轻装急进的突击战术，依然没有挽回他基本上的劣势。这完全是十个月来军事发展的结果，而且没有任何理由可以相信，这种发展的趋向会有什么重要的变化。而正相反，今后的速率恐怕还会增加呢。
>
> 从沂蒙山到长白山，战火燃烧得更炽烈了，今后二三个月中战局发展的结果将是更具决定意义的。[1]

---

[1] 叶辛：《最近战局鸟瞰》，《时与文》第11期，1947年5月23日。

第五章　席卷全国的反饥饿、反内战风暴

几乎和鲁中、东北战场局势发生不利于国民党政府的重大转变同时，国民党统治区的民众运动也掀起了规模空前的大风暴。就在1947年5月16日歼灭国民党精锐主力整编七十四师的孟良崮战役结束后四天，5月20日在南京发生了以"反饥饿、反内战"为中心口号的学生大规模抗议运动，以比抗议美军暴行运动更大的声势迅速席卷全国，形成前所未有的新高潮。

国民党当局无论在前方还是后方，同时陷入无法摆脱的困境。这是他们在年初根本没有料想到的。

反饥饿、反内战运动会像火山那样突然爆发出来，决不是偶然的事情。它是国民党统治区恶性通货膨胀、物价飞涨、民众已难以继续生存下去的状况下做出的强烈反应，是人们再也抑制不住长期郁积在心头的愤怒和不满的必然结果。

国民党统治区的恶性通货膨胀和物价猛涨由来已久，它是从抗日战争后期开始的。在抗日战争初期，尽管沿海富庶地区大片沦丧，物资短缺，政府和军队的开支增加，大后方人口激增，但由于中国的战时经济以农业为主，1938年和1939年四川、湖南等省都是大丰收的年头，政府银行手中还掌握有相当多的游资和外汇，人民对实行抗日战争又采取支持的态度，因此通货膨胀和物

价上涨的发展都比较缓慢。"1940年在中国的通货膨胀史上标志着一个转折点。""在1940年,中国的15个省稻谷夏收较往年降低20%,即使冬季的麦收量仍与往年相同,1940年的农产品产量总的计算起来也减低了10%;重庆的大米指数从5月间的213上升到12月间的1004。粮食产量1941年继续下降,比战前降低9%至13%。"[1]粮食是民众最不可缺少的物资,粮价上涨对民众生活的影响比什么都大。随着粮食产量的短缺,囤积居奇和黑市价格成为常见的现象,并且带动其他物价迅速上涨。也是在1940年,日军进入越南,中国无法再利用滇越铁路从国外输入重要商品;同年,英国当局又暂时停止开放滇缅公路。这样,使大后方缺少进口物资的情况更趋严重。据国民政府主计处所编统计月报,大后方各种商品的物价指数,如果以1939年6月为100,到1940年12月就增至391,到1941年12月更增到1029,在一年半内达到十倍以上。这以后,政府以种种新的苛捐杂税来弥补赤字,并加强统制经济,豪门资本乘此大发国难财,民众生活更加困苦不堪。1944年,随着国民党军队在豫、湘、桂的大溃退,举国震动,物价上涨更加猛烈。据四联总处档案各重要城市零售物价指数,如以抗战爆发时的1937年7月为104.5,1943年12月为23357.4,1944年12月为75891,到抗战胜利前夕的1945年5月已达到216786,比抗战开始时激增两千多倍;[2]而民众收入,包括公务员和教师工资收入的增长却远远低于物价指数的飞涨,已到了难以维持基本生活的

---

[1] 张公权著,杨志信译:《中国通货膨胀史(一九三七——一九四九年)》,北京:文史资料出版社,1986年版,第17页。

[2] 中国人民银行总行参事室编:《中华民国货币史资料》第2辑,上海:上海人民出版社,1991年版,第385、386页。

程度。张公权写道:

> 在抗战结束前的几个月里,中国已达到人众财竭、民不聊生的边缘。普通的消费者都将其全部储蓄以及可以变卖的东西拿出来苟延度命。税吏和军人的横征暴敛、巧取豪夺,使广大农民痛心疾首,而在军队中开小差者日见增多。在整个中国,抗战情绪被残酷无情的通货膨胀败坏无余。[1]

抗战胜利后,按理说,国民经济应该得到恢复和发展。确实,大后方和收复区的物价一度都有较大幅度的下降,使民众产生了希望,但这种状况只是昙花一现,只隔一二个月,物价又迅速上升。上海出版的《时与文》周刊上有一篇文章写道:

> 真正的经济崩溃过程是在全面抗战之后开始的,经过八年来长时间的、大规模的破坏,以及有系统的、有组织的经济剥削与侵蚀,使国民经济达到了经济的崩溃的境界,而在胜利以后,接着又开始了空前规模的、全面的、动员全国人力物力的内战,这才爆发了极显著、极严重、极深刻的经济崩溃现象。[2]

进入1946年后,物价高涨的步伐加速进行,民众生活日益陷入困境。国民党政府外交部长王世杰在这年6月26日的日记中写道:"近来一般舆论,对政府均甚觖望,其主要原因为物价高涨,

---

[1] 张公权著,杨志信译:《中国通货膨胀史(一九三七—一九四九年)》,北京:文史资料出版社,1986年版,第46页。

[2] 伍丹戈:《经济崩溃与经济政策》,《时与文》创刊号,1947年3月14日。

政府财政之前途十分黯淡。政府在此方面为'无能'之表现，予实不胜忧虑。"[1]清华大学教授伍启元9月1日在《观察》创刊号上发表文章，针对有些人认为"今日中国经济状况已经改善，已经好转"的"乐观"论调，说："如果我们不是从表面上看，而是作深一层看，则当前中国经济是危机四伏，没有一点可以乐观的。"他写道：

> 就各阶层的生活来说，今日中国经济是极不合理的。我国百分之八十以上的是农民。目前一般农民因受战祸、灾荒、黑暗的政治、错误的经济政策和地主土劣层层的压迫，生活早已在饥饿线上。至于战前的中层阶级（公教人员和薪水阶级），则早因通货膨胀的影响而沦为大贫。现在惟一得意的只有包括封建力量、贪官污吏、买办阶级和资产阶级的既得利益集团。这个集团在全国中下阶层在死亡线上挣扎的时候，正穷奢极侈地过着一种最新式、最贵族和最浪费的生活。今日中国"有"的阶级和"无"的阶级生活水准差别的程度，今日中国"无"的阶级生活痛苦的程度，已经超过法国革命前夕法国当时的程度。一个只居住在上海南京繁荣世界的人或者会自欺欺人地说中国的经济已经改善了。但如一个人能同时见到上海天堂般的生活和广大农村与一般中下阶层人民的地狱般的生活，则他便不能不承认中国的经济需要根本的革命了。[2]

上海商业银行研究专员笪移今也在这年10月26日出版的《观

---

[1] 王世杰著：《王世杰日记》第5册，台北："中央研究院"近代史研究所，1990年3月影印，第341页。
[2] 伍启元：《论当前中国经济情势》，《观察》创刊号，1946年9月1日。

察》上发表文章说:

> 抗战已经结束一年一个多月了,别的国家经济情形大都恢复了原状,或正在恢复的途中迈进,连战败国的日本经济也在欣欣向荣,独有战胜的中国是江河日下。演成这样结果的最大原因,乃是我们还在进行大规模的内战,还在执行战时经济政策,执行错误的经济政策。如果不悬崖勒马,放弃现行的政策,改变旧的政策,而任其执行下去,则中国经济前程,不是陷于不堪收拾的地步,就要走入殖民地经济道路。[1]

1946年这一年内,财政经济状况恶化的速度是惊人的。据官方统计,政府支出增加3.2倍,政府的总支出中用于内战的军事开支占60%,而收入只足以应付支出的37%。[2] 笪移今在另一篇文章写道:"自三十四年(注:指1945年)十月至三十五年(注:指1946年)年底这十五个月中,上海物价增长二十八倍。"[3] 曾担任国民党政府经济部次长的经济学家何廉写道:"抗日战争胜利后受内战再起的影响,政府支出,按现行价值计算,1946年与上一年相比增加了4倍之多,如与1944年比较,增长则达44倍。1946年政府财政亏损(即支出超过收入),与1945年相比增长4倍。政府的钞票发行量,1946年与1945年相较也增长4倍。1945年的平均物价指数为163160(以1937年1—6月份为基期的平均物价

---

[1] 笪移今:《中国经济危机的出路》,《观察》第1卷第9期,1946年10月26日。
[2] 张公权著,杨志信译:《中国通货膨胀史(一九三七—一九四九年)》,北京:文史资料出版社,1986年版,第50页。
[3] 笪移今:《物价往哪里去》,《观察》第2卷第5期,1947年3月29日。

指数为100），而到1946年12月份，物价指数（用同上基期）为627210。换言之，1946年与1945年相比较，物价指数的增长也是4倍，物价增长的基本因素在于财政。"[1]

《大公报》在1947年元旦发表的一条消息中，一开始便毫不客气地写道："经济总崩溃之症已成，一年来之内战造成通货恶性膨胀。"[2]

民族工商业受到进一步的打击。拿纺织业来说："1947年1月实行限价收购，各厂生产的棉纱半数交纺管会（注：指经济部纺织事业管理委员会）。同时管制运销，上海运往华南、华北、武汉之纱布须签证许可。""限价、议价低于市价，甚至低于成本。"[3]这自然造成生产萎缩。

但蒋介石对这一切似乎并不在意。他在1月13日报告一年来复员工作时，十分轻松地说："有人今天喊经济崩溃，实在今年可保险绝无危险。物价高，通货膨胀，为一时现象，中国绝对有办法。"[4]

为了对付财政上严重入不敷出的状况，国民党政府的行政院院长宋子文和中央银行总裁贝祖诒（淞孙）除了大量发行纸币、增加税收、变卖敌伪产业等外，很重要的是采取了一项措施：不断抛售黄金和外汇，用来吸收市面上泛滥的流通货币，以抑制通货膨胀。最高的一天，曾抛售黄金十万两。

这是一项注定要失败的政策：通货膨胀的根本原因在于内战扩大造成的军费开支激增，这个已成决堤之势的窟窿决不是靠抛

---

[1] 何廉著，朱佑慈、杨大宁、胡隆昶、王友钧、俞振基译：《何廉回忆录》，北京：中国文史出版社，1988年版，第279页。
[2] 《大公报》1947年1月1日。
[3] 许涤新、吴承明主编：《中国资本主义发展史》第3卷，北京：人民出版社，1993年版，第653页。
[4] 《大公报》1947年1月14日。

售政府手中掌握的那一点黄金、外汇所能堵上的。当时有人统计，中央银行从 1946 年 12 月到 1947 年 2 月上旬，共抛售黄金 15.77 万条，可收回法币 7.88 千亿元，但从 1946 年 12 月到 1947 年上半年增发法币约 1.5 万亿元，"显然的，黄金的猛抛仍远不及通货的膨胀为迅速，整个政策的失败在客观上自为不可避免"。[1]

当然，宋子文所以这样孤注一掷地做还有一个不可忽视的因素，那就是蒋介石和陈诚向他保证能在一年内消灭共产党，结束内战。因此，他并没有长远的打算，只想应付住眼前的局面，其他待内战结束后再来整顿。可是事实却是，不但谈不上消灭共产党，战局反而对国民党越来越不利，军费开支不断猛增，他就只能处在进退失据的窘境中了。

黄金和外汇，本来控制在国民党政府手里。他们总共抛售了多少黄金外汇，有多种说法。1947 年初接替贝祖诒担任中央银行总裁的张公权在 2 月 28 日的日记中记载，蒋介石召见他时，他向蒋介石报告："当贝淞孙接任中央银行总裁时，有黄金 560 万两，连同其他外汇，总值美金 8 亿元。现在只剩下黄金 260 万两，连同其他外汇，合值美金 4 亿元，约去其半。"[2]这些黄金和外汇大体上是在 1946 年 3 月至 1947 年 2 月不到一年的时间内花掉的。

这件事激怒了蒋介石。当时任中央银行稽核处长的李立侠写道："蒋介石最痛心的事，是宋子文、贝祖诒在他不知不觉中，把他的家当外汇和黄金大量花掉了。""宋子文是相当跋扈和专横的。在开放外汇市场与配售黄金后，中央银行每天有一份英文报告，直接送呈宋子文，而财政部及蒋介石处一点情况都不知道。一直

---

[1] 龙成志：《从物价狂涨看经济崩溃》，《时与文》第 8 期，1947 年 5 月 2 日。

[2] 姚崧龄编著：《张公权先生年谱初稿》下册，台北：传记文学出版社，1982 年 1 月版，第 801 页。

到1947年1月，事情闹大了，蒋介石发火了，中央银行才开始每星期抄送一份报告。""蒋介石对中央银行是十分重视的。这是他的总账房，不许别人为所欲为。由于宋子文乱花了他的家当，他就断然把宋赶走。"[1]

这里还有一个问题：中央银行抛售的外汇和黄金是以远低于市价出售的。拿美元来说，直到1946年2月，宋子文才把外汇官价从1∶20一下提高到1∶2040，大体接近市价汇率。"已经在上涨的市价汇率，继续在上涨，不断地上涨，直到1946年8月已经涨到1美元对3000元法币。他又将汇率改变为大约1∶3000。但是市价仍在继续上升，到1947年2月，他快要辞职时，市价是1∶12000。"再拿黄金来说，"开始时，他以大大低于市价的官价售出金条，1945年他对向公众出售的黄金打了60%的折扣"。这种低价出售，说是面向公众，其实是不公平的"暗箱作业"。"如果没有政府的帮助，没有机会从政府手里买进外汇，在这个当口任何企业肯定都是要覆灭的。可是在1945年到1947年这两年期间，在宋子文的控制下，政府出售外汇时是差别对待的。和宋子文没有联系的企业所有人几乎没有机会从政府手里得到外汇，而与之有关系的人申请外汇就得到照顾。"[2]国民党元老王宠惠（亮畴）对行政院议事组主任陈克文说："以前听到许多外国朋友批评政府贪污无能，以为是过火的话，现在耳闻目击，确是上上下下、大大小小无不贪污。"宋子文怎么样？陈克文在一个月后的日记中又记道：

---

[1] 李立侠：《宋子文、贝祖诒时期的中央银行》，寿充一、寿乐英编：《中央银行史话》，北京：中国文史出版社，1987年版，第90、91页。

[2] 何廉著，朱佑慈、杨大宁、胡隆昶、王友钧、俞振基译：《何廉回忆录》，北京：中国文史出版社，1988年版，第280、281页。

"亮畴先生对宋子文院长藉政治权势经营私人工商业，说了许多叹息的话，并指出许多事实。"[1]这里也可以看出一二。黄金的抛售，由中央银行业务局长林凤苞和副局长杨安仁交给同丰余金号董事长詹莲生经营。"一切交易均凭口头及电话决定，既无明文规定，也没有契约与申请单。甚至中央银行以所存400两一块金砖，熔化为市面通行的10两一根金条，也不经过当时的中央造币厂，而直接交詹莲生分配给有关金号、银楼代熔，每条付给三分火耗。"[2]金融市场投机猖獗，一片混乱，并且带动物价猛涨。这些事情，更容易激起众怒，也受到国民党内部不同集团的猛烈攻击。

抛售黄金和外汇的做法，事实上无法也无力继续维持下去了。1947年2月8日，蒋介石虽忙于部署进攻鲁南临沂的战役，仍抽时间接见宋子文，听取他报告上海金钞和物价情形，叮嘱他："今日所应急切图之者，尤莫重于改变经济政策。"宋子文只得在同日命令中央银行停止暗中抛售黄金。这一来，物价在10日、11日立刻陡涨近一倍。不少商家不愿出售货物，市面混乱。王世杰在2月11日的日记中写道："近日因政府发行大票（每张一万元）并停售黄金，上海及南京突起金融大风潮。黄金每两突由五六万元涨至九十万元，美钞由每美元七八千元涨至一万六千元。政府信用与宋院长理财之信用均受大打击。"[3] 12日，上海第一次发生抢米风潮，孔祥熙也要求彻查出售黄金全案账目与收购行号人名。当

---

[1] 陈方正编辑、校订：《陈克文日记（1937—1952）》下册，台北："中央研究院"近代史研究所，2012年11月版，第1036、1044页。

[2] 李立侠：《宋子文、贝祖诒时期的中央银行》，寿充一、寿乐英编：《中央银行史话》，北京：中国文史出版社，1987年版，第38、39页。

[3] 王世杰著：《王世杰日记》第6册，台北："中央研究院"近代史研究所，1990年3月影印，第23页。

天《大公报》上有这样的标题——"物价如脱缰之马，各地粮价飞升，平民叫苦连天"，在新闻报道中说："物价野马，以绵（棉）纱布匹最俏，对一般平民无异迎头一棒。一般公务员对三月待遇之调整，原寄有殷切希望，这两天也都冷了这份心肠，都说：'就是调整一万倍，又何济于事。'"[1] 13日，宋子文偕同财经顾问再去见蒋介石，仍主张变更外汇汇率和继续抛售黄金。蒋介石坚决拒绝，"决定停抛黄金，先拟定管制物价，取缔投机、禁用外钞等各种办法，再言变更汇率与黄金政策，同时发表整个具体方案"。[2]

15日，中央银行公告停止售金。16日，蒋介石亲自主持国防最高委员会，通过《经济紧急措施方案》，在"关于取缔投机买卖，安定金融市场事项"中规定了三条："（一）即日禁止黄金买卖，取缔投机。""（二）即日禁止外国币券在国境内流通。""（三）加强对于金融业务之管制，以控制信用，配合政府经济政策，安定金融市场。"[3] 宋子文的黄金外汇政策完全失败。

正是在这种情况下，社会舆论对宋子文展开猛烈攻击。其中影响最大的是2月15日中央研究院历史语言研究所所长傅斯年在《世纪评论》上发表的《这个样子的宋子文非走开不可》。文章列举他的黄金政策、工业政策、对外信用等五条罪状，写道："我真愤慨极了，一如当年我在参政会要与孔祥熙在法院见面一样，国家吃不消他了，人民吃不消他了，他真该走了，不走一切垮了。"[4] 17日，国民参政会驻会委员会一致决议，要求给予宋子文等处分。

---

[1]《大公报》1947年2月12日。

[2] 秦孝仪总编纂:《蒋介石大事长编初稿》卷六（下册），台北:1978年10月版，第383、385页。

[3] 中国人民银行总行参事室编:《中华民国货币史资料》第2辑，上海：上海人民出版社，1991年版，第556、557页。

[4] 傅斯年著:《傅斯年选集》，天津，天津人民出版社，1996年版，第339页。

24日，蒋介石手令在沪经济监察团，限月底前查明金潮案真相报核。

蒋介石2月28日的"上月反省录"中写道："上海停售黄金后发生经济大风波，物价激变，无法制止，几乎崩溃在即。子文、崧荪之荒唐狂妄，徒滋纷乱而已。""政治形势日非，子文不能强勉维持，不仅敌党与社会对之怨言载道，即党政军各方对之亦成为众矢之的。彼之所谓经济政策可谓倒行逆施，此为余信任太专、让其负责专断、不加顾问之咎也。""本月实为军事、经济、政治最拮据困难之一月，恐为从来所未有。"[1]

3月1日，宋子文不得不辞去行政院院长职务，由蒋介石兼代，张群任副院长；贝祖诒辞去中央银行总裁，由张公权接替。3月下半月，国民党举行六届三中全会。蒋介石在全会总理纪念周上说："这次全会只听凭怨天尤人的怨愤之声，殊少有建设性的建议。"陈克文在日记中写道："就我所见所闻，全会只充分表现党内派系的拼命斗争，并没有对敌党斗争定出具体可行的方法，更没有对国家社会定出建设和改造的好计划来。"[2]

黄金风潮只是国民党统治区经济危机深化过程中的一个不很大的插曲。蒋介石亲自主持制订的《经济紧急措施方案》的意图，是由放任政策改变为管制政策。但是，在全面内战扩大的条件下，放任也好，管制也好，都不能在财政金融方面取得成果，因为根本问题是随着军事开支的增加，财政收支无法取得平衡。"贝祖诒任中央银行总裁时，虽然耗费了大量的外汇、黄金和物资，但也延缓了通货膨胀的速度。张公权上台后，采取了严格的限额分配

---

[1] 蒋介石日记（手稿本），1947年2月28日"上月反省录"，美国斯坦福大学胡佛研究所藏。
[2] 陈方正编辑、校订：《陈克文日记（1937—1952）》下册，台北："中央研究院"近代史研究所，2012年11月版，第1046、1047页。

外汇办法，并停止抛售黄金。外汇与黄金消耗减少了，可是钞票发行更多了，通货膨胀更剧烈了，物价上涨的速度更快了。"[1]这一点，在张公权5月下旬给蒋介石的报告中也做了同样的说明：

> 自经济紧急措施方案于2月17日公布实施后，是时之发行总额为45628.68亿元。嘉璈（注：即张公权）接任之日（3月1日）为48754.5亿元。截至本日（5月28日）止，为81586.11亿元。在此3个月内，共计增加发行32831.61亿元，平均每月约占1万余亿。惟自4月份增加速率较快，约在1.2万亿左右。5月份估计当在1.4万亿以上。[2]

"四月涨势"非同寻常。张公权所说"自4月份增加速率较快"，措词尽量缓和，只是说"较快"，事实上，停止抛售黄金、美钞后，物价上涨速度更大幅度加快。我们从当时报刊上可以看到这样的文字：

> 正当若干人士沉湎于紧急措施方案的魔力的时候，一般物价忽再度趋于暴涨。自四月上旬开始，举凡棉花、棉纱、布匹、食米、食油、大豆，莫不于一、二星期之间，分别昂贵百分之三十至百分之七十不等，又其他制造品及舶来品，显然因为直接间接成本的增高，也随之飞跃起来。至于地区方面，首先由

---

[1] 李立侠：《宋子文、贝祖诒时期的中央银行》，寿充一、寿乐英编：《中央银行史话》，北京：中国文史出版社，1987年版，第45页。

[2] 中国人民银行总行参事室编：《中华民国货币史资料》第2辑，上海：上海人民出版社，1991年版，第538页。

东北、平津、汉口、无锡等地发生波动，影响所及，遂形成本埠（注：指上海）的物价风浪。更由于本埠竞购各色货物的结果，再使外埠的物价水准作进一步的跳跃。十分明白的，此次物价狂潮的激荡不同于前次，而其严重性也当是胜于往日的。

因此之故，如以物价的风潮迄今已达到最高峰，将是一个错误的估计。如《经济评论》杂志的指数，四月第三周已升为二一九〇五，第四周约二七〇〇〇左右，即中央银行以农产品为主要对象的指数也已自上月的一二〇〇〇上腾至目前的一七〇〇〇，平均上升约为百分之四十。预测今后当只有继续暴涨，而决不致如二月中旬以后的小有回挫，且波动的程度亦将较过去为猛烈巨大，也为事前可以肯定的。[1]

另一篇文章更对"四月涨势"和以前不同的特征，以及令人更加忧虑的发展趋势做了具体的描述：

平心而论，宋院长下台以前虽闹了一次金钞大风潮，可是当时金钞究竟还吸引了一部分游资，游资泛滥在物资市场的危害还不甚严重。在此次物价的四月涨势中，除掉证券市场游资有一部分出路以外，大部分游资都向着各种日用品疯狂猛攻了。这次物价的上涨，采取了更普遍、更深刻的态势。到目前为止，这股涨势似乎还没有停止的希望。物价上涨的趋势，本来是曲线形的、波浪式的；然而通货恶性膨胀愈到后来，必然是曲线愈来愈短，最后甚至没有间歇，变为一直线的上涨。只要看四月间米、面粉、生油、纱、布、肥皂等各种日用品都一致上涨

---

[1] 龙成志：《从物价狂涨看经济崩溃》，《时与文》第8期，1947年5月2日。

百分之五十至八十，就可推测今后涨势的严重。"紧急措施"希望将金钱与物价的连[联]系拉断后，使物价能够稳定于某一点上。现在这个希望显然是幻灭了。[1]

在《经济紧急措施方案》中还有一项重要规定："行政院指定若干地点，为严格管制物价之地。""各指定地职工之薪工按生活指数计算者，应以本年一月份之生活指数为最高指数，亦不得以任何方式增加底薪。"[2]现在，物价没有也不可能被"严格管制"住，相反却如此猛涨，而职工的工薪倒是被"严格管制"着。这叫人怎么活下去呢？

看起来真有点滑稽，正是在这样军事失利、社会动荡、人心不安的情况下，焦头烂额的国民党政府却热热闹闹地搞起"改组政府"的活剧来，吸收一些青年党、民社党人士和"社会贤达"参加政府。连胡适也在3月18日向英国驻华大使史蒂文森夸口说："这次国民党结束训政，是一件政治史上稀有的事。其历史的意义是国民党从苏俄式的政党回到英美西欧式的政党。"[3]4月12日，蒋介石、张君劢、曾琦、莫德惠、王云五分别代表国民党、民社党、青年党和"社会贤达"共同签署改组后的国民政府"施政方针"。[4]18日，根据国民党中央常务委员会决议，公布经过"改组"后的国民政府委员名单，共二十八人，其中国民党十七人，青年党、民主社会党及无党派人士十一人。蒋介石对记者发表谈话，郑重其

---

[1] 张西超：《经济前途还能乐观吗》，《时与文》第9期，1947年5月9日。
[2] 中国人民银行总行参事室编：《中华民国货币史资料》第2辑，上海：上海人民出版社，1991年版，第557页。
[3] 曹伯言整理：《胡适日记全编》（7），合肥：安徽教育出版社，2001年版，第649页。
[4] 莫德惠著：《双城莫德惠自订年谱》，台北：商务印书馆，1968年12月版，第109页。

事地说:"今日国民政府委员会之改组,乃我自训政进入宪政之重要步骤,此次改组使各政党及社会贤达得以参加全国最高之政治决策机构。"[1]

但只安排几个国民政府委员,显然还不能满足青年、民社两党的"官瘾"。李璜在回忆录中写道:不少青年党员抱着这样的心理:"认为青年党一旦参加政府,大家便都有官做了。""四川同志纷纷的奔向京沪,思向青年党求得一官半职来做。"[2]国民党当局也觉得需要在政府各部中安排几个其他党派的人员,才好称为"多党之内阁"。于是,在蒋介石的心腹而被《纽约时报》称为"国民党自由派领袖"的张群担任行政院院长后,4月23日,发表行政院的政务委员和各部会负责人名单,青年党的李璜当经济部长(后改为由陈启天担任)、左舜生当农林部长。这又被称为"至是,国民政府改组完成,多党之内阁成立,中国国民党还政于民之理想,已获初步实现"。

国民党内的爱国民主人士李济深、何香凝、蔡廷锴等当即发表联合声明称:"这样的政府改组,不能解决中国任何问题,只能助长内战,增加人民之痛苦。这样的政府改组,丝毫不能引导中国走向民主。""总而言之,现在改组的政府本质上仍是国民党一党专政的政府,青年党和民社党参加这个政府徒供作一党专政的烟幕而已。"[3]

民众对这件事的反应又如何呢? 著名女记者浦熙修有一篇题

---

[1] 秦孝仪总编纂:《蒋介石大事长编初稿》卷六(下册),台北:1978年10月版,第435页。
[2] 李璜著:《学钝室回忆录》下册增订本,香港:明报月刊社,1982年1月版,第633、637页。
[3] 中国第二历史档案馆编:《中华民国档案资料汇编》第5辑第3编,政治(一),南京:江苏古籍出版社,2000年版,第26页。

为《新官上任第一周》的南京通信，用辛辣的笔调写道：

> 这是新官上任的第一周。新贵们乘着新的紫红色的汽车驰骋街头，仿佛把南京装点得焕然一新了。改组后的政府把国家的政治真造成了一个新的局面吗？这只有新贵们自己知道。
>
> 事亦着实很巧，就在这新官上任的当儿，泰安失守，娘子关失守，这些军事上使人不痛快的消息接二连三的来了。更有甚于军事的，对于后方人民生活有切肤之痛的物价，亦就乘机高升，越级上涨。过去是金钞听得吓人，但那终究还是老百姓看不见的东西。现在最要命的是米价越级上升，改组前十万元一石的，今天已经将近三十万。老百姓清晨起来排着队等一上午买市府配售的平价糙米也要合十万五千元一石，并且每人只许买五升。米店里已经没有了米，上好白米要到黑市去寻问。米价如此，而一般的物价却竞相上涨，仿佛都要与新贵们凑个热闹。[1]

这个"热闹"实在"凑"得不轻。"4月底，粮价开始往上爬，人民的脸色变得苍白了。这次粮涨一开头，就使市场陷入混乱，一次接一次的有行市没有货物。人人心里明白，这一次就是要命的一次了。"[2]"进入5月，物价就像脱缰的野马那样向前飞奔。许多老百姓需要的日用消费品甚至从商店中消失，转入黑市，它的价格就更难统计了。5月2日，上海市长吴国桢在不到十天内将每石米的限价从十三万元提高到二十万元，不少米店仍因过低而拒售。"他

---

[1] 袁冬林、袁士杰编：《浦熙修记者生涯寻踪》，上海：文汇出版社，2000年版，第353、356页。
[2] 辛扬火：《反战行列在北平》，《时与文》第13期，1947年5月30日。

们说，这是不够米价加上运费成本的。"[1] 5日，上海市政府正式废除限价。第二天，上海《文汇报》报道："米依照米业代表自动规定门市每石二十五万做开，白粳黑市则盘旋于二十七八万元左右，米店仍借口无米供应，故仍无粒米做开……场外涨风益炽，特别白米猛叩三十万大关。""食油，涨无止境，市势益形汹涌，因限价业已取消，货主任意哄抬。""杂粮，全面奔腾，价格再见高峰，因米价续告激升，货主售意颇淡，黄豆售样几告绝迹，市上成交寥寥。""面粉涨势益厉，因粮食俱告飞升，且有限价即将取消说，场外交易混乱，执主扳持益力。""卷烟、火柴、肥皂等日用市价，连日上涨颇巨。昨晨日用品市场开市，势极紊乱，一片喊买，人心激昂，执货者只有漫天讨价，不愿脱货，致形成无市状态。"[2] 这种令人不寒而栗的悲惨情景，也许是今天的年轻人无法想象的。

面对这样严重的状况，号称"还政于民"的"新内阁"怎样应对？陈克文在5月8日日记中写道："物价问题、公教人员待遇改善问题，是新内阁急须解决的大问题。张院长几日来苦心衡虑，想得解决之道，我们作幕僚的也为这些问题而忙碌不宁。有没有具体的办法呢？没有人，任何人恐怕也没有。"12日记道："因公教人员与官兵的待遇问题，这两日和张院长不断接触讨论。今年张院长告诉我，蒋主席已同意每年增拨三千亿元为改善待遇之用，但在此数内须保留五百亿元，由蒋主席自己支配。"[3] 怎样支配，别人就不知道了。

---

[1] 潘振球主编：《中华民国史事纪要》1947年4—6月，台北："国史馆"，1996年11月版，第441页。

[2] 中国第二历史档案馆、中共南京市委党史办公室编：《五二〇运动资料》第1辑，北京：人民出版社，1985年版，第69、70、71页。

[3] 陈方正编辑、校订：《陈克文日记（1937—1952）》下册，台北："中央研究院"近代史研究所，2012年11月版，第1059、1061页。

中国有句老话说:"苛政猛于虎。"全家面对断炊的威胁,确实比猛虎更使人感到恐怖。5月2日,杭州发生数千饥民的抢米风潮,捣毁米店和警察派出所。7日,南京郊区浦口镇民众(主要是铁路工人)因米价在当天上午数小时内从每石十九万元到突破三十万元,同米商发生冲突,捣毁各米店,将存米哄抢一空。同天,上海也发生抢米风潮。8日,上海米商宣告自动停业,又有十二家米店被抢。在这前后,成都、无锡、苏州等地也相继发生抢米风潮。

工人们因工资被冻结在1月份的水平,而物价早已大幅度上涨,无法生活下去。4月底,上海纺织工人向政府提出解冻的要求。8日,上海纺织工人一万五千人在市政府前示威。9日,上海电车工人举行三次示威,要求解冻生活指数。10日,上海工人协会将致政府公开信分发上海各报,要求增加工资。信中说:"我们并不是共产党,而是要求公平待遇的工人;我们愿意为国家建设尽责任,但拒绝替少数贪得无厌的政府要人受苦。警察站在我们这一面,如果政府以武力对待我们时,就会发现这事实。我们人数超过八十万。"[1]

民众连起码的生存权也无法得到保障了,怎么还能叫学生安心读书,叫人们再默默地忍受下去?在国民党统治区内,到处是一派"山雨欲来风满楼"的肃杀气象。一场暴风雨的来临是不可避免的。

如果没有这样深刻的社会大背景,那种足以使国民党政府陷入全民包围的第二条战线是不可能出现的。即便掀起一阵浪潮,也不可能持久地发展下去。

---

[1] 潘振球主编:《中华民国史事纪要》1947年4—6月,台北:"国史馆",1996年11月版,第525页。

正确的口号，在革命运动的进程中往往起着举足轻重的作用。当社会发生急剧变动的时刻，一个能够动员千百万人步调一致地行动的口号，必须是既能正确地反映群众最迫切的要求和最基本的愿望，为广大人群所能理解和接受，又能引导他们不只停留在原有的水平上，而是从这个基础出发，向更高的阶段迈进，把生活斗争适时地提高为政治斗争。

五二〇运动最初提出的"反饥饿、反内战"正是这样的口号。

我们可以看看，当时国民党统治区民众，特别是人数众多的原来在政治上处于中间状态的人们，最关心的问题是什么？集中到两个字就是："饥饿"。《大公报》在年初的一篇时评《今日学生的烦闷》中就写道："无数青年学生，破衣两袭，旧被一条，每餐白水菜汤半碗、咸菜一碟、窝头三个，随时对着学校催缴学杂费的牌告发愁：这生活真够困苦了。"[1]该报在5月初的另一篇时评，题目是《要叫老百姓活得下去》。5月3日，上海的交通、复旦、暨南、同济四所国立大学校长联名致电行政院长张群、教育部长朱家骅说："物价狂涨，教职员生活困苦已达山穷水尽之境，非空椟所能慰藉，务急迅予提高待遇，以维教育。"这实在是罕见的举动。17日，南京区大专学校学生《争取公费待遇联合会宣言》中说："在印钞机无休止的周转下，已迫使我们学生及极大多数的人民，从人的生活水准，降低到畜牲的生活水准。而现在，这个畜牲的生活水准也无法维持了。面临着我们是严重的饥饿失学危机，是使难民的行列增加新的伙伴，是使饿死的骷髅中增加新骨骼。"[2]

---

[1]《大公报》1947年1月6日。
[2] 中共南京市委党史办公室编：《解放战争时期第二条战线·学生运动卷》中册，北京：中共党史出版社，1997年版，第79、199页。

这又是多么沉痛的呼声!

人们在把注意力集中到饥饿问题时,自然会进一步思考:这一切是怎么造成的?答案不难找到:这是国民党政府发动全面内战带来的。饥饿的根源在于内战,反饥饿必须反内战。历史学家翦伯赞当时在一篇公开发表的文章中写道:"饥饿和内战,是一个问题的两个方面,因为饥饿是内战的结果,内战是饥饿的原因。当一个人在饥饿的当中,他一定会要想到,他为什么陷于饥饿,只要他这样一想,他立刻就会喊出反内战的口号。所以反内战的口号,也不是要人煽动才能知道的秘密。"[1]这就毫不奇怪:许多学校的学生集会上,经过反复讨论,大家同意在提出反饥饿的同时增加反内战的要求。当时有一幅流传的漫画,上面写着六个大字"向炮口要饭吃",这在人们中激起强烈的共鸣。

国民党政府原来以为:他们已将中共代表团在南京、上海、重庆的人员在3月7日、8日逐回延安,接着又武力夺占延安,并且在国民党统治区实行更严厉的镇压政策,后方会有一个比较平静的局面。但是,客观形势的发展,完全出乎他们的意料之外。

4月28日,处在秘密状态的中共上海分局书记刘晓,致电中共中央,报告国民党统治区群众运动复趋活跃的新趋势,说明新高涨的特点,并且判断5月份可能是这一新高潮的开始。电文说:

由于最近物价暴涨、从三月以来发生一连串美军侮华事件、经济统治剥削与政治压迫加紧,近月来群众斗争又复趋活跃,虽是分散的、生活性的,但从公教人员要求公平配给、学生的学业保障与增加公费,一直到各校各厂的具体斗争和今天正在

---

[1] 翦伯赞:《学潮平议》,《时与文》第13期,1947年5月30日。

开展的职工解冻指数的斗争，是此起彼伏没有断过的，而且每一个斗争都带有全体的统一性与包含反国民党的内容。群众对国特恐惧逐渐减少，中间分子在斗争中表现积极，上层分子一部分思想开始有新的转变。

这些说明：蒋区城市的群众运动目前曲线即将走完，抗暴运动以后第二个高潮又将很快到来，辰月（注：即5月）份可能是这一新高潮开始。这一高潮要比抗暴有更大社会基础，更广泛也会更坚强，配合全国军事形势的转变，有一直发展成为高潮可能，当然也还可能走一两个曲折。但这次国民党是有准备的，在新高潮来到前也将极力阻挠与破坏，必须有一个艰苦斗争过程，才能突破，走上高潮。

这一高潮不像抗暴带突然性，而是在开始形态是此起彼伏、连绵不绝、分散的生活斗争，是生活斗争与政治相互协通、到一定时机又汇合成为全面性的政治斗争，我们在思想上组织上策略上都是为着准备组织与领导这一新的高潮，把蒋区民主运动向前推进一步。[1]

电报中还提出上海分局准备采取的方针：从生活斗争的不断发展中来突破，因为这是敌人的弱点，我们更易推动群众与准备力量；在这些分散、此起彼伏中，真正集中、大量组织几个中心运动，作为运动骨干汇合时的主流运动，指导与国民党斗争的主力；虽以生活斗争为主，但必须渗进一些政治斗争，而使每个生活斗争成为另一面的政治斗争等。这个报告得到中共中央的批准。

---

[1] 中共上海市委党史资料征集委员会编：《解放战争时期的中共中央上海局》，上海：学林出版社，1989年版，第364、365页。

突破口选择在什么地方？中心运动首先从哪里发动？上海分局选择了国民党统治区的心脏——南京。4月间，他们通知处在地下状态的中共南京市委书记陈修良迅速赶到上海共同商议。陈修良回忆道："这次会议是在上海局一个秘密机关的所在地召开的。与会者有刘晓、刘长胜、沙文汉和我，专门讨论南京工作。上海局（注：此时仍是上海分局。1947年5月8日，中共中央通知：将上海中央分局改为上海局。）书记刘晓同志问我：南京有没有力量发动学生运动？我汇报了南京的情况以后，大家认为有条件在国民党首都发动一次大规模的反饥饿、反内战的群众运动。为什么要在南京先发动？因为它是'首都'，政治影响比上海大。随后还决定南京与沪、平、津、杭各大城市学生联合起来进行斗争。"[1]

陈修良回南京后，立刻召集市委有关负责人秘密开会，通知学生工作委员会具体布置，并且决定首先由中央大学发动。因为中央大学是全国有名的大学，学生多，党员也多，进步力量强。南京各校的活动，一向总是以中大的马首是瞻。国民党、三青团在中大的人数虽不少，但孤立得很，起不了多少作用。

那时候，南京共有七所大学，六千多名学生，其中，中央大学有学生四千五百名，教会办的金陵大学有一千名，其他五所学校各在一百名到三百名之间。到1946年底，这些学校共有共产党员三十多人，中央大学、金陵大学各占近一半，国立音乐学院、戏剧专科学校、药学专科学校各有党员一二人。此外，各校还有党的外围组织和一批进步社团。"中央大学早在抗日战争末期就在学生中建立了新民主主义青年社这个党领导的先进青年组织。这时候，新民主主义青年社的组织，已经有了一百多个社员。他们

---

[1] 姜沛南、沙尚之编：《陈修良文集》，上海：上海社会科学院出版社，1999年版，第205页。

遍布在自治会、系会、科学研究团体和文艺组织里,成为团结教育学生群众的核心。在反饥饿斗争中,党充分发挥了新民主主义青年社的组织作用。"[1]

这次运动中,大学教授不只是表示同情,而且可以说率先行动起来,这是客观环境对他们逼迫的结果。

深重的社会经济危机给教育事业带来了极端严重的后果。公教人员的薪给自抗战后期以来一直难以维持基本的生活。清华大学教授伍启元在1946年10月就愤慨地写道:"在人类的历史中,公教人员所受到的待遇,像中国公教人员过去几年那么微薄,是不多见的。"[2]《大公报》在社评《由东北大学罢教说起》中写道:"教员饥饿死活在所不顾,学校存亡兴废在所不管,不仅不替下一代国民着想,而且简直也不替'国家脸面'稍留余地:只凭当局这种态度,就逼得教授们陷于绝望,而不得不采决绝态度,向政府抗议,并向社会控诉了。"[3]

由于内战扩大,军费日增,教育经费更是江河日下。单中央大学一校就缺少经费百亿元,使数十项抗战胜利后的复校工程停工。1947年4月,校方被迫向教职员工征收房租和水电费,员工生活将更加困难。教授们实在忍无可忍了。4月26日,中大教授召开紧急会议,提出比照物价指数支给薪金和提高教育经费等要求,并推出十三名教授为代表向教育部请愿。他们还去函各地请其他大学派代表来南京开座谈会。5月6日,因教授会向教育部请

---

[1] 朱成学:《追忆五二〇运动》,李琦涛等等著:《战斗在第二条战线上》,北京:中国青年出版社,1964年版,第42页。
[2] 伍启元:《公教人员的待遇怎样才能得到真正的改善》,《观察》第1卷第8期,1946年10月19日。
[3]《大公报》1947年5月14日。

愿毫无结果,由中大教授会主席、医学院教授郑集主持,召开全校教授大会,到会的有一百人。议决发表宣言,由贺昌群、吴世昌、沙学浚、宗白华、范存忠五位教授起草,宣言中说了一些很沉痛的话:

>今日全国政治经济混乱到这样的地步,我们发出这呼声,心中抱着无限的沉痛。我们担当着教育中华民族现代和下一代儿女的责任,也肩荷着以科学、技术、学术、思想改造中国为一个现代国家的使命。在这两项意义之下,八九年来,我们渐渐深切的痛感政府对于文化、教育、学术措施之错误与用心之难测。
>
>在经济的束缚与重压下,所得的结果是:(一)迫使文化教育者对政府的极度不满,这种不满情绪的表现,中央与地方的执政者,统加以"左倾"之名,以致民[意]无从宣达,事实上许多人也就趋于极端。(二)一方面造成政治普遍的贪污,一方面使整个社会政治文化教育的效能和水平极度降低,社会道德完全败坏,是非颠倒。(三)迫使奉公守法、善良优秀的人才,营养不足,劳心焦思,疾病无医,而至死亡。
>
>试问,政府行的是什么政策?有没有政策?这种无政策的政策,无异于奖励或默认政治社会上的非法,助长贪污,而压制奉公守法、清慎勤廉的人,这是辅世长民的立国之道吗?
>
>眼前全国的教员与学生,衣不足御寒,食不够营养,住不蔽风雨,实验室不能开,图书馆无图书,政府竟熟视无睹,却愿意费几百亿的巨款去粉饰太平。
>
>我们相信:任何政府不能合理的解决那个国家民族当前的

大问题,则"水能载舟,亦能覆舟"。[1]

宣言最后提出六项要求:请政府决定并施行全国教育经费最低不得少于国家总预算的15%;各党派及三青团训练费用,不得由国家教育文化项内开支;请政府直接指拨充足外汇,交各学校订购图书仪器及科学器材;教员薪津应明文规定,依照物价指数支付;教授最高薪额,由600元提高至800元(注:此数字当为底薪,再乘生活费指数);如不能达到目的,吾人为国家前途及实际生活计,当采取适当步骤,以求上列决议案之有效贯彻。

就在那几天内,5月4日,河南大学教授会因物价飞涨、教授生活无法维持、电请教育部要求调整待遇,多日未得答复,经紧急决议,即日起全体罢教。5日,山东大学全体教授也因要求调整待遇而罢教。同日,中央社北平电称:"北京大学经济危机日深,教授一百八十余人透支已达四亿元,其中最多者为六百余万元。据称:透支六百万元者下月即达千万,校方欠外债八亿,每月付利息五千万元。北大负责人称:如此下去,教授将无法教书,学校无法办理。"6日,天津《大公报》发表题为《论教授罢教》的社评,写道:"教授于其本身待遇方面,无苛求,无奢望,他们仅仅要一个合理的标准,要一个安定的生活。这可以说是最低限度的要求,也自然就是最正当的要求。教授当然有权利向政府申诉:他们必须能够生活下去。"可是,"任凭教授们声嘶力竭,哀切呼吁,而当局竟无片言只字的回答,真是熟视若无睹,充耳如不闻"。"政

---

[1] 中国第二历史档案馆、中共南京市委党史办公室编:《五二〇运动资料》第1辑,北京:人民出版社,1985年版,第132、133、134页。

府对于教授的生活保障和迫切要求,实在太漠视,也太冷酷了。"[1]

教授们的愤怒都已达到如此地步,青年学生的境遇和情绪更可想而知。

对教授们的悲惨境遇,学生们抱着强烈的同情,深深感到中国的教育事业已发展到大崩溃的边缘。上海市学生联合会在1947年6月出版的小册子《新五月史话》中写道:"同学们看看先生也太苦了,生活程度这样高,微小的薪水养不活一家老小,营养更不要讲了。先生一面教书一面担心事,想想一家生活,实在没心想教书。学生子受不到好先生的指导,眼看再这样下去,教育弄得不好,中国的前途也不会好了。"[2]

与此同时,学生们的生活状况也迅速恶化。1946年9月,平津各大学复员不久,《大公报》短评《救救学生》中就写道:"看平津学校一股穷象[相],伙食坏,煤炭缺,真是两餐不饱,三冬难过。"[3]这年12月,国民政府行政院按当时物价,规定大学公费生的副食费2.4万元,到1947年5月上旬一直没有变动。在这期间,食米、猪肉、大豆、豆油、煤球等价格平均上涨达4.3倍。大学公费生的每天副食费只够买两根半油条。"中大行政当局鉴于学生伙食确实已经差到不能再差的地步,除向教育部再次要求增加公费生副食费外,决定采取临时措施:公费生副食费标准从5月4日起暂按4万元计算,即副食费从2.4万元暂增至4万元。但是,在5月10日前一、二天,行政院重申大学公费生副食费标准为2.4万元,也就是,把中大行政当局暂定的副食费4万元标准强行降回2.4

---

[1]《大公报》1947年5月6日。
[2] 上海市学生联合会编著:《新五月史话》,上海:上海市学生联合会,1947年6月编印,第6页。
[3]《大公报》1946年9月7日。

万元。行政院措置失误，引发了中大学生正要爆发的愤怒，成为五二〇大风暴的导火线。"[1]

5月10日，中央大学学生伙食团在膳厅门前贴出布告，说近来物价猛涨，每月副食费无法维持到月底，决定召开席长会议共商办法。共产党员、中大新民主主义青年社领导小组组长、历史系学生颜次青看到布告后，向党组织报告，决定把握形势，支持学生为生存而奋起斗争。他又同新青社公开工作系统负责人、中大学生自治会副常务理事（即副主席）朱成学商议，决定当晚在举行席长会议同时，召开新青社领导小组会议，并把领导小组意见传达到它的各级组织，一致行动。

这以后的两三天内，中央大学学生宿舍区贴满了学生的大字报。"两天内，中大学生在民主墙上贴出要求增加副食费的文告上签学号的不下二千人，许多三青团员也签了。在呼吁书上，各院系同学各持所长，申诉和论证了自己的意见和要求。如理学院学生证出'新几何题'：2分37秒内战费用等于中大学生1个月膳费；经济系学生调查自冬以来物价上涨4.3倍，说明副食费按比例应提高4.3倍，应达到10万元；医学院学生研究出维持最低健康标准所需的副食费每月当为11万元；法律系学生拿出《中华民国宪法》，上面规定教育经费应达总预算的15%，现只占3.7%等等。"[2]有些大字报很快被上海《文汇报》、南京《新民报》和外地大学的报纸所转载。

5月12日晚，中大举行学生系科代表大会。米食团报告：5月

---

[1] 华彬清著：《五二〇运动史》，南京：南京大学出版社，1990年版，第43页。

[2] 中共南京市委党史办公室编：《解放战争时期第二条战线·学生运动卷》中册，北京：中共党史出版社，1997年版，第419、420页。

份全部副食费只能维持到14日，14日以后怎么办，请系科代表大会做出决定。经过激烈争论，大会决定：13日起开始罢课，并派代表赴行政院、教育部请愿（53票对40票通过）；并决定先按最低营养标准吃饭，吃完了再说，称为"吃光运动"。由于代表王世德、朱成学、王安民等向当局的请愿毫无结果，13日晚系科代表大会再次举行，以103票对13票通过继续罢课，并以72票对16票通过全体同学举行集体请愿。15日，中大、剧专、音院学生四千多人举行反饥饿游行，向行政院、教育部请愿，许多政治上处于中间状态的以致一向不关心国事的学生也参加了。游行队伍中，高举草席和破铁皮，上面用墨汁写上大字："快饿死了！""我们饿，上不得课！""炮弹？面包？"教育部长朱家骅在接见时却说："副食费要增加到10万元，绝对办不到。现在国家正在打仗，财政有困难，哪里有这许多钱！"[1]这自然更加激怒了学生们。金陵大学学生也在15日宣布罢课，16日到行政院、教育部请愿。也是在16日，中大、金大学生都做出无限期罢课的决定。17日，南京六校成立"南京区大专学校争取公费待遇联合会"，决定在20日国民参政会开幕时组织联合请愿，并向全国九大城市的大学发出电报，要求一致行动，还派人去上海、杭州联络，欢迎他们来京参加请愿。

进入5月以后，全国各地的学生运动以迎接红五月的五四纪念活动为起点，正在迅速高涨，并且一步步集中到反饥饿、要求提高公费待遇和教育经费上来。

在上海，抗暴运动后一系列此起彼伏、接连不断的分散的群众活动逐步地趋向集中，预示着新高潮即将到来。5月初，几十所中学的学生成立"反会考委员会"，并有三千多学生举行游行，欢

---

[1] 华彬清著：《五二〇运动史》，南京：南京大学出版社，1990年版，第52、54页。

送代表团去南京向教育部请愿，取得了胜利。5月9日，因警察殴伤并逮捕上海法学院学生，两千多学生游行到市政府要求释放被捕同学、严惩凶手，也取得成功。13日，交通大学师生两千七百多人，因反对教育部停办航海、轮机两系，自己开动火车赴南京请愿，到达真茹车站附近，国民党当局拆掉前进路轨，出动大批军警包围列车。最后，学生们仍迫使从南京赶来的教育部长朱家骅写下不停办两系、增加经费等五条书面保证，请愿队伍才安全撤回校内。同在5月13日，上海医学院学生在自己进行的体格检查中，发现约有15%的学生因营养低劣得了肺结核病，一个学生因贫病卖血而暴病死亡。上医学生群情激愤，在交大护校斗争和中大"吃光运动"的鼓舞下，斗争一触即发。中共上海市委学委因势利导，决定提出"抢救教育危机"的口号。5月14日，上医学生罢课，并到各校宣传。各国立大专院校立刻响应，在15日起相继罢课，并上街进行"反饥饿，反内战"和"提高教育经费，增加公费，抢救教育危机"的宣传。几所私立大学也要求革新校政而相继罢课。16日，杭州的浙江大学学生在学生自治会主席于子三主持下召开大会，决定响应罢课，并派代表赴南京参加请愿。17日，"上海国立大学学生联合会"成立，决定派上海学生代表和杭州学生代表一起，前往南京参加向国民参政会的请愿。

在北平，各校师生同样也处在饥饿的严重威胁下。5月11日，《清华周刊》发表清华大学教职员要求调整待遇呈梅贻琦校长书，内称："职等服务学校，薄俸不足维持生活，已非一日。而迩来国内市场混乱，物价高涨，北平尤甚。处此米珠薪桂之境，职等捉襟见肘，势将沦于匮乏。无衣无食，何以从公？"要求"政府当局,迅照现实物价指数,调整公教人员生活待遇"。[1]北京大学的学生公费同样远远不足支付伙食费。"学生的伙食就由吃米饭改为吃棒子面的丝糕,每天只能吃白水煮青菜。5月初,院系代表不断向校方交涉,要求增加公费,没有解决。""各社团在广场贴出了大字标语:'我们的大米哪里去了?我们的白面哪里去了?''向饥饿宣战!向制造饥饿的人宣战!'"[2]14日,在清华大学校长梅贻琦主持下,举行平津国立院校长谈话会,决议"电请教育部将各院校经常费最低限度增加六倍发给";鉴于物价飞涨,请教育部普遍提高教职员薪额;学生公费应以上涨的物价为发给标准。[3]16日,清华大学学生自治会致电中央大学学生自治会,明白表示同情他们的罢课。17日,清华大学学生决定罢课三天。清华大学教授钱伟长等八十一人签名发表公开信,对学生的罢课"表示衷心同情"。同日,清华大学反内战反饥饿罢课抗议委员会告同学书中写道:

> 今日物价在疯狂上涨,经济在加速崩溃,千千万万人民挣扎在饥饿与死亡的边缘,国内局势已到了最危险的阶段。我们认为造成这现象的原因在于内战,在于当局武力统一政策。内战使大量的财富毁灭,使通货膨胀,使物价飞跃,使人民一步一步走向死亡的道路。因此,为了改善人民的生活,为了拯救祖国的危亡,为了反抗当局这种独裁内战政策,我们以罢课作

---

[1] 中国第二历史档案馆、中共南京市委党史办公室编:《五二〇运动资料》第1辑,北京:人民出版社,1985年版,第188页。

[2] 中国人民政治协商会议北京市委员会文史资料研究委员会编:《北平地下党斗争史料》,北京:北京出版社,1988年版,第556、557页。

[3]《大公报》1947年5月15日。

为我们沉痛的抗议。[1]

清华大学、北京大学学生宣布从19日起罢课三天,"学校当局态度镇定,均未作正式表示"。[2]18日,清华、北大等校派出上千人的宣传队,到街头进行反内战、反饥饿的宣传。《大公报》载:"当地居民说:'你们所说的话就是老百姓所要说的话。'"[3]北京大学学生在西单附近遭到青年军的包围和毒打,有八名北大学生受重伤被送进医院。消息传出,北平的燕京大学、中法大学、师范学院、朝阳学院、铁道学院等校宣布罢课。天津的南开大学、北洋大学也自18日起罢课三天。

在日趋高涨的群众抗议浪潮面前,国民党当局采取的是严厉镇压的政策。5月15日,蒋介石在日记中写道:"近日各地大学学潮风起。""如上海交通大学之罢课、请愿,阻碍交通,擅开火车,扰乱社会,不一而足。本日中央大学为要求增加膳食公费而请愿,各种无理取闹、集团要胁,必使政府威信尽失,无法维持秩序,则共匪乃可逞其夺取政权之阴谋,痛愤之至。拟先颁令劝告,一面准备肃清共匪,重申纪律,为根本之图。"[4]17日,陈克文日记记载:"参加中央党政军联席会议,热烈讨论应付学潮的方针和态度,趋势比上一次剧烈得多,一致主张不宜用拖延和容忍的态度,避免流血的字样也删除了。学潮已不是学校或学生本身的事,政治的意义越来越厉害,党的斗争已经从前线战场蔓延到后方来

---

[1] 中国第二历史档案馆、中共南京市委党史办公室编:《五二〇运动资料》第1辑,北京:人民出版社,1985年版,第195页。
[2]《大公报》1947年5月17日。
[3]《大公报》1947年5月18日。
[4] 蒋介石日记(手稿本),1947年5月15日,美国斯坦福大学胡佛研究所藏。

了。"[1] 18日，南京国民政府委员会通过并颁布《维持社会秩序临时办法》，蒋介石为这个"办法"发表书面谈话。谈话中说：

> 最近发生之学生行动，实已越出国民道德与国家法律所许可之范围，显系"共产党"直接间接所指使。如长此放任，不但学风败坏，法纪荡然，势必使作育青年之教育机关，成为毁法乱纪之策源地，国家何贵有如此之学校，亦何惜于如此恣肆暴戾之青年。为保障整个国家之生命与全体青年之前途，将不能不采取断然之处置。[2]

蒋介石的书面谈话表明，国民党当局决定对学生下狠手了。发表后，舆论哗然。《时与文》周刊上一篇态度比较温和的文章写道："如果社会动荡的基本原因依然存在，而当局不能作有效的措施与改进，恐怕这不是一纸文告、几条办法所能安定得下来的。"[3] 19日，上海十所国立学校和四所私立学校学生七千多人在邻近上海火车站的暨南大学操场举行欢送"沪杭区国立院校抢救教育危机晋京代表联合请愿团"的大会。会后，集队欢送代表到火车站，在火车站附近的高楼上悬挂一条特大的竖幅标语："民国万税，天下太贫。"南京的中央大学学生在18日、19日两天连续举行系科代表大会。据大会记录，对20日是否坚持请愿，赞成的124票，反对的只有1票；对宣言、标语中是否加入"反内战"的原则，赞成的102票，反对的10票，都获得通过。

---

[1] 陈方正编辑、校订：《陈克文日记（1937—1952）》下册，台北："中央研究院"近代史研究所，2012年11月版，第1062页。
[2] 秦孝仪总编纂：《蒋介石大事长编初稿》卷六（下册），台北：1978年10月版，第455页。
[3] 周天行：《学潮压制得了吗？》，《时与文》第11期，1947年5月23日。

5月20日清晨,中央大学学生和上海、苏州、杭州学生代表,按预定计划,在中大四牌楼大操场集合。但这时中大和金大等校园都已被军警包围。学生们冲出校园,集合了五千多人的队伍,以孙中山像为先导,高举"京沪苏杭十六专科以上学校挽救教育危机联合大游行"的横幅,向国民参政会前进。到达珠江路时,道路已被军警封锁。据当时的《观察》南京通信报道:"金大路近,结果走在前面,中大在后面,中间有别校的学生。经珠江路口,大队学生已冒着水龙冲过去,剩下两三百中大学生未走完。拿着粗棍铁尺的警察突然的打散了队伍。先是用粗棍横打,后来是劈头下来,一面打,一面捉。学生完全是无抵抗的,被打在地下的女生则站上去用脚踏和踢,打伤的依旧捉进去。""队伍的末段被打散后,逃回来报告,听说吴(有训)校长得知学生被打,晕厥了。原来没有参加游行的学生都一齐去了。冲出去的学生被包围在国府路,未到参政会半途。包围阵势是骑警、宪兵、警察三道防线。"[1]面对这样严重的局面,游行队伍主席团决定暂停前进,因为如果继续硬冲,会造成很大伤亡,但也不能后退。双方对峙达六小时。下午2时下起倾盆大雨,学生仍屹然不动。为了打破僵局,主席团到国民参政会会见秘书长邵力子。经过邵力子调解,让学生仍沿原路线行进后返校。蒋介石在当天日记中只是淡淡地记了一笔:"得报告,各大学生仍有一部分聚众游行示威,与宪警发生冲突,略有负伤者,惟无死亡。"[2]五二〇运动即因5月20日的事件而得名。

同一天,北平大专学校学生七千多人从中午十二时半起,高

---

[1]《南京五二〇惨案的前因后果》,《观察》第2卷第14期,1947年5月31日。
[2] 蒋介石日记(手稿本),1947年5月20日,美国斯坦福大学胡佛研究所藏。

举"华北学生北平区反饥饿反内战大游行"的横幅,自沙滩北大广场出发,经王府井、长安街、西单、西四、北海、前门,再返回沙滩。走在队伍前列的,是清华复员军人大队,他们由青年军及其他军队的退伍军人学生约三百人组成,其中三分之一穿着旧的美式军服,行进时不断高呼:"抗战军人只打日本!抗战军人不打内战!清华复员军人反对内战!"十分引人注目。天津学生这天的游行分南北两路,南路有南开大学和南开中学学生八百多人,北路有北洋大学学生约六百人,两路游行队伍都遇到暴徒殴击,造成九人重伤,六十二人轻伤,二十三人被捕。

当晚,到南京参加游行的中共上海市学委代表回上海向中共中央上海局书记刘晓报告。刘晓提出了三条意见:这件事必将激起学生更大的愤慨,应该号召总罢课;向社会控诉,争取支持;斗争口号应增加"反迫害"。[1]根据中共中央5月8日的通知,上海局管辖长江流域、西南各省及平津一部分党的组织与工作,并于必要时指导香港分局。这样,"反饥饿、反内战、反迫害"的抗议运动,迅速在全国范围内展开。

拿上海来说,21日,"抗暴联"召集全市一百零二所大、中学校学生代表开会,成立上海市学生抗议五二○惨案后援会。22日,约四十所大、中学校响应后援会的号召开始罢课。23日,罢课学校增加到七十多所。24日,又增加到八十多所。全市大部分大、中学校卷入了这次抗议浪潮。那样多中学生积极投入到这场运动中来,这是以前不曾有过的。

---

[1] 刘晓:《1947年"反饥饿,反内战,反迫害"运动的一些回顾》,共青团中央青运史研究室、团上海市委青运史研究室、中共上海市委党史办、团浙江省委青运史研究室、上海市青运史研究会编:《解放战争时期学生运动论文集》,上海:同济大学出版社,1988年版,第30、31页。

从整个国民党统治区来说，运动席卷南京、上海、北平、天津、杭州、金华、长沙、南昌、成都、重庆、广州、武汉、青岛、济南、开封、西安、福州、昆明、桂林等地，学生们先后举行罢课、上街宣传或游行。它的规模和声势都超过了年初的抗议美军暴行运动。最明显的特点是：许多原来在政治上处于中间状态的学生也积极投身到这个运动中来。这是一个重要动向。《观察》的天津通信写道：这次运动中特别需要提出，"保守学校的开始活动和无所谓人士的参加工作。前者如北平辅仁、天津工商等，都是二三十年来未尝参与任何校外活动的教会学校，这次竟也毅然与北大、南开等采取了同一步伐！后者如学校一部分无所谓的同学，这次也能于国事日非，不容再行颓废萎靡，而体行力争，这足证时代的巨流，已袭到了每个人的头上，是非生死歧途，青年们已开始了明快的抉择。"[1]

这时物价仍在继续飞涨。拿上海的米价来说，5月22日每石30万元，23日突涨到43万元，25日上涨到46万元，26日已至60万元。路透社5月26日上海电称："米价空前暴涨，今日又造成新纪录，已涨至近50万元一石，而不满一旬之前，只卖30万元。"[2] 这种人人都能感觉到的事实所产生的动员作用，比其他千言万语都要大得多。

新华社评论道："运动广泛，是因为从群众最迫切的需要——要吃饭、要和平出发。人没有不要吃饭的，但是蒋介石今天的统治，却使中国大多数人（包括大多数大学生和大学教授）硬是没饭吃。人民的所以没有饭吃，是因为蒋介石发动了全国大内战，破坏了

---

[1] 王水：《北方学运的源源本本》，《观察》第2卷第17期，1947年6月21日。
[2] 潘振球主编：《中华民国史事纪要》1947年4—6月，台北："国史馆"，1996年11月版，第661页。

全国人民所力争的和平。"[1]如果不是人们已经到了难以生存下去的地步,如果不是人们已经对国民党政府完全丧失信任,任何力量都不可能发动起这样规模的群众运动并把它坚持发展下去。

刘晓在5月31日的一份报告中指出当时运动发展的特点:"目前运动已从个别要求发展到共同要求,从局部发展到全国性,从经济性到带政治性,群众情绪高涨,社会同情。"[2]

就在国民党军队在孟良崮惨败后半个月内,国民党政府完全没有想到在它的后方会出现如此广泛的群众抗议运动。这对国民党当局又是一次沉重打击。他们采取的对策只有一条,就是继续加强高压。蒋介石在5月24日日记中写道:"时局因军事挫折而发生大动摇,人心恐怖畏匪,社会皇皇。""情势如此,共匪在我后方各大都市发动其各阶层宣传之威胁攻势,一面扰乱秩序,由大学而中学而工厂,运动全国罢课罢工罢市,企图前后方响应,推翻政府,夺取政权。而一般自由与知识分子之校长教授皆将由中立而附和共匪之可能。此时如不下决心,以快刀斩乱麻手段,则因循延误,更难挽救,故决定先肃清后方之共党,安定社会,则图军事之进步也。"31日,他又写道:"五月向为社会多事之日,共匪发动罢学、罢工、罢市之阴谋,多方煽动,无所不用其极。加之物价高涨,公教人员生活困迫,一部教授被其利用,大学学生且多为共匪宣传与组织所胁制,全国大学几乎罢课示威,演成无政府状态,乃于参政会开会以前颁发维持社会令。""参政会开会期间反动派为共匪利用,因之要求和平空气几乎弥漫全国,学潮

---

[1] 新华通讯社编:《新华社评论集(1945—1950)》,北京:新华通讯社,1960年7月编印,第166页。
[2] 中共上海市委党史资料征集委员会编:《解放战争时期的中共中央上海局》,上海:学林出版社,1989年版,第373页。

口号为反内战、反饥饿，必使政府束手待毙。"[1]于是，许多地方实行宵禁，军警在深夜任意闯入校园搜捕学生，特务们在校园内制造一次次血案又把它称为"互殴"，说了一些公道话的《文汇报》《新民晚报》《联合晚报》被封禁。蒋介石是准备下更狠毒的一手了。

上海市学生联合会在6月间编印的《新五月史话》在前言"血和泪的控诉"中有一段概括的叙述：

> 二十三日上海法学院学生十一人在黑夜中，被手执凶器的警察毒打之后被捕，罪名是"互殴"和"煽动罢工"。二十五日，交通大学、同济大学和其他各中学的九十七位同学，因宣传反内战而被捕。当天晚上，复旦大学受军警包围被无理捕去五位同学。同时，他们也在交通大学制造"互殴"事件，大批特务手执手枪、木棒、石头，围攻正在开会之系科代表，结果有两同学受重伤，四十位受轻伤，十四人被捕，但因为手法欠妙，"互殴"变成特务们暴行的实录。我们处在这一境地，实在忍无可忍，因此被迫发动请愿游行。二十六日那天，大批军警分别包围交大、复旦、暨大、同济各校。在新政府的宪法中，规定人民有请愿自由，可是我们却被压迫而丧失这种自由。就在那天，吴市长答应我们六项诺言，其中最主要的是释放被捕同学和保证以后不发生同样事件，我们同学表示满意，所以中止游行。谁知言犹在耳，当天下午，暨南大学便发生凶殴的惨案，同时有三四十人无辜被捕；而当天晚上，复旦同学被预伏在路旁之暴徒袭击，致重伤同学三人；轻伤二十余；同日，大同大学同学被校外特务以木棒铁尺粗索等武器殴打，十余人轻伤，两人重

---

[1] 蒋介石日记(手稿本),1947年5月24日,31日"上月反省录",美国斯坦福大学胡佛研究所藏。

伤，其中一同学眼角刺破流满血，同学之被褥什物亦被强行烧毁，类此暴行继续的演出，使我们不能不怀疑当局诺言之诚意。

虽然在这种迫害底下，学联会仍委曲求全，在二十八日通过劝告各校复课的宣言，我们希望政府能拿出诚意来实行他自己的诺言。

但我们终于受骗了，当局虽释放一部分同学，然而新的逮捕又开始。二十八日就有交大、复旦、同济、上医、上商、大夏、沪江、中国新专、音专、光华等校更大规模地逮捕所谓"共党分子"，大批军警包围学校，他们除了捕人的任务以外，还随便抢东西，侮辱我们的师长和女同学。

至目前为止，这类有计划的大规模暴行还在全国各地继续演出。在五月三十一日至六月二日这短短的三天中，广州的中山大学，重庆的重大、川教院、西南学院、中央工校、女师院，开封的河南大学，汉口（注：当在武昌）的武汉大学，青岛的山东大学以及天津、成都、福州、杭州各地均先后有同学被枪杀、殴打和逮捕，恐怖的魔掌在伸向全国每一个角落。[1]

其中，震动全国的是6月1日凌晨3时武昌军警一千多人冲入武汉大学搜捕学生，在学生宿舍中开枪扫射，并掷手榴弹三枚，在走道中打死学生三人。武汉大学教授发表的宣言中说："根据医生对死者的伤口检查，所使用的枪弹竟还是国际战争上被禁用的达姆弹。"[2]

国民党当局更加如临大敌般准备严厉对付的是6月2日的"全

---

[1] 上海市学生联合会编著：《新五月史话》，上海：上海市学生联合会，1947年6月编印，第4、5页。
[2] 宋次男：《对付学生并无禁用达姆弹之例》，《观察》第2卷第16期，1947年6月12日。

国反内战日",并且做了紧急部署,决定乘此进行一次大镇压。天津街头贴满标语,渲染这一天"共产党要大暴动","煽动学潮即是奸匪"。[1]《大公报》6月1日以大字标题报道:"津市今午开始戒严,警备部宣布游行以暴动论。"[2] "'六二'上午有十几辆满载军士的大卡车,冲锋枪、迫击炮及其他美式武器一应俱全,整队地驶进南开大学校园内,巡逻一周而去。这种征服者的姿态是所有身历其境的人不能忘怀的。"[3]

这个"反内战日"是怎样来的?它是5月17日北京大学院系代表大会在决定罢课三天的同时提出来的,号召各界在这一天进行总罢课、总罢工、总罢市,举行反内战大游行。20日,北平学生游行队伍回到北大沙滩广场时,领导运动的华北"反饥联"常委会中几个不是共产党员的激进学生在向围坐在广场上的大中学生报告向北平行辕请愿没有结果后,提出接受北大定6月2日为反内战日的建议,全场热烈鼓掌通过。随即以华北"反饥联"的名义,发表宣言,通告全国,在全国范围内造成很大的影响。北平地下党学委,不论南系还是北系都不支持这个做法,认为根据群众临时动议做这样的决定,是不适当的,但考虑到群众已经通过决议并公开宣布,不好硬性加以改变,只能先看一看,根据情况的发展再采取措施。学委南系负责人王汉斌、袁永熙回忆说:在稍后的7月间,王汉斌到上海汇报,上海局负责人钱瑛一开始就要王谈六二"全国反内战日"是怎么回事?王汉斌把情况汇报后,钱瑛严肃地批评道:"在国统区总的力量对比仍是敌强我弱,

---

[1] 本刊特约记者:《两年前的老样子又回来了》,《观察》第2卷第16期,1947年6月12日。
[2]《大公报》1947年6月1日。
[3] 钟伯平:《学潮平息以后的认识》,《观察》第2卷第17期,1947年6月21日。

我们的斗争只能采取突击的形式，速战速决，使敌人措手不及，像你们这样事先公开宣布我们的斗争部署和日期，事实上会使敌人有时间准备镇压。这种不考虑条件、不区分情况的决定是错误的。"[1]

上海局对这场斗争的发展，本已有了部署。刘晓在5月24日给中共中央城市工作部并华东局的报告，对形势做了冷静的分析，对工作做了明确的部署：

> 为着巩固战果，争取社会更大同情，教育中间分子，躲过敌人的攻势，避免过早与敌人决战，以便累集力量在决定关头使用。由于群众疲劳需要休息，预备力量（职工）还不能投入战斗，上层配合还不够有力，还须加强（过去我们不管，现在我们将自动接收这一工作），全国性组织建立后要加以整理，更因为新的更尖锐更大的斗争将在面前，必需有所准备。因此，趁我声势还浩大、上层分子已有配合、群众情绪还高涨、敌人内部对学潮政策有分歧、还未统一的时候，主动决定暂时停止罢课，一面上课，一面斗争，上、罢带弹性斗争策略。[2]

以后，除了抗议国民党当局逮捕和迫害学生事件而在各地举行一些学生罢课、教师罢教和积极进行营救被捕学生的工作外，经过耐心的说服教育，在6月2日那天全国绝大多数地区并没有发

---

[1] 王汉斌、袁永熙：《回忆钱瑛同志对我们的教导》，帅孟奇主编：《忆钱瑛》，北京：解放军出版社，1986年版，第139页。

[2] 中共上海市委党史资料征集委员会编：《解放战争时期的中共中央上海局》，上海：学林出版社，1989年版，第370页。

生罢课、罢教、罢市和示威游行等活动。6月1日，华北学联所属北平各大专院校代表和北大学生两千人在北大沙滩广场集会，最后宣布华北学联决议：取消6月2日的示威游行，在校内罢课一天，并举行反内战抗议大会。8日，刚成立的上海市学生联合会召开各校代表联席会议，根据"休止罢课，继续斗争"的精神，号召全市各校为要求立即释放被捕学生而在10日罢课一天，然后休止罢课，回校继续斗争。这样，国民党当局便失去了实行大规模镇压的借口。

6月18日至20日，中国学生联合会在上海召开成立大会，建立起全国学生的统一组织。各校在这次运动中涌现出来的积极分子，纷纷组织各种社团和小型读书会，以多种形式组织起来，使学生的爱国民主运动能更加深入持久地开展下去。

学生的反饥饿、反内战、反迫害运动，博得了社会各界的热烈同情。

著名经济学家马寅初在5月25日从上海到达南京，在中央大学大礼堂发表演讲说："当前的经济危机，不能归咎于普通的农民、米商、粮官甚至粮食部，也不能怪高利贷、官僚资本、证券交易所、黄金政策。归根结底，这就是内战造成的恶果。""内战不停不得了。内战一日不停，风潮一日不息。"他还对记者说："我是国民党员，除此并无组织关系。我只站在正义的立场上谈话。所以他们对付我和对付马叙伦先生的不同，那就只有手枪。"[1]

著名新闻工作者王芸生5月22日在《大公报》上发表《我看学潮》的文章说："在这时，青年学生发出'反内战，反饥饿'的吼声，

---

[1] 中国第二历史档案馆、中共南京市委党史办公室编：《五二〇运动资料》第1辑，北京：人民出版社，1985年版，第391、392页。

这不单是青年学生的要求，实是全国善良人民的共同呼声。""在这个时代大现实之下，青年们发出'反内战，反饥饿'的吼声，悲悯痛苦，兼而有之，我怎能不同情他们？"[1]

著名文学家茅盾在5月28日发表他对学生运动的意见："学生运动发生以后，就有人指为有背景。究竟学生运动有没有背景呢？我以为无论什么运动决不会凭空发生，运动之发生必有社会的政治的原因，而一年来政治上之失尽人心，经济崩溃，物价狂涨，内战火热，使全国人民到了活不下去的地步——这一切就是学生运动发生的背景。"[2]

各大学的教授对学生运动更普遍有着强烈的共鸣，有的写文章或发表谈话表示支持，有的发表抗议政府暴行的宣言，有的断然罢教。5月28日，平津教授费孝通、吴晗、陈岱孙、金岳霖、邓之诚、俞平伯、黎锦熙、陈序经、卞之琳等585人发表联合宣言，呼吁和平，要求制止内战，称："同人等深知今日一切纷扰现象，根源胥起于经济危机，而经济危机则又为长期内战之恶果。一切工潮、学潮均为当前时势下必然之产物。"[3]5月31日，复旦大学教授洪深等100人在罢教宣言中沉痛地宣称："同人等一心一意求学校之安定，谋人心之缓和，而纠纷与恐怖之来，与同人之努力完全相反。""似此人身毫无保障，不惟对于其他各生（未被逮捕者）苦难劝其安心上课，同人等悲愤之余，亦无心讲学。爰于本日由本校教员集议，一致决定立即罢教，以示抗议。"[4]

---

[1]《大公报》1947年5月22日。

[2] 中国第二历史档案馆、中共南京市委党史办公室编：《五二〇运动资料》第1辑，北京：人民出版社，1985年版，第403页。

[3]《大公报》1947年5月29日。

[4] 上海市学生联合会编著：《新五月史话》，上海：上海市学生联合会，1947年6月编印，第21页。

学生运动是人民运动的一部分。它的发展不能离开整个人民运动的发展。

在抗暴运动到五二〇运动之间，台湾民众在这年 2 月 28 日，为了反对国民党当局的暴政和杀害无辜平民，奋起反抗，围攻专卖局。接着，在台北举行罢工、罢课、罢市，全岛许多地方发生暴力事件。国民党当局调动军队在基隆登陆，进行血腥镇压。死亡人数至少有几千人。这件大事在台湾政治生活中留下了难以消除的阴影。

在这年上半年，国民党统治区的工人运动、城市贫民斗争和抢米风潮、农村抗粮抗税抗抽丁等，在各地风起云涌地展开。拿上海工人来说，据《大公报》6 月间报道："沪市工潮渐趋扩大。各业资方对政府公布五月份生活指数二点三五万倍均表不胜负担，而工人方面则坚决要求照指数实发工资，致纠纷蔓延益广。自九日起全市机器、染织、丝织、铅印、皮革、笔墨等业工人均相继发生怠工、慢工、饿工情事。""丝织业男女工人群集赴社会局参加谈判，有工人代表七人遭警局拘捕，该业工人一度包围警局，曾起骚动。"[1]天津工商界为了争取外汇配额、粮食供应等以求生存，组成以著名企业家、政协代表李烛尘为团长的代表团赴南京请愿。各民主党派和无党派民主人士也采取密切合作的态度，积极参加到爱国民主运动中来。国民党政府已是众叛亲离，陷入空前孤立的境地。

中共中央对这次反饥饿、反内战、反迫害的群众运动做出很高的评价。

5 月 23 日，新华社发表时评《蒋介石的末路》，写道："中国

---

[1]《大公报》1947 年 6 月 12 日。

近代只有三次群众运动可以和今天比较，就是一九一九年的五四运动，一九二五年的五卅运动和一九三五年的一二·九运动。但是这三次运动中的群众都没有像今天这样提出如此普遍的反饥饿口号，也没有公然看到人民有如此强大的力量，公然看到反动的统治者如此摇摇欲倒。这就是这次群众运动的规模气势'为以往任何时期所未有'的真正理由。"[1]

5月30日，毛泽东为新华社写了一篇题为《蒋介石政府已处在全民的包围中》的评论。评论写道：

> 和全民为敌的蒋介石政府，现在已经发现它自己处在全民的包围中。无论是在军事战线上，或者是在政治战线上，蒋介石政府都打了败仗，都已被它所宣布的敌人的力量所包围，并且想不出逃脱的方法。
>
> 中国境内已有了两条战线。蒋介石进犯军和人民解放军的战争，这是第一条战线。现在又出现了第二条战线，这就是伟大的正义的学生运动和蒋介石反动政府之间的尖锐斗争。学生运动的口号是要饭吃，要和平，要自由，亦即反饥饿，反内战，反迫害。
>
> 学生运动是整个人民运动的一部分。学生运动的高涨，不可避免地要促进整个人民运动的高涨。[2]

中国共产党在1947年5月提出"现在又出现了第二条战线"，

---

[1] 新华通讯社编：《新华社评论集（1945—1950）》，北京：新华通讯社，1960年7月编印，第166、167页。

[2] 中共中央文献编辑委员会编：《毛泽东选集》第4卷，北京：人民出版社，1991年版，第1224、1225页。

这是一个具有全局意义的战略性判断。

从1927年建立农村革命根据地以后，在中国共产党领导的武装斗争同时，国民党统治区（抗日战争时期还有敌伪统治区）内一直存在着中国共产党领导的各种群众运动，起着重要的配合作用，但并没有把它称为"第二条战线"。为什么到1947年毛泽东要提出"现在又出现了第二条战线"呢？因为到这时才形成国民党政府处在全民包围中这种局面，才足以把这条战线称为"第二条战线"。

第二条战线的出现是人心大变动的结果，又进一步促进了这种变化。它用活生生的事实揭露了国民党政府和民众利益的对立，扩大了中国共产党的影响。大群大群过去没有参加过爱国民主运动的青年学生，摆脱对国民党统治还抱有的那一点希望，卷入到这场斗争中来。轰轰烈烈的群众斗争，壮大了学生中的进步力量，在复杂险恶的环境中进行探索和奋斗，培育并锻炼出一大批人。为数众多的当年活跃在这场斗争前列的先进分子，具有较高的政治觉悟和文化知识，在全国解放后成为革命和建设的重要力量。

当然，第二条战线并不是直接拿起武器来反对国民党政府。它对第一条战线的武装斗争所起的仍然是配合作用。如果没有第一条战线上军事斗争的节节胜利，很难会有第二条战线的出现，更谈不上它的胜利了。但这种配合作用是十分重要的。千千万万手无寸铁的青年学生，为了爱国、民主和生存，毫不畏惧地起来反对国民党政府，把全社会大多数人的同情争取到自己方面来，使国民党政府更加众叛亲离，加速土崩瓦解。这两条战线相互配合并不断推进，国民党政府便内外交困，深深陷入全民的包围中。这就为人民解放战争在全国范围内的迅速胜利创造了重要的条件。

第六章 局势急转直下的巨大震撼

1947年5月16日，整编第七十四师在孟良崮战役中全军覆没，这是在军事战线上给国民党政府和蒋介石的沉重打击。5月20日，在国民党政府的首都南京发生了高举"反饥饿、反内战"大旗的学生运动，并且迅速席卷全国，这是在第二条战线上给国民党政府和蒋介石的沉重打击。这两件事竟集中地发生在短短的五天内，它所产生的震撼力量格外强烈。

国共双方在军事上和政治上的力量对比，自从国民党政府发动全面内战后，一直在悄悄地发生深刻的变化。5月中旬集中地发生的这两件大事，一下子把这种变化表面化和明朗化了。许多原来对正在发生的变化不曾注意到的人，开始看到了这种变化。也正是从5月下旬起，国民党政府和蒋介石对局势的判断和思想情绪，发生明显变化：不要说1946年6月底发动全面内战时那种趾高气扬、不可一世的神气看不到了，就是1946年底攻占张家口、单方面召开国民大会而导致和谈破裂和1947年初向山东和陕北大举进攻、扬言要在三个月到半年时间内消灭共产党的神气也看不到了；相反，已因局势的发展对自己越来越不利而显得忧心忡忡。中国共产党却对局势的发展越来越有把握，开始做出新的重大的战略部署。

孟良崮战役失败消息传来，对蒋介石说来，丧失的不只是普通的一个整编师，而且是他认为最足以信赖的精锐主力整编第七十四师，这个打击是巨大的。那时候，国民党政府正在举办第二期军官训练团。5月12日，孟良崮战役结束前几天，蒋介石在这一期开学典礼上做题为《剿匪必胜的事实》的演讲，结束讲话时，着重强调的一句话仍是："只要我们高级将领能够振作精神，确立信心，则今年十月以前，剿匪任务一定可以告一段落。"他还想在1947年10月前能够从军事上打败中国共产党。但只隔了一个星期，孟良崮失败消息传来后，他在5月19日对同期全体学员讲话时，口气就大变了。他把这次失败称为"我军剿匪以来最可痛心、最可惋惜的一件事"，并且说出这样的话来："大家如果再不大彻大悟，急起直追，不但革命事业无法完成，而且我们剿匪军事，恐将陷于最后的失败，整个为共产党所消灭。"[1]

如果说5月19日的讲话是对部属讲的，可能有意把话讲得重一些，而且主要说的是"军事"方面，那么，他在5月24日所写的日记是很值得玩味的。这时，反饥饿、反内战群众运动也进入高潮，并且又提出了反迫害的口号。蒋介石痛苦地意识到他所面对的危机是全面的，深感局势对他已发生重大逆转，日记中透露出十分沉重的心情。他说："张灵甫师全军覆没以后，东北军八十八与九十一各师亦相继被匪歼灭，东北形势更危。共匪毒氛大张，人心陷溺，社会动荡，各地学潮遍及全国，赤焰滔天，已有不可收拾之势。此诚存亡危急之秋，应做最后之准备。"[2]这样充满沮丧

---

[1] 秦孝仪主编：《蒋介石思想言论总集》卷二十二，台北：中国国民党中央委员会党史委员会，1984年10月版，第108、109、120、125页。

[2] 蒋介石日记（手稿本），1947年5月24日"上星期反省录"，美国斯坦福大学胡佛研究所藏。

的话，是他以前没有的心态。他还写道：

> 时局逆转，人心动荡，军、政、经、社，均濒危殆。奸党为遂行其推翻政府夺取政权之意图，其在前方则广泛展开武力斗争，攻城略地，着着进逼；而在后方各大都市，则鼓动风潮，扰乱社会，更无所不用其极。而此次参政会中，亦既为只求和平不顾利害之空气所笼罩，而本党同志又大都苟且自全，随声附和，革命志业，委以尸解，此诚危急存亡之秋也。若不早下决心，用斩钉截铁手段，拨乱反正，则因循延误，更难挽救，故决定先肃清后方，安定社会，再图军事之进展也。[1]

6月1日，军官训练团第三期研究班举行开学典礼。蒋介石去做了题为《国军将领的耻辱和自反》的讲话。对正在走向失败的事实，他开始恐惧地预感到了。但他对这个事实又觉得难以理解："我实在想不出他有什么道理！"他在演讲中向高级将领们提出一个问题，其实也就是他自己感到迷惑不解的问题：

> 比较敌我的实力，无论就哪一方面而言，我们都占有绝对的优势。军队的装备、作战的技术和经验，匪军不如我们。尤其是空军、战车以及后方交通运输工具如火车、轮船、汽车等，更完全是我们国军所独有。一切军需补给，如粮秣弹药等，我们也比匪军丰富十倍。重要的交通据点，大都市和工矿的资源，也完全控制在我们的手中。无论就哪一方面的实力来比较，共产党绝对不能打败我们。因此，大家相信，共匪虽然决心叛乱，

---

[1] 秦孝仪总编纂：《蒋介石大事长编初稿》卷六（下册），台北：1978年10月版，第459页。

就实力而言，我们一定有十分的把握，能将共匪消灭。这一点不但各将领知之甚详，就是全国民众，亦皆有此信念。可是剿匪军事，到现在已经荏苒一年了，我们不但尚未把共匪消灭，而且不能使剿匪军事告一段落，这究竟是什么缘故呢？我现在召集各高级将领来受训，就是要大家来共同研究这个缘故。

蒋介石真是个唯武器论者：他把双方的实力做了这样那样的比较，仿佛什么都数到了，恰恰就遗漏了最根本的一条：人心的向背。这是他看不到也不会承认的。所以他说了半天还无法把事情说明白，只好发几句狠话：

> 长此下去，我们高级将领这样的精神、习惯、学术和指挥道德、品格如再不加改变，那就不但北伐和抗战的光荣历史将毁于一旦，我们剿匪军事必然要整个失败，全体将士真要生无立足之地，死无葬身之所，不被歼灭，便被俘获，最后成为匪军清算的对象，作毫无意义的牺牲！如果到了这种地步，那我们真是上无以对总理在天之灵，下无以对阵亡将士！[1]

6月7日，军官训练团第三期毕业典礼上，蒋介石又去讲了一次话。他说："此次不顾前方军事如何紧急，而将沂蒙山区半数以上将领调集来京接受为时两周之训练，主要目的即在使各将领接受孟良崮之惨痛教训，而将个人之精神、思想、生活、行动，作一番彻底反省，彻底改造；对整个军队之战术、精神、纪律，作

---

[1] 秦孝仪主编：《蒋介石思想言论总集》卷二十二，台北：中国国民党中央委员会党史委员会，1984年10月版，第134、135、136页。

一番彻底检讨，彻底改革。故此一集训，实为今后转危为安、转败为胜之枢机。深望各将领一致醒觉，砥砺志节，记取教训，加强准备，以期达到雪耻复仇之目的。"他足足讲了两个小时，但看来他自己对那些无补实际的空话究竟能管多大用，已经失去自信了。讲过后，他在当天日记中写道："余对前方将领之教训勖勉，心力已尽，未知果有效验否？"[1]

抄了那么多蒋介石的空话，读者也许要厌烦了。但那是些很有趣的文字。透过这些看起来很空洞的言辞，我们可以具体地感受到蒋介石在5月、6月间那样短时间内思想深处发生的深刻而微妙的变化。这种变化，正是客观局势的大变化在他内心中的反映。

我们再来看看蒋介石周围的那些"文武大员"们对局势的变化又是怎么看的。他们的看法大抵相近，只是比蒋介石感受得要稍早一点，而且也更为强烈。6月10日，蒋介石在日记中写道："朝课后与辞修（陈诚）恳切指示其精神近日似失常态为虑，诸事皆存悲观、信心全失之象。干部如此，更觉焦虑。"15日，他又写道："近日形势日下，忧虑抑郁。明知上帝必能施恩救我大局，基础尚稳并未动摇，而心神终觉耻辱，惭惶不安也。"[2] 6月中旬起，东北的解放军对四平街发起猛烈的攻坚战，在国民党统治集团中又引起巨大的震动。为了说明当时国民党整个统治层中巨大的沮丧和严重的动摇，我们准备多用一些事实来说话，这比一般的议论更能说明问题。这些事实选自徐永昌和王世杰的日记。他们两人一武一文，都深得蒋介石的信任，常能参与重大决策，而且在日记中比较坦率地直陈自己的看法和周围人的议论，为我们提供了难

---

[1] 秦孝仪总编纂：《蒋介石大事长编初稿》卷六（下册），台北：1978年10月版，第471页。
[2] 蒋介石日记（手稿本），1947年6月10日、15日，美国斯坦福大学胡佛研究所藏。

得的第一手资料。

徐永昌在抗战期间曾长期担任军令部长,这时正担任陆军大学校长。他在日记中写道:

> 昨日张岳军(注:张群)报告现在一月印行一万亿票子,若按陈辞修(注:陈诚)报告,似尚不够,收入才十五六万亿。伯聪(注:魏道明)言因政府信用扫地,此次美金公债及库券除向银行硬派若干外,几于无人问津。(5月13日)
>
> 饭后论及时局。宜生(注:傅作义)谓以如此政治、如此军队剿共,直不知何年才能告一段落。次楣(注:梁上栋)等皆是之,且均以为经济至年底必崩溃,其他当亦不堪设想。余谓政治、军队有少许进步,如何?宜生谓少许进步无济于事,尤其中央军很难进步。继谈经济,宜生谓顷闻之吴达铨(注:吴鼎昌)、钱新之(注:钱永铭)亦云极难有办法。(5月20日)
>
> 下午出席政委会军事专门委员会。在会前闲话。钱慕尹(注:钱大钧)云军队纪律愈坏。……鹿瑞伯(注:鹿钟麟)言,兵征不起由于不愿战,官长则厌战(因抗日战后未得休息)。……陈立夫云,不想军事已到如此地步,我们有意见还应及早建议等等。(5月28日)
>
> 上午,魏郁周来述:军队已无纵横。询其何谓?乃纵不服从,横不联协。又云:主席(注:指蒋介石)召训,一曝十寒,无甚效果,不过舍此更无施教机会与能力。匪之装备与国军已无甚差。白部长(注:白崇禧)亦讲到剿共军事,屡摇头表示无把握。(5月28日)
>
> 观数月来刘伯诚[承]失少得多,全凭处处机先主动,国

军安常袭故，不打不动，若无大力者转移风气，恐我怠惰而敌悉力，我骄玩而敌振奋，能延长战局尚属幸事。（5月31日）

上午出席中政会。……陈辞修继报告鲁南七十四师死伤七千，被俘几千，全因判断以为匪必北窜过河（黄河），不意其南也。（6月4日）

辞修言，剿共无进步，诚可忧。但今日有一可喜是主席已明白，即明白军队不合理想，不能随意使用，必稳扎稳打，并及蒋先生几次之不当罝彼经过，直使其不能做下去而一度示辞云云。（6月8日）

午前九时出席中政会。……张溥泉（注：张继）发言以为每有会议不过都是谈谈而已。现在真是江河日下。今日并非不信总裁，不过派往东北军队都是精华，这种精华消耗到不精华将如何？我们不能尽恃命运。到北方不保，恐南方亦难保，到那时又将如何，莫非真如总裁常说我们要做白俄？（6月18日）

赵主任（注：赵子立）论战事，忽谓闻主席每因时局泣哭云云。告以勿信谰言。（6月20日）[1]

王世杰在抗战期间曾担任国民党中央宣传部长、国民参政会秘书长、中央设计局秘书长等职，这时正担任国民党政府外交部长。他在日记中写道：

近日政府与中共军队之战争，我方仍无预期之进展；国内外均对政府武力平定中共之力量渐渐怀疑。孙立人（新一军军长）

---

[1] 徐永昌著：《徐永昌日记》第8册，台北："中央研究院"近代史研究所，1990年6月影印，第411、412、417、421、422、423、425、428、434、437页。

新自东北返京，谓近数月来东北国军之消耗在四十营左右，约三四师；在山东之损失达十九个师！士气之衰颓，将领之腐败，实为主因。（5月15日）

昨日深晚，熊天翼（注：熊式辉）自东北抵京，来余处长谈。据云长春、四平街、安东等处均将不守；东北国军今年以来损失达五十二营；原来东北国军有五军，现时仅剩三军，予闻之，惊骇不已。（5月21日）

近日中共军队在东北大活动……山东、山西之战局中，国军亦无进展。因之，参政会中主张和谈者益众。国防部白、陈两长均不在京，国防部无重要人向参政会报告。沪平等地学潮有大扩充可能。政治军事形势显然陡趋严重。（5月23日）

晚间与陈辞修总长细谈。彼对大局亦悲观。关于近日对中共军事之失利，彼觉自己不能负责，因为命令多不由彼决定或发出。彼颇露消极之意，谓俟局势稍好转即将引退。由此可知局势之严重。（5月31日）

晨间晤朱骝先（注：朱家骅），彼似对现时镇压学潮之措施，只图避免个人责任。旋晤张岳军，亦无坚定政策。予今日深觉军事与政治均濒十分严重境地。（6月2日）

今晨中央政治委员会讨论大局。党中平日大言不惭之人，如姚大海、刘健群、邹海滨（注：邹鲁）等等，亦均衷心恐慌。（6月4日）

今日上午中央政治委员会（党部机关）开会，孙哲生（注：孙科）主席。会中讨论东北问题及整个政治军事形势，大多数人均有重大恐惧心。（6月18日）

予极苦恼。盖予去岁之计划，系企图以马歇尔之协助，用和平方法暂行解决中共问题,依中苏条约收回东北。嗣以国共和谈失败,马将军返美,我军事诸将领复表示,数月之内必可以武力解决中共,予乃计划于年内以军事配合外交收复东北。今则此一希望又将成为泡影。(6月20日)[1]

引文虽然长了一点,但从国民党这两个核心人士不经修饰的原始记录中,可以再清楚不过地看出:国民党军方1947年年初还表示"数月之内必可以武力解决中共",但到5月、6月间却感到"政治军事形势显然陡趋严重","均濒十分严重境地",他们对这种变化并没有精神准备,最初是对"武力平定中共之力量渐渐怀疑",连白崇禧都"屡摇头表示无把握",陈诚也表示"不能做下去",接着一件又一件的事变更使他们感到"惊骇不已",觉得局势已"江河日下",以致"大多数人均有重大恐惧心",担心"到北方不保,恐南方亦难保,到那时又将如何",担心"我们要做白俄"。在那样短短的时间内,国民党领导层对局势的估计和思想情绪竟发生如此剧烈的变动,这在以前从来不曾有过,预示着大转折的时刻将要到来。

以社会贤达身份出任国民政府委员的著名银行家陈光甫,在6月6日的国府会议上听了陈诚的军事报告后震惊地写道:我得到了确定无疑的印象,陈诚将军正面临着困难,战争在继续,而他的战线正越来越虚弱,他的报告充满着踌躇和不定,没有任何最后胜利或何时能得到这样的胜利的保证。这与我一年前得到的形象形成了鲜明的对照。当时,在一次蒋介石为欢送何应钦去联合

---

[1] 王世杰著:《王世杰日记》第6册,台北:"中央研究院"近代史研究所,1990年3月影印,第68、72、73、74、79、80、81、82、92、94页。

国军事代表团任职的聚会上,陈诚和高级军事将领全体出席,大家充满了希望和自信,认为政府拥有压倒性的军事力量,胜利可以在一个非常短的时期内来到,并以共产党的失败告终。[1]

面对这样剧烈变动的局面,国民党统治集团也好,蒋介石也好,却拿不出一点扭转局面的有效办法来。蒋介石在6月22日的日记中写道:"东北与华北战局紧张,人心动荡特甚,党内同志多失信心,顿呈忧惶之象""余则主张应先决定明令讨共问题"。[2]他的办法逐渐集中为两点:一是颁布总动员令,正式宣布所谓"戡乱";二是实行国民党和三青团的合并,减少党内磨擦。这些自然都只是没有办法的办法。

为什么要在这个时候颁布总动员令,宣布"戡乱"时期的开始?这并不表明他有力量,如果真能像他们原来所说可以在三个月到半年内消灭共产党,就根本不需要再进行什么总动员了;相反,正是因为他拿不出任何具体的办法来,才只好用这种"总动员"的空话来给那些"多失信心,顿呈忧惶之象"的"党内同志"们打打气。但空话之无补于实际是不需要多做说明的,已经"多失信心"的士气自然也不会因此而被鼓舞起来。

蒋介石在6月21日写道:"昨晚约宴国府委员(全体)研讨对东北战局与对共讨伐问题,最后余明言如不即改变现行平时政制为全体动员制,则军事上三个月后,全国现有各大都市之据点决难保守,政治与社会必将崩溃。倘能及时改变政策,对共匪正名讨伐,则亡羊补牢,犹未为晚,三个月后决可转危为安。本年年

---

[1] 转引自汪朝光著:《中华民国史》第3编第5卷,北京:中华书局,2000年版,第707、708页。
[2] 秦孝仪总编纂:《蒋介石大事长编初稿》卷六(下册),台北:1978年10月版,第479页。

终或延之明年必可消灭共匪主力也。"[1]

郝柏村评论道:"自国军于三月攻略延安,和平谈判之门已完全关闭,实际已是全面战争。由于经济崩溃、军事攻势失利互为恶化影响,蒋公提出明令讨伐共党,实行战时体制。姑不论其实际效果如何,由于内战终非抗日可比,在精神动员上,看不出明令讨伐与实际军事形势有何助益。盖共党以其占领严密控制基层农村,发挥其动员功能,国民党对基层社会,尤其是农村,掌握能力非常薄弱,非一纸动员戡乱令所可收效也。"[2]

6月30日,蒋介石在中央常务委员会和政治委员会联席会议上做了题为《当前时局之检讨与本党重要决策》的报告。会议还决定撤销三民主义青年团,归并于中国国民党。参加会议的徐永昌在日记中记录了蒋介石讲话的要点:

> 我以为我们各同志现在很烦闷忧虑,都是因为军事上有七处失败及经济上措施差池,但实际上军事并未失败,经济基础亦毫未动摇,而我们完全是为共产党宣传所摇动,亦全由我们自己党员不听命令、不实做、不努力,换言之,我们并未失败,完全是我们自己动摇。
>
> 今天提醒大家,如不于此可为之时努力好作,努力厉行改革,若一旦至共党胜利,我们全党再无立足之地,亦更无恢复之时。现在不是共党能打倒我们,是我们实有被人打倒之行为。
>
> 今有两事,第一,我们现在要改革过去不当行为,停止

---

[1] 蒋介石日记(手稿本),1947年6月21日,美国斯坦福大学胡佛研究所藏。
[2] 郝柏村著:《郝柏村解读蒋公日记(1945—1949)》,台北:天下远见出版公司,2011年6月版,第272页。

磨擦，党团统一（团归党）；第二，对共党明令讨伐。如其他党派反对，虽至其完全的退去，亦不姑息，主要在实行全国总动员。[1]

7月4日，国民党政府第六次国务会议一本正经地正式通过蒋介石交议的《厉行全国总动员戡平共匪叛乱方案》。这个"方案"的全称是"为拯救匪区人民，保障民族生存，巩固国家统一，提请厉行全国总动员，以戡平共匪叛乱，扫除民主障碍，如期实施宪政，贯彻和平建国方针案"，宣布"必须全国军民集中意志，动员全国力量"进入所谓"戡乱"阶段。[2]这样，国民党政府正式向全国和全世界宣告：停止内战的任何可能都已消失，今后只有一直打下去，在战场上见分晓了。第二天，蒋介石在日记中写道："国务会议通过实行剿匪总动员案，此乃为政治上对共斗争胜利之基础乎？"[3]对通过这样一个总动员令，蒋介石在日记中只说了寥寥两句话，末了加一个"乎"字，可见他的信心已经大大动摇，再也没有年初那股不可一世的神气了。

蒋介石宣布的是"全国总动员"，究竟"动员"起了什么？说来可怜，除了民社党、青年党表示拥护以外，实在是什么也没有。就在国务会议通过这个方案的同一天，上海出版的《时与文》上发表了一篇"答客问"式的文字。客人说："我也觉得目前和谈必定恢复不了，以后还要打，打得还要凶。政府恐怕要动员一切，

---

[1] 徐永昌著：《徐永昌日记》第8册，台北："中央研究院"近代史研究所，1990年6月影印，第443页。

[2] 中国第二历史档案馆编：《中华民国史档案资料汇编》第5辑第3编，政治（一），南京：江苏古籍出版社，2000年版，第132、133页。

[3] 秦孝仪总编纂：《蒋介石大事长编初稿》卷六（下册），台北：1978年10月版，第493页。

索性来一个浩浩荡荡的北伐。"作者回答说:"其实早已动员一切了。你看长江以南还剩几个兵？政府打共产党，还留有余力么？能够用到前线去的，都用了，再要动员，便是竭泽而渔。这样的做法，自然可以助长一些声势，打出几场狠仗来，但是这真是危险之至；我是非常冷静的，我敢说那对政府是凶多吉少的。""那是孤注一掷的赌博呀！既然一切希望都寄托在前线的胜利，如果仍旧打不垮共产党，兵力便会有更惊人的折耗。这且不说，财政经济如何维持？竭泽而渔之后的社会秩序如何维持？回光返照，亮极而灭。其他迷信的破灭，只是幻想本身的破灭；迷信武力，就不这样简单，幻想破灭之外，还要伤及玩火者自身。"[1]作者的回答大体上是符合实际的，他只是没有想到或者想到了而不便说：国民党当局连再"打出几场狠仗""回光返照，亮极而灭"也做不到了。

中国共产党领导的新华社说得更加直截了当，其7月12日发表的评论中写道：

> 这个"总动员"表现的意义是什么呢？让美国人与中国反动派自己说吧！美联社八日北平电反映美国军人对时局的观察说："密切注视中国内战之外籍军方人士称：南京之总动员颇为重要，因为这是第一次公开承认政府军事处于严重势态，反共战争迄无效果。六个月前国军共五百万人，多系为最现代美械所装备。对动员令得出自然的结论，是由于战争的损失，此一庞大机器仍不足达到其目标。"蒋介石自己也看出了军事危机之严重，他说人民解放军在东北的攻势"规模之大，前所未有"。他惊慌的喊道："今天的东北、华北就是华中、华南的将来！"

---

[1] 程桯：《大局的现状与前途》，《时与文》第17期，1947年7月4日。

前线的情况如此不妙,而蒋介石后方的情况也是不妙。蒋贼在"七七"演说中说:"在我们后方,尤其是华中、华南各大都市,还有许多人……或侥幸姑息,或苟且偷安","丧失了信心","袖手旁观",成了"麻痹状态"。美联社也描写这同样的情形说:"人民似乎对军事胜利没有多大的高兴,对于军事失败也没有很大的沮丧。"这只是指蒋介石手下的文武官员而言。至于人民,则照蒋介石说,居然"提出反对征粮、反对征兵、反对内战等各种口号"。蒋介石、陈诚对局势的估计是:中国反动派现在已遇到了"前所未有"的"困难"。

新华社的评论指出:蒋介石宣布"总动员"的目的无非有三个:第一,要"唤起"自己方面的"警觉",要"集中"自己方面的"意志与力量",这是主要的;第二,将对反对内战的人士进行血腥的镇压,也就是他在提案中所说的"安定社会秩序";第三,对于国民党统治区的老百姓就是要钱、要粮、要命。

这个"总动员"的效果会怎么样?新华社评论还是借用美国人的话来做回答:"美联社在国民党政府通过'总动员'之次日,即发表上海部分观察家的意见,认为:'该命令实际意义不如象征的意义为多,因在该命令发布之前,公开之内战已进行数月之久。'该社八日北平电讯则更为悲观,它说:'共军可能将在今夏结束前,最有力的争取军事控制权。此间观察家认为假如如此的话,南京现在的措施可能已经晚了。'"[1]

中共中央撤出延安后,由毛泽东、周恩来、任弼时率领,一直

---

[1] 新华通讯社编:《新华社评论集(1945—1950)》,北京:新华通讯社,1960年7月编印,第179、180、181页。

坚持留在陕北。4月13日,他们来到延安西北的靖边县王家湾(今属安塞县),在这里住了五十七天。王家湾是个很小的村子,在半山坡上有几排窑洞,原来住着十七八户人家。周恩来后来说:"我们领导革命战争时,在全国、在中央决定问题的只有三个人。当时中央书记处共有五个人,分散在两个地方,一个地方是刘少奇同志和朱德同志,他们领导全国土改,搞根据地;在中央只有三个人:毛泽东、周恩来与任弼时同志。所谓中央,就是这三个人嘛!"[1]

对全国局势发生的新变化,他们看得十分清楚。4月22日,他们来到王家湾这个小村子还不到十天,周围的环境仍十分险恶时,周恩来就为新华社写了题为《新筹安会》的社论,尖锐地指出:"蒋介石统治集团是同时处在政治、军事、经济三大危机中。""不管再借多少外债,蒋集团的危机,不会减少,只会加深,直至被危机压得粉碎。"[2]5月30日,南京五二〇事件发生后十天,毛泽东为新华社写了题为《蒋介石政府已处在全民的包围中》的评论。6月14日,他给朱德、刘少奇的电报中明确地提出:"就全局看,本月当为全面反攻开始月份。"[3]7月10日,他给林彪、罗荣桓、高岗的电报中,提出了一年作战总结及今后计划。对战争的全局形势,他是这样分析的:"第一年作战,除山东外,一切区域均已将敌战略进攻停止,并已转入我军之进攻。敌在陕北虽尚有进攻能力,由于地形等条件,已变为游击性的,我军已能主动作战;东北及太行山早已采取攻势;五台山自改善领导后亦能主动作战;山东敌集中攻我鲁中,估计亦难持久,我军将逐步转入进攻。"他在电

---

[1] 周恩来同艾地的谈话记录,1961年11月16日。
[2] 新华通讯社编:《新华社社论集(1947—1950)》,北京:新华通讯社,1960年7月编印,第9、11页。
[3] 中共中央文献研究室编:《毛泽东文集》第4卷,北京:人民出版社,1996年版,第255页。

报中强调：

> 我军作战方针，仍如过去所确立者，先打分散孤立之敌，后打集中强大之敌；先取中等城市及广大乡村，后取大城市；以歼灭敌军有生力量为主要目标，不以保守及夺取地方为主要目标，夺取地方是歼敌有生力量的结果，往往须反复多次才能最后夺取地方；每战集中绝对优势兵力，以一部打正面，以主力打迂回；以俘获敌人的全部武器与大部兵员（十分之九的士兵及少数官佐）补充自己，配合土地改革与发展生产，支持长期战争；今后作战，运动战的可能已减少，主要是攻击敌军阵地，必须用大力加强炮兵与工兵。[1]

战争形势的这种变化，就是在国民党统治区也多少可以感觉到了。尽管国民党官方和半官方报纸上只有一些含含糊糊、叫人看不明白的报道，但总没有不透风的墙。6月16日，《时与文》上有一篇文章，题目就叫《内战的新阶段》。它描述了各个战场的状况后写道："看了上面这些现象，每一个人总会觉得：内战的形势的确在变化了。但是，战争的转换，就其实质来说，却不是今天才发生的。战争有其一定的规律，与任何事物的变化一样，有其渐变到质变的过程。不明白这点，就会以为是战争双方突然发生了剧变。"文章进一步分析道："内战开始以来，国军所奉行的，乃是一种'以人力火力换点线'的战略，在今年一月以后，国军不惜人力火力，力争城市与交通线，人力与火力是比较不易看到的，城市交通线则是死的地理形势，容易为人看到，所以好像国军是

---

[1] 中共中央文献研究室编：《毛泽东文集》第4卷，北京：人民出版社，1996年版，第260、262页。

节节胜利，而不知国军也有所折损。共军的战略，则是'以点线换人力火力'，所谓'城市是包袱，以城市换有生力量消长，是赚钱生意'。这时候看共军的情形，节节撤守，好像处处失败，而不知它也有所收获。""当有生力量消长（决定战争的根本因素）发生变化以后，战局也随之逐渐变化，逐渐由'国军进攻'变为'互有进退'，由'进多退少'变为'退多进少'了——这才是战局转化的真相，这就不会使人感到神秘，感到突然，感到'外来援助之突然改变'。"[1]

正是在这种形势下，7月21日到23日，中共中央在陕北靖边县小河村召开了一次扩大会议。会议由毛泽东主持，参加会议的有周恩来、任弼时、陆定一、杨尚昆、彭德怀、习仲勋、马明方、贾拓夫、张宗逊、王震、贺龙、张经武、陈赓。小河村是个不大的山村，中共中央在6月16日刚从天赐湾转移到这里。会议就在司令部院子里一个临时用柳树枝搭起的凉棚下举行。

会议一开始，毛泽东讲话，对形势做了全盘的分析。他指出：在日本投降以后，国共和谈是必要的，虽然我们希望全部问题政治解决的目的没有达到，但蒋介石的确是更加孤立了；蒋介石的总动员令，使要和平的人民认清了国民党发动内战的本来面目。他说：

> 对蒋介石的斗争，计划用五年的时间来解决，从过去这一年的成绩来看是有可能的。山东的局面最近可以转变，陕甘宁边区还不能，但基本上停止了敌人的进攻，这就为以后转变局面打下了一个基础。

---

[1] 萧遥：《内战的新阶段》，《时与文》第16期，1947年6月27日。

蒋介石在政治上更加孤立了,也就是说人民群众更加不信任他,他更加众叛亲离了。当然还没有到彻底孤立的地步,还有一些人迷信他,这需要一个过程。

各国反革命和中国反革命有一个共同点,就是外强中干,这是由于他们存在政治危机和经济危机。蒋介石的总动员令就说明了这一点。总动员令还解决了一个极大的问题,就是使要求和平的人民认清了国民党发动内战的本来面目。分析形势,要看到全国人民的同情、全世界人民的同情、民族统一战线、土地革命,这些是经常起作用的因素,而国民党军队的优势、发动突然的进攻,这些是临时起作用的因素。蒋介石内部紧迫的危机,美国即将到来的危机,终归要使他们走向众叛亲离。众叛是群众不要他们,亲离是内部不和,蒋美之间也不和。

对蒋介石的斗争计划用五年时间来解决,现在不公开讲出来,还是要准备长期斗争,五年到十年甚至十五年,而不要像蒋介石那样,先说几个月消灭共产党,后来又说还要几个月,到现在又说战争才开始。[1]

毛泽东讲完后,兼任代理总参谋长的周恩来接着向会议通报了解放战争第一年的战绩。他一开始就说:"过去一年内蒋军有了极大的变化。"这一年国民党正规军营以上建制被歼的合计为97.5个旅,等于292个团,非正规军营以上建制被歼的合计为127个团,两者约占总兵力1476个团的三分之一弱。加上连、营以下被歼灭的兵力合计为112万人,其中正规军78万,非正规军34万,约占

---

[1] 中共中央文献研究室编:《毛泽东文集》第4卷,北京:人民出版社,1996年版,第266、267、268、269页。

其总兵力 290 万人的三分之一强。国民党军队在去年 7 月至 10 月中，占领解放区 104 座城市，造成兵力分散。从 11 月到今年 2 月逐渐集中兵力，但被歼更多，使城市得失已经相等。"3 月至 6 月，敌攻势已成弩末，仅在山东、陕北两处进攻，在其他各处我均转入反攻，又得城市六十二座。"他指出美国并不会无限制地援助蒋介石："美国对蒋介石的援助并不慷慨，蒋政府向美国私人购买军火也有许多困难，美军事实上是在撤退，但即使美国出兵中国亦不可怕。"他在报告最后说："我军各区成绩次第为：华东，晋冀鲁豫，东北，晋绥陕甘宁，晋察冀。"[1]

会议结束后，周恩来向中央机关工作人员做报告。他说：去年的作战方针是内线作战，把敌人引到解放区来消灭，战略上防御，用空城换取实力。现在我们已消灭敌人大量有生力量，迫使敌人由战略进攻转入战略防御。我们只有实行打出去的方针，才能取得整个解放战争的胜利，彻底摧毁蒋介石的反动统治。

小河会议本身并不是一次军事决策会议，刘邓大军挺进中原的决策是由中央军委做出的。在毛泽东、周恩来讲话后，接着两天的会议中着重讨论的不是军事行动计划，而是陕甘宁和晋绥两个边区的根据地工作。但在这次会议前后的活动中，我们可以清楚地看到：中共中央正在酝酿并开始具体部署解放战争的一个巨大转折——从战略防御阶段转入战略进攻阶段。这也就是周恩来所说"实行打出去的方针"。

---

[1] 中共中央文献研究室、中国人民解放军军事科学院编：《周恩来军事文选》第 3 卷，北京：人民出版社，1997 年版，第 231、232、233 页。

第七章　美国政府的两难处境

中国国内政治、军事、经济的急剧变化，也在很大程度上震动了美国政府。在短时间内发生这样大的变化，同样是他们原先没有预料到的。从美国驻华大使司徒雷登在这期间给国务卿马歇尔的历次报告中，可以清楚地看到这一点。

1947年3月29日，也就是国民党军队占领延安十天后，司徒雷登在报告中还兴奋地写道："目前中国军队的高级指挥官显然态度乐观，并对军事形势感到满意。参谋长宣布，两月内打败和摧毁共军主力。""国民党国防部宣布控制了黄河的所有渡口，估计山东的共产党军队会在三个星期内溃散。"4月4日，他的报告中又说："正如我以前报告的那样，蒋委员长认为，政府最迟到9月底就可达到军事目标。他的参谋长陈诚甚至更乐观——他总是倾向乐观。"对蒋介石和陈诚的看法，司徒雷登没有做评论，看来他至少没有很多怀疑。

到5月8日，司徒雷登的口气有了一点变化，从局势发展的种种迹象中，觉得事情未必真能如此乐观。他报告说："尽管蒋委员长坚信他的军事目标最迟可于9月达到，但即使许多同情他的中国人士也认为这未免过于乐观。""对缺乏进展的另一个解释是，高级指挥官对全局的战略意见分歧。参谋总长（陈诚将军）鼓吹大范围围剿，迫使共产党人退到山区，一旦他们突围到平原地带寻找粮食和供应,那时就可以摧毁或击溃他们。国防部长(白崇禧将军)和原军调部的两位政府代表坚持另一种战略,即把中共军队分割成小部队,限制在不同的地区,并一块一块地吃掉他们。总之,来自各个前线的新闻近来都不能不令人疑虑。"

孟良崮战役和国民党统治区反饥饿、反内战运动兴起后,在5月下旬的几份报告中,司徒雷登的看法更有了急转直下的变化。5月21日,他报告说:"当局第一次开始承认,他们可能失去对局势的控制。"29日,他的语调更加悲观了:"情况正在加速恶化。最近几个月,由于军事需求和大量囤积,大米供应糟糕,从而加剧了骚乱。""当动乱四起、百姓失望的时候,共产党目前在华北和东北节节取胜,声望增高。"30日,他报告说:"军事形势至少在目前对政府不利,并且如果不能通过经济和心理因素加以控制,势将更加复杂。政府领导人对任何和平呼吁犹豫不决,认为这是向共产党示弱。"

到6月中旬,司徒雷登越来越坐不住了。6月18日,他在报告中写道:"形势总的说来继续恶化,在军事、经济和精神各领域都一样。当然这些都是互相关联的。""几乎与所有其他重要官员相反,蒋委员长一直保持着冷静的自制和多少有些持重的信心。在其他人中普遍存在着由客观形势而产生的挫折感,这些人都同样由于神经质地对共产党的恐惧而紧张。"其实,就是蒋介石,也无法"一直保持着冷静的自制和多少有些持重的信心"。第二天,他召见司徒雷登,不得不承认"情况的严重性",并且正式要求美国进一步加强对国民党政府的援助。司徒雷登在19日致马歇尔的报告中说:"委员长支支吾吾的承认形势危急,的确希望能予以帮助。"[1]

几乎与此同时，美国参谋长联席会议在6月9日向国务院递交了一份美国对华政策的军事方面的研究报告。报告的结论主张采取强硬态度，给予国民党政府强有力的军事援助。报告中说："美国的安全要求中国不受苏联统治""由于日本已解除武装，亚洲能抵抗苏联扩张的惟一国家是国民党中国""必须给国民党政府以充分的军事援助来抵御共产扩张主义，否则该政府就会崩溃。"但国务院的看法同军方并不一致。6月27日，国务院远东司长范宣德的一份备忘录，对研究报告做出反应。他特别提出："对日战争结束以来，美国给了七亿美元的租借物资援助，运送国民党军队并供给弹药和装备，把储存在天津和青岛的军火都白送给他们，最近几周内又颁发了出口军火许可证，把轻武器弹药作为剩余物资移交给他们，供应了运输机。尽管做了这一切，鉴于国民党统帅部的无能，任何援助是否能使他们顶得住共产党，还是个问题。"[2]

这样，要不要加强对蒋介石的援助，特别是这样的援助能不能收到明显的效果，就成为摆在美国政府面前迫切需要做出选择和决策的问题。

魏德迈使华这一特殊活动，便是在这样的背景下出现的。

美国为什么要这样积极地干预中国事务，为什么在干预中又有相当多的顾虑和犹豫？要了解此中原委，需要做一点简单的历史回顾。

---

[1] [美]肯尼斯·雷、约翰·布鲁尔编，尤存、牛军译：《被遗忘的大使司徒雷登驻华报告》，南京：江苏人民出版社，1990年版，第77、78、91、96、97、98、102、105、106、109页。
[2] [美]福雷斯特·C.波格著，施旅译：《马歇尔传（1945—1959）》，北京：世界知识出版社，1991年版，第273、274页。

第二次世界大战后，世界形势和各国之间的力量对比发生了深刻变化。德国、意大利、日本三个法西斯国家成了战败国。英国和法国在战争中也遭受巨大削弱，战后满目疮痍，经济萧条，社会动荡不安，正求援于美国。唯独美国的经济和军事实力在战争中空前膨胀，成为西方世界的霸主，并企图成为"世界领袖"。1945年12月，美国总统杜鲁门向国会递交的《特别咨文》中这样写道：

> 我们大家必然承认，我们赢得的胜利把领导世界的持续重担放到了美国人民的肩头。世界未来的和平在很大程度上取决于美国是否表现出真正有决心继续在国际间起领袖作用。[1]

为了实现充当世界领袖的强烈愿望，他们对亚洲特别是远东，也表现出前所未有的重视。第二次世界大战期间，他们就给了在重庆的国民政府大量援助。美国总统罗斯福还不顾英国首相丘吉尔的反对，极力主张把中国同美国、苏联、英国并列为世界四大强国之一。他为什么要这样做，当时担任美国国务卿的赫尔在《回忆录》中写道：

> 我们在中国有两个目标：第一个目标是采取共同行动，有效地进行战争。第二个目标是在战争之中和战争之后，承认中国是大国，她享有强大的西方盟国——俄国、英国和美国平等的地位并得到复兴。这不仅是为建立战后的新秩序作准备，而且是为了在东方实现稳定和繁荣。

---

[1] 转引自资中筠著：《美国对华政策的缘起和发展（1945—1950）》，重庆：重庆出版社，1987年版，第4页。

> 我们应该尽一切力量援助中国,使她强大和稳定,我从未动摇过这种信念。对我来说,十分明显,在相当长的时期内,作为东方大国的日本将销声匿迹。因此,严格地讲,惟一重要的东方大国就是中国。美国、英国、俄国也是太平洋的大国,然而她们的重大利益都在别处。如果远东要保持稳定的话,那么在做任何安排时都要保证中国处于舞台的中心。[1]

可以看得很清楚,美国对华的基本方针在战时已经确定了。那就是:大力支持蒋介石,把中国统一在他的控制下,这不仅是为了在战争期间需要中国牵制住尽可能多的日军,减少美军的损失,更重要的是考虑到战后在中国建立一个统一而亲美的政权,成为亚洲的"稳定力量"。这是符合美国政府的战略利益的。

日本那么快就宣布无条件投降,对美国和蒋介石说来,都超出他们的预期。战后在整个中国重新建立起国民党政府的全面统治,他们尽管早有这种设想,却远没有做好准备,只能匆促地应对。当时,谁都看到中国已存在对峙着的两个重要政治力量——国民党和共产党。当抗战胜利到来的时候,国民党政府的基本军事力量仍局促于中国的西南部。美国战时驻华的军事人员和外交官早已一再向国内报告过这个政府的独裁专横和腐败无能,已难以得到民众的信任和支持。1949 年美国国务卿艾奇逊给杜鲁门的信中写道:

> 美国军事和外交官的报告透露出,他们在 1943 和 1944 两

---

[1] 转引自[美]邹傥著,王宁、周先进译:《美国在中国的失败》,上海:上海人民出版社,1997年版,第 30、34 页。[美] C. 赫尔著:《赫尔回忆录》(中),台北:水牛出版社,1971年 2 月版,不知什么缘故,没有译出这两段话。

年中愈来愈深信，政府与国民党显然已失掉在抗战初期使他们赢得人民忠诚的十字军精神。据许多观察家的意见，他们已经堕落腐败，争夺地位权力，依赖美国为他们赢得战争并保全他们在国内的无上地位。当然，中国政府一向是一党政府，而不是在西方意义下的民主政府。

中国民众对于政府的信心也就逐渐消失了。

他们（注：指美国驻华官员和观察家）在1943年和1944年便担心国民政府可能使自己如此脱离人民，以致在战后竞争权力时会证明它竟无力维持其权威。尽管如此，我们为了显见的理由，仍旧继续倾全力援助国民政府。[1]

美国学者邹谠也强调指出："尽管如此，美国压倒一切的目标仍是支持国民党政府，并尽可能地使它在广大地区内建立政权，对这一点怎样强调也不过分。"[2]

与此同时，中国共产党已越来越表现出是一个不可忽视的生气勃勃的新的社会政治力量。对这个力量，能不能依靠国民党的武力来扫平它呢？尽管国民党政府，特别是蒋介石和陈诚对此表示信心十足，表示有完全把握，但美国在这个问题上的看法和蒋介石并不完全一样，觉得靠国民党政府的军事行动是无法消灭共产党的。艾奇逊在《回忆录》中写道："蒋介石也要统治全中国，包括满洲在内，而且相信他必须以军事手段来达到目的。然而正像魏德迈将军反复告诫的那样，蒋是无力以这一手段来达到目的的。"[3]

---

[1]《中美关系资料汇编》第1辑，北京：世界知识出版社，1957年版，第32、33页。

[2][美]邹谠，王宁、周先进译：《美国在中国的失败》，上海：上海人民出版社，1997年版，第309页。

[3][美]迪安·艾奇逊著，上海《国际问题资料》编辑组、伍协力译：《艾奇逊回忆录》上册，上海：上海译文出版社，1978年版，第61页。

那么，能不能由美国直接出兵，进行武装干涉，来帮助国民党政府实现统一中国的目标？这也不行。有几个因素是美国政府当时不能不慎重考虑的：第一，第二次世界大战刚刚结束，美国人民普遍要求和平，军队的复员工作正在大规模地进行，不可能说服美国人民把他们的子弟重新投入同美国人民没有直接利害关系的远东战场上去作战。第二，尽管美国看起来是不可一世的庞然大物，其实它的兵力和财力并不是无穷无尽的。欧洲依然是它的主要利益所在，并且正吸引着它的绝大部分注意力，不可能抽出更多力量用于中国。第三，大战结束后，世界上力量最强大的美苏两国的关系，已由战时的盟国明显地走向相互疑忌和对立。但双方各自都有顾忌，小心翼翼地避免直接迎头相撞。如果美方要在中国实行大规模的军事介入，不能不考虑苏方可能做出的反应。艾奇逊在前面所说的给杜鲁门的那封信中描述了他们的决策过程，论证了他们在三种可能的抉择中为什么选定了第三种方案作为他们行动的指导方针：

> 和平来临时，美国对华政策面临下列三种可能的抉择：（一）完全摆脱一切牵连；（二）大规模地在军事方面加以干涉，援助国民党击毁共产党；（三）一方面援助国民党尽可能广大地在中国确立其权力，一方面鼓励双方从事协商，尽力避免内战的发生。第一途，我相信那时美国的民意也如此感到，无异在我们从事有助的坚定的努力以前，放弃了我们的国际责任及我们传统的对华友好政策。第二途，在理论上和回顾起来可能吸人心目，却是完全不能实行的。大战前的十年当中，国民党没有能力摧毁共产党。大战后，如前所述，国民党的力量业已削弱，

意志消沉，且不得民心。国民党的文武官员在自日本手中收复之地区中的举止，已使国民党迅速地在这些区域中丧失了人民的支持和声望。在他方面，共产党的力量则较它过去任何时候为强大，且已控有华北的大部分。由于国民党部队的无能，这点后来可悲地表现出来，也许只有靠美国的军力才可以逐走共产党。美国人民显然不会允许在1945年或以后让我们的军队负担如此巨大的义务的。我们因此采取了第三途。在这条途径上，我们面对实际情况，企图协助安排一个既可避免内战又可保持甚至增加国民政府势力的临时办法。[1]

杜鲁门在他的回忆录中同样坦率地承认："我们在中国的处境很少有选择余地。"他写道："抗日战争胜利了，但蒋介石的权力只及于西南一隅，而中国共产党控制了一部分土地和大约四分之一的人口。我们不能对这种局势简单地不加过问；但是将无限制的物资和大量美国军队投入中国去，同样是行不通的，因为美国人民是永不会赞成这样一种计划的。"1945年10月间，他和国务卿贝尔纳斯同回国述职的美国驻华大使赫尔利和原盟军中国战区参谋长魏德迈就这个问题进行详细的讨论，并且明确地告诉他们："我们的政策就是支持蒋介石，但是我们却不能卷入中国内战中为蒋介石作战。"[2]

"我们的政策就是支持蒋介石，但是我们却不能卷入中国内战中为蒋介石作战"，这句话简明扼要地把美国政府对华政策的底线

---

[1]《中美关系资料汇编》第1辑，北京：世界知识出版社，1957年版，第35页。
[2]［美］哈里·杜鲁门著，李石译：《杜鲁门回忆录》第2卷，北京：世界知识出版社，1965年版，第72、74页。

交代得十分明白了。这是他们深思熟虑地权衡了多方面利弊得失后得出的结论,并且是由美国总统出来所做的权威性结论,虽然他们对外宣示时并不肯把自己的真实意图和盘托出。11 月 27 日,当时的副国务卿艾奇逊在国务卿、陆军部长、海军部长参加的一次内阁官员会议上说:"海军陆战队必须留驻中国。""我们必须准备好把其他国民党军队运到北方并支援他们。""我们必须继续支持国民党人和共产党人断断续续进行的努力——在蒋介石领导下达成一项政治协议,并把共产党地区和部队包括在内,组成一个统一的中国国家和中国军队(参谋长联席会议成员对于蒋介石用军事办法统一中国特别是统一满洲的能力表示怀疑)。"[1]他所说的和杜鲁门是同一个意思,当然这仍是在美国高层内部说的。

正是在这种决策指导下,由魏德迈主持,以空军运输机和海军军舰将蒋介石的大批装备优良的军队运往华北和华东,派遣海军陆战队五万多人在好几个重要港口登陆,控制住从北平到天津的铁路线,并给予蒋介石最迫切需要的军事援助。这些当然是对蒋介石的极大支持,否则他就不可能进入远离西南的北平、天津、南京和上海。但它毕竟只能暂时帮助国民党政府解决燃眉之急,并不能改变他们在政治上、军事上和财政经济上的根本弱点。杜鲁门叹息道:"中国现在看来是被引向更麻烦的境地去了。我们不能派遣军队之类来保证蒋介石的优势。我们惟一能做的一件事是发挥我们最大的影响来制止内战。"[2]因为在他看来,一旦全面内战爆发,蒋介石未必还

---

[1] [美] 迪安·艾奇逊著,上海《国际问题资料》编辑组、伍协力译:《艾奇逊回忆录》上册,上海:上海译文出版社,1978 年版,第 16、17 页。
[2] [美] 哈里·杜鲁门著,李石译:《杜鲁门回忆录》第 2 卷,北京:世界知识出版社,1965 年版,第 76 页。

能保持他的优势，这是美国政府不希望看到的。

出于这种考虑，杜鲁门做出一项重要决定：派遣有很高声望的五星上将马歇尔作为总统特使来华进行和平调停。他在12月20日到达中国，企图实现上述"在蒋介石领导下达成一项政治协议，并把共产党地区和部队包括在内，组成一个统一的中国国家和中国军队"的打算。马歇尔来华时，杜鲁门给他的《美国对华政策》的训令中写道：

> 国民政府、中国共产党与其他政见不合之军队应即作停止敌对行动之安排，使中国全境得复归于中国之有效控制，在华日俘得以迅速遣送。
>
> 美国及其他联合国国家承认现下之中华民国国民政府为中国惟一合法政府，而为实现统一中国目标之正当机构。
>
> 美国现在承认并继续承认国民政府，美国在国际事务上特别在消除日本在华势力上，将与中华民国政府合作。美国深信为完成此目的起见，中国国内之敌对行为，必须停止。美国之援助应竭力避免其对于反政府分子发生任何影响，尤应不使其发展到军事干涉内争之形势。
>
> 美国深知现在中国国民党乃一党之政府，美国深信此政府之基础如加扩大，包容全国其他政治分子，则中国之和平统一，将必更见迈进。
>
> 自主性之共产军队与中国之政府统一不相容，或使其成为不可能。一旦广泛的代议制度树立时，此类自主军队，均应有

效地归并于中国国军之内。[1]

透过这些文字，可以清楚地看到美国政府派遣马歇尔来华所要担负的真实使命。那就是：要通过和平谈判，避免全面内战的发生，用对国民党政府有利的方式让共产党参加政府，而将共产党领导的武装力量置于国民党政府的统一指挥下，使国民党能够控制中国的局势，并维持它的统治地位。美国当局认为这是可行的，因为苏联在同国民党政府签订《中苏友好同盟条约》后，已经表示支持美国提出的承认蒋介石领导的国民政府的支配地位并统一军队的主张。他们认为中国共产党如果没有苏联的支持是不敢拒绝他们这种主张的，何况在欧洲有些国家已经有了这样的先例。

马歇尔来华后，一开始先把重点放在促成各党派和平谈判、进行政治协商和防止内战扩大上，这正是中国共产党和中国大多数民众的愿望，因而他在初期受到相当普遍的尊重和赞扬。倒是蒋介石和国民党政府根本没有和平谈判和停止内战的诚意，坚持相信依仗他们军事上的优势，一定可以在不长的时间内用武力消灭共产党，根本不需要什么和平谈判，更不可能有什么"政治解决"。因此，反而觉得马歇尔的调停似乎多少束缚了他们的手脚。杜鲁门回忆道："在最初的阶段里，共产党代表对于马歇尔的态度看来似乎比中央政府的领袖们还温顺些。""马歇尔似乎觉得，国民党人看来好像已决定要采取实力政策，而他认为这将使他们走向毁灭的道路。"[2]

---

[1] 梁敬錞:《马歇尔使华报告书笺注》，台北："中央研究院"近代史研究所，1994 年 1 月版，第 619、620、621 页。
[2] [美] 哈里·杜鲁门著，李石译:《杜鲁门回忆录》第 2 卷，北京：世界知识出版社，1965 年版，第 85 页。

随着时间的推移，政协决议被撕毁，内战烽火日益蔓延，"和谈"已只成为掩护国民党政府不断扩大内战的烟幕弹。在这段时间内，美国政府仍单方面地给予国民党政府以包括军事用品在内的租借物资，从日本投降到1946年10月31日这一年内提供的租借物资达七亿八千多万美元，超过整个抗日战争时期的总数；1946年8月21日，又签订《中美剩余战时财产协定》，将在中国、印度和太平洋岛屿上的价值9亿美元的战时物资，以1.75亿美元的低价售给国民党政府；并且由进出口银行同国民党政府商议贷款问题。这些，当然都是在给国民党政府的扩大内战输血，从而激起中国民众越来越强烈的不满。到这年年底，国民党政府强行攻占张家口、单方面召开"国民大会"，和平谈判实际上已全面破裂，马歇尔在中国也没有什么事情可以做了，只好在1947年1月7日悄然归国。第二天，他被任命为美国国务卿。艾奇逊在回忆录中说："导致马歇尔使团完全失败的原因，与其说是延安对莫斯科闹独立性或者延安太听从莫斯科，不如说是国民党拼命想对共产党发动军事攻势来控制全中国。"[1]杜鲁门在回忆录中更认为蒋介石一意孤行地发动全面内战是一个鲁莽而致命的错误。他说："马歇尔的使命之所以未能获得成功，是由于蒋介石政府得不到中国人民的信仰和支持。蒋委员长的态度和行动和一个旧军阀差不多，他和军阀一样没有能得到人民的爱戴。"[2]

马歇尔回国前夕，问已担任美国驻华大使的司徒雷登："鉴于

---

[1] [美]迪安·艾奇逊著，上海《国际问题资料》编辑组、伍协力译：《艾奇逊回忆录》上册，上海：上海译文出版社，1978年版，第62页。

[2] [美]哈里·杜鲁门著，李石译：《杜鲁门回忆录》第2卷，北京：世界知识出版社，1965年版，第102页。

和平谈判已破裂,美国应对中国将采取什么政策?"司徒雷登在回忆录中写道:"我当时按自己的想法回答说,只能采取这样三个方针:第一,积极支持国民政府,尤其是以军事顾问的办法给予支持,希望它做出一些必要的改革,并根据改革情况,逐步考虑提供进一步的援助;第二,在我们方面,不采取任何有力的对付办法,一切听其发展,相机而行,作'走着瞧'的打算;第三,完全不参与中国的内政事务。就此,我还补充说:在这些方针中,我完全赞同第一个方针,但是,若要在二、三两个方针中作选择,我则同意第三个方针。马歇尔将军想了一会儿说,他原则上同意我的观点,并表示理解我主张采取一项'明确的政策'的用意。"[1]

可以看出,这时美国官方对华政策的基本思路有一些小的调整。从总体来说,它依然是两点:一是继续支持蒋介石为首的国民党政府,这一点没有变化;二是比以前更强调希望国民党政府"作出一些必要的改革",要"根据改革情况"来"考虑提供进一步的援助",这样才能使他们的援助能够收到实效,不至于大多落到官员、豪门资本和军官的私囊中去。至于直接的军事介入,仍不在他们考虑的范围之内。他们在这时更加强调国民党政府的"改革"问题是不奇怪的。战后的这一年多内,已有太多的事实表明:国民党军队在战场上的屡遭惨败,不是因为它的武器装备不行,不是因为美国给的军事援助不够,而是因为指挥不当,士气不高,在战场上往往一触即溃,而把美国送来的优良的武器装备大批送到解放军手中,这是各个战场上解放军武器装备得到大幅度改善的主要来源,解放军因此给蒋介石送了一个"运输大队长"的称号。

---

[1] [美] 司徒雷登著,程宗家译:《在华五十年——司徒雷登回忆录》,北京:北京出版社,1982年版,第169、170页。

美国给予国民党政府的经济援助也不算少,但国民党政府的财政经济状况同样不见起色,许多美援物资仍被层层中饱私囊,甚至很快就在黑市交易中出现,当然得利最多的又是国民党上层人士控制的那些豪门资本。所以,在美国看来,如果国民党政府不进行"改革",即便向这个无底洞里不断地大量倾入军事和经济援助,它的结局也不会比过去有什么两样。这使他们感到痛心,却又看不出怎样才能使国民党政府能够进行他们所期待的"必要的改革",从而陷入一筹莫展的境地。《杜鲁门回忆录》中有一段自白,谈到他们这种无可奈何的懊丧之情,是很值得玩味的。他说:

> 我知道,世界和平不是靠多打几次仗可以获得的。更重要的是,我一向知道,有两片广阔的土地不是任何近代的西方军队所能征服的,那就是俄国和中国。要想以武力把我们的生活方式强加于这两个巨大的地区,在过去是愚蠢的,在现在也是愚蠢的。
>
> 我们惟一的希望是有机会给中国以经济援助,以恢复这个国家的元气,这样,我们便能够削弱共产党的号召力。但是这样的援助只有当该国秩序安定下来才能给予,同时也只有当该国政府享有足够的威信、能够让人确信这种援助不会落入军阀和奸商的口袋时,援助才会起作用。
>
> 自然,蒋介石最后由于失去了人民的支持和美国的援助而被打败了,因为他的将军很多都带着由我们的武器所武装起来的军队投到敌人的阵营里去了。只是当这样的投降开始大量出

现时，我才决定停止把物资运到中国去。[1]

马歇尔调停的使命失败后，1947年初美国曾采取一种近乎观望的态度。尽管他们对蒋介石和国民党政府已十分失望，不相信这个政府能以军事手段很快地消灭共产党，但也不认为共产党有能力在短期内战胜国民党政府。他们以为接着会出现的是一个拖很长时间的僵持局面。

前面说到，由司徒雷登建议并得到马歇尔原则同意的方案是，"积极支持国民政府，尤其是以军事顾问的办法给予支援，希望它作出一些必要的改革，并根据改革情况，逐步考虑提供进一步的援助"。但马歇尔归国后，美国政府对国民党政府的援助并没有像司徒雷登所希望的那样"积极"，更远远不能满足国民党政府如饥似渴的期望。实际上是一种既不全力以赴又不完全撤出的"有限度援助"。这引起国民党方面在当时和以后的种种抱怨，甚至认为这是导致他们失败的重要原因。其实此中奥秘并不是美国政府改变了支持国民党政府的基本态度，而是存在着种种实际问题。有些人曾经有种错觉，以为美国的力量仿佛是无穷无尽的，可以像流水一样源源不断地援助国民党政府，直到帮助它取得军事上的胜利。事实上，美国的力量是有限的，不能不受自己无法左右的内外多方面因素的严重制约。司徒雷登在回忆录中心情沉重地写道：

美国对华政策之所以表现得犹豫不决，也许是由于下述几

---

[1] [美]哈里·杜鲁门著，李石译：《杜鲁门回忆录》第2卷，北京：世界知识出版社，1965年版，第103、104页。

个方面的原因:(1)战后的欧洲经历了令人难以置信的惊人发展,要求人们采取紧急而专注的行动。美国在谋求和平的全球战略中,必然首先要考虑欧洲,这最终亦有利于中国。(2)在一些美国人看来,似乎存在着这样一种危险性:给中国提供任何有效的帮助,特别是在涉及这个国家的国内政策和一些具体做法上给予指导,就会使美国陷入中国内部事务而不能自拔,从而增加更多的承诺。这在国内一些人士中(纵然并非所有的人),未免会引起抱怨情绪和增加混乱。同时还有可能受到其他大国的敌视和报复,甚至危及到我们在世界其他地区承担义务的能力。(3)为了促使国民党政府实行改革,美国政府和人民做了不懈的努力,并暗示国民政府,如果要我们帮助,它就必须给我们一些更为令人信服的迹象,说明它正在采取步骤进行有关改革,哪怕表示有这方面的要求亦可。美国政府和人民的疑问是,一个没有能力进行进步改革的政府能否将我们的援助去为整个国家造福。[1]

司徒雷登的话,使用了许多修饰的词句。如果用更明白的语言来说,那就是:第一,这时候,世界范围内的冷战和两大阵营的对峙已经开始,欧洲是美国的战略重点所在,美国大规模援助欧洲国家的"杜鲁门主义"和"马歇尔计划"分别在1947年3月和6月正式提出,实在难以抽出更多人力、物力、财力投到中国来。第二,中国太大了,美国在考虑是不是进一步卷入中国内战时不能不先掂量一下它的后果,担心会"陷入"一个无底洞而"不能

---

[1] [美]司徒雷登著,程宗家译:《在华五十年——司徒雷登回忆录》,北京:北京出版社,1982年版,第175页。

自拔",这使他们感到恐惧不安。第三,国民党政府的专制和腐败无能也使美国政府深深感到失望。到中国来进行了一次访问的美国哥伦比亚大学教授裴斐发表文章说:"当前的中国政府,是中国近代最坏的政府,也是今天世界上最坏的一个政府。它无能、贪污、腐败、半法西斯,缺乏真诚远大的目标。除掉了依赖这个政府来维持他们的前途,或者依赖这个政府来弄钱的人以外,几乎所有的中国人都不愿意积极支持这个政府。"[1]美国政府不能不担心这个政府如果不下决心进行大的改革,大量投入的美援仍将毫无效果,等于白白浪费,而美国是不愿意如此慷慨地白白浪费自己的金钱和资源的。所以尽管司徒雷登"仍然期望美国能采取一项更为积极的政策",但他在列举使美国对华政策表现得犹豫不决的三点原因后也只能无奈地说:"所有这些考虑,都是无可厚非的。"

当国民党统治区爆发黄金风潮、国防最高委员会通过《经济紧急措施方案》的第二天,国民党政府驻美大使顾维钧去见已担任国务卿的马歇尔,向他提出给予救济贷款或紧急援助的要求。马歇尔只是冷冷地回答:"他对中国当前的危机并不感到意外。他在离华前曾向委员长和宋子文谈过,他认为这场危机必将来临,而且是不可避免的。"[2]尽管顾维钧反复陈说,但始终不能从马歇尔那里得到任何明确的承诺。

1947年5月和6月间中国局势急转直下的变化,使美国政府也受到很大震动:事情并不是像他们最初所以为的那样出现长期僵持的局面,而是国民党政府已出现摇摇欲坠的明显征兆,如果

---

[1] [美]裴斐:《细看中国》,《观察》第2卷第18期,1947年6月28日。
[2] 顾维钧著,中国社会科学院近代史研究所译:《顾维钧回忆录》第6分册,北京:中华书局,1988年版,第49页。

不给予更强有力的经济和军事援助，就有可能全面崩溃，这当然是美国政府不愿意看到的结局。在美国国内，一部分亲蒋人士要求大力增强对国民党政府援助的呼声也随之高涨起来。但是，前面所说导致美国对华政策犹豫不决的那几个因素依然存在，一点也没有改变。怎么办？进退两难的美国政府决定派曾在华多年的魏德迈中将再度来华，进行实地的调查研究，对现实状况再一次做出具体估量，以便制定新形势下的对策。当时担任美国国务卿的马歇尔自称：

> 一个时期以来，我一直在考虑，我们能对迅速恶化的局势做些什么。看来，参谋长联席会议，陆、海军部都强烈主张在军事上和经济上支持中国政府。我和范宣德（注：美国国务院远东司长）都感到参谋长联席会议提出的建议书不太现实，他们所提出的解决办法不切合实际，特别是在中国难以实施。但是情况确是危急，我感到有迫切必要重新考虑我们的政策，看看我们继续对华采取的行动应有什么改变。[1]

7月1日，马歇尔向刚从欧洲考察回来的魏德迈提出，要派他到中国和朝鲜去进行一次"了解事实"的旅行，作为制定远东政策的基础。11日，杜鲁门总统正式派遣魏德迈作为大使衔特使，带了一批顾问和秘书前往中国和朝鲜，并在给他的训令中说："即刻前赴中国，就中国现在及未来的政治、经济、心理和军事的情况，作一个估量。"并且规定："在调查研究情况时，你要首先排除任何

---

[1] 转引自资中筠著：《美国对华政策的缘起和发展（1945—1950）》，重庆：重庆出版社，1987年版，第152页。

美国先前就中国官方计划允予支助的义务感,而这种中国官方计划的推进并不符合于健全的美国对华政策。在提出你的代表团的调查结果时,你应尽可能简单明了地说明你对你可能建议的援助的性质、程度和可能的后果,并估计在不给予援助下所可能发生的后果。"[1]这个规定,告诉魏德迈在中国时不要就援助问题先对国民党政府做出任何承诺,要到回美国后再向政府提出对援助性质、程度和可能后果的报告。"魏德迈后来叙述,他担任赴华使命乃是为了完成一项'双重任务':'既说服中国人拿出证据来表明美援不会被浪费掉,又说服华盛顿必须提供这种援助。'"[2]

美国派遣这样一个使团来华,事前并没有同蒋介石商量。在魏德迈一行快要离开美国时,才在7月11日下午给司徒雷登发来一份简要的电报,要使馆把这个通知转交给蒋介石(那时司徒雷登正在北平,他是从中央社的消息中才得知魏德迈使华的)。美国政府自认为可以单方面决定向一个主权国家派出一个使团而无需先征得它的同意,来华时也并不携带美国总统的介绍信,这是很不正常的,充分表现出美国政府的霸道作风。

但是,蒋介石和国民党政府不但没有对美国这种霸道行径表示愤慨,相反却表现得兴高采烈。魏德迈抗战后期接替史迪威负责在华美军总部并担任盟军中国战区参谋长时,同蒋介石关系很好。抗战一胜利,蒋介石立刻在1945年8月24日致电正在美国的行政院院长宋子文:"战事结束后美军总部势将撤销,为求中美两国军事密切合作计,拟请美国派遣驻华军事代表团,协助建立训练中国之陆海空军,并指导后勤、兵工诸项业务,代表团长仍

---

[1]《中美关系资料汇编》第1辑,北京:世界知识出版社,1957年版,第300、301页。
[2] [美]邹傥,王宁、周先进译:《美国在中国的失败》,上海:上海人民出版社,1997年版,第393页。

兼本人参谋长职务。"9月1日，蒋介石再次致电宋子文："美国军事顾问团团长职务，请转告杜总统或马歇尔，应以魏德迈为最宜，以资熟务，望其能同意为盼。"[1]他们有一种错觉，以为既然美国政府派特使来中国调查情况，派来的特使又是素来同蒋介石很亲近的魏德迈，那么，一定意味着对国民党政府的美援将源源不断地到来。

基于这种期待，蒋介石在7月12日致电魏德迈欢迎他来华。电文说："阁下代表贵国总统来华，无任欢忭，望早日命驾，以慰想念。"[2]司徒雷登7月17日给国务卿的报告中说："白宫宣布魏德迈作为总统特使到中国和朝鲜进行实地调查的消息立即得到国民政府及国民党的发言人及报纸的欢迎。所有报纸的头条新闻都宣布了这一消息，继而就是对使团任务、性质及意义的各种估计和揣测。多数新闻已得出结论，认为魏德迈使华意味着美国对华政策的改变，将大量增加对国民政府的援助。""政府和党的反应一致表示称赞。各大报纸如国民党的《中央日报》、CC系的《大公报》（注：《大公报》属政学系系统）和《申报》以及军方的《和平日报》都发表了社论，欢迎使团，称赞魏德迈将军会对中国问题采取正确立场，并预示美国政策将会大大转变，很快会大量支援中央政府，将中国纳入马歇尔计划。"[3]

倒是多了解些实际情况的国民党政府外交部长王世杰的态度还冷静一些，没有对魏德迈来华抱那样的热望。他在日记中写道：

---

[1] "国立编译馆"主编，陈志奇辑编：《中华民国外交史料汇编》第15册，台北：渤海堂文化公司，1996年4月版，第7333、7338页。

[2] 潘振球主编：《中华民国史事纪要》1947年7—9月，台北："国史馆"，1996年11月版，第172页。

[3] [美]肯尼斯·雷、约翰·布鲁尔编，尤存、牛军译：《被遗忘的大使司徒雷登驻华报告》，南京：江苏人民出版社，1990年版，第112、113页。

"美国政府近来对华政策之犹豫,大半系因美政府认我政府为不得民众拥护之政府。"(7月11日)"美国政府决定派魏德迈将军以总统代表资格来中国(及朝鲜)考察,意在表示美将考虑对华政策之变更。美国国会共和党中人颇有责备美国政府未曾充分援华者;但大多数美国报纸及美国在华商人与使馆中人员则多不主张美国政府在我现时政治无办法之状态下,予我以接济。"(7月13日)"今晨予发表简短之谈话,表示我政府欢迎魏德迈来华。"(7月14日)"予近来极消极,然不能决。盖予今日之选择,一为引退;一为继续尽其力之所能为,以阻止国民政府与本党之总崩溃,不计成败与毁誉。今日之问题,诚然是一个防止总崩溃的问题。"(7月16日)"魏德迈今日午后到京。予未亲往迎接,仅派刘次长师舜往迎。"(7月22日)[1]

而在中国民间,这件事引起很多不满。北京大学教授许德珩在《观察》上发表的文章说:"中国自己的事,本来应当中国人自己解决,中国人自己也应当能够解决,现在竟要人家来调查,并且还要欢迎人家来调查,漏夜赶制报告,使这时时刻刻受着生活压迫与战争威胁的人民感觉到中国这个国家现在还成什么样子!"[2]《时与文》也有一篇文章嘲笑道:"一种说法是:魏德迈是蒋主席的至挚,是'中美合作'的功臣,他来华以后,会根本改变美国对华的'不够积极'的态度,会全面地无限制地支持国民政府;因此,过度的热烈欢迎出现了,官报与官方通讯社天天大吹大擂——这是官方或半官方的看法,也可说是它们的希望。"作者直斥这种看法"是

---

[1] 王世杰著:《王世杰日记》第6册,台北:"中央研究院"近代史研究所,1990年3月影印,第108、109、110、111、112、114页。

[2] 许德珩:《魏德迈回国后,美国将如何的对中国》,《观察》第3卷第1期,1947年8月30日。

不通的",指出:"从今天的国际与美国内部情况来说,魏德迈之来,也不可能为'过度的热烈欢迎'派那样所预期,会真如官方所希望的,全面无限制地(包括出兵)来支持国民政府。"[1]

魏德迈一行在7月22日来到中国,8月24日离开。一个月内,他们到了南京、上海、汉口、广州、台湾、北平、天津、青岛、济南、沈阳、抚顺等地,在所到的地方接触到相当广泛的人士,还收到将近两千封信件。他们所看到的,只有无边无际的混乱,国民党政府面对的局势正在急剧恶化,除了渴望美国加强援助外,拿不出任何办法来。来华一星期后,魏德迈在送回美国的第一个报告中以十分沮丧的笔调写道:

> 我感到中国国民党人在精神上已瓦解。他们不知道他们为什么要去死,要作出牺牲。他们已对他们的政治和军事领导人失去信心。他们预见到彻底垮台。因此,那些在位者就贪污腐化,趁着垮台之前能捞多少是多少。国民党的士兵反映了这种态度,根本不愿打仗。他们的反应越来越冷漠而无效能。
> 另一方面,我们收到的报告说明共产党的队伍精神极佳,甚至有一种狂热,这当然部分是由于他们最近在军事上的胜利和缴获的战利品,但是,他们的领导人,或者还有许多普通成员似乎都相信他们的事业。[2]

当魏德迈结束他的调查、准备归国时,蒋介石准备设宴款待

---

[1] 萧遥:《魏德迈来了又怎样?》,《时与文》第20期,1947年7月25日。
[2] 转引自资中筠著:《美国对华政策的缘起和发展(1945—1950)》,重庆:重庆出版社,1987年版,第155、156页。

他们，魏德迈要求不设宴席，由他向政府负责人做一次讲话。蒋介石答应了。据魏德迈8月30日给司徒雷登的信中说："那是委员长要我去讲的，他并劝我要完全开诚布公。委员长的秘书再三着重地表示，说委员长愿意我坦白地谈谈我的观感和估计。"[1]但是魏德迈没有懂得蒋介石的真意，把蒋介石的口头表示误当作他的真实态度。其实就在他讲话前蒋介石又打电话给司徒雷登，要他正告魏德迈："不要过于指责政府，因为国府委员会及其他出席人员代表着非常复杂的集团。"司徒雷登回答说："大使并无资格左右魏德迈将军的讲话范围，因为这种讲话是蒋委员长提议的。"[2]

8月22日，魏德迈向国府委员、各部部长等约四十名政府要人发表讲话，蒋介石夫妇也参加了。魏德迈在讲话中倒是比较"坦白"地讲了他的"观感和估计"，共谈了税收、军事、征兵、军民之间的关系、政府组织、贪污、国家财产资源、刑罚与秘密警察、中国经济的恢复振兴、结论十个问题，毫不客气地对国民党政府的腐败无能提出尖锐的指责。他说："我相信中国共产党的运动不能用武力击败。""因为军官士兵的骄横粗暴，人民已有憎恨与不信任之感。他们任意偷窃掠夺，他们普遍以征服者的态度对待人民。""由各方听到关于政府中大小官吏以及普遍于国家经济生活中的贪污行为的报告。……某些豪富家庭，他们之中有些亲戚在政府中占有高的地位，却是大量地增加了他们的财富。引用私人甚为普遍。根据我的调查，我发现不少政府官吏将他们的兄弟子侄安置于政府，任职于国营公司之中，利用职权不顾国家与人民

---

[1]《中美关系资料汇编》第1辑，北京：世界知识出版社，1957年版，第304页。
[2]［美］肯尼斯·雷、约翰·布鲁尔编，尤存、牛军译：《被遗忘的大使司徒雷登驻华报告》，南京：江苏人民出版社，1990年版，第120页。

的福利而谋取巨利。""秘密警察遍地横行……人民失踪，学生被捕入狱，没有审讯也没有判决。这种性质的行动不能使政府获得人民支援，只得到相反的。人人在一种恐惧心情中生活着，失去了对政府的信任。"他在讲话中还谈到"中国官场一般败坏的征象"和"委员长干涉到政府各阶层"。[1]

魏德迈的这篇讲话，完全违背蒋介石望他"不要过于指责政府"的真实心态，在国民党政府高层人士中引起巨大震动，觉得蒙受了极大的羞辱。司徒雷登在回忆录中写道："中国人的反映也是不寻常的。一位外宾在公开场合对他们进行批评，是违背他们做人讲体面的原则的。如果是在一个范围很小、谈话知心的圈子内这么做，那倒未尝不可。但是，在一个人员庞杂、而后又会把事情张扬出去的集会上这么说，那就不合适了。一位有身份的儒家老先生事后简直为之哭了起来。"[2]司徒雷登所说的那个"老先生"，据他当时给马歇尔国务卿的报告，指的是同蒋介石有着特殊关系的国民党政府考试院院长戴季陶。

魏德迈同蒋介石和国民党政府有过长期的密切关系，一向主张积极援蒋反共，为什么这时要公开地对国民党政府提出相当尖锐的批评？其实他还是出于一片"恨铁不成钢"的心情，希望国民党政府在面临绝境时能有所反省，做一些改革，以闯出一条生路来。一位学者做了很中肯的分析："根据所调查到的情况，魏德迈的方针是对蒋'输血'和'鞭策'并用。他自认为有双重任务：'说服中国人，他们必须证明美国援助不会白费；说服华盛顿，这一援

---

[1]《中美关系资料汇编》第1辑，北京：世界知识出版社，1957年版，第765、766、767、768、769页。
[2]〔美〕司徒雷登著，程宗家译：《在华五十年——司徒雷登回忆录》，北京：北京出版社，1982年版，第178页。

助一定得给。'但是对后一点,他奉命在中国不能作出承诺,只能回华盛顿去谈。于是在中国期间,他主要在前一点上下功夫。""当然,蒋介石集团最大的不快还是在于魏德迈并没有立即允诺给予大量援助。由于魏德迈必须遵守在华期间不作承诺的训令,国民党方面也就无从知道他已下决心回美国向政府建议给予积极援助。魏德迈本人后来说,他原以为他回国后不久,他的报告就会发表,才决定在华期间公开批评国民党的,早知道他的报告会被马歇尔压下,他就不会这样做了。总之,魏氏原来打算先打棍子再给糖吃,而打了一通棍子之后,糖却不能马上到口,致使国民党方面大为失望。"[1]

魏德迈这篇讲话,自然给了蒋介石极大打击,蒋介石在当天日记中写道:"本日魏德迈对我政府首脑部之谈话,无异严厉之训词,类于斥责裁判,实为我国最大之耻辱。"23日日记:"派沈昌焕谢绝魏德迈之邀宴。"[2]

魏德迈离华时,国民政府委员会甚至激烈地建议委员们一律不到机场为魏德迈送行,但蒋介石仍不敢太得罪魏德迈,否定了这个建议,并且派文官长吴鼎昌代表他本人到机场送行。魏德迈在8月24日离开中国时发表了一个声明,里面说:"余今日见中国各地多有冷漠无情与麻木不仁之现象,对眼前之问题不求解决,而以相当之时间与精力掷于谴责外来之影响,或觅取外来之协助。""中央政府须立即实施大刀阔斧而范围广大之政治及经济改革,纯作诺言将无济于事,亟须见诸实行。一般所应接受者,即军事力量

---

[1] 资中筠著:《美国对华政策的缘起和发展(1945—1950)》,重庆:重庆出版社,1987年版,第157、158页。

[2] 蒋介石日记(手稿本),1947年8月22日、23日,美国斯坦福大学胡佛研究所藏。

本身将不能消灭共产主义。""复兴有待于睿智之领导与道德及精神上之再生，而此仅能求诸中国内部。"[1]

这个声明，特别是上引的最后那句话，无意中触动了蒋介石最敏感的那条神经，在他看来比魏德迈在公开场合教训国民党政府更要严重得多。司徒雷登在8月26日向马歇尔报告："8月25日晚，蒋委员长召见我的私人秘书傅泾波到他的官邸，详细询问魏德迈使团的背景。""在这一异常过程中，更有趣的是委员长显然注意美国是否有意逼他退休或是以别的手段让他离职。"蒋介石这样异乎寻常紧张，看来是由魏德迈声明中"复兴有待于睿智之领导"这个提法引起的，以为美国政府已打算"换马"了。因此，司徒雷登在报告中说："我曾借机向蒋委员长和张群以及其他重要中国人士指出，魏德迈将军在国府委员会和在此行中的其他谈话所说的一切，都包含着对中国（注：指国民党政府）的最诚挚的善意。"[2]

对魏德迈的声明，国民党的报纸大抵采取沉默的态度。《国讯》的南京通信写道："八月二十四日《和平日报》写了一篇《欢送魏德迈将军》后，此后不论官方与半官方的报纸，一直缄默着。""因为过去曾将魏使捧上天去，谁知临走反过来踢了一脚，这真是做小媳妇的悲哀。"[3] 国民党政府实在是一副狼狈相了。

其实，魏德迈回到美国后，在9月19日向杜鲁门提出了一份详细报告。这个报告有两个要点：一是主张继续提供美援。他写道："一个共产党统治下的中国，对美国利益是有害的。""一个援

---

[1] 秦孝仪总编纂：《蒋介石大事长编初稿》卷六（下册），台北：1978年10月版，第552、553页。

[2] [美] 肯尼斯·雷、约翰·布鲁尔编，尤存、牛军译：《被遗忘的大使司徒雷登驻华报告》，南京：江苏人民出版社，1990年版，第120、121页。

[3] 盛天：《一叶知秋话南京》，《国讯》第431期，1947年9月21日。

助计划，如果有效地执行起来，可以支持对于共产主义的扩张抵抗。""美援计划，最好是在特殊军事和军事范围内，由美国顾问监督进行"。二是应通知中国，中美两国所谈判的协定中应规定："中国请求联合国立即设法促成满洲（注：指中国的东北）战事的停止，并请求将满洲置于五强（注：指美、英、法、苏、中）监护制度之下，如不成，则按照联合国宪章置于托管制度之下。"[1]

魏德迈的报告提出后，却没有下文，原因是美国政府担心其中要求将东北由联合国托管的建议如果透露出去，将引起对美国不利的影响，而且未必可行，对进一步提供美援的问题也没有下定决心。所以，杜鲁门下令将这个报告作为绝密件处理，搁置起来，原定的报道计划也取消了。对国民党政府说来，一切似乎都如石沉大海，杳无音信。10月下旬，美国国务院又开始重新审定对华政策。11月，马歇尔在国会参众两院的听证会上，提出要求国会通过拨款3亿美元"援华"，从1948年4月开始，为期15个月。1948年2月中旬，美国国务院正式向国会提出"经济援华法案"，要求拨款5.7亿美元，仍为期15个月。4月2日，美国国会两院联席会议通过《援华法》，同意拨款4.63亿美元，为期12个月，其中1.25亿美元为"特别赠款"。但因中国国内局势发生急剧变化，这个计划已无法完全实现。

当时正在全力奔走争取美援的国民党政府驻美大使顾维钧也看得很清楚：对争取美援并不能抱多大希望。他在回忆录中写道："的确可以说，11月是个转折点，最终导致了1948年4月的援华法。但这并不是说美国政府已改变了对华态度，恰恰相反，美国政府是为客观条件和国会行动所迫，作出援助姿态的。"他还记录

---

[1]《中美关系资料汇编》第1辑，北京：世界知识出版社，1957年版，第782、783页。

下这年11月13日马歇尔对他的坦率的谈话:"中国军事形势的困难不仅仅由于缺乏美国的援助,还有其他原因,这些原因周以德(注:美国众议员,这时正竭力鼓吹增加对华援助)必定是熟知的。但他不想和周以德辩论这个问题,因为那只会更加伤害中国(注:指国民党政府)。""近来,应中国政府的要求,他勉强指令帮助中国在台湾执行军事训练计划,作为试验,但他对这有多大好处不抱希望。"[1]

1949年7月30日,美国国务卿艾奇逊将《中美关系白皮书》送给杜鲁门时,给他写了一封信,对几年来美国给国民党政府的援助及其效果,做了总结性的回顾:

> 自从对日战争胜利后,美国政府以赠予和借贷的方式给予国民党中国的援助总数约达二十亿美元,这个数字在价值上等于中国政府货币支出的百分之五十以上,与该国政府预算相较,在比例上超过战后美国对任何西欧国家的援助数量。除这些赠予和借贷外,美国政府还曾以大量军用与民用的战时剩余物资卖给中国政府,其采买原价总值在十亿美元以上,而通过协议美国政府所取偿的只有两亿三千二百万美元。然而自从对日胜利以来,美国供给中国军队的军需品的大部分,因为国民党领袖们在军事上的无能、他们的叛变投降和他们部队的丧失斗志,而落入中共之手。
>
> 不幸的但亦无法避免的事实,是中国内战的不幸结果为美国政府控制所不及。美国在其能力的合理限度之内所曾经做或

---

[1] 顾维钧著,中国社会科学院近代史研究所译:《顾维钧回忆录》第6分册,北京:中华书局,1988年版,第251、255、256页。

能够做的，都不能改变这个结果。美国所未做的，对于这个结果也没有影响。这是中国内部势力的产物，这些势力美国也曾试图加以影响，但不能有效。中国国内已经达到了一种定局，纵令这是未尽职责的结果，但仍然已成定局。[1]

艾奇逊这些话说得比较坦率：虽然美国已在它力所能及的范围内做了它所能够做的，但中国的事情只能由中国内部状况所决定，"为美国政府控制所不及"。这封信把他们那种进退两难、一筹莫展的心态表达得淋漓尽致，难怪新华社社论要把这份白皮书称作"无可奈何的供状"。

---

[1]《中美关系资料汇编》第1辑，北京：世界知识出版社，1957年版，第40、41页。

第八章　拦腰突破挺进大别山

正当国民党政府和它的支持者美国当局因在各方面严重受挫而陷入一片混乱时，中共中央和毛泽东抓住有利时机，果断地做出一个人们难以料到的大胆决策：由刘伯承、邓小平率领晋冀鲁豫野战军主力十二万人强渡黄河，千里跃进大别山。在国民党军队的进攻还没有被粉碎、人民解放军的数量和装备还没有超过国民党军队时，立即以主力打到外线去，把战争引向国民党统治区，由战略防御转入战略进攻，这是一个了不得的决策。邓小平在四十多年后回顾道：

> 解放战争开始时没有提出反攻的问题，那时反攻时间还捉摸不定。从1946年7月开始，到1947年6、7月，打了一年就很有把握地确定反攻。要说原因，一个是第一年歼灭了近百个旅的敌人，相应地我们的装备也有所改善。另一个原因是客观形势迫使我们要早反攻。[1]

这两个原因都很重要。拿第一点来说，解放战争开始时国民党军队的兵力大大超过解放军，双方的武器装备和火力更是悬殊，许多地区的解放军还只是抗日战争时期游击队的集合体，缺少打

---

[1] 中共中央文献编辑委员会编：《邓小平文选》第3卷，北京：人民出版社，1994年版，第338、339页。

大仗的经验。当时,对解放军应该实行外线作战还是内线作战的问题曾几经周折。经过同第一线指挥员的反复讨论和实践的检验,最后确定以内线作战为主。这样做的好处是:可以依托老根据地群众全力的支持和掩护,兵力补充、粮食供应以至伤病员安置等都没有多大困难,指战员对地形熟悉,便于诱敌深入后能在运动中伺机歼灭敌人。苏中、鲁南和陕北等战场上都是这样打的,取得明显成效,并且在一定程度上起着试验和探索的作用。经过一年的作战,情况发生了重大变化,不仅消灭了国民党军队九十七个半旅,包括它的精锐主力整编第七十四师在内,而解放军士气高涨,编制充实,在连续作战中得到锻炼,指挥员积累起大兵团作战的丰富经验,还获得大量的武器装备和俘虏补充,战斗力大大增强。如果没有这些条件,转入战略进攻是不可能的。邓小平在挺进大别山后不久,对毛泽东的战略思想做了这样的说明:"他告诉我们,开始必须在内线打,打到一定时候,也就是削弱敌人到相当程度之后,就要打到外线,到蒋管区去打。""因为在战争初期,我们的装备还不够优良,作战经验还不丰富,内线便于消灭敌人,便于组织和发展我们的力量,便于积累经验,所以先在内线打是完全必要的,也是取得了胜利的。""时机成熟了,就应该转到外线,否则就要吃亏。"[1]

再说第二点,那时国民党仍在向解放区进行大规模进攻,主要集中在两翼:陕北战场有21个旅,共20万人;山东战场有56个旅,共40万人。但这两翼之间的兵力却很薄弱,主要依靠改道后从风陵渡到济南的千里"黄河防线"来阻拦解放军南下,自夸可以用来代替军队40万人。解放军转入战略进攻的矛头正好对准

---

[1] 中共中央文献编辑委员会编:《邓小平文选》第1卷,北京:人民出版社,1994年版,第97、98页。

他们这个防守力量薄弱的腹部，强渡黄河，直插大别山。刘伯承写道：

> 大别山，雄峙于国民党首都南京与长江中游重镇武汉之间的鄂、豫、皖三省交界处，是敌人战略上最敏感而又最薄弱的地区。这里又曾经是一块老革命根据地，有经过长期革命斗争锻炼的广大群众，多年来一直有我们的游击队坚持斗争，我们容易立足生根。我军占据大别山，就可以东慑南京，西逼武汉，南扼长江，瞰制中原。"卧榻之旁，岂容他人鼾睡？"蒋介石必然会调动其进攻山东、陕北的部队回援，同我们争夺这块战略要地，这就恰恰可以达到我们预期的战略目的。[1]

以主力打到外线去、将战争引向国民党区域，还有一个目的，就是彻底破坏国民党当局将战争继续引向解放区、进一步破坏和消耗解放区的人力物力、使解放军不能持久的战略方针。这一点十分重要。前面说到，持续的内战给国民党统治区引起严重的财政经济危机，读者会问：那么它给解放区的经济会带来什么后果？这里要看到，解放区同国民党统治区有几点根本的不同：第一，解放区基本上是农业区，占支配地位的是自给自足的自然经济，受市场波动和物资短缺的影响小；第二，经过初步的土地改革，农民的生产积极性高，并且把自己的命运同共产党紧紧地联结在了一起；第三，解放区的政府和军队同群众同甘共苦，过着同样艰苦的生活，因而不发生尖锐的社会矛盾。但一年来的内线作战，一直在解放区内进行，尽管消灭了国民党军队的大量有生

---

[1] 中国人民解放军军事学院编：《刘伯承军事文选》，北京：解放军出版社，1992年版，第582页。

力量，取得重大胜利，仍对解放区造成严重破坏，长此下去，解放区的经济将逐步枯竭，难以持久，这也是不能忽视的。晋冀鲁豫野战军第二纵队司令员陈再道回忆道："前几个月在冀鲁豫地区拉锯式的战斗，打过来，打过去，有些地方，老百姓的耕牛、猪、羊、鸡、鸭几乎全打光了。地里种不上粮食，部队没饭吃，怎么能打仗。当时晋冀鲁豫边区政府的财政收入，绝大部分都用于军费开支。一个战士一年平均要用三千斤小米，包括吃穿用及装具等。野战军、地方军加起来四十多万人，长期下去实在养不起。我们早一点打出去，就可以早一点减轻解放区人民的负担。战争，是军事、政治、经济的总体战。再强的军队，没饭吃是打不了仗的。"[1]这是中共中央在做出战略决策时不能不考虑到的。

对这一点，邓小平当时也有很透彻的说明。他说："如果有同志参加过十年苏维埃时期的内战，就会懂得这一点。那时不管在中央苏区，还是鄂豫皖苏区或湘鄂西苏区，都是处于敌人四面包围中作战。敌人的方针就是要扭在苏区边沿和苏区里面打，尽情地消耗我苏区的人力、物力、财力，使我们陷于枯竭，即使取得军事上若干胜利，也不能持久。""拿冀鲁豫来说，经过一年的内线作战，农民的鸡、猪、牲口看见的不多了，村里的树也少了，试问，扭在解放区打，我们受得了吗？如果我们只想在内线作战要舒服一些，就中了敌人的毒计。"[2]

所以，人民解放军在这时内线作战转到外线作战，从战略防御转到战略进攻，既很必要，又有可能，可以说是"恰当其时"。

---

[1] 陈再道著:《陈再道回忆录》（下），北京：解放军出版社，1991年版，第122、123页。
[2] 中共中央文献编辑委员会编:《邓小平文选》第1卷，北京：人民出版社，1994年版，第97、98页。

刘伯承、邓小平领导的晋冀鲁豫野战军长期处于四战之地。在定陶战役后,他们继续大踏步进退,连续作战,在鲁西南、豫北、晋南地区的宽大机动中大量歼灭国民党军队。其中,1947年3月下旬到5月下旬两个月的豫北反攻中,歼灭国民党军暂编第三纵队孙殿英部、第二快速纵队李守正部等四万五千人,解放了汤阴等九座县城和南北长一百五十余公里、东西宽一百余公里的地区,控制了平汉铁路一百五十多公里,缴获了大批粮食和其他军用物资,逼迫豫北国民党军队退缩在安阳、汲县、新乡等少数孤立据点内。第二纵队司令员陈再道写道:"豫北作战中,当地人民最高兴的是我们把那些长期压榨豫北人民的大小土皇帝打掉了。"[1]从而巩固了晋冀鲁豫根据地的后方,为主力转入战略进攻创造了有利条件。

对挺进大别山这着棋,中共中央早就在盘算着,当全面内战爆发迫在眉睫的1946年6月22日,中共中央致电刘伯承、邓小平、薄一波等,已提出:"全局破裂后请你们考虑下列方案……如形势有利,可考虑以太行、山东两主力渡淮河向大别山、安庆、浦口之线前进。……如能逐步渡淮而南,即从国民党区征用人力物力,使我老区不受破坏。"[2]但从当时双方的力量对比来看,还没有可能这样做。因此,这只是一种供考虑的方案,并不是行动的部署。

这以后,为了支援中原突围部队,中共中央曾在1947年1月24日要求刘邓准备从5月开始向中原出动,转变为外线作战。后来,因突围部队已摆脱国民党军的"围剿",中央军委又决定刘邓大军推迟转入外线作战的时间。

---

[1] 陈再道著:《陈再道回忆录》(下),北京:解放军出版社,1991年版,第112页。
[2] 中共中央文献研究室编:《毛泽东文集》第4卷,北京:人民出版社,1996年版,第127、128页。

晋冀鲁豫野战军的豫北反攻快结束时，人民解放军转入战略进攻的时机已逐渐成熟。5月4日，中共中央致电刘伯承、邓小平等，提出："刘邓军十万立即开始休整，巳东（注：指6月1日）以前完毕。巳东后独力经冀鲁豫出中原，以豫皖苏边区及冀鲁豫边区为根据地，以长江以北，黄河以南，潼关、南阳之线以东，津浦路以西为机动地区，或打郑汉，或打汴徐，或打伏牛山，或打大别山，均可因时制宜，往来机动，并与陈粟密切配合行动，凡有共同作战之处陈粟受刘邓指挥。"[1]这是要求刘邓大军在休整后立刻南出中原、转入外线作战、把战争引向国民党统治区的具体行动部署，这一点已确定下来，并且把大别山作为南下的目标之一。但电文中说："或打大别山，均可因时制宜"，可见千里跃进大别山的具体计划还没有最后敲定。

四天后，中共中央军委致电刘邓、陈，要求刘邓大军在6月10日前南渡黄河，第二步向中原进击，并准备在这个地区"长期立脚"。6月2日，刘邓致电中央说：根据目前敌情和部队状况，在6月10日出动实来不及，为避免仓促行动，影响今后任务，建议推迟到月底准时渡河。3日，中央复电刘伯承、邓小平："同意本月刘邓野战全军休整，渡河时间推迟至月底。""主力南进须作长期打算，望作政治上、物质上之各种准备工作。"[2]

为了适应挺进中原后统一领导的需要，中共中央在5月16日决定以邓小平、刘伯承、李先念等组成中共中央中原局，由邓小平任书记。接着，又任命徐向前为晋冀鲁豫军区第一副司令员，

---

[1] 中共中央文献研究室、中国人民解放军军事科学院编：《毛泽东军事文集》第4卷，北京：军事科学出版社、中央文献出版社，1993年版，第50页。

[2] 同[1]，第64、79、91页。

以便在刘邓率野战军主力南征后，军区工作可由徐向前和副政治委员薄一波等主持，使晋冀鲁豫根据地能继续得到巩固和发展。

根据中共中央的部署，6月10日，刘伯承、邓小平召开各纵队领导人会议，研究转入战略进攻的各项准备工作。22日，刘邓发出强渡黄河实施鲁西南战役的基本命令。行动前几天，以太行、冀南军区部队伪装主力，大张旗鼓地在豫北发起作战，以转移对方视线。主力部队隐蔽地、迅速地从豫北开赴渡河地点。

6月30日，晋冀鲁豫野战军第一、第二、第三、第六等四个纵队十二万人一举在鲁西南地区强渡汹涌东流的黄河。

蒋介石那时正以很大力量应付国民党统治区的反饥饿、反内战运动。

就在同一天，蒋还在日记中谈了他在军事部署方面的打算："此时对战争暂取守势，固守现有据点，一面整补军队，一面建设后方，以待共匪之来攻，何如？"[1]他已焦头烂额，有点顾不上前线的防御了。刘邓大军突然强渡黄河，不仅出乎国民党军统帅部的意料，而且渡河的地点又正是国民党部队的薄弱环节所在。

那时候，国民党军队主力正继续向山东和陕北进攻，在鲁西南和附近地区都处于防御态势，想依仗黄河天险来阻挡解放军南下。从河南开封到山东东阿的250公里黄河防线，只有第四绥靖区刘汝明率领的整编第五十五师和第六十八师共六个旅连同一部分地方部队防守并置重点于郓城、菏泽地区。这两师原属西北军，整编第五十五师是韩复榘旧部，整编第六十八师是原第二十九军的刘汝明部。他们不是蒋介石的嫡系部队，由于蒋介石排除异己，他们的兵力已越来越少，尽量保存实力，士气不高，又因防御正

---

[1] 蒋介石日记（手稿本），1947年6月10日，美国斯坦福大学胡佛研究所藏。

面过于宽大而兵力不足。刘邓大军悄悄地开到黄河边时,国民党军队的指挥官刘汝明却去了郑州。刘邓把渡河地点选定在东阿至濮县之间,这里河宽水急,对方的防守比较松懈。由于事前准备周密,又采取突然动作,大军的渡河相当顺利。第一纵队参谋长潘焱回忆道:

> 此时,解放区的广大群众也在各级党委领导下,掀起了支援解放军的热潮,组织了五万余民兵、民工参战。冀鲁豫行署和军区,发动沿河群众,修造了一百二十余只木船,可供部队同时渡过八千人;又组织了渡河指挥部,训练了水手、船工,对预定渡河地区的地形、敌情作了周密调查。
>
> 当我们率领部队来到黄河北岸时,驻守的敌军竟丝毫没有发现。午夜十二时正,我军大炮开火了。惊雷般的巨响打破了寂静的夜空,河对岸立刻变成了一片火海。渡河的帆船载着我纵指挥员杀向南岸。我军以第一梯队三个纵队,选定敌人防御的翼侧和接合部,从八个地段上发起了强渡黄河作战。敌人虽然利用黄河水流湍急、河床宽阔等自然条件,依靠空军昼夜轰炸进行防御,但在我炮火掩护和南岸部队有力的接应下,我晋冀鲁豫野战军主力四个纵队十二万余人,在刘伯承司令、邓小平政委的率领下,以突然勇猛的动作在三百余里的地段上一举突破敌人黄河防线。[1]

蒋介石寄予厚望的"黄河战略"在一夜之间就全线崩溃,鲁

---

[1] 潘焱:《一纵队在鲁西南的战役中》,杨国宇、陈斐琴、王伟、李鞍明主编:《刘邓大军风云录》(上),北京:人民日报出版社,1983年版,第25、27页。

西南地区的国民党军队完全暴露在刘邓大军的突击面前。中国人民解放军战略进攻的序幕就在这个晚上揭开了。

那时，蒋介石在军事方面的主要注意力，正放在东北的四平街防御、鲁中进攻南麻和华北天津外围作战上，已经手忙脚乱。刘邓大军胜利突破黄河天险，是他没有想到的，最初以为只是一般的流动作战。在7月的"本月大事预定表"的第11项才提到"过河鲁西刘匪的剿灭"。[1]为了堵住这个缺口，他匆忙地从豫北战场和豫皖苏战场先后调集三个整编师（整编第三十二师、第六十六师、第五十八师）和一个旅赶来增援，会合原来在嘉祥地区的整编第七十师，又从山东调第二兵团司令王敬久来统一指挥，分左右两路，向定陶、巨野推进，其中的主力是右路的三个整编师。他们的企图是要坚守郓城，吸引解放军屯兵城下，然后以右路的主力袭击解放军的侧背，逼迫解放军背水作战，歼灭于黄河、运河三角地带，或者迫使它退回黄河北岸。刘伯承、邓小平看穿了国民党军队这个打算，将计就计地采取"攻其一点，吸其来援，啃其一边，各个击破"的战法：以第一纵队四个旅坚决围攻郓城，吸引国民党援军北上；以第二纵队加上第六纵队一个旅奔袭定陶、曹县；以第三纵队直插敌军侧背待机。这样部署的目的是："乘敌援军主力尚未来到之际，首先攻歼郓城、定陶、曹县诸敌，尔后集中兵力，于运动中歼灭来援的王敬久兵团主力。"[2]

郓城之战是鲁西南战役中的第一仗，打得好不好对这次战役的全局影响很大。郓城是鲁西南一座古城。砖质城墙，高7米，厚

---

[1] 蒋介石日记（手稿本），1947年7月1日"本月大事预定表"，美国斯坦福大学胡佛研究所藏。
[2] 第二野战军战史编辑委员会编：《中国人民解放军第二野战军战史》第2卷，北京：解放军出版社，1990年版，第155页。

3米，四面各有一个"扭头门"，城墙下有一道3至5米宽、2到3米深的护城壕。城墙上构筑了大量地堡，仅西南300米正面上就构筑3个大碉堡和20多个明暗火力点，形成了交叉火力。护城壕外设有鹿寨及两列桩铁丝网各一道。城内主要路口筑有地堡，形成以城垣为依托的多层次防御体系。

第一纵队强渡黄河后，一刻未停，以每小时6公里以上的速度急行军，直扑郓城，选择守军不意之处作为突击点。7月7日发起总攻，在主要突击点上集中优势兵力和炮火猛烈攻击，并利用夜晚以近战白刃格斗和手榴弹消灭敌人。8日拂晓，全歼守军整编第五十五师师部和两个旅以及县保安团等，共一万五千余人，创造了一个纵队单独攻坚和歼敌两个旅的先例，取得大反攻中第一个重大胜利。

从国民党军队方面来看，这样坚固设守的城池为什么那么快就失守？蒋介石对刘邓主力突然袭击郓城，事先并无准备。他在7月8日日记中最初写道："狡匪主力无从捉摸，此乃流寇古来之惯技，无足为异。"以后又写道："朝课后知郓城失陷，又悉墨三已令泰安部队机动，对匪自动放弃，将领无知无识，痛苦万分。"[1]国民党军整编五十五师副师长理明亚被俘后说："我们现在是毫无士气，不仅下级官兵，最严重的是我们这些将领，守城的早就没有信心，增援的拖一天算一天。"他刚从南京受训回来，接着又说："最近蒋介石主办上校以上的军官训练，企图解决两个问题，除了检讨战术之外，主要的就是士气问题。""那有什么办法？统帅部绝对不承认战略有错误，反而责备各将领的不注意战术，不关心自己的生命荣辱，以致大批将领当了俘虏。对于士气，蒋只提出共荣

---

[1] 蒋介石日记（手稿本），1947年7月8日，美国斯坦福大学胡佛研究所藏。

共辱四个字。蒋说：我个人已经老了，没有什么关系，你们要是不好好干，最后失败了都是共产党革命的对象。这能解决什么问题？"[1]

在这前后，曹县和定陶也分别于6日和10日被解放军攻克，全歼两处守军。这样，南下各纵队都已腾出手来，转入阻击前来增援的国民党军。

蒋介石原来依仗黄河天险，没有料到刘邓大军会强渡黄河，因而对鲁西南的作战部署始终处于被动地位，不但兵力分散，而且是逐次增加。郓城一失守，陆续前去增援的右路国民党军三个整编师，就成了一个孤立的长蛇阵，进不得，退不得，犹豫不决地分驻在郓城东南方向的三个集镇上，每师相距近十五公里，摸不清解放军的动向，不知道解放军要从哪里下手，不知所措。顾祝同还错误地判断刘邓大军下一步可能东越运河，策应华东野战军进攻鲁中，或者南进陇海铁路，直趋徐州。国民党军队的举棋不定，给了解放军采取突然动作、分割歼敌的良机。

战斗从7月13日起打响。刘伯承回忆道："毛主席指示我们：应该放手歼敌，歼灭敌人愈多，对跃进大别山愈有利。我们遂以远距离奔袭的动作，迅速将敌人的三个师分割包围。独山集的敌人慌忙逃向六营集。14日，我们发起六营集战斗，采取'围三阙一'的打法网开一面，虚留生路，布下一个口袋阵。入夜，我军由西面猛攻，敌阵大乱，果然纷纷夺路东逃，被装进了'口袋'。敌三个半旅及两个师部（注：指整编第三十二师和第七十师）又彻底被我消灭了。"[2] 这次战斗，歼灭国民党军队一万九千人，其中

---

[1] 菏泽地区出版局编：《鲁西南战役资料选》，济南：山东人民出版社，1982年版，第297页。
[2] 中国人民解放军军事学院编：《刘伯承军事文选》，北京：解放军出版社，1992年版，第585页。

俘虏一万五千余人。

这又是出乎蒋介石意料的。到战斗打响的第二天，他才着急起来。在7月14日日记中写道："考虑鲁西增援羊山集66D与六营集32D、70D被围各部甚切，士气不振，将心怯弱已极，其精神全被匪所胁制矣。"到15日，得知第七十师已"未见各该部影踪"，第三十二师"及至深夜仍无下落"，只能哀叹："故焦灼忧虑以今日为最甚，心理疲乏已极。"[1]国民党方面编写的战史写道："第二兵团编成之初辖三个整编师。为驰援郓城，八日司令部进驻金乡，九日即向北推进，入夜后各师分别到达六营集、独山集、羊山集，形成梯次纵长部署，以利次日继续北进。此时获知郓城失陷，整八十四师并旋将撤离梁山，兵团之作战目的显应变更。该司令对尔后之作战指导犹豫不决，致各师进退失据，仍于原地待命。迄十二日夜间，刘匪主力迫近，已至为明朗。司令部始于十三日晨命令各部向羊山集东南集结，而各师之联络线却于命令下达之前，即已被匪遮断，致遭匪各个击灭。"[2]

鲁西南战役中最激烈的战斗发生在羊山集。这是国民党右路援军一字长蛇阵的蛇尾。"羊山集，是一个一千多户人家的大镇。镇北有山，状如卧羊，头东尾西，长约四里，故曰羊山，羊山集亦以此得名。由于地形险恶，敌人工事又较完备，加以连日大雨，镇子东、西、南三面都为积水所环绕无法接近。"[3]驻在这里的整编第六十六师属于陈诚的基本部队，装备优良，营连干部是军校毕

---

[1] 蒋介石日记（手稿本），1947年7月14日、15日，美国斯坦福大学胡佛研究所藏。

[2] "三军大学"编纂：《国民革命军战役史第五部——"戡乱"》第3册（下），台北："国防部史政编译局"，1989年11月版，第652页。

[3] 吴先洪：《鲁西南战役散记》，杨国宇、陈斐琴、王伟主编：《刘邓大军征战记》第2集，昆明：云南人民出版社，1984年版，第8页。

业生，军事素质比较好。"中将师长宋瑞珂是黄埔军校第三期的学生，在陆大将官班也学习过。宋比较精明能干，在国民党部队的将领中算是出色的人物。1946年6月，国民党部队在大别山围攻我李先念部队时，宋瑞珂率部打响了全面内战的第一枪。"[1]蒋介石在日记中也称赞说："瑞珂实为我军优秀杰出之将领。"[2]因此，羊山集战役比起鲁西南其他战役来，要艰苦得多。

　　进攻羊山集的是第二纵队、第三纵队和冀鲁豫独立旅。7月17日黄昏起，各路突击部队向羊山集发起攻击。整编第六十六师在羊山制高点以炮火和轻重机枪猛烈反击，解放军遭到重大伤亡。19日，天又下起大雨，交通壕和工事里灌满了水，给解放军造成不少困难。这以后几天，解放军采取稳扎稳打的办法，逐步向前推进，并在大雨中在羊山集周围挖掘交通壕，直到距国民党军前沿阵地仅约六十米。但每攻占一个阵地，都要经过反复争夺，付出不少牺牲。蒋介石对整编第六十六师这支部队十分重视。也是在7月19日，他飞到开封，召集前线将领开会，命令第二兵团司令王敬久率部从金乡向羊山集增援，命令豫北的第四兵团司令王仲廉率部经曹县向羊山集增援。但这两路援军都遭到解放军的顽强阻击，王仲廉部离羊山集只有一天路程，王敬久部离羊山集只有二十多里，都无法把整编六十六师救出去。整编第六十六师只带了六天粮食，到这时粮食告罄，弹药也所余不多，依靠少量空投无济于事。27日黄昏解放军发起总攻击，晚10时占领羊山制高点，并在羊山集进行逐屋逐院的争夺战。28日中午，宋瑞珂看到大势已去，下令放下武器。他后来回忆道："到了七月二十四日，解放军已攻占

---

[1] 陈再道著：《陈再道回忆录》（下），北京：解放军出版社，1991年版，第129页。
[2] 秦孝仪总编纂：《蒋介石大事长编初稿》卷六（下册），台北：1978年10月版，第526页。

羊山集半段约三分之一的地方。此时步机枪弹已很少,粮弹补给早已断绝。炮兵部队的马匹猬集一隅,伤亡颇多,赖吃死马肉勉强维持。""到二十八日中午,西北方面已被突破。我认为继续战斗下去,徒招致双方更多的伤亡,乃派一中尉附员浙江嘉善人某(姓名记不起)由羊山集东端出去找到解放军的一个连指导员进来,表示停止战斗。"[1]历时十二昼夜的羊山集之战至此结束,共歼国民党军一万四千多人,加上羊山集外围的作战共歼两万三千多人。奉蒋介石之命前往增援的国民党第四兵团司令王仲廉因此被撤职查办。蒋介石叹道:"黄河北岸共匪倾巢窜入鲁西,自五十师在沙土集被其解决以后,匪焰大张。"[2]

从6月30日夜刘邓大军渡过黄河转战鲁西南,经过激烈的连续作战,共歼灭国民党军四个整编师部、九个半旅,共五万六千多人。这个胜利,粉碎了国民党军的"黄河战略",迫使他们从陕北、山东等地调动七个整编师十七个半旅向鲁西南驰援,打乱了他们的战略部署,并且为刘邓大军继续南下、挺进大别山打开了通道。8月2日,刘伯承以晋冀鲁豫前线发言人名义对新华社记者发表谈话说:"我们这二十一天的战果,大略相当于去年下半年五个月内的总和,我军之愈战愈强,敌人之愈战愈弱,实已昭然若揭,不须再加任何说明。可以注意的是,蒋军上下士气之消沉,现已更为明显,因此更容易被消灭。"[3]

刘邓大军强渡黄河,进入鲁西南地区,国民党方面对它的真

---

[1] 宋瑞珂:《鲁西南羊山集战役蒋军被歼记》,全国政协文史资料研究委员会编:《文史资料选辑》第18辑,北京:中华书局,1961年版,第38页。
[2] 蒋介石日记(手稿本),1947年9月20日"上星期反省录",美国斯坦福大学胡佛研究所藏。
[3] 中国人民解放军军事学院编:《刘伯承军事文选》,北京:解放军出版社,1992年版,第393页。

实意图完全弄不清楚。"王敬久对于解放军下一步究竟是东越运河，直接策应华东野战军打破国民党军的重点进攻，还是南进截断陇海路直趋徐州，粉碎蒋介石的作战计划，捉摸不定。"[1]他们甚至还以为刘邓野战军这次可能同以往几次一样，大踏步进退，在取得相当战果后又会北渡黄河。

对刘邓大军来说，强渡黄河也好，转战鲁西南也好，都不是目的。这些不过是大举南下，实现中央突破，转入战略进攻的前奏罢了。但这个意图就是在晋冀鲁豫野战军内部，也只有旅以上干部才知道。渡河的第二天下午，刘伯承、邓小平在一间不大的农村小学的教室里召集各纵队负责人研究行动计划。参加这次会议的唐平铸回忆道：

> 邓政委跟平时一样，严肃、镇静，讲起话来斩钉截铁。他指着墙上的地图说："现在，敌人进攻的重点是山东和陕北。山东，敌人是六十个旅，四十五万人；陕北，十五个旅，十四万人。正像刘司令员所讲：敌人是'哑铃战略'，把两个铁锤放在山东和陕北，我们要砍断这个'把'。现在党中央和毛主席给我们的任务，就是要砍断这个'把'，把战争引到国民党统治区域里去……"
>
> 这当儿，刘司令员插上来说："山东按着敌人的脑袋，陕北按着两条腿，我们拦腰砍去。"他的生动比喻，使在座的同志们都笑了。邓政委接着说："这一刀一定要砍好，一定要把刀尖插穿敌人的心脏。"

---

[1] 宋瑞珂：《鲁西南羊山集战役蒋军被歼记》，全国政协文史资料研究委员会编：《文史资料选辑》第18辑，北京：中华书局，1961年版，第31页。

刘司令员又接着说:"一年来敌我悬殊的情况已经有了很大的改变,但是敌人的力量还是很大的。这就决定了我们战略进攻的方式不是逐城推进,而是跳跃式的。我们大胆地把敌人甩在后面,长驱直入地跃进到敌人的深远后方去。"他一面拿出手帕擦了擦那只有些发炎的眼睛,一面指着地图说:"你们看,大别山这个地方,就像孩子穿的'兜肚'一样,是长江向南面的一个突出部。我们跃进大别山,就可以东胁南京,西逼武汉,南抵长江。这时候,北面的敌人就可以吸引一部分到我们这边来,山东、陕北和其他战场的担子就会减轻一些,他们可以放手歼灭敌人。当然我们的担子就会加重,困难就会增多。不管在跃进途中,还是到了大别山,我们都会遇到困难。……"

邓政委又说了:"……我们的行动,决不是冒险,而是一个勇敢的行动。毛主席指出,我们到大别山可能有三个前途:一是付了代价站不住,退了回来;二是付了代价站不稳,在周围坚持斗争;三是付了代价,站稳了。我们要力争第三个前途,克服一切困难,坚决为跃进到大别山,并在那里站稳脚跟而斗争。跃进大别山,解放中原,这是党中央和毛主席的第一步棋;下一步棋,就是以中原为阵地,再来一个跃进,打过长江,解放全国。"[1]

当羊山集战斗正在激烈地进行的时候,7月23日,毛泽东为中央军委起草了致刘邓、陈粟谭、华东局的电报。这是一个十分重要的电报。它一开始说:"在目前情况下,为了确保与扩大已经开始取得的主动权,对军事部署建议如下。"这里用了"建议"两

---

[1] 唐平铸:《转战江淮河汉》,《红旗飘飘》编辑部编:《解放战争回忆录》,北京:中国青年出版社,1961年版,第135、136页。

字，是为了给刘邓可以根据实际情况来做决定而留下的机动余地。它接着写道：

> 刘邓对羊山集、济宁两点之敌，判断确有迅速攻歼把握，则攻歼之，否则立即集中全军休整十天左右，除扫清过路小敌及民团外，不打陇海，不打新黄河以东，亦不打平汉路，下决心不要后方，以半个月行程，直出大别山，占领大别山为中心的数十县，肃清民团，发动群众，建立根据地，吸引敌人向我进攻，打运动战。[1]

"下决心不要后方，以半个月行程，直出大别山"，这是极其重要而又大胆的指导思想。十几万大军远离根据地，一举跃进到敌人深远后方去作战，这种独特的进攻样式是史无前例的。刘邓大军千里跃进大别山就是坚决按照这个指导思想进行的。对羊山集是不是继续进行攻歼战的问题，刘邓判断确已有迅速将它攻歼的把握，如果半途而废，留下这支很有战斗力的国民党军队在背后，对南下不利，因此，决定仍继续攻歼羊山集守军，再大举南下。至于济宁，当时正由华东野战军一部攻城，进展并不顺利，便放弃攻城计划，转移他处。

羊山集战斗结束后，刘邓大军各纵队集中巨野附近，进行休整补充，待命出发。中央军委7月29日来电的意见也是要"刘邓全军休整半个月"，再行南下。这种休整确实是需要的：部队强渡黄河后，连续作战，打了二十多天仗，没有休息过；弹药消耗殆尽，

---

[1] 中共中央文献研究室、中国人民解放军军事科学院编：《毛泽东军事文集》第4卷，北京：军事科学出版社、中央文献出版社，1993年版，第147页。

无法补充；对大踏步南下也没有来得及进行充分的思想动员和组织准备；大批伤员，包括国民党军队的伤员和俘虏军官，要送到黄河以北，大批支前民工也要北返；两万五千多名国民党士兵参加解放军后，能不能马上作战没有把握；原来打算第一步依托豫皖苏地区还能保持后方接济，所以带的经费不多，只够半个月的开支，一到南方即难生活，连冬衣也难发给等。仓促行动，要冒很大的风险。

刘伯承、邓小平对这些困难当然十分清楚。但他们反复衡量：从战争全局来看，很需要他们迅速南下；而从鲁西南地区来看，蒋介石正调集十三个师三十个旅，开始从西、南、东三面向鲁西南赶来，企图逼迫刘邓大军在黄河以南背水决战，或把刘邓部队赶过黄河以北；那几天，大雨不停，河水猛涨，蒋介石在7月底日记中兴奋地写道："本月雨量特多，尤以山东为甚。战地山洪暴发，交通阻塞，因之军事行动阻滞，本为国军之不利，然而共匪之因此到处陷于泥沼，天父予我以歼匪之良机。"[1]8月2日那天黄河水位就上涨了两米，国民党的飞机又天天轰炸河堤，一连狂炸四天，有关决堤的流言四起，一日数惊，人心不宁，万一决口，情况确实很难想象，并且要给当地民众带来深重灾难。在这种情况下，大军如果在鲁西南久留，显然是不利的。

7月30日，刘伯承、邓小平致电中央军委："连日我们再三考虑军委梗（注：23日）电方针，恰好顷奉艳（注：29日）电，决心于休整半月后出动，以适应全局之需。照现在情况，我们当面有敌十九个旅，至少有十个旅会尾我行动，故我不宜仍在豫皖苏，而以直趋大别山，先与陈谢集团成犄角势，实行宽大机动为适宜。

---

[1] 蒋介石日记（手稿本），1947年7月31日"上月反省录"，美国斯坦福大学胡佛研究所藏。

准备无后方作战。"[1]部队原来准备休整到8月15日出发。这时,"毛主席打了个极秘密的电报给刘邓,写的是陕西'甚为困难'"。[2]这个电报中还说:"如陈谢及刘邓不能在两个月内以自己有效行动调动胡军一部,协助陕北打开局面,致陕北不能支持,则两个月后胡军主力可能东调,你们困难亦将增加。"[3]多路国民党重兵这时又正向鲁西南地区分头开进,邱清泉、欧震部主力已在6日到达运河以西,罗广文兵团(原王仲廉兵团)估计第二天即可到郓城,局势十分严峻。刘邓大军必须乘他们尚未合拢、陇海铁路以南空虚之机,迅速南下。

刘伯承、邓小平当即下定决心:立即行动。部队在8月7日傍晚从驻地出发,向大别山急进,并在当天报告中共中央军委。南下的大军分为三路:第一纵队为西路,第三纵队为东路,野战军指挥机关和中原局和第二、第六纵队为中路,向南挺进。全军的中心任务就是一个字:走。同时,由华东野战军的第十纵队和冀鲁豫刚组成的第十一纵队在黄河以南佯动,同国民党军队保持小接触,造成刘邓大军准备北渡黄河的假象,吸引国民党军队向北。8月9日,中共中央军委致电刘邓,授权他们:"情况紧急不及请示时,一切由你们机断处理。"[4]11日,中央军委致电刘邓、陈粟:"刘邓部署很好。""一切决策临机处理,不要请示。"[5]

---

[1] 刘伯承、邓小平关于休整半月后直趋大别山致军委等电,刘武生主编:《从延安到北京》,北京:中央文献出版社,1993年版,第243页。

[2] 中共中央文献编辑委员会编:《邓小平文选》第3卷,北京:人民出版社,1994年版,第339页。

[3] 中共中央文献研究室、中国人民解放军军事科学院编:《毛泽东军事集》第4卷,北京:军事科学出版社、中央文献出版社,1993年版,第158页。

[4] 中共中央军委致刘邓电,1947年8月9日。

[5] 同[3],第187页。

蒋介石最初的估计是刘邓大军将重新北渡黄河，因而从山东战场紧急调集精锐主力整编第五师夺守黄河各渡口，以免解放军"北窜"。"他是没有预料到解放军会向南走的，因为这样会与华北解放区隔断，远离后方作战，增加不少困难。倘若解放军竟走这一步，那是'被迫南窜'"。[1]

蒋介石在8月2日日记中仍认为：鲁匪解放军主力部队，"被我各路军包围""合围之势完成，祈天佑我歼灭也。"[2]直到刘邓大军出发南下的8月7日，国民党陆总徐州司令部仍认为："如明日不在郓城一带发生战斗，则匪军主力似已北渡黄河，山东战事已接近尾声。"[3]当发现刘邓大军主力向南开进后，才以主力罗广文兵团、张淦兵团和王敬久部等二十万大军在后紧紧追赶。为什么蒋介石不采取前堵后追的办法同刘邓大军决战，而只是在后面紧追呢？唐平铸写道："根据当时刘邓的看法，是因为敌人对我军向南跃进的行动作了错误的判断。在敌人看来，我军既是'溃不成军'，在'向南流窜'的道路上又有陇海路、黄泛区，以及沙河、颍河、洪河、汝河、淮河等六七条大小河流的阻隔。他们以为满可以利用这些天然障碍，把我们赶到黄泛区和沙河之间来'歼灭'我们，或者是用穷追的办法，把我们追垮。"[4]

尽管如此，蒋介石也有点不放心。他在8月6日日记中写道："甚

---

[1] 王匡：《跃进大别山》，田晓光、韦敏士主编：《刘邓大军南征记》第2集，郑州：河南人民出版社，1985年版，第193页。

[2] 蒋介石日记（手稿本），1947年8月2日，"上星期反省录"。

[3] "三军大学"编纂：《国民革命军战役史第五部——戡乱》第3册（下），台北："国防部史政编译局"，1989年11月版，第654、655页。

[4] 唐平铸：《转战江淮河汉》，《红旗飘飘》编辑部编：《解放战争回忆录》，北京：中国青年出版社，1961年版，第141页。

念鲁西匪部主力约有六万以上人数，在此伏汛期间不易渡河，恐其向陇海路以南地区分窜，则为患更大，反复不能成寐，乃于黎明即起。朝课后，与墨三电话，指示其在陇海路加紧部署，及注意各点。"[1]但他根本没有想到这是解放军转入千里跃进大别山的战略大进攻，只是防备它会因"不易渡河"而会向南"分窜"，所以做了些一般的防御部署后，就在第二天飞往胡宗南占领下的延安视察，把注意力重点放到如何在8月内完成对陕北的"扫荡"上去，直到9日才回到南京。

蒋介石确实又做了错误的判断。8月11日，刘邓大军分十几路在商丘东西一百多里的平面上一举横跨过陇海铁路，向国民党军队宽阔空虚的战略纵深疾进。13日，国民党政府新闻局长董显光在记者招待会上仍说："刘伯诚[承]部之匪亦因黄河水涨，无法渡河，乃向陇海路之南兰封以东一带窜扰，国军正追踪进剿。"[2]17日，刘邓大军进入横宽达二十公里左右的黄泛区。黄泛区的由来是这样的：抗战初期，国民党当局为了阻挡日军南下，在河南花园口决开黄河大堤，使河水向东南直奔注入淮河，淹没了豫东、皖北、苏北地区的四十四个县。抗战胜利后，国民党政府又在花园口修复堤防。1947年3月15日，堤防合龙。20日放水，黄河复归故道。原被黄河淹没的地区称为黄泛区。刘邓大军到这里时，离黄河的复归故道还不满五个月。"黄泛区仍陈有积水。迄八月下旬，受雨季影响，水深仍达二十至五十公分。多处虽露出表土，或遍生芦苇，

---

[1] 蒋介石日记（手稿本），1947年8月6日，美国斯坦福大学胡佛研究所藏。
[2]《大公报》1947年8月14日。

却泥泞不堪,车辆通过困难。"[1]这确是挺进大别山征途上第一道严重的自然障碍。蒋介石认定刘邓大军是难以越过这段严重自然障碍长驱南下的。他在8月16日日记中写道:"刘伯承窜东之匪部决不敢西窜豫西,其企图当在鄂川陕边区,当严加防范。"18日又写道:"断定匪必向平汉路西窜鄂豫陕川边境。"[2]他的判断老是一错再错。

为了同国民党军队抢时间,刘邓大军不顾疲劳,不怕8月的炎热,奋勇前进。当时担任第六纵队第十七旅旅长的李德生回忆通过黄泛区时的艰难情景:

> 黄泛区,纵横二十多公里,遍地积水,一片淤泥,到处水汪汪的,没有道路。泥泞的土地一脚踩下去,就陷到腿肚,有时还会碰上齐胸没颈深的泥潭,部队边行军边救人,有的马匹就活活地被淤泥吞没。又正当酷暑,烈日暴晒,加之敌机不时飞临轰炸、扫射,更增加了行军的困难。到了夜晚,头顶轰炸、扫射的敌机没有了,可是天黑水多,行军同样十分困难。但广大指战员不畏艰险,团结互助,扛的扛,抬的抬,推的推,终于将大部分辎重、火炮、车辆拖出了黄泛区。纵队一门三八野炮,深陷泥里,实在拉不出来,只好忍痛炸掉。经过持续十五小时片刻不停的艰苦行军,终于通过了黄泛区,于十八日先敌渡过了沙河,粉碎了敌人迫我于黄泛区作战的企图。[3]

---

[1] "三军大学"编纂:《国民革命军战役史第五部——戡乱》第3册(下),台北:"国防部史政编译局",1989年11月版,第599页。

[2] 蒋介石日记(手稿本),1947年8月16日、18日,美国斯坦福大学胡佛研究所藏。

[3] 李德生著:《李德生回忆录》,北京:解放军出版社,1997年版,第187、188页。

第二纵队司令员陈再道回忆道：

> 走了一夜，行程才四十华里。其中三十多里是黄泛区的积水区。天亮后，回头北望，一片汪洋，见到的村庄不见人烟，未倒塌的房屋只能看到屋顶，真是惨不忍睹。红军时期三过草地，还能见到青草，这个黄泛区内，什么青绿颜色都见不到。[1]

18日夜，部队通过黄泛区，急行军三十多里，直奔沙河，豫皖苏军区部队已预先搭好浮桥，得以顺利通过，天明到达安徽沈丘县贾寨。

大军一过沙河（沙河就是颍河，人们有时把它称作大沙河），周围的敌情发生了重大变化。在开始南下时，部队行动极端保密，途中不断改变番号，有的伪装成地方部队，因而蒋介石一时没有弄清解放军的战略意图，以为是"不能北渡黄河而南窜"。当刘邓大军突破沙河，矛头直指大别山时，蒋介石才明白刘邓大军并不是"被迫南窜"，而是大部队有组织、有计划进军大别山的行动。中央社开封19日电也报道："共匪刘伯诚［承］部主力现已渡过沙河"，"势将遁入大别山"。[2]蒋介石立刻调整部署，以吴绍周部整编第八十五师和整编第十五师的一个旅沿平汉铁路南下，企图抢先在汝河南岸布防，实行南北夹击。但是平汉铁路已被解放军破坏，他们行进迟缓。

为了战胜国民党军队的追堵，刘邓大军在过沙河后，抓紧时间休整了一天，公开在部队中进行挺进大别山的政治动员，提出

---

[1] 陈再道著：《陈再道回忆录》（下），北京：解放军出版社，1991年版，第146页。
[2]《大公报》1947年8月21日。

"走到大别山就是胜利"的响亮口号;并进行轻装,把笨重的武器和车辆就地埋藏或炸毁。刘邓大军的底子是红军第四方面军,指挥员大多是大别山地区的人。全军情绪高涨,以更快的速度直奔汝河。

汝河位于河南省中部,属于淮河支流。"汝河的河面,才不过四五十米宽,但水深不能徒涉,南岸较北岸稍高,易于控制。"[1] 23日,第一、二、三纵队已分路渡过汝河,留在汝河北岸的只有中原局机关、野战军指挥部和第六纵队。这时国民党军一个师和一个旅刚刚赶到汝河南岸,占领南岸的主要制高点汝南埠一带二十余里的河岸与村庄。北面追来的罗广文部三个师,相距已只有二十公里,不用一天就可以赶到。这是个千钧一发的时刻。能不能在几个小时内抢渡汝河,关系到整个跃进行动的成败,关系到整个战局。当天深夜,刘伯承、邓小平召集第六纵队和各旅的指挥员研究部署强渡汝河的任务。"刘司令员说:'情况就是这样,后有追兵,前有阻敌,现在只有采取进攻的手段,杀开一条血路。狭路相逢勇者胜!要勇!要猛!懂吗?'邓政委强调说:'现在没有别的出路,只有坚决打过去!'"[2]

"狭路相逢勇者胜"这句具有强烈感染力的话,立刻传遍全军,产生巨大的激励力量。24日清晨,先头部队强渡汝河,以锐不可当之势在汝河南岸国民党军队的阵地上杀开了宽约三公里的通路,顽强地顶住了国民党军队从通路两侧发动的反复冲击,激战十几个小时,掩护野战军指挥部和其他部队从临时用木船搭起的浮桥

---

[1] 王匡:《跃进大别山》,田晓光、韦敏士主编:《刘邓大军南征记》第2集,郑州:河南人民出版社,1985年版,第197页。

[2] 李德生著:《李德生回忆录》,北京:解放军出版社,1997年版,第188页。

上渡过汝河，向南挺进。26日，刘邓大军主力七个旅到达淮河北岸。

能否迅速抢渡淮河，对刘邓大军是又一次严峻的考验。当大军越过汝河后，国民党中央社就宣传："流窜豫皖边境之共匪刘伯诚［承］部遭国军分途痛击，复有淮河天堑横亘其前，正陷于进退维谷绝境。"[1]

淮河在这个地段是条面阔底浅的沙河，平时人和牲口可以徒涉。但河水涨落不定。近日淮河上游突然涨水，解放军赖以渡河的只有国民党方面破坏和劫走后剩下的十来只小木船，一天也难以渡过一个旅。而国民党追军十九个旅正紧紧追来，其中整编八十五师的先头部队已经和解放军的后卫部队接触。因此，全军必须迅速渡过淮河。"刘邓指挥部在河边的一个小屋子里开紧急会议，最后邓小平同志说：伯承和际春先渡过河去指挥部队展开，李达组织渡河，我来对付后面的追兵！刘司令员当即定下决心说：政治委员说了就是决定，立刻行动！"[2]

这时，能否迅速渡过淮河已成为全局中的关键问题。李德生回忆道：

> 当天晚上，刘邓首长亲自来到河边勘查水情，寻找渡河办法。
>
> 刘司令员来到六纵渡口，对在场的几位干部说："吴绍周的八十五师已经到了彭店，离我们只有十五公里。天亮过不了淮河，重兵一到，有可能使千里跃进功亏一篑！必须马上找到解决过河的办法。"他询问指战员，能否徒涉？众人回答：不行。

---

[1]《大公报》1947年8月26日。
[2]《李达军事文选》编辑组编：《李达军事文选》，北京：解放军出版社，1993年版，第270页。

他又追问:"你们是否亲自侦察,试过水深,能否架桥?"指挥员回答说:"前卫团侦察过,不能徒涉,也无法架桥。"

刘司令员默默不语,叫大家先让指挥机关坐小船渡过去。他自己上了一只小船,手持一根很长的竹竿,亲自探测水深。不久,他回来了,喊道:"河水不深,流速甚缓,快叫李参谋长组织部队架桥!"他布置后还不放心,叫身边的指挥员写一封信,亲自看过后,在"坚决迅速架桥"几个字旁边,加了两层圈,并严肃地责备说:"粗枝大叶害死人!"接着又说:"越是紧要关头,领导干部越是要亲自动手,实地侦察。"

不久,先头部队又接刘司令员来信,说亲自看见上游有人牵马徒涉,命转告李达参谋长:停止架桥,叫部队迅速徒涉!顿时,部队转向浅水河段,在宽阔的淮河上,我南下大军沿着水上插的标记,分成四路、五路、六路纵队,浩浩荡荡,一夜之间,渡过了淮河,克服了进军大别山途中的最后一道险关。

我十七旅徒涉河段,水深齐胸,个子矮的漫到了颈部,干部战士大多数是北方人,还有不少是女同志,他们不会游泳,看到这么大的水,有的畏缩不前。我下令,所有骡马都用来驮带部队过河。我的军马,让警卫员在前面牵着,几个女同志围在马的两边,有的抓马鞍,有的揪马尾,趟过了河。

我旅第四十九团是纵队后卫,当该团三营部队刚渡完,淮河水位急速上涨,恰恰把大批敌人追击部队挡在淮河北岸。吴绍周带领部队追到河边,得知我军是徒步过河的,他也下令部队徒涉,结果许多人马来到河心就被大水冲走了。[1]

---

[1] 李德生著:《李德生回忆录》,北京:解放军出版社,1997年版,第189、190页。

部队一过淮河，就进入他们日夜期盼的大别山麓。在全军渡过淮河的8月27日当天，邓小平为中共中央中原局起草给所属部队的指示，明确指出："我军已胜利完成渡过淮河、进入大别山之跃进任务，敌人追击计划完全失败。今后的任务，是全心全意地义无反顾地创造巩固的大别山根据地，并与友邻兵团配合，全部控制中原。"[1]

这样，刘邓大军经过二十天的急行军，战胜国民党军队的前堵后追，战胜重重的自然障碍，进入大别山，胜利完成了千里跃进的任务，使全国战局发生根本的变化。

这个变化，对蒋介石自然是很大的震动，但他仍极力加以掩饰。10月6日，他在北平军事会议上报告一年来的军事工作说："过去一年剿匪的军事，可以分作两个时期来说明。第一时期是从去年八月到今年四月，这个时期的军事是由国防部参谋本部指导的。第二个时期是从今年五月到现在，重要战役都由我亲自来指挥。"但是，孟良崮战役和刘邓大军千里跃进大别山都是在他"亲自来指挥"的"第二个时期"发生的，他又怎样解释呢？蒋介石一向总把过失推给别人，不肯由自己来承担责任。孟良崮战役问题，前面已经说过。至于对刘邓大军的南下，蒋介石的解释只能使人看了发笑。他说：

刘伯承所部匪军为策应陈毅作战，大部渡过了黄河；但他过河以后，首先在军（羊）山集遭受六十六师坚强的抵抗，死伤惨重，继而遇到国军的反攻，无法抵抗，本想退回黄河北岸，又因当时河水大涨，加以受国军空军的监视，不能达到目的，

---

[1] 中共中央文献编辑委员会编：《邓小平文选》第1卷，北京：人民出版社，1994年版，第94页。

乃不得不回过头来，向我后方作无目的的流窜。实际上这时候匪军已陷于整个崩溃的状态，如果当时国军能实行大胆的追击，则匪军一定要被我们逐一消灭！

但事实上现在一般将领的计划太审慎了，行动太迟缓了，总以为我军追击匪军也必须像进入匪区攻击匪军一样，一定要计出万全，以优势的兵力压迫他来作战。这就是我们一般将领不研究敌情，不明了匪军的内容，所以才发生这种错误的观念。

所以今后各将领必须改变观念，确立信心，才能达成我们剿匪的任务。[1]

但在国民党统治区的非官方刊物上，人们仍可多少看出局势发展的真相。

《观察》上发表了一篇记者在刘邓大军到达大别山的第二天所写的通讯，里面说："中央社报道他（注：指刘邓大军）回师时董口等地被国军占领了，无法回渡，于是索性折断陇海南下，与魏凤楼、张太生等预为留置路南的部队相呼应，连下豫皖边区十数城，到了大别山麓，重入共军的中原军区。国军南截北追，希望再用一次铁箍将他箍住。无奈他横冲直撞，东到三河尖，西迫驻马店，威胁着平汉路南段的交通，国军要想将他捕捉住是不容易的。"[2]稍后，这个刊物上发表了一幅《鄂皖陕晋鲁形势略图》，用向南的粗箭头组成的黑线标明"刘伯诚［承］部动向"和"陈赓部动向"，明眼的读者一看就能明白局势的变化。同一期上的一篇通讯中还

---

[1] 秦孝仪主编：《蒋介石思想言论总集》卷二十二，台北：中国国民党中央委员会党史委员会，1984年10月版，第267、271、272页。

[2] 观察记者：《战局鸟瞰》，《观察》第3卷第2期，1947年9月6日。

写道："大别山在江淮河汉间具有举足轻重的军事价值。而且四周兵源粮源充足，都可以取用不竭。这里在经济上军事上的价值不亚于沂蒙山区，较陕甘宁边区、晋冀鲁豫边区都富庶而重要的多。刘伯诚［承］一定是要竭其心力来经营这片山地的。"[1]

《时与文》上发表了一篇《论战局》，一开始就说："从7月初起，战场上的形势，已经发生了与前不同的质的变化。"文章讲到刘邓大军南下时，"国内大部评论，均认为它是'因国军占领鲁西南渡口，只好向南逃窜，大致将越过平汉线回窜豫西'"，可是后来的事实却证明它的主力终于进入大别山地区，进抵长江北岸。文章指出两个半月的这些大变化产生了新的特点："战争的前线，已经从黄河流域扩展到淮河流域与扬子江流域"，"更接近国军心脏"；"过去一年多，共军所处的境地，在战略上大都是内线作战"，"国军所处的战略地位，大都是外线作战"，而在刘伯承和陈赓两路南下后，"已经产生了内线和外线的转换因素"；还有，由于战场的扩展，"这将使双方的兵力部署发生巨大影响"。文章的结论是："战事已经发生全面的变化，新局面已经代替旧局面而演出了。"[2]在这篇文章后，附了一幅详细的《南线战场形势略图》，使人对战局的变化能够一目了然。

《国讯》上的文章也指出："中央所指为流窜者，乃其战略，不可轻视。"[3]

战局的形势发生这样大的变化，对国民党统治区的人心自然又会产生不小的影响。

---

［1］观察记者：《从黄河到长江的军事大转盘》，《观察》第3卷第6期，1947年10月4日。
［2］萧遥：《论战局》，《时与文》第2卷第2期，1947年9月19日。
［3］卫玉：《满城风雨近重阳》，《国讯》第431期，1947年9月21日。

进入大别山，是刘邓大军取得的战略性重大胜利，但只是跨出了第一步；如何在大别山地区站稳脚跟，建立起巩固的根据地，仍然是极为艰巨的任务。

这种艰巨性至少表现在几个方面：

第一，从刘邓大军本身来说：在鲁西南地区连续作战后，休整的时间不到十天，就开始行动。在二十天内，冒着酷暑完成千里跃进大别山的任务，沿途经历了千难万险，付出不少代价。过黄泛区和沙河时，重装备带不走，只能抛弃，所以炮兵很少，重炮都甩了，每个纵队只留一个山炮连，每个旅只留两门山炮，平时作战主要用迫击炮。这使部队的战斗力受到削弱。到大别山地区后，又遇到许多新的困难。邓小平回忆道："那时搞无后方作战，困难是可想而知的啊。北方人到南方，真不容易。果然一过淮河，好多人拉肚子。中国真正的南北界线是淮河，淮河以南就叫南方，不是长江以南才叫南方。一过淮河，种水稻，走山路，都是南方的生活习惯。原来我们估计不足，只知道北方人到南方有不习惯的问题，过了淮河才知道就是原来的南方人、鄂豫皖的人，在北方过了好多年，也不那么习惯了。""主体四个纵队就削弱了，更新也困难啊，有三个纵队每个纵队仅两个旅，只有一个纵队是三个旅。"[1]

第二，大别山地区虽是十年内战时的老根据地，但当红四方面军和红二十五军先后撤出这地区后，国民党军队进行了极端残酷的摧残和报复，积极分子和红军家属大批遭受屠杀，还乡地主进行反攻倒算，给根据地人民留下极为惨痛的回忆。不少人仍存

---

[1] 中共中央文献编辑委员会编：《邓小平文选》第3卷，北京：人民出版社，1994年版，第339、341页。

在恐惧心理。抗战时期,桂系部队又长期在大别山区活动,当地土豪劣绅的势力盘根错节。解放军初到,当地保甲、特务势力仍在暗地里威胁和控制群众。他们胁迫群众实行空舍清野,使刘邓部队吃不上饭,找不到带路的向导,立足生存都遇到严重困难。许多群众对刘邓大军这一次能不能站住脚还有怀疑,生怕解放军一旦撤出,他们又会受到国民党军队和土豪劣绅的残酷报复,还有不少顾虑,不敢过分地接近解放军。这是发动群众的严重障碍。

第三,大别山战略地位重要,直接威胁国民党当局的心脏地区,是兵家必争之地。刘邓大军进入这个地区,国民党政府立刻调集优势兵力前来争夺。刘邓大军前脚刚进入大别山,立足未稳,尾追的国民党军队很快就跟上来了,并且从其他地区调集兵力,很快达到十个整编师,包括桂系的主力整编第七师和第四十八师在内,以后又陆续增援。邓小平1948年4月25日在一次会议上说:"我们反攻以后,它代替了敌人重点进攻的山东和陕北,是敌人兵力集中最多的战场。""大别山是一个战略上很好的前进的基地。它靠近长江,东面一直顶到南京、上海,西南直迫汉口,是打过长江的重要跳板,敌人时时刻刻受到我们过江的威胁。大别山,敌人必争,我也必争,这是艰苦斗争的过程。""现在,中原吸引了蒋介石南线的一半以上的兵力,保证了其他地区的胜利展开。虽在全国范围吃苦头最多,付出了代价,但换取了战略上的主动,取得了全局的胜利。"[1]

面对这样严酷的困难,刘邓大军怎样在大别山站稳脚跟呢?刘伯承说:"在重建这块根据地的过程中,我们同敌人展开了反复的激烈、艰苦的争夺战。概括起来,可说是经过了三个回合的斗

---

[1] 中共中央文献编辑委员会编:《邓小平文选》第1卷,北京:人民出版社,1994年版,第99页。

争。"[1]

第一个回合：迅速实施战略展开。

进入大别山的当天，邓小平起草的中共中央中原局关于《创建巩固的大别山根据地》的指示中指出："实现此历史任务，要经过一个艰难困苦的过程，发展半年以上的时间。如不大量歼灭敌人和充分发动群众，要想站稳脚跟是不可能的。"这就是说，能不能在大别山站稳脚跟，关键在于要抓住两个要点：一个是大量歼灭敌人，一个是充分发动群众。这两点是相互联系的：如果不大量歼灭敌人，就不能使群众消除疑虑，树立信心，充分发动起来；如果不充分发动群众，就不能在大别山扎下根来，不断歼灭敌人。根据这两点基本要求，针对当时面对的实际情况，指示进一步提出：

> 应向全区群众说明，我们是鄂豫皖子弟兵的大回家，他们的子弟在华北胜利了，壮大队伍了；说明蒋军必败我军必胜的条件；说明我们决不再走。我们的口号是与鄂豫皖人民共存亡，解放中原，使鄂豫皖人民获得解放。

> 在军事上，我们在最初一个月内，不求打大仗，而是占领城镇，肃清土顽，争取打些小胜仗（一两个团一次的歼灭战）。同时，特别注意引导大家熟悉地形，习惯生活，学习山地战，为大歼灭战准备条件。但必须了解，如果我们不在半年内歼灭十个旅以上的敌人，就无法使群众相信我们不会再走而敢于起来斗争，我们也就会遇到更多的困难。因此，任何时候，全军都必须有高度的战斗意志和战斗的准备。

---

[1] 中国人民解放军军事学院编：《刘伯承军事文选》，北京：解放军出版社，1992年版，第589页。

充分发动群众及其游击战争，同我们一块斗争，是实现我们战略任务的决定条件。而我军严格的三大纪律八项注意，严整军风纪，是树立良好影响，使群众敢于接近的先决条件。各级必须专门检查发现，万勿忽视。[1]

大别山绵亘在鄂、豫、皖三省边界，平均海拔一千米左右，是淮河和长江的分水岭。它的北麓，山势陡峭，不易攀登；南麓山势平缓，通路较多，部队较易运动；中部都是崇岭深谷，人烟稀少，近似不毛之地。拿人口来说，这个地区周围二十八个县，居民一千一百八十多万人。其中南部人口较密，平均每平方公里一百三十至二百六十人；北部次之，约六十五至一百三十人；中部人最稀少。大别山区的物产较华北富足，各县大多生产大米，也生产一部分小麦、大麦和高粱。

刘邓大军刚进入大别山时，尾追的国民党军队还没有来得及渡过淮河，大别山区空虚。野战军主力立刻毫不延迟地实施战略展开：在大别山南麓，第三纵队在皖西，第六纵队的两个旅在鄂东，迅速抢占中心地区的几十个县，肃清民团，发动群众，"目前几个月内，你们作战似应避开桂系主力七师、四十八师，集中注意歼灭中央系及滇军。因七师较强，不易俘缴，四十八师情况不明，似和七师相差不远，而中央系各部及滇军五十八师则在运动中，易于歼俘"。[2]

---

[1] 中共中央文献编辑委员会编：《邓小平文选》第1卷，北京：人民出版社，1994年版，第94、95页。

[2] 中共中央文献研究室、中国人民解放军军事科学院编：《毛泽东军事文集》第4卷，北京：军事科学出版社、中央文献出版社，1993年版，第242页。

根据中共中央军委提出的原则，刘邓9月间在大别山北麓接连打了三仗：前两仗都在商城地区进行，以打击战斗力较弱而且比较孤立的滇军整编第五十八师为目标；第三仗在光山附近击退国民党军整编第八十五师的进攻。这三仗把国民党军队的全部机动兵力吸引在北麓，掩护了第三、第六纵队乘虚在南麓的鄂东、皖西地区展开。

但这三次作战，打得都不够理想，没有全歼敌人。这同在冀鲁豫地区作战时的情况显然不同。没有打好的原因很多：国民党军队在这个地区相当密集，增援较快；部队刚到大别山，不熟悉在山地、稻田地区作战，不像在华北平原上那样可以大开大合地机动作战；部队南下时受到损耗，又缺乏重武器，不易取得大的战果；9月的夜晚已经相当凉了，战士穿的还一身单衣，睡觉时只能盖上稻草御寒；北方人初到南方，大米吃不惯，有的人吃了就拉肚子；加上蚊子咬，发疟疾的人很多；在作战中，负伤的战士要部队自己抬下来，转送到很远的后方医院。这些都是过去在内线作战时没有遇到过的困难，也影响了战士的情绪。部队领导干部的思想也存在不少问题。刘伯承指出："自强渡黄河以来，部队一直处在连续行军作战过程中，未能休整和进一步进行政治思想动员，所以有些同志对重建大别山根据地的战略意义和艰苦性仍然认识不够。再加上群众未发动，政权未建立，粮食要自己筹，伤员要自己抬，打完仗也没有可以休整的时间和地方。因此，有些部队一时呈现出疲惫和纪律松弛的现象。有些干部，打起仗来顾虑重重，错过了一些歼敌的机会。"[1]

对这种状况，中共中央军委早已预计到，在刘邓大军南下行

---

[1] 中国人民解放军军事学院编：《刘伯承军事文选》，北京：解放军出版社，1992年版，第590、591页。

程中就向他们指出："不要希望短期内就能在大别山、豫西、皖西等地建立巩固根据地，这是不可能的，这些都只能是临时立足点。必须估计到我军要有很长时间（至少半年）在江河之间东西南北地区往来机动，宣传群众，发动群众，并在歼灭敌人几个旅之后，方能建立巩固根据地。"对作战问题，中央军委指出："在目前几个星期内，必须避免打大仗，专打分散薄弱之敌，不打集中强大之敌，待我军习惯于无后方外线行动，养精蓄锐，又在有利于我之敌情、地形条件下，方可考虑打大仗。"[1]但即便在这种困难的情况下，部队指挥员必须始终保持积极的饱满的情绪，刘邓认为指挥员中存在的上述那些问题是必须解决的。

为了及时解决这些思想问题，刘邓于9月27日在光山的王大湾召开旅以上高级干部会议。第二纵队司令员陈再道回忆道：

> 我们纵队和兄弟纵队的主要负责同志都参加了会议。一进会场，就感到异常严肃。邓小平政委首先说，今天开会不握手。刘伯承司令员的表情也是严峻的。过去刘邓首长召集我们开会，从来没有这样严肃。每次去开会，刘邓首长总是热情地和我们握手，今天怎么不握手呢？我估计可能是三个仗没打好，首长有些不高兴。邓政委首先讲话，他说，我们已经到达大别山，下一步就是坚定不移义无反顾地创建大别山根据地，对此不能有丝毫动摇、怀疑，越是在困难的时候，高级干部越要以身作则，鼓励部队坚决勇敢地歼灭敌人。[2]

---

[1] 中共中央文献研究室、中国人民解放军军事科学院编：《毛泽东军事文集》第4卷，北京：军事科学出版社、中央文献出版社，1993年版，第193页。

[2] 陈再道著：《陈再道回忆录》（下），北京：解放军出版社，1991年版，第163页。

刘伯承也接着讲话。他说，大家要按小平同志讲话的精神办，我们进到大别山，处于无后方作战，困难重重，但要有勇气战胜困难，特别是要打好仗。

这次会议，给高级指挥员留下很深的印象，对统一全军思想、激励斗志、下决心在极端困难的条件下重建大别山根据地，起了重要作用。

总的说来，经过一个多月的艰苦斗争，到9月底为止，刘邓大军先后在大别山区解放县城二十三座，歼灭国民党正规军六千多人、地方武装八百多人，建立起十七个县的民主政权，初步完成了在大别山地区的战略展开，取得第一回合的胜利。

第二个回合：积极寻机歼灭国民党军队，进一步完成战略展开。

10月10日，中共中央发表《中国人民解放军宣言》《中国土地法大纲》，同时颁布中国人民解放军口号并重新颁布三大纪律八项注意。《中国人民解放军宣言》中最值得注意的是，提出了"打倒蒋介石，解放全中国"的口号，并且做了说明："日本投降后，人民渴望和平，蒋介石则破坏人民一切争取和平的努力，而以空前的内战灾难压在人民的头上。这样，就逼得全国各阶层人民，除了团结起来打倒蒋介石以外，再无出路。"《宣言》号召："联合工农兵学商各被压迫阶级、各人民团体、各民主党派、各少数民族、各地华侨和其他爱国分子，组成民族统一战线，打倒蒋介石独裁政府，成立民主联合政府。"[1]

这是人民解放军第一次公开地响亮地提出"打倒蒋介石"的口号，可见局势比7月间的小河会议时又已有了多么大的变化。

---

[1] 中共中央文献编辑委员会编：《毛泽东选集》第4卷，北京：人民出版社，1991年版，第1235、1237页。

为了在大别山站稳脚跟，加强地方工作极为重要。也是在10月10日，中共中央中原局发出《关于进入大别山后地方工作的指示》。《指示》中说："我军进入大别山已近一个半月。不仅早已完成战略任务，而且已建立十七个县的政权。""目前地方工作之最大障碍，是我们部队不敢大胆分遣部队和大量抽出干部。"[1]《指示》决定成立鄂豫和皖西两个区党委和军区，由每个纵队抽出三个团作为军区基干武装，负责消灭地主武装和小股国民党正规军，发展游击战争；并从每个纵队抽出干部和翻身战士一千至两千人参加地方工作。由于区分了野战军和军区部队，就较好地解决了"分兵以发动群众，集中以应付敌人"的问题。

这时，集中在大别山北麓的国民党军队六个多师，准备在光山、新县地区将刘邓野战军主力合围，进行决战，而在大别山南麓仍只有少数正规军守备。刘邓在北线留下两个旅伪装主力迷惑对方，主力迅速跳出包围圈，秘密南下，通过急行军，在10月10日将刚从合肥调来、立足未稳的国民党整编第八十八师的第六十二旅四千多人全歼于皖西六安东南的张家店。这是刘邓大军进入大别山地区后，第一次在无后方依托的条件下消灭国民党军队一个整旅的胜利，大大鼓舞了全军的士气，打开了皖西斗争的新局面。

接着，刘邓野战军主力乘虚横扫长江北岸的舒城、庐江、桐城、潜山、广济、英山、望江等城和江岸重镇武穴，控制了长江北岸东西宽约一百五十公里的地带。当时正在江西庐山的蒋介石以为解放军可能要渡江南下，而他们在长江沿线只有不到两个师的兵力，因此紧急宣布汉口至九江间沿江口岸同时戒严，并急令原位

---

[1] 中央档案馆编：《中共中央文件选集》第16册，北京：中共中央党校出版社，1992年版，第560、561页。

于鄂东北的整编第四十师和第八十二旅,不惜一切代价,穿过鄂东,向广济兼程前进,以阻止解放军渡江。

整编第四十师是马法五旧部,是刘邓大军的老对手。"鲁西南战役结束时,它放弃了安阳守备,被空运至陇海线阻我南下;我军千里跃进途中,它一路'护送',寸步不离。我军到达大别山后,还几次同我纠缠,总之,一直想占点便宜。"[1]这时,国民党军队主力仍在大别山北麓,整编第四十师等孤军深入。刘邓抓住这一有利时机,决心集中主力十个旅在运动中歼灭该军,并在他们必经的高山铺地区设伏。10月26日晨,整编第四十师和第八十二旅进入高山铺地区。"高山铺,位于蕲春以东,是一条一公里多长的峡谷,两侧山峦起伏,公路蜿蜒其间,西南有缺口,谷内阡陌相连,稻田下却是深及膝盖的淤泥。"[2]那天大雾弥漫,国民党军队根本没有想到解放军主力会在这里设伏,一进入这个地区就被围住。27日上午,解放军发起总攻。整编第四十师和第八十二旅仓皇向西南突围,在运动中被全部歼灭。这一战役,共歼国民党军队一万两千六百余人,其中俘虏九千五百多人,缴获炮三十三门、机枪三百七十五挺等大批武器和其他军用物资,是刘邓大军进入大别山后取得的最大胜利。它有力地打击了国民党"追剿"军队的气焰,提高了南下大军进行无后方作战的信心,为进一步发动群众、建立根据地创造了极为有利的条件。

高山铺战役后,已是深秋季节。寒冬将临。十几万大军在千里跃进大别山时尽量轻装,自然不可能带有棉衣,这时仍穿着单

---

[1] 张才千:《回忆高山铺战斗》,杨国宇、陈斐琴主编:《刘邓大军南征记》第1集,郑州:河南人民出版社,1982年版,第235页。

[2] 李德生著:《李德生回忆录》,北京:解放军出版社,1997年版,第197页。

衣。因此，抓住胜利后的有利时机，尽快解决冬衣问题，已成为当务之急。对这个问题，野战军总部早就考虑到，并努力去解决。但由于脱离了根据地进行无后方作战，当地国民党旧政府已被撵走，新政府有的正在筹建，已建立的也刚开始工作，加上部队经常转移，人心不定，十几万军队的棉衣便成了很难解决的问题。如果从华北后方运来，需要组织庞大的运输队伍，千里迢迢，沿途又有国民党军队拦阻，无异再组织一次大军南下，这是根本行不通的。中共中央军委已看到这一情况，来电说："你们全军冬衣准备，不要将重点放在由后方按时供给方面，而要放在自己筹办方面。你们如能努力收集棉花布匹，每人做一件薄棉衣，或做一件棉背心，就能穿到十二月、一月，那时后方冬服可能接济上来。"[1]

在大别山南麓作战的陈锡联回忆道："严冬到来，十几万指战员没有棉衣，后果是不堪设想的。当时，解决棉衣问题比打胜一个大战役的意义还要大。"剩下的出路只有一条：就是向当地商店和富户筹借布匹和棉花，分给每个战士自己做棉衣。"白布用稻草灰染一染，有条件的让染布作坊染，然后自己缝制，有的请老百姓帮助缝制。经过十多天的制做，指战员终于穿上了棉衣。从军容风纪上看是不合格的，因为有的棉衣做的太肥，有的太瘦，有的长短不齐。这些我们全不计较。当时想，只要能御寒过冬，冻不死人就不错了。"[2]

在此期间，华东野战军主力已经挺进苏鲁豫皖地区，陈谢兵团已挺进豫陕鄂地区。刘邓大军在大别山地区也已胜利地完成展开，站稳了脚跟。11月1日，毛泽东给刘少奇的《关于各战区我

---

[1] 中共中央军委致刘邓电，1947年9月16日。
[2] 陈再道著：《陈再道回忆录》（下），北京：解放军出版社，1991年版，第170页。

军情况的通报》中写道:"刘邓、陈粟、陈谢三军困难时期已经渡过,确已立住脚跟。"[1]

第三个回合:把内线作战和外线作战相互配合起来,实施战略再展开,粉碎国民党军队对大别山的大规模进攻。

刘邓大军在大别山地区站稳了脚跟,局势这种发展完全出乎蒋介石的意料。他决心全力同解放军争夺中原,但口头上仍一点也不肯认错。11月3日,蒋介石在国防部作战会议上做了《对大别山剿匪军事的指示》的讲话。他说:

> 刘伯承何以要窜到大别山来呢?我可以断言,刘匪这次窜入大别山,完全是被迫的临时决定的,是九月十二日以后,他窜到了淮河南岸,将错就错,才决定到大别山来重建根据地的。九月十二日以前,匪军不仅没有这种宣传,而且就我们所携获的文件来研究,他根本没有这种企图。
>
> 我今天可以告诉大家:目前这个局势,完全是我们统帅部过去所预料到的。统帅部预定的计划,就是要直捣匪军的心脏,占领匪军的老巢。一次集中五个以上纵队,避实就虚,机动使用。现在统帅部这个计划已经初步实现了。但如何使之彻底完成,就必须我们一般高级将领人人能确立必胜的信心,发挥自动负责的精神,养成独断专行的能力,乃能把握机会,乘此次匪军在大别山区立足未稳之际,造成一次大规模的歼灭战。
>
> 陕北和沂蒙山区的地势,对我们最不利,对匪军最有利。大别山却与此相反,东面有津浦路,西面有平汉路,北面有淮河,南面有长江,这些交通线都在我们控制之中,我们可以自

---

[1] 毛泽东致刘少奇电,1947年11月1日。

由运动，匪军却不易超越。

　　因为地理的困难和准备的缺乏，主力又无法渡过长江，所以他真是到了进退维谷的境地了。只要我们一般将领大家同心一德，而且能明断果决，勇往直前，则此次大别山的会战就没有不成功的道理，而且我可以保证决不会有什么很大的困难。[1]

第二天，他又在国防部作战会议上做了《国军围剿大别山区应注意之事项》的讲话。

抄了蒋介石这样长一段话，目的是让读者把他所说刘邓大军挺进大别山"完全是被迫的临时决定的"以及其他估计同事实比较一下，看看蒋介石的自欺欺人已到了何等地步。但讲话中多少仍透露出一些值得注意的信息。他从大别山区的重要战略地位出发，说"这次围剿实在是一件大事"，可见他已下决心对大别山地区发动更大规模的进攻。他描述大别山区南北有两条大江大河，东西有两条铁路干线，都在国民党军队的控制之下，确实也反映出刘邓大军所处的环境异常严峻，何况他们在千里跃进过程中付出的代价不小，正将面临一场新的严重考验。

11月下旬，国民党政府成立国防部九江指挥部，由国防部长白崇禧兼任主任，统一掌管河南、安徽、湖北、湖南、江西五省军政大权，企图进行所谓"总力战"。用于进攻的兵力，除原在大别山区的九个整编师外，又从豫皖苏、山东和豫西调来六个整编师，其中包括国民党的精锐主力、陈诚的基本部队整编第十一师，共计十五个整编师及另外三个旅的兵力，由驻汉口的战斗机、轰炸

---

[1] 秦孝仪主编：《蒋介石思想言论总集》卷二十二，台北：中国国民党中央委员会党史委员会，1984年10月版，第315、316、317、318页。

机等飞行大队和海军舰艇部队做支援,向大别山区发动进攻。此外,还有整编第六十三师和第六十九师等部五个旅担任江防。

国民党军队从11月27日开始对大别山展开全面围攻。"蒋介石这次围攻大别山,采取的方法是以一个强大纵队寻我主力,其余分散'清剿',两者互相衔接,全力'扫荡'。"[1]刘伯承回忆道:那时,国民党军队调集绝对优势的兵力向大别山区围攻,形势确实十分严峻。但邓小平却敏锐地指出:

> 敌人已没有战略进攻,只有战役进攻了。它对大别山的围攻,形式上虽然同过去对中央苏区的围攻相似,实质上则完全相反。过去的围攻,是敌处于战略进攻,我处于战略防御的情况下进行的;现在的围攻,是敌处于战略防御,我处于战略进攻的情况下发生的。这并不表示敌人的强大,而只是敌人垂死前回光返照。同时,我们跃进到大别山,正是要吸引大量的敌人向我进攻。把敌人吸引来的越多,我们背得越重,对其他兄弟战略区进行大规模的反攻和进攻就越有利。而各兄弟战略区的反攻和进攻,也正是对我们坚持大别山斗争最有利的支持。[2]

那么,怎样粉碎国民党军队气势汹汹地对大别山区的围攻呢?刘伯承、邓小平冷静地分析面对的情况,从中抓住两个要点:第一,敌人的兵力占绝对优势,而且密集靠拢,向心合击,难以捕捉战机;第二,根据地新建立,群众还没有充分发动起来,中心区山高路

---

[1]《李达军事文选》编辑组编:《李达军事文选》,北京:解放军出版社,1993年版,第277页。
[2] 见中国人民解放军军事学院编:《刘伯承军事文选》,北京:解放军出版社,1992年版,第595页。

陡，回旋余地狭窄，粮食困难，不便于大兵团宽大机动，不宜集中过多的部队在大别山打大仗。根据这个判断，野战军总部做出兵分两路的重大部署：由邓小平、李先念、李达率领野战军前方指挥所及第二、第三、第六纵队，坚持在大别山区内线，兵分数路，跳出国民党军队的合围圈转到大别山区边缘，分散并伺机打击敌人；由刘伯承率领中共中央中原局、野战军后方机关和第一纵队，北渡淮河，到淮西地区，在外线再展开。12月11日，刘伯承、邓小平在湖北礼山县东北的黄陂车站正式分兵。

邓小平率领在内线作战的部队，主要的打法是避免硬碰，采取分遣与集中相结合的方针，牵着敌人团团转，伺机歼敌。具体说来，是"以小部消耗大敌，以大部歼灭弱敌，发展外线，开展新区，吸敌回顾，配合内线反'清剿'斗争任务，抓紧空隙，执行与深入土改"。[1]

那时，整编第十一师和第七师、第四十八师等都已进入大别山区。整编第十一师战斗力很强。整编第七师和第四十八师是桂系的主力部队，过去长期在大别山地区活动，熟悉当地地形，而且很会爬山和走山路。当时如果同这几支部队交手是会吃亏的，因此尽量避免同他们作战；但又要同他们常常接触，以便把他们拖在大别山区。

第三纵队司令员陈锡联回忆道："记得有一次我到前方指挥所，见到邓小平政委和李先念副司令员。李副司令员问我：锡联同志，背得动吗（指背着敌人行动）？还没等我回话，邓政委就说：就是要多背一些，背重一些。我们多背些敌人，多忍受一个时期的

---

[1] 刘伯承、邓小平、李先念致各纵队、各军区首长电，刘武生主编：《从延安到北京》，北京：中央文献出版社，1993年版，第276页。

艰苦,拖住敌人几十个旅,就能使陕北、山东的兄弟部队腾出手来,大量消灭敌人。釜底抽薪就不要怕烫手,这是个关系到全局的战略行动。"[1]第二纵队司令员陈再道回忆道:"当时斗争环境特别艰苦,部队天天行军作战,没有休息时间。要牵着敌人转,就必须打仗,你不打,敌人不会来;打久了也不行,敌人分几路赶来,你摆脱不了就会吃亏。当时我总想寻找机会打个歼灭战,但未能如愿。""部队进入山区,首先碰到的是住房困难。山区村庄和平原地区不同。什么李家湾、张家湾,实际上就是一两户或两三户人家,一个排也住不下。""部队没饭吃,最令人头疼。在内线作战时,有根据地广大人民支援,吃饭、穿衣全不用操心。现在是在新区作战,才尝到无后方作战的苦头。"[2]

部队在这段时间内,几乎天天在行军、作战、过河、爬山,鄂豫皖三省的交界处几乎全转到了。就靠这样忍受饥寒、不顾疲劳的紧张行军作战,不断拖疲和消耗前来进攻的国民党军队,伺机歼灭他们分散的兵力,破坏他们的交通补给线,自1947年12月到1948年1月,虽然自己也遭受一些损失,仍歼灭国民党正规军和地方团队一万五千余人;还收复了太湖、英山、立煌、广济、潜山、岳西、黄梅、礼山等十二座县城,取得很大胜利。

刘伯承率领的转入外线作战的部队,北渡淮河后和豫皖苏军区张国华部会合,开辟了息县、临泉、项城、上蔡、正阳等十多县的工作,成立了豫皖苏指挥部,使大别山和豫皖苏边区联成一片。从晋冀鲁豫派来的后续部队第十、第十二纵队,分别由王宏坤、

---

[1] 陈锡联:《追念敬爱的老首长》,中共中央文献研究室编:《回忆邓小平》(上),北京:中央文献出版社,1998年版,第125页。

[2] 陈再道著:《陈再道回忆录》(下),北京:解放军出版社,1991年版,第180、182页。

赵基梅率领，在12月上旬和中旬分别开入桐柏、江汉地区，依托桐柏山、大洪山建立根据地，只用半个月左右时间就完成了展开。这一带土地肥沃，物产丰富，是著名的粮仓。由于国民党军队主力被吸引在大别山，这个地区兵力薄弱，为解放军乘虚而入、创立根据地提供了良机。

这时，陈粟野战军和陈谢集团也从12月13日起，发起对平汉、陇海铁路的破击作战，歼敌两万多人，攻克许昌、漯河、驻马店等重要基地和二十三座县城。25日至27日又歼灭了国民党军第五兵团部和整编第三师，迫使蒋介石从大别山抽调整编第十一师和第九、第十师回援平汉铁路，有力地配合了刘邓野战军主力在大别山的反围攻斗争，并使三路大军联成了一片。

蒋介石苦心经营的对大别山区的全面围攻完全失败了。

刘伯承总结刘邓大军在大别山区这三个回合的斗争，写道：

> 经过以上三个回合的严重斗争，我们终于在大别山站稳了脚，深深地扎下了根，胜利地实现了毛主席指示的三个前途中最好的前途。在此期间，我中原三军互相配合，机动作战，共歼敌十九万人，解放县城一百余座，在四千五百万人口的江淮河汉广大地区建立了中原根据地。此后，我们遵照毛主席的指示，以军区部队继续坚持大别山根据地的斗争，及时将主力转出大别山，同华东野战军和陈谢兵［集］团会师，实行大规模的机动作战，纵横驰骋，扫荡中原。逐鹿中原的斗争又跨进了一个新的阶段。[1]

---

[1] 中国人民解放军军事学院编：《刘伯承军事文选》，北京：解放军出版社，1992年版，第598页。

第九章　品字形阵势的形成

刘邓大军千里跃进大别山后，中国人民解放军另两支大军又以雷霆万钧之势，从它的左右两翼相继南下：陈赓、谢富治集团八万多人从晋南出发，强渡黄河，进入豫西地区；陈毅、粟裕率领华东野战军主力十八万人从山东向西南推进，跨过陇海铁路，在豫皖苏地区展开。这样，三路大军相互呼应，互为犄角，在长江以北、陇海铁路以南摆开了一个倒过来的"品"字形阵势，使中原地区由国民党军队进攻解放区的重要后方变成人民解放军夺取全国胜利的前进基地。

解放军从内线作战转到外线作战，从战略防御转到战略进攻，这是中共中央早已深思熟虑的决策；但是，三路大军南下，形成品字形阵势，却不完全是早已预定的部署，而是中共中央根据发展着的客观形势当机立断地调整部署，在实践过程中一步一步形成的。

陈赓指挥的晋冀鲁豫野战军第四纵队，原是在抗日战争时期由八路军第一二九师第三八六旅和山西青年抗敌决死队第一纵队等合编成的太岳纵队，后来改称第四纵队，由陈赓任司令员、谢富治任政治委员。这支部队中，红军的老干部和老战士多，战斗力强。他们长期在晋南地区活动。

国民党胡宗南部大举进攻延安时，把原已侵入晋南的整编第一军等星夜调回，晋南地区兵力顿时空虚。第四纵队协同太岳军区地方部队，乘机迅速在晋南展开，从4月4日到5月12日，共歼灭国民党军队两万两千多人。其中俘虏一万四千七百人，解放翼城、新绛、绛县、浮山、稷山、河津、万泉、荣河、曲沃、赵城、霍县、猗氏、闻喜、临晋、永济、解县、芮城、平陆、虞乡、夏县、洪洞、襄陵、汾城、蒲县、乡宁共二十五座县城，控制同蒲铁路南段赵曲镇至风陵渡，控制了黄河重要渡口，使晋南局势发生根本变化。晋南地区比陕北富庶，从这一点说，国民党当局其实得不偿失。

对这支能征善战的部队下一步怎样使用？中共中央最初的考虑，是要他们西渡黄河，和西北野战兵团合力击破胡宗南部。从5月初到7月中，中共中央和中央军委曾多次电令陈赓、谢富治等积极做好这种准备，待命行动。5月4日，中共中央在电文中说："晋南（陈谢）、陕北两军任务是协力击破胡宗南系统。""陈谢主力（四个旅）在现地工作待命，随时准备从下流或上流渡河，受彭习指挥，歼灭胡宗南及其他杂顽，收复延安，保卫陕甘宁，夺取大西北。"5月24日，中共中央军委在电文中说："你们纵队六月内完成休整及一切西进准备工作（包括肃清吕梁，打开通路），准备于七月上旬由大宁、军渡之间渡河，先至陕北作战，再至宁夏、甘肃广大区域作战，以歼灭胡军及其他顽部、夺取大西北为目标，即借此以保卫山西。应在部队中提倡吃苦耐劳，不怕困难，告诉他们只有消灭胡宗南才能保卫山西。"[1]6月12日，军委的电文说："陈谢纵队应先转移至洪洞、赵、霍以东地区集结、整补、开会动员，准

---

[1] 中共中央文献研究室、中国人民解放军军事科学院编：《毛泽东军事文集》第4卷，北京：军事科学出版社、中央文献出版社，1993年版，第50、83页。

备于本月底下月初经洪洞以北在军渡、界首间西渡。"并且要求陈赓在部队补整期间先渡河到中央军委一谈。[1]6月20日，军委电文更明确规定："你纵务于月底结束休整，不再延长，午东（注：7月1日）由谢韩（注：指第四纵队政治委员谢富治、副司令员韩钧）（陈赓二十五日动身先来中央）率领，由现地出发，午灰（注：7月10日）前后在绥德集结完毕，午哿（注：7月20日）开始向榆林方向出击。"[2]可见，要陈赓部西渡黄河、进入陕北作战，已不只是一种设想，而是当时已确定的重要部署。

7月中旬，中共中央对陈赓纵队的使用方向做了重要改变：不再要他们西渡黄河，进入陕北和西北野战兵团协同作战，改为南渡黄河，挺进豫西。做这样重要的改变，是中共中央统筹全局、经过深思熟虑后的决定。它的主要原因有两个：

第一，刘邓大军这时已强渡黄河，鏖战鲁西南，准备千里跃进大别山。他们一旦从鲁西南地区南下，实行无后方作战，势必招致大量国民党军队的密集尾追，承受极大的压力。陈赓纵队突然南下，挺进国民党兵力空虚的豫西，可以直接从西侧同刘邓大军相策应，迫使一部分原来用于追击的国民党军队掉头回援，从而减轻刘邓大军的压力。同时，他们南渡黄河开辟豫西根据地又可以向西进逼潼关、西安，直接威胁胡宗南部的后方，使其不得不从陕北抽调部队赶到陕豫边界设防，同样能减轻西北野战兵团在陕北所受的压力。这样左右开弓所起战略钳制作用，显然比进

---

[1] 中共中央文献研究室、中国人民解放军军事科学院编：《周恩来军事文选》第3卷，北京：人民出版社，1997年版，第220页。
[2] 中共中央文献研究室、中国人民解放军军事科学院编：《毛泽东军事文集》第4卷，北京：军事科学出版社、中央文献出版社，1993年版，第107页。

入陕北绥德地区要大得多。

第二，陈赓纵队如果进入陕北，将会在经济上大大加重陕北人民的负担，这也是中共中央一直在考虑的问题。4月17日，周恩来在为中共中央起草的一份电报中就已说道："过去九个月的自卫战争中，许多地方动员人民服务后勤的数目及其与正规军的比例，大得惊人，甚至有前方一人作战，后方六人为之服务之说。人力如此消耗，何能支援长期战争？而且势必影响人民生产，转而影响部队粮食。"[1] 陕北的自卫战争进行了四个月，陕北人民不仅要供应西北野战兵团的需要，还遭受着胡宗南部队反复"清剿"时的掠夺。如果陈赓纵队进入陕北，势将进一步增加陕北人民原已十分沉重的经济负担。

后来的实践证明：中共中央根据这两点考虑，及时地调整陈赓部队的用兵方向，是完全正确的。

陈赓在7月19日赶到中共中央所在地陕北小河村。这正是小河会议召开的前夜。陈赓来到的时候，思想上原先准备的是要接受西进陕北的命令，没想到毛泽东和周恩来向他交代的是一项新的任务。他回忆道："毛主席和周恩来同志说明了这些情况和中央的决策，改变了要我四纵增加到陕北战场的原议，决定以四纵、九纵、三十八军组成一个兵团，挺进豫西，配合主力作战。对于挺进豫西的行动，毛主席给了极重要的指示。毛主席指出，刘邓率领我野战军主力挺进大别山，一定搞得敌人手忙脚乱，到处调兵去追堵；胡宗南又被牵在陕北，深入绝境。豫西敌军不多，是个空子，师出豫西是有战略意义的。进去以后应当放手发展，东

---

[1] 中共中央文献研究室、中国人民解放军军事科学院编：《周恩来军事文选》第3卷，北京：人民出版社，1997年版，第195页。

向配合刘邓、陈粟,西向配合陕北,东西机动作战,大量歼灭敌人,开辟豫陕鄂根据地。主席还向我讲了'破釜沉舟'的故事,要我们以最大的决心和勇气打出去。"[1]

同一天,中共中央军委正式下达改变陈谢纵队使用方向的命令:

> 为着协助陕甘宁击破胡宗南系统,同时协助刘邓经略中原,决将陈谢纵队使用方向改为渡河南进,首先攻占潼洛郑段,歼灭该区敌人,并调动胡军相机歼灭之。
> 提议赵基梅纵队(五师主力)、秦基伟纵队及孔汪(注:指孔从周、汪锋)三十八军与陈谢纵队一同南进,统受陈谢指挥。[2]

7月21日下午,小河会议开始。毛泽东在讲话中一开始就宣布:"关于军事计划,西北战场原先打算由西北野战兵团和陈赓纵队两部集中起来打胡宗南,现在决定分开打,这样在战略上和粮食供给上都有利。"[3]他所归纳的这两个"有利",就是前面所说的两点考虑。这是在小河会议前已经决定并下达了命令的,并不是小河会议的决定。

小河会议到7月23日结束,陈赓赶回晋南。27日,中共中央军委决定:"从现在起,陈谢集团归刘邓直接指挥。""陈谢集团组织前委,以各部队首长为委员,陈谢韩三人为常委,陈赓为书记,

---

[1] 陈赓:《挺进豫西》,《人民日报》1961年1月1日。
[2] 中共中央文献研究室、中国人民解放军军事科学院编:《毛泽东军事文集》第4卷,北京:军事科学出版社、中央文献出版社,1993年版,第143页。
[3] 中共中央文献研究室编:《毛泽东文集》第4卷,北京:人民出版社,1996年版,第266页。

谢富治为副书记。"[1]这个集团属于战斗序列,不是建制单位,因此没有兵团的名义,由前委实行统一指挥。最初确定的几支队伍中,赵基梅纵队后来暂缓出动,这个集团就由晋冀鲁豫野战军的第四纵队、第九纵队、第三十八军和太岳军区的第二十二旅,共八万多人组成。

这个集团中除第四纵队外,第九纵队刚由太行军区及所属各军分区的地方武装组成,在8月15日正式成立,由秦基伟任司令员,黄镇任政治委员。纵队成立时的誓师动员大会上,太行行署向纵队献旗,旗上绣着:"太行子弟结长缨,跨河南征缚苍龙。"[2]第三十八军原是西北军杨虎城的旧部,多年来备受国民党当局的歧视、吞并、分割和迫害,部队大为削弱。1945年7月和1946年5月,当蒋介石企图消灭他们时,这支部队先后在豫西的洛宁和巩县地区起义,投奔解放区。1946年9月24日,遵照晋冀鲁豫军区的命令,命名为西北民主联军第三十八军,以孔从周为军长,汪锋为政治委员。

这几支部队连同民工,不顾连续暴雨,踏着崎岖小道,在8月20日分别从晋南和豫北悄悄抵达黄河北岸。他们集结地的对岸是国民党军队防守十分薄弱的地区。在它的西侧,胡宗南集团主力已被西北野战军牵引到陕北的米脂以北地区,整编第三十六师主力就在8月20日那天被歼在沙家店地区,胡军无力南顾。在它的东侧,顾祝同集团的二十多个旅正向南追堵挺进大别山的刘邓大军,无暇北顾。在豫西地区黄河南岸从孟津到潼关的250公里正面上,只有五个保安团担任第一线防御。这种防御力量自然十分脆弱。

---

[1] 中共中央军委致刘邓、徐滕薄王、陈谢韩、郑李电,1947年7月27日。

[2] 秦基伟著:《秦基伟回忆录》,北京:解放军出版社,1996年版,第191页。

在这条河防线的背后,有整编第十五师、青年军第二〇六师各一部及新编第一旅等部配置在洛阳到潼关之间,依托陇海铁路进行机动防御。铁路线以南的广大地区便只有一些地方保安团守备。他们根本没有想到陈谢集团竟会突然在这里南渡黄河,乘虚向豫西挺进。

8月22日晚和23日,陈谢集团分两路抢渡黄河:第四纵队和第九纵队先后在东路渡河,第三十八军和第二十二旅在西路渡河。这两路中,主力显然在东路。

抢渡黄河是比较顺利的。这时,正值频降暴雨,黄河水位陡涨,流急浪高,渡船又十分缺乏。国民党军队在抗日战争时期已在这一带筑有河防工事,内战爆发后又加筑了不少工事。但南渡部队勇猛向前,并且大量利用油布包、葫芦舟等渡河工具作为补充。油布包,是指油布包内装上棉花、杂草,可以代替船只送部队过河。"开头,油布包可以载人渡水,但每个油布包只能坐三四人,而且不好操纵。后来把三个油布包编为一组,用木板连在一起,把油布捆绑在木板底下,成为战士们所说的'土造汽艇'。试验结果,每架可坐一个班,还可载一挺机枪和一门小炮。"战士们说:"油布包,浮力大,不怕风吹和浪打,目标小,调头快,敌人虽有千里眼也看不见。"[1]这样,在炮火支援下,以偷渡和强渡相结合的手段,一举突破了黄河天险。抢渡的河面比较窄,有的只有三百到五百米。"六十五岁水手老英雄崔炳文的第一船靠岸时,离开船时还不到五分钟。"[2]渡过黄河后,部队迅速向陇海铁路进击,东路攻克洛阳以

---

[1] 孔从周著:《孔从周回忆录》,北京:解放军出版社,1989年版,第365、366页。

[2] 新华社豫西前线1947年8月23日电,穆欣编:《陈赓兵团在豫西》,郑州:河南人民出版社,1981年版,第96页。

西的新安、渑池等，西路攻克陕县以东的观音堂车站，截断了洛阳和陕县之间的联系，两路共歼国民党军队四千八百多人，自己伤亡约一千人。

陈谢集团的南渡黄河，又是蒋介石没有预料到的。他对战局的判断总是一错再错，由此做出的军事部署自然只能是无的放矢。他在8月23日日记中写道："研究战局，陈赓匪部由晋南垣曲与旺口孟县各渡口向南偷渡，此必接应刘匪，则刘匪目的仍在由豫西窜渡晋南，其企图更可证明。但我军目的在向东区近于大别山与淮河之间，毋使其向西逃窜，不易聚歼也。"[1]

陈谢集团挺进豫西，打乱了国民党军队的原有部署。他们匆忙地从尾追刘邓大军的部队中调出四个旅西援，连同原驻洛阳地区的守军四个旅组成第五兵团，由胡宗南系统的河西警备总司令李铁军改任第五兵团司令官；又急令胡宗南部主力从陕北战线南撤，先抽出四个半旅组成陕东兵团，由西安绥靖公署陕东指挥官谢甫三指挥，企图从东西两面向陈谢集团夹击。

面对这样的情势，陈谢集团应该把重点放在向东进攻，还是向西发展，需要立即做出决断。本来，他们的主力渡河后集中在东侧的新安、渑池一带，接近洛阳，国民党方面也估计他们将"进扑洛阳"，但东线的第五兵团的兵力强于西线的陕东兵团，洛阳又是坚固设防的城市，8月30日中共中央军委致电陈谢：

> 西面空虚，攻取较易，洛阳附近敌所必争，不应使用主力。
> 避开强固设防据点，专打守备薄弱据点，并力求运动战，求达机动迅速、广占敌区、多歼敌人之目的。

---

[1] 蒋介石日记（手稿本），1947年8月23日，美国斯坦福大学胡佛研究所藏。

此次渡河将重点放在东面，现在改变，丧失几天宝贵时间，给了胡宗南在西面完成其部署的机会，极为可惜。但胡军主力尚在绥米（注：指陕北的绥德、米脂）地区为我所抑留，洛川以南只有几个旅及若干特种部队（炮兵等），这点对于你们极为有利。[1]

陈赓后来谈到这个决策的重大意义："当时我们的主力在洛阳附近，如果攻洛阳，虽敌人的第三师等部还未赶到，但亦无必克的把握。即使攻克，也不能巩固，反而丧失时机，东西两面的敌人一旦靠拢，我们就难于展开，难于大量歼灭敌人。主力向西，乘虚歼灭陕县以西的敌人，斩断敌人的东西联系，既能有力地配合西北野战军作战，又便于多路地向陕南、豫西挺进，开辟广大的新区，更好地配合挺进中原的主力作战。"[2]

西面的陕县、灵宝，地处河南、陕西之交，山势险峻，道路逼仄，古称函谷关，是兵家必争之地。根据中共中央军委的电令，9月2日，陈谢率主力第四纵队西移，会合第三十八军和第二十二旅向国民党军陕东兵团发起进攻，留下第九纵队在洛阳东南地区阻击第五兵团西援，并以一部向伏牛山北麓展开，建立根据地。西进部队乘陕东兵团还没有集结完毕的有利时机，以迅速行动各个歼敌，到9月17日将陕东兵团所属八个团歼灭了六个，攻克陕县、灵宝、阌乡、卢氏等城，并以缴获的物资组建了榴弹炮团和通信教导队。连同其他地区，陈谢集团在渡河后不到一个月内共歼国民党军队

---

[1] 中共中央文献研究室、中国人民解放军军事科学院编：《毛泽东军事文集》第4卷，北京：军事科学出版社、中央文献出版社，1993年版，第222页。

[2] 陈赓：《挺进豫西》，《人民日报》1961年1月1日。

三万余人，揳入豫西纵横一百五十公里的地区。

他们所以取得这样顺利的发展，也同国民党军队存在的严重弱点有关。新华社豫西前线9月23日电称：

> 蒋军在此战役中破绽百出，表现其已面临崩溃。其中最显著的有三点：第一是士气日益萎靡。新一旅为蒋军战斗力较强部队，但经我一击，立即垮台，正副旅长以下五千余名悉数被俘。他们对蒋介石坚持内战充满悲观失望情绪。陕县城由敌一三五旅及青年军一个营、三十六师野炮营、保安第一团防守，仅经我总攻三小时即全部就歼。历次战斗，我敌伤亡为一比十。第二是指挥不灵，完全被动。部队调东调西，疲于奔命；各级指挥丧失信心，互相埋怨，新一旅下级官兵埋怨旅团指挥无能，黄永赞（注：被俘的整编第七十六师新一旅旅长）辈则骂胡宗南等为大混蛋，炮十一团榴弹炮连连长胡振瀛则愤恨步兵掩护不力，使炮兵成了第一线。第三是纪律败坏，与民为敌。渑池解放之前，被蒋军抢得一塌糊涂；陕县南关银行及商店数家亦遭蒋军洗劫；灵宝城南朱家椿等村群众牲口衣被等都被抢光。群众对蒋军此等暴行，无不切齿痛恨。凡此皆为蒋军的致命伤。[1]

陈谢集团的南下在国民党统治区也引起很大的震动。上海出版的《观察》周刊上发表了一篇题为《陈赓南渡与陕豫局势》的通讯，写道："陈赓的南渡，河南的军事当局不是不知道。可是知道也没有办法，那时山东局势正胶着，刘伯承又像一柄利刃向心脏地带钻刺，所以便宜了陈赓。""在两星期的战斗中，地方团队

---

[1] 穆欣编：《陈赓兵团在豫西》，郑州：河南人民出版社，1981年版，第100页。

损失了十之七八的武器,尤其是嵩县的团队损失最大;民国卅三年(注:即1944年)中原会战时,当地老百姓很发了一笔武器财,这次竟装备了陈赓。""陈赓'吃'的战术,在豫西'表演'了几次,最成功的是九月十四日的灵宝之役与十七日的陕州之役。灵宝和陕州的战斗,不属于李铁军的指挥系统,而属于胡宗南指挥。陈赓首先孤立了陕州,仅留了几千人监视陕州,开始'吃'灵宝。胡宗南派了三团人驰援,可是在阌乡以西的地区就被袭击,无法增援。陈赓对于陕州的围困,使得国军不得不放弃任何增援的希望。""陕灵之役,国军的折损相当可观。""现在陕南豫西的匪军已逾十万人。这超出之数,不用说是'滚雪球'的成绩了!"[1]

陕东兵团被歼后,西安受到严重威胁。胡宗南急忙在9月19日从陕北赶回西安,蒋介石也在第二天飞往西安,并从大别山、晋南运城和陕北榆林将整编第六十五师和两个整编旅紧急空运西安,又改任裴昌会为陕东指挥官。同时,东线的李铁军部也正向新安、洛宁进犯。由于局势的变化,9月23日,中共中央军委致电陈谢等,要求他们改变部署,以主力东进打击李铁军兵团,电文说:"因西潼线已到及于数日内可到之敌共有十个半旅,难于得手;汉水流域无敌正规军,可留待一个月后去占;郑洛区李铁军部六个旅较弱,故改变部署如下⋯⋯""你们率主力四个旅,协同秦纵向旅,于二十六日开始隐蔽东进,突然包围六十四旅及武庭麟师部(可能在磁涧),相机歼灭之,收复新安。"[2]

陈谢根据中央军委电示,在9月26日率第四纵队和第二十二

---

[1] 邓一成:《陈赓南渡与陕豫局势》,《观察》第3卷第10期,1947年11月1日。

[2] 中共中央文献研究室、中国人民解放军军事科学院编:《毛泽东军事文集》第4卷,北京:军事科学出版社、中央文献出版社,1993年版,第268页。

旅隐蔽向东急进。李铁军还以为陈谢集团主力仍在潼关附近，放胆西进，毫无戒备。10月1日和2日凌晨，东进部队突然发起攻击，将武庭麟整编第十五师师部和该师第六十四旅大部歼灭。第六十四旅副旅长王文才被俘后说："我们晓得你们的战术原则是以多胜少，但是贵军究在何时何地出现？则确盲无所知。"[1]整编第三师慌忙从洛宁向洛阳退缩。这样，潼关和洛阳间沿陇海铁路线的作战行动宣告结束。

10月上旬至中旬，陈谢集团抓紧时间进行休整。10月21日，中共中央军委致电陈谢，要他们不怕丧失陇海路，放胆南下，让敌置于无用之地。11月4日的电文中更明确地指出："你们应准备陕、灵、阌、渑、洛（注：指陕县、灵宝、阌乡、渑池、洛宁）诸城全部失去，而只坚持乡村，黄河南北交通暂时断绝。待你们在东面及南面打开局面，并寻机歼灭李铁军兵团一部或数部之后，在胡军已分散在陇海线之后，即可找到歼灭胡军重占陇海之机会。"[2]这是一个很大的决心。陈赓回忆道："如果我们当时就和敌人争夺这一段陇海路，会陷于被动，难于发展。转师向南，乘虚歼灭豫西各县分散守备之敌，开辟广大地区，既能创立广大的根据地，使作战有所依托，又能东向平汉路，直接配合挺进中原的主力作战，这是从中原大局着眼的极为有力的一种安排，并且敌人占领陇海路后兵力分散，又便于我师歼灭。"[3]

根据这个战略考虑，陈谢集团主力在10月底开始南下，11月

---

[1] 穆欣著：《北线凯歌》，武汉：湖北人民出版社，1980年版，第332页。
[2] 中共中央文献研究室、中国人民解放军军事科学院编：《毛泽东军事文集》第4卷，北京：军事科学出版社、中央文献出版社，1993年版，第319页。
[3] 陈赓：《挺进豫西》，《人民日报》1961年1月1日。

1日至5日，连克宝丰、鲁山、南召、方城、叶县、临汝、郏县、登封诸城。在临汝、郏县的战斗中，歼灭了整编第十五师残部，活捉师长武庭麟。这支部队从刘镇华部镇嵩军演变而来，是自民国成立以来长期称雄豫西的土霸王，并且善于防守。武庭麟的前任就是刘镇华的弟弟、当时担任国民党河南省政府主席的刘茂恩。武被俘所在的郏县又有着深沟高垒的坚固工事。这一仗产生的影响是很大的。

陈谢集团主力的南下，不但打开了豫西的局面，也破坏了洛阳第五兵团的西进计划。李铁军急忙以主力整编第三师和第二十师的五个旅赶到宝丰、郏县，另以两个旅分别赶往临汝和襄城，企图在这一带同陈谢集团主力决战。

怎样应对这样的局势？打还是不打？必须当机立断，马上做出决定。11月8日，陈谢在南召应店召开前委扩大会议。第九纵队司令员秦基伟回忆道：会议，"也是两种意见，一种意见主张立即迎战逼近之敌，或者把部队拉向西面至伏牛山的牛背上去建立根据地。陈赓同志则认为：双方兵力大致相等，装备上敌优我劣，又是在新区，就地消灭这股敌人的把握不大，贸然与之决战，势必陷自己于被动。至于钻进大山，骑上牛背，倒是相对安全，但实际上等于卸担子，达不到策应刘邓、配合陈粟的目的。比较好的选择是在伏牛山东麓展开，威胁敌人的动脉平汉线，调动敌人，达到策应刘邓、配合陈粟的战略目标"。[1] 陈赓的意见得到绝大多数与会者赞成。会议最后决定：暂时避免同尾追的国民党军队决战，以一部伪装主力，采取"牵牛战术"，西向镇平、内乡、西峡口，斩断西荆公路，同南下陕南的部队呼应，引诱李铁军兵团主力西

---

[1] 秦基伟著：《秦基伟回忆录》，北京：解放军出版社，1996年版，第206页。

进，扯散它，消耗它，把它拖疲拖瘦；而以主力悄悄东进，到伏牛山东麓，沿平汉铁路西侧展开，寻机歼敌。

担任"牵牛"任务的，是由黄镇和黄新友率领的四纵第十三旅和九纵第二十五旅，不足六千人，伪装主力，在11月9日离开南召西进。他们在行进途中，一面采取多路行进、沿途增灶等手段，虚张声势，引诱李铁军兵团主力追来；一面消灭沿途的土匪和地主武装。但李铁军兵团的主力却没有立刻跟上来。原来，李铁军同陈赓是黄埔军校第一期的同学，素来知道陈赓指挥作战的厉害。他在南下时，用兵谨慎，一直用心打听解放军的动向，地面和空中侦察活动不断。尽管他只发现西进的这支解放军，但仍心存疑虑，派一个旅远远跟着观察，主力仍在临汝、郏县、宝丰地区按兵不动。如果不把李铁军的主力迅速向西牵开，陈谢集团主力悄悄向伏牛山东麓展开的计划就难以实现。

针对这种状况，陈赓给伪装主力西进中的第十三旅旅长陈康发出指示，要他加一把火："坚决打下镇平。镇平是南阳西面的门户，是南阳通内乡、西峡口的孔道，拿下镇平，南阳就完全暴露在我们的铁拳之下；只要镇平一打响，李铁军定会硬着头皮闯过来。"[1]11月16日，第十三旅迅速包围镇平县城，使用密集炮火猛烈轰击。第二天，一举攻克镇平，全歼守军两个保安团。同时，第二十五旅也占领石佛寺。李铁军果然误以为这确是陈谢集团主力所在，率领第五兵团主力追来。西进部队且战且走，始终同第五兵团主力保持一定距离，相距远时不过半天路程，近时只有四五里，把第五兵团一直引向伏牛山深处。李铁军认为已抓住陈谢集团主力，下决心丢掉辎重，向山里追赶。他们成天跟在后面，

---

[1] 穆欣著：《北线凯歌》，武汉：湖北人民出版社，1980年版，第359页。

西进部队一走，就不敢休息，夜晚又被小部队的不断袭扰弄得疲惫不堪，部队也被不断扯散。这时，向东挺进的陈谢集团主力却顺利地沿平汉铁路西侧展开，和华东野战军会师。12月13日，他们共同发动大规模的平汉铁路破击战，将郑州至信阳间的铁路全部破坏，并攻克许昌、漯河、驻马店等国民党军队的补给基地。

李铁军这才醒悟过来，知道自己上了当，急忙率领主力整编第三师从伏牛山上下来，回援平汉铁路。他们从南阳经确山、驻马店北上，准备同从郑州南下的孙元良兵团实施南北对进夹击，但整编第三师此时已被拖得精疲力竭，士气沮丧，加上天正下大雪，滴水成冰，缺少食物，挨饿受冻，士兵一路开小差，到处扔下枪支弹药。12月24日，陈谢集团主力和华东野战军一部设伏，将第五兵团部和整编第三师合围在西平和遂平之间。26日，解放军发动总攻，除李铁军率少数人员逃脱外，第五兵团参谋长李英才、整编第三师师长路可贞等被俘，所部全部被歼。李英才在被俘后愤愤不平地说："上面只顾乱喊着要我们前进解围，但却不把情况和贵军的兵力告诉我们，又调不出兵力来作有效的增援。李司令官（指李铁军）是个头脑简单的人，上面叫进就进，不管三七二十一就往你们布置好的袋子里钻，哪晓得钻进去就再出不来了。"他又说："你们在墙上写标语说：'打死团队，拖垮国军。'的确，我们这次的垮台，一半是打的，一半也是拖的。"[1]

平汉铁路的破击战，国民党第五兵团的覆灭，南下三路大军的会合，完全改变了中原战局的面貌。陈赓回忆道："平汉破击战役，陈粟大军和刘邓大军胜利会师，我们也归还主力建制（注：指归

---

[1] 冯牧：《整三师的再覆灭》，穆欣编：《陈赓兵团在豫西》，郑州：河南人民出版社，1981年版，第135、136页。

还刘邓率领的晋冀鲁豫野战军建制）。这次战役，斩断了平汉路，使平汉路东西两侧的解放区连成一片，并调动了敌十一师等部从大别山回援平汉路，有力地配合了大别山的斗争。从此，中原的战局进入了一个新的阶段。"[1]

新华社豫陕前线1948年1月14日电，对陈谢集团8月下旬南渡黄河到年底前四个多月取得的成果做了一个大致的结算：

> 总计到十二月底四个月中，共歼灭蒋军正规军及地方军五万六千多名，解放县城三十六座，解放人口九百余万，解放区东西阔六百余里，南北长千里，与苏鲁豫皖、鄂豫皖两解放区在广大地区连成一片。全境战略重地，几乎被我完全控制，现我南可威胁襄樊，北可控制潼洛，东与鄂豫皖及苏鲁豫皖南路大军协同作战，西与西北解放军互为犄角，形成今后灵活机动大量歼敌的有利条件。
>
> 现解放军已在伏牛山区站稳脚跟，并进入巩固阶段。新解放区各种困难逐渐克服，全区建立了八个军分区和专员公署，四十多个民主的县政府及最高政权——豫陕鄂行政公署。四个月来，民主政府工作人员及解放军指战员大力进行开仓济贫，分粮分地，到处点燃群众翻身的烈火。洛河沿岸某分区分配土地，现已进至"填平补齐"阶段，这更激起了人民对于民主政府及解放军的衷心拥戴。在伏牛山东麓战役及此次平汉南段大破击战中，方城、鲁山、郾城、西平等地区初步翻身的农民，自动参战，转移伤员，大军所至，农民纷纷自动带枪参军，大批青年学生及教育界人士亦参加解放军及解放区工作。人民游

---

[1] 陈赓：《挺进豫西》，《人民日报》1961年1月1日。

击队亦蓬勃发展。[1]

取得广大农民和其他社会阶层的支持,这是陈谢集团能够在恶霸土匪势力历来强大、社会状况相当复杂的豫西地区取得如此迅速发展的重要原因。

陈毅、粟裕率领下的华东野战军,在取得孟良崮大捷后,在6月和7月经历了一段相当艰难的时期。

孟良崮战役的结局是蒋介石完全没有想到的,给他的刺激太大了。他在军事上仍把主要注意力放在山东战场上,并且总结失败教训,调整军事部署,为了避免被各个歼灭,提出"并进不如重迭,分进不如合进"的作战方针,将包括第五军(注:此时称整编第五师)、整编第十一师这两个全部美械装备的精锐组成的进攻主力共九个整编师二十五个旅,调集在莱芜至蒙阴不到五十公里的正面,密集靠拢,以三四个师重叠交互前进,从6月25日起发动新的进攻。对解放军来说,就是"十来个师抱成一团,使我们插不进去,分割不开,从这以后,战机就很难捕捉了,仗也越来越不好打了"。[2]

华东野战军的作战方针这时有一个重要变化:由集中兵力改变为分路出击。这个改变是随全国整个战局变化而来的。当时,刘邓大军已准备南渡黄河进入鲁西南作战,开始战略进攻。为了配合刘邓大军行动这个全局性的目标并打破国民党军队对山东的进攻,6

---

[1] 穆欣编:《陈赓兵团在豫西》,郑州:河南人民出版社,1981年版,第104页。
[2] 石一宸:《挺进中原》,粟裕、陈士榘等著:《陈粟大军战中原》,郑州:河南人民出版社,1984年版,第147页。

月 29 日，中共中央军委致电陈毅、粟裕、谭震林，指出国民党军队"此种战术除避免歼灭及骚扰居民外，毫无作用，而其缺点则是两翼及后路异常空虚，给我以放手歼击之机会"。"敌正面既然绝对集中兵力，我军便不应再继续采取集中兵力方针，而应改取分路出击其远后方之方针。"[1] 30 日，华东野战军决定分兵三路：陈士榘、唐亮率第三、八、十纵队（又称陈唐兵团），向鲁西挺进；叶飞、陶勇率第一、四纵队（又称叶陶兵团），向鲁南挺进；野战军指挥部率第二、六、七、九纵队和特种兵纵队，留在鲁中，集结待机出击。其中，挺进鲁西和鲁南的两路，都为了策应刘邓大军南下。

刘邓大军在 6 月 30 日强渡黄河，进入鲁西南。华东野战军的陈唐兵团和叶陶兵团这时突然出现在津浦铁路线上，便直接协同刘邓大军开始执行外线出击任务。蒋介石不得不抽调花了很大力气占领沂蒙山区的整编第五师等七个整编师回援津浦线。

这次外线出击遇到的困难大大超出原来的预料。由于远离后方作战，对这一带的地形和敌情都不熟悉，又值雨季骤然到来，到处山洪暴发，部队常在齐腰或齐膝的大水和泥泞中连续行军作战，西进的两个兵团最初的发展还比较顺利，但随后四个纵队分别攻打济宁、汶上、滕县、邹县都没有得手，而因援敌逼近不能不撤出战斗。叶陶兵团在转移过程中，因连续行军作战，遇到暴雨山洪时又一无防雨装备，二无渡河器材，战斗及非战斗减员达两万人。[2] 8 月 1 日，在陈唐兵团的接应下，两个兵团在济宁附近会合，

---

[1] 中共中央文献研究室、中国人民解放军军事科学院编：《毛泽东军事文集》第 4 卷，北京：军事科学出版社、中央文献出版社，1993 年版，第 319 页。

[2] 南京军区《第三野战军战史》编辑室著：《中国人民解放军第三野战军战史》，北京：解放军出版社，1996 年版，第 148 页。

随即渡运河西进鲁西南,向刘邓大军靠拢。这时,部队中思想比较混乱,有的说:"反攻,反攻,丢掉山东。"有的说:"这样下去,只有拖死。"还有的说:"鲁西南水多,泥鳅成了龙,吴化文过去是我们手下败将,现在居然敢跟着我们屁股追。"[1]陈诚当时在吉林得意地宣称:"此种决定性之战役将极有助于东北局势之开展。东北国军实力则可增强,而加速消灭共匪,收复领土。"他还说:"共匪之挣扎表示已至穷途末路。"[2]陈士榘对这一段的失利总结道:

> 外线出击以来,我们在蒋管区多次往返作战,虽然从战略上调动分散了敌人,打乱了敌人的战略部署,配合了刘邓出击鲁西南的战略行动,但是,连续几仗都没有打好,不能不引起我们的注意。其主要原因,首先是对敌情缺乏系统的了解,攻城作战中带有盲目性,津浦路中段,虽然都是州县城市,但由于地处南北交通大动脉,是敌人最敏感的地方,一般都是城防坚固,有重兵把守。敌人在这里早有防备,一旦遭到攻击,既可顽强固守,又能互相支援。对于这些情况,我们了解不够,估计不足,因而陷于被动。第二,我们在思想上和作战指挥上,存在着严重的轻敌急躁情绪,分兵出击,仓促上阵,再加上对鲁南在雨季中严重而恶劣的自然环境也未曾料到,因而难以集中兵力,各个歼灭敌人。结果正如刘伯承同志所说的那样:"五个指头按五个跳蚤,一个也捉不住。"[3]

---

[1]粟裕著:《粟裕战争回忆录》,北京:解放军出版社,1988年版,第515、521页。
[2]《大公报》1947年8月18日。
[3]陈士榘著:《天翻地覆三年间——解放战争回忆录》,北京:中共中央党校出版社,1995年版,第165页。

国民党军队陆续抽兵西援后,在鲁中留下的还有四个整编师,其中最精锐的是作为进攻南麻地区主力的整编第十一师。南麻是沂蒙山区中的一个狭长盆地,好几条河流和公路在这里交汇,又处在几路国民党军队中的突出位置,是华东野战军在鲁中的重要根据地,蒋介石对这次行动十分慎重,他在日记中写道:"对鲁中共匪老巢中心之南麻、悦庄盆地考察数周,进剿与围困二种方法未敢决断,以士气不振,不敢冒险也。然此时兵力进取攻势,并非不足,而且有空军掩护协助,我以堂堂之阵进剿处置周到,部署完妥,不现弱点,则自可达成目的。"[1]而华东野战军三路分兵后,在鲁中兵力不足。6月29日,南麻被国民党军整编第十一师攻占,军事物资也遭受不小损失,这被国民党视为重要的胜利。

7月15日,华东野战军发出命令,集中四个纵队兵力,准备围歼整编第十一师,夺回南麻,在17日黄昏发起攻击。整编第十一师是陈诚的基本部队,装备精良,战斗力强。他们在6月底到达南麻地区后,构筑密集的地堡群,外围设置铁丝网等障碍物。华东野战军因遇到暴雨,推迟到18日发起攻击。双方僵持多日,战斗异常激烈。解放军伤亡较大,黄百韬指挥的国民党援军又将到达。21日晚,华东野战军只得撤出战斗,分别转移到临朐西南和以南地区整顿。这一仗没有打好,造成不小的损失。

当华东野战军在南麻地区围攻整编第十一师时,原驻昌乐、潍县地区的国民党整编第八师赶来增援。7月23日,占领临朐,阻断华东野战军同胶济铁路以北后方的通路。华东野战军决心乘整编第八师主力还没有全部到达临朐、立足未稳之际,以四个纵队的兵力歼灭该部。但行进中又遇倾盆大雨,山洪暴发,部队行

---

[1] 蒋介石日记(手稿本),1947年6月13日,美国斯坦福大学胡佛研究所藏。

动受阻。25日，解放军发起攻击。到29日，华东野战军虽全力发起总攻，仍未能攻克，阻援阵地又被突破，不能不撤出战斗。这一仗也没有打好。

南麻和临朐两次攻坚战，都没有实现预定的战役目标，国民党军队被歼一万八千余人，而解放军伤亡人数超过对方，达到两万一千余人。[1]这样的损失在以前还不曾有过。8月初，华东野战军指挥机关转移到益都地区，陈毅、粟裕、谭震林一起商议总结经验教训。粟裕起草的给中央的电报中，在战略指导方面检讨了六点：对当前战局过分乐观，而对蒋介石继续维持其重点进攻之判断错误；七月分兵，失去重点；东北及刘邓各军开始反攻，而华野各部已近两个月无战绩可言，因此发生轻动，而急于求战，致有错失；过去九个纵队集中使用时，每战只要求歼敌一个整师与歼其援队之一部或大部，此次分兵之后，由于过分乐观与轻敌，仍作歼敌一个整师与对付其援队之打算，兵力要求不相称；对敌人土工作业之迅速及其守备能力认识不够深刻；过去敌人不敢增援，但近来在蒋顾（注：指蒋介石、顾祝同）连坐法及所谓"总动员"和高价奖励下，较前大为积极，其增援队攻击甚猛。这份电报因讨论时意见不一致而没有发出。8月4日，粟裕又由个人署名向中央军委并华东局发出引咎自责的电报：

> 自五月下旬以来，时逾两月无战绩可言，而南麻、临朐等役均未打好，且遭巨大之消耗，影响战局甚大。言念及此，五内如焚。此外，除战略指导及其他原因我应负责外，而战役组

---

[1] 南京军区《第三野战军战史》编辑室著：《中国人民解放军第三野战军战史》，北京：解放军出版社，1996年版，第152页。

织上尚有不少缺点及错误,我应负全责,为此请求给予应得之处分。至整个作战之检讨,俟取得一致意见后再作详报。[1]

粟裕是从严责备自己,其实责任不能都由他来负。中共中央没有改变对粟裕的信任。就在粟裕发出引咎自责、请求处分的同一天,也就是8月4日,中央军委接连发来毛泽东起草的两个电报,前一个电报说:"山东主力(陈唐叶陶五个纵队)现在西边,陈唐能力似较弱,请考虑粟裕同志带炮兵主力迅去鲁西南统一指挥该五个纵队,积极策应刘邓作战。刘邓南下作战能否胜利,一半取决于陈唐叶陶五个纵队是否能起大作用。"[2]后一个电报说:"西兵团指挥机构提议以粟裕为司令员兼政委,陈士榘为副司令员兼参谋长,唐亮为副政委兼政治主任,指挥西面五个纵队。"[3]接电后,粟裕提出:华东野战军今后主要作战方向和指挥重心是在外线,请陈毅一同西去,以加强领导;增调第六纵队到西线;留在山东的第二、七、九纵队组成东兵团,执行内线作战任务。陈毅同意这些意见,并报告中央军委和华东局。6日,毛泽东又为中央军委起草复电:"(一)接陈粟微亥电,我们完全同意陈粟率野直及六纵西进,指挥六个纵队作战。华东局亦移渤海。我们昨电要陈饶谭在东面之意见作废。此外,谭黎许组织东兵团甚好。(二)粟裕同志支午电(注:指粟裕8月4日引咎自责、请求处分电)悉,几仗未打好,并不要紧。整个形势仍是好的,望安心工作,鼓励士气,

---

[1] 转引自《粟裕传》编写组编:《粟裕传》,北京:当代中国出版社,2000年版,第624、625、626页。
[2] 中共中央军委致陈粟谭、华东局,并告刘邓电,1947年8月4日午时。
[3] 中共中央军委致陈粟谭,并告华东局、刘邓电,1947年8月4日酉时。

以利再战。"[1]西兵团由陈毅、粟裕直接指挥,没有组织兵团机构和任命兵团指挥员,因此,通常称为陈粟大军。

8月11日,刘邓大军横跨陇海铁路向大别山跃进。16日,粟裕在前往鲁西南途中接到中央军委来电,询问西兵团今后行动的打算。这时,陈毅正前往渤海军区处理后方工作。西兵团正面对着坚持鲁西南并伺机南下还是返回内线的选择。这是一个关系战争整个布局的问题。粟裕在18日复电,明确主张前一种打算,提出:"依近日情况判断,敌有大部随刘邓南去可能。果如是,则刘邓很吃力,我们应尽一切努力多拖住一些敌人。因此,西兵团目前应位鲁西南及陇海线上行动,必要时以一部挺入路南,破袭津浦,威胁徐州,才能有效拖住敌人,并寻机歼灭薄弱之敌。此计划如能有效实施,不仅可拖住一部敌人不能南去,且可迫使鲁中、胶济线抽一部分敌西来。如是,则又会减轻我鲁中胶济线负担,并使敌人进犯胶东腹地及烟台之可能性更减少。"[2]19日,中央军委致电陈粟:"接陈粟删辰、筱午两电,我们认为极为正确。陈唐叶陶必须克服部队中转回内线之情绪,学习刘邓向外线英勇奋斗精神,克服一切困难,坚持在淮河以北、黄河以南广大区域行动,绝对不可有渡黄河北返或运河东返老根据地长期休整之思想。"[3]毛泽东在24日又电陈粟:"粟裕同志巧西电(注:指粟裕上述8月18日电)意见极为正确。""我华东军在第一年作战中,已表现自己为全国各区战绩最大的军队,七月减员较多,无损大局。希望你们尽速赶至鲁西南,统一指挥西兵团各纵,配合当地地方兵团,完成中

---

[1] 中共中央军委致陈粟、华东局,并告刘邓电,1947年8月6日午时。
[2] 《粟裕军事文集》编辑组编:《粟裕军事文集》,北京:解放军出版社,1989年版,第318、319页。
[3] 中共中央军委致陈粟并告刘邓电,1947年8月19日申时。

央付给华东军的伟大任务。我相信你们必能完成此种任务。"[1]

大政方针已定。8月26日,陈毅、粟裕率领野战军指挥部和第六纵队、特种兵纵队到达聊城,和该月初从鲁西南北渡黄河后受到一定损失的第十纵队会合。由于刘邓大军在这时已进入大别山区、国民党军队正调重兵追堵,陈粟迅速率部在9月3日渡过黄河南下,同原在黄河以南的四个纵队会合。渡河前的3日上午,粟裕在机关干部大会上做了《认清战局,改进工作,争取胜利》的报告。6日晚上,他在会合后的各纵队领导干部会议上,针对部队中一些人感到过于疲劳、战机难寻又值雨季、要求休整的思想,反复说明早打的好处和取胜的条件,指出首先要承认困难,正确对待困难,而克服目前困难、变被动为主动的关键是要打好一仗。他斩钉截铁地说:"只有打,才能有力地配合刘邓;只有打,才能扭转现在的被动局面;只有打,才能得到补充;只有打,部队才能得到休整;打好了,鲁西南根据地就能重建起来。"[2]经过讨论,部队的思想统一了,并且一致同意要争取早打,先寻歼国民党整编第五十七师,再伺机歼灭整编第五师的一部。

怎样打好西兵团会师后的第一仗?解放军面对的新问题是:在国民党统治区又有对方重兵集结的地区内调动敌人,创造战机,比在根据地内要困难和复杂得多。那时,国民党军队因为华东野战军两个月来没有打一个好仗、部队已相当疲惫,从而产生一个错觉,以为"山东共军已溃不成军,不堪再战"。过去他们因连遭歼灭而行动谨慎,这时却骄狂起来,有时一个团也敢单独尾追前

---

[1] 中共中央文献研究室、中国人民解放军军事科学院编:《毛泽东军事文集》第4卷,北京:军事科学出版社、中央文献出版社,1993年版,第207、208页。

[2] 粟裕著:《粟裕战争回忆录》,北京:解放军出版社,1988年版,第524页。

进。这就为华东野战军捕捉战机创造了有利条件。9月初,在第一、三纵队引诱下,国民党军队分三路北进,精锐主力整编第五师在中央,整编第五十七师在左翼,整编第八十四师在右翼。陈粟大军决定先歼整编第五十七师,原因之一是这个师的战斗力比整编第五师弱,二是所处位置便于分割。具体作战部署的特点是:集中三个纵队共八个师的兵力,形成四倍于对方的优势;而用于阻击、打援、钳制的兵力超过用于主攻的兵力,挡住整编第五师的来援,以确保战役的必胜。

9月7日,整编第五十七师继续北进,同整编第五师之间出现了20公里的空隙。华东野战军第一、三、六纵队和第四、八纵队抓住时机,突然对它实施南北夹击。整编第五十七师发现后立刻南撤,退缩至郓城、巨野西南的沙土集地区,当晚被解放军合围。华东野战军以第三、六、八纵队担任攻歼任务,其他部队担任阻击和充当预备队。"沙土集是鲁西南菏巨(注:指从菏泽到巨野)公路上的一个村庄,三面靠水,北面是一片大沙地。"[1]村庄"状椭圆形,东西长二里半,南北一里,周围有一土墙,南墙之外有一外壕"。"五六里内无村庄,地势较高。""墙上筑有独立地堡及单人掩体,庄内要道巷口筑有地堡,以房舍土墙开辟枪眼为巷战工事,但尚未完成,尚在赶修中。"[2]北面的这片平平的沙碱地上除几丛沙柳外,毫无遮挡。进攻部队从挖掘的交通沟里向前运动。8日晚,发起总攻。9日凌晨3时,战斗结束,俘获整编第五十七师师长段霖茂以下七千

---

[1] 石一宸:《挺进中原》,粟裕、陈士榘等著:《陈粟大军战中原》,郑州:河南人民出版社,1984年版,第156页。

[2] 王云:《我所经历的沙土集战斗》,粟裕、陈士榘等著:《陈粟大军战中原》,郑州:河南人民出版社,1984年版,第170页。

五百多人，毙伤该师两千多人，缴获榴弹炮、野炮、山炮二十多门，轻重机枪数百挺，还有大量弹药和其他军用物资。解放军死伤两千三百多人。战役后，解放军的人员、武器、弹药都得到补充。

9月10日，蒋介石在日记中写道："陈毅已率其全部之匪由黄河北岸偷渡，鲁西剿匪又入一新阶段矣。"[1]

沙土集战役，是陈粟大军在外线的国民党统治区内集中兵力所打的一场歼灭战。粟裕总结道：

> 沙土集战役的胜利，不仅从根本上扭转了我军在鲁西南的被动局面，为恢复和建设鲁西南根据地创造了条件，为向豫皖苏进军打开了道路，而且迫使敌人从大别山区和山东内线战场抽调四个师驰援鲁西南，有力地配合了刘邓大军和山东内线我军的行动。[2]

在沙土集战役正在进行时，国民党当局在山东战场上发动了它最后一次重大攻势，那就是胶东战役。蒋介石对这次攻势极为重视，抱有很大的希望。稍后，10月6日他在北平军事会议上这样讲道：

> 大家都知道，匪军在关内有三个重要的根据地。即（一）以延安为政治根据地。（二）以沂蒙山区为军事根据地。（三）以胶东为交通供应根据地。延安早在今年三月被国军攻下，我们次一重要目标，当然应该选定沂蒙山区，必须捣破他军事的

---

[1] 蒋介石日记（手稿本），1947年9月10日，美国斯坦福大学胡佛研究所藏。
[2] 粟裕著：《粟裕战争回忆录》，北京：解放军出版社，1988年版，第531页。

老巢,使他兵力不能集中,才是各个歼灭。

沂蒙山区匪军老巢捣破之后,所有匪军的兵工厂、被服厂均被国军彻底破坏,棉花弹药物资,凡国军不能运走者,均经烧毁;他这个老巢可以说完全失掉作用了。于是国军乃进一步进攻龙口、烟台、威海卫,最近亦可攻克。国军这一行动,不仅是要彻底消灭他黄河以南的老巢,而且要切断他海上的国际交通线——胶东与大连的交通线。这个计划完成之后,则匪军利用老巢、割据地方的美梦,就可以完全打破了。他既失其根据地,惟一的出路就是无目的的流窜,窜到哪里就是哪里,以期苟延残喘。[1]

这次行动,蒋介石早就着手组织。8月18日,他飞往青岛,决定以整编第八、九、二十五、五十四、六十四师和重新组建的整编第七十四师的第五十七旅等部组成第一兵团(通常称胶东兵团),约十七万人,其中整编第八师李弥部、整编第二十五师黄百韬部等战斗力较强,曾在鲁中指挥进攻解放区的陆军副总司令范汉杰任兵团司令官,并有空军、海军和整编第四十五师配合作战。准备大举进攻胶东解放区的企图已十分明显。

胶东解放区的地位确实十分重要。这里人口稠密,经济富饶,是华东野战军后方机关、医院、军工厂的集中地,是军需供应的主要基地。这里是老根据地,群众条件好;又同辽东半岛隔海相望,交通便捷,可以保持同东北解放区的密切联系。因此,在蒋介石看来,这是华东野战军必将全力守御的地区。这里又是地处渤海

---

[1] 秦孝仪主编:《蒋介石思想言论总集》卷二十二,台北:中国国民党中央委员会党史委员会,1984年10月版,第269、273页。

和黄海之滨的牛角形半岛，北、东、南三面临海，如果西面的退路被国民党重兵堵塞，解放军便难有机动回旋的余地，因此是寻求同华东野战军主力决战的好场所。

当时，华东野战军的主力已西进配合刘邓大军的行动，留在山东内线作战的华东野战军东兵团，由许世友任司令员、谭震林兼政治委员，下辖第二、七、九、十三纵队等部，集结在胶济铁路东段的两侧，士兵很多是胶东人。如何应对国民党对胶东解放区的进攻，有两种意见：一种主张集中主力于胶东内线歼敌，以保卫胶东解放区这个华东全军供应的主要基地；另一种主张以一部分兵力在内线阻击作战，而把主力置于外线来调动进攻胶东的敌军。中共中央华东局倾向于后一主张，并向毛泽东报告说："最大顾虑是如敌采取齐头并进，如果万一打得不很好，则三面背水，机动困难，有被迫决战与最后拼命之危险。"[1] 8月25日，毛泽东复电华东军区政治委员饶漱石和副政治委员黎玉，同意这个意见。电文说：

> 蒋介石似乎判断我主力必守胶东，企图以四五个师向胶东进攻，吸引我主力进入内线后，即在青岛、平度、掖县线建筑坚固工事加以封锁，以二师左右守备该线，然后以三四个师向东攻击。
>
> 蒋介石必在胶东方面力求速决，以便抽兵。因此，我们完全同意你们以一部位于内线，以主力（二、七、九纵队）位于外线，以利持久之方针。只有许谭率三个纵队在外线（诸城一带），寻

---

[1] 转引自中国人民解放军军事科学院军事历史研究部编著：《中国人民解放军全国解放战争史》第3卷，北京：军事科学出版社，1996年版，第180页。

机打一二个小胜仗（不打无把握之仗），敌即不敢向胶东深入，胶东大部至少一部即可保全。[1]

华东局立刻据此做了部署，但第九纵队因正值天雨无法迅速开到胶济铁路以南，经请示中共中央军委并得到同意后，由许世友率领第九、十三纵队（第十三纵队是刚由胶东地方武装升级组成的）等留在胶东内线坚持，由谭震林率领第二、七纵队等处在胶济铁路以南的诸城地区，威胁进攻胶东的国民党军队的侧背，配合胶东内线作战。

国民党军队准备大举进攻华东野战军的总后方和主要供应基地胶东半岛，自然使处于西线的陈粟大军深感不安。8月30日，毛泽东致电陈粟，指出国民党军欧震、张淦、罗广文、张轸、王敬久、夏威各部均向刘邓压迫甚紧，刘邓有不能在大别山立脚之势，嘱咐他们务必迅速渡河，全力贯注配合刘邓。电文说："你们在惠民留驻时间太久，最近几天又将注意力放在胶东。其实目前中心环节是在陇海南北积极行动，歼击及抓住五军、五十七师，攻占一切薄弱据点，直接援助刘邓。""你们立即渡河，并以全力贯注配合刘邓。胶东方面九纵、十三纵在内线，二、七纵在外线是很好的。"[2]

蒋介石在9月13日"上星期反省录"中写道："共匪已将黄河北岸地区之兵力倾巢南渡，以牵制我进剿胶东之计划，故陈毅率领其第二、第六、第十纵队向鲁西进犯，陈赓、孔从周由晋南

---

[1] 中共中央文献研究室、中国人民解放军军事科学院编：《毛泽东军事文集》第4卷，北京：军事科学出版社、中央文献出版社，1993年版，第210页。

[2] 毛泽东致陈粟电，1947年8月30日。

旺口等处渡河向豫西、陕东威胁，而刘伯承残部分窜鄂东、皖中，并陷庐州、桐、舒，进逼合、巢，威胁京、芜，其规模之大，前所罕见，可知胶东半岛之重要，实为共俄在中国视为惟一之生命线也。"[1]这是蒋介石第一次说到刘邓、陈粟、陈谢三路大军先后南下已形成"规模之大，前所罕见"的新格局，而把这些看作都为了"牵制我进剿胶东之计划"完全是误判，但也可看作他对这次进攻胶东的极端重视。

国民党胶东兵团在完成作战准备后，9月1日起，从胶济铁路东段的潍县至胶县地区出发，在海军、空军支援下，向胶东解放区大举进攻。他们以整编第八、九、二十五、五十四共四个整编师并列为前梯队，两个师紧紧尾随，采取齐头并进、密集平推的"梳篦战术"，向胶东腹地推进。在军队后面，跟着准备回乡倒算的地主还乡团。所到之处，大肆屠杀，沿途劫掠一空。这里是解放区的老根据地，当地民众和地方武装为了保卫家乡，在许多地区设下地雷网，给进攻的国民党军队很大杀伤。第九纵队和第十三纵队进行顽强抗击。但在胶东战场上，解放军在军事上仍处于劣势地位。国民党当局还出动空军，连续地猛烈轰炸龙口、烟台、威海卫等地；海军陆战队在威海卫登陆。"九月攻势"中，他们相继占领了胶县、高密、平度、昌邑、掖县、荣成、栖霞、招远、龙口、黄县、蓬莱、福山、烟台、牟平、诸城等十五座城镇。这些是胶东的重要城镇，是比较富庶的地区。它们的相继失陷，给山东解放区带来不小的损失和困难。国民党政府国防部新闻局长邓文仪在攻占烟台后，在新闻界招待会上兴高采烈地声称：

---

[1] 蒋介石日记（手稿本），1947年9月13日"上星期反省录"，美国斯坦福大学胡佛研究所藏。

> 烟台当胶东北部沿海之要冲,自共军开始叛乱以来,实为其东北与胶东惟一之交通捷径,不啻为共军之命脉所在,其以关外共军兵员粮食及关内共军武器弹药来源之起卸点,全在于此,对共军叛乱成败之决定性,实较延安更有过之。
>
> 烟台收复以后,山东作战之国军只须分其实力之一半,即足以攻取河北共军根据地,更可以调动部队增援关外,以收复东北领土主权,由此可知烟台之收复,为共军全盘战略之失败,亦即为抗战结束以来国家统一建国致命危机之消除。[1]

在这种情况下,仍留在胶东内线作战部队的处境已日益艰难,必须采取新的对策。许世友回忆道:

> 胶东三面环海,形同牛角尖,越往东地域越狭窄。由于敌人步步推进,这时胶东根据地只剩下东西不到一百五十华里、南北不到八十华里的狭小地区。这里聚集了华东局和胶东军区机关、部队、伤病员、随军撤退的群众和大量军用物资,越来越拥挤,造成极大困难。在这种情况下,如何打破敌人的进攻,夺取战场的主动权,就成了扭转胶东战局的关键。如果不顾主客观条件一味蛮干,恰中敌人寻我军主力决战的诡计;继续在里面坚持,地域狭窄,回旋余地不大,且敌人越来越密集,也显然不是良策。我反复考虑,最好的办法是地方武装在内线继续与敌人纠缠,我军主力跳到敌屁股后面,调动敌人,创造有利战机,歼敌有生力量,才能搞乱敌人精心策划的进占胶东解

---

[1]《大公报》1947年10月2日。

放区的计划，粉碎敌人对胶东的进攻。[1]

9月22日夜，第九纵队和第十三纵队选择从国民党军整编第八师和第九师的结合部突围出去。在漆黑的夜里，几万人马走在崎岖不平的山路上，听不到一句说话声，看不到一点火光，一夜急行军上百里路，从国民党军队的夹缝里穿越而过，到达它背后的大泽山区。兵团决定，第十三纵队留在大泽山坚持斗争，第九纵队继续向西南行进。10月1日，许世友率领的第九纵队和谭震林率领的从诸城地区北上的第二、七纵队在高密以西的朱阳地区胜利会合。

胶东内线部队的突围，完全出乎国民党胶东兵团意料。10月2日，刚刚会师的第二和第九纵队突然将国民党整编第六十四师主力包围在胶河东岸的范家集，并发动猛攻。范汉杰不得不从胶东前线调整编第九和第四十五师等回援。解放军根据"围点打援"的原则，以主力投入阻击，坚守阵地四昼夜。范汉杰又抽调进攻胶东内地的第八和第五十四师增援。战斗持续到10月10日。兵力占有优势的国民党军队从进攻胶东解放区到这次战斗结束，共被歼三万五千余人。胶东战局终于被扭转。中共中央在10月8日致电祝贺说："自从你们转入反攻后，我军业已无例外地全面转入反攻。敌人已没有任何一处再能进攻。"[2]

从11月上旬起，国民党军队在胶东地区也被迫采取守势。整编第八、四十五、五十四、六十四师等部，分散地守备蓬莱、龙口、

---

[1] 许世友著：《我在山东十六年》，济南：山东人民出版社，1981年版，第137、138页。

[2] 中共中央文献研究室、中国人民解放军军事科学院编：《毛泽东军事文集》第4卷，北京：军事科学出版社、中央文献出版社，1993年版，第288页。

烟台、威海、莱阳等要点。整编第九师和二十五师准备调援其他战场。东兵团主力又发动了胶（县）高（密）追击战，历时一个月，歼敌一万余人，迟滞了整编第九师和第二十五师的调援计划（这两个整编师到11月底先后海运到上海，以后转用于中原战场）；同时，收复了高密、胶县、海阳、平度等地区，控制了胶济铁路东段的交通枢纽，使胶东、滨海、鲁中解放区再度连成一片。

12月初，东兵团主力挥师北上，直指莱阳。莱阳位于胶东半岛的中心地区，也是重要的交通枢纽，曾为胶东军区和政府机关所在地。胶高追击战后，范汉杰兵团除保有龙口、烟台、威海卫一线的沿海狭长地带外，在胶东腹地只占有莱阳一地。经过九天的激战，13日，东兵团攻克莱阳，拔掉了这颗钉子。接着，又打退国民党的增援部队。这次战役中共歼国民党军一万七千余人，完全改变了胶东战场的局势，有力地配合了陈粟大军的外线进攻。这时，东北战局紧张，蒋介石调范汉杰率领整编第五十四师赴援锦州，整编第六十四师也南撤青岛外围，整个山东形势发生根本变化。

国民党方面编写的战史这样总结：他们在这次战役中，以攻占山东半岛北岸各港口、切断解放军海上通路为主要作战目标。"以此目标指导之作战所产生之结果，最后北岸各港口均已攻占，然匪在海上之通路仍未见完全切断。国军所付之代价，则为部队损失、点线扩张而兵力益形分散，最后不得已乃被迫再逐次放弃。如此，与最初之目的已完全违背。所以此次作战，在作战（战略）目标选择上，仍犯有最大错误。"[1]

---

[1] "三军大学"编纂：《国民革命军战役史第五部——戡乱》第4册（下），台北："国防部史政编译局"，1989年11月版，第33、34页。

我们再把眼光回到西线陈粟大军的南下作战。

陈粟大军取得沙土集战役胜利、从根本上扭转了在鲁西南的被动局面后,9月11日,收到中共中央的电报,充分肯定:"郓城沙土集歼灭五十七师全部之大胜利,对于整个南线战局之发展有极大意义。"电文对他们下一步行动做出部署:"在目前几个月内,你们人员补充主要靠俘虏,应采取即俘即补方针。弹药补充主要靠取之于敌。应注意打有准备有把握之仗,同时严整军纪,争取群众,你们就一定能完成在黄河、淮河、运河、平汉之间创造巩固根据地,协助刘邓、陈谢创造鄂豫皖与鄂豫陕两大根据地,协助饶黎谭保卫山东根据地,协助苏中、苏北恢复根据地之伟大任务。你们处在上述四大根据地之中间地带,你们的胜利有重大战略意义。"[1]

这就明确地提出了要求陈粟全军南下,创建豫皖苏根据地,同刘邓、陈谢部队鼎足而立的战略任务。

这项战略任务是能够实现的。豫皖苏地区,面积约六万平方公里,人口约两千万。1946年底,人民解放军曾在这里建立军区,以后被国民党军队侵占。这时候,由于刘邓大军挺进大别山和陈粟大军转战鲁西南,南线的国民党军机动兵力大部分被吸引到这两个区域去,豫皖苏地区只有一些保安团队和土杂武装,几乎没有国民党的正规军。这就为陈粟大军南下在这里建立根据地创造了十分有利的条件。

9月24日,陈毅、粟裕发布全军主力越过陇海铁路、向豫皖苏地区进军的命令。26日晚,除留第十纵队在原地阻击国民党军

---

[1] 中共中央文献研究室、中国人民解放军军事科学院编:《毛泽东军事文集》第4卷,北京:军事科学出版社、中央文献出版社,1993年版,第240、241页。

整编第五师等外，陈毅、粟裕率领第三、四、六纵队作为东路越过陇海铁路南下，陈士榘率第一、八纵队和晋冀鲁豫野战军第十二纵队作为西路越过陇海铁路南下。这六个纵队共有18万人。进入这个地区后，陈粟大军的发展十分顺利，到10月2日已在300公里正面前进150公里。陈毅在这年年底曾生动地讲述过：

>在黄河以南更好打仗。在山东时敌人重点进攻，有二十四个军，现在我们只负担四个军。敌人是一军一旅在一起，顶多是两个军在一起，三个军是没有的。我们走到哪里，他们就跟到哪里。我军以旅为单位分散活动，扫荡土顽团，消灭敌人保安团队，摧毁蒋政权，建立民主政权。给养又便利，到处可以取得。吃得又好，吃鸡鸭，吃竹笋，吃鱼，不比以前那样的吃不上菜。我军真是如入无人之境，国民党到处恐慌的很。[1]

中共中央军委也在10月3日致电陈粟：

>你们兵力业已展开于广大地区，现应确定一个月至两个月内，只打小仗不打大仗。各纵应划定地境，每纵几个县，从事歼灭境内小股敌军、民团、土匪、保甲，建立政权，实行土改。每县拨出一个营的架子（干部）及一个连的兵力，建立各县武装基干。各纵主力则在自己辖境内，往来机动作战，包括破击铁路在内。你们五个纵队范围，不但包括陇海以南、运河以西、平汉以东、淮河以北，而且可以一部渡淮南进，直达寿县、合肥、巢县之线以东，长江以北地区，与刘邓区域、苏中、苏北完全

---

[1] 中国人民解放军军事学院编：《陈毅军事文选》，北京：解放军出版社，1996年版，第440页。

衔接。如一个月至二个月时间不够，还可酌量延长，使敌主力置于无用之地，疲于奔命，而我则于短期内歼灭了敌之爪牙，建立了我之根据地，为不久将来集中兵力作战打下基础。此种工作看似不甚重要，实则具有伟大战略意义。[1]

陈粟大军进入豫皖苏地区后，本着这个方针，到10月底，共消灭国民党地方武装约一万人，攻克杞县、睢县、亳县、永城、涡阳、蒙城、项城、灵璧、泗县等县城24座，基本上摧毁了国民党在这个地区的政权机构，占领了东西千余里、南北百余里的地区。野战军从每个纵队抽调200到300人组成地方工作队，到11月初，已经建立了25个民主县政府，新建了三个军分区和专员公署，发展了地方武装。11月底，西兵团完成在豫皖苏地区的战略展开。

这样，刘邓、陈粟、陈谢三路大军挺进中原的战略格局便形成了。中原地区已从国民党军队进攻解放区的重要后方变成人民解放军实施战略进攻的前线。国民党统帅部调整部署，集中以整编第五师和第十一师为骨干的六个整编师，组成机动兵团，依托平汉、陇海、津浦三条铁路，运输补给，机动使用兵力，同人民解放军周旋。陈粟根据这一新的动向，报经中共中央军委批准，决定以一部分兵力继续执行开辟和建立根据地的任务，而集中六个纵队的主力，在地方武装和当地民众的配合下，开展声势浩大的铁路破击战，以削弱国民党军队的机动能力，威胁它的战略重地徐州，并为中原三路大军的密切配合创造条件。

破击战自11月8日开始，首先指向开封至徐州之间的陇海铁

---

[1] 中共中央文献研究室、中国人民解放军军事科学院编：《毛泽东军事文集》第4卷，北京：军事科学出版社、中央文献出版社，1993年版，第281页。

路。战士们说:"过去咱们跑路,你们坐火车,嗨,现在一起来用两条腿比赛比赛,看谁能吧!"[1]他们掀翻铁路,烧毁枕木,挖断路基,炸毁桥梁,历时十天,完全破坏了陇海铁路二百多公里,还攻克民权、虞城、砀山等九座县城,歼灭国民党军队一万一千余人。接着,他们对津浦铁路的徐(州)蚌(埠)段进行了破击作战。

12月4日,中共中央军委在致刘邓电中提出了准备"与陈谢、陈粟两区联成一片"的任务。9日,在致粟裕并告刘邓、陈谢电中又明确要求:"如无重大不便,粟部以攻击平汉郑许段以配合陈谢攻击许信段为宜。""如粟定于13日攻郑许段,则陈谢攻许信段时间,可与粟同时举行,亦可提早几天进行。"[2]

粟裕随即率主力沿平汉铁路南下。平汉铁路破击战从12月13日发起。华东野战军参谋长陈士榘指挥第一、三、四纵队破击平汉铁路官亭寨至许昌段。他在纵队司令员会议上说:"我们一定要坚决切断南北交通线,为尔后大规模歼敌创造有利条件。"[3]15日中午,第三纵队攻克国民党军队的重要补给基地许昌,歼灭守军五千余人,缴获各种火炮七十余门、汽车近一百辆和一列装满弹药的火车,还有几个军用仓库;切断了平汉铁路,使豫东、豫西解放区连成一片。

20日,中共中央军委又做出一个重要决定:"完全同意粟皓丑

---

[1] 季音:《陇海路破击战》,《陈粟大军征战记》编辑委员会编:《陈粟大军征战记》,北京:新华出版社,1987年版,第276页。

[2] 中共中央文献研究室、中国人民解放军军事科学院编:《毛泽东军事文集》第4卷,北京:军事科学出版社、中央文献出版社,1993年版,第338、341页。

[3] 叶家林:《斩断平汉线,攻克许昌城》,《陈粟大军征战记》编辑委员会编:《陈粟大军征战记》,北京:新华出版社,1987年版,第271页。

（注：指 19 日丑时）意见，粟及陈谢两部长期配合刘邓行动，直到粉碎敌人对大别山之进攻为止。"[1]

24 日，华东野战军第三纵队两个师和陈谢集团的第四纵队一起将从豫西赶来增援的国民党军第五兵团部和整编第三师合围于西平以南的祝王寨、金刚寺地区。经过两天激战，全歼第五兵团部和整编第三师九千六百人。陈粟大军和陈谢集团实现了会师。

对平汉铁路战役的意义，《中国人民解放军第三野战军战史》做了这样的评论：

> 平汉路战役，是刘邓、陈粟、陈谢三路大军进入中原战场后的首次战役协同作战，斩断了国民党军事运输大动脉平汉路南段，夺取了国民党的屯兵基地许昌、漯河、驻马店等重要城镇，并再次破击了陇海路，孤立了国民党河南省府开封，严重威胁国民党战略指挥中心郑州，打乱了国民党在中原的军事部署，使国民党军围攻大别山的计划未能实现。华东野战军西线兵团、陈谢集团和刘邓野战军各一部于十二月底在确山地区会合。至此，以大别山为中心的刘邓野战军鄂豫皖根据地，同西线兵团豫皖苏根据地、陈谢集团豫陕鄂根据地已连成一片，胜利完成了挺进中原的战略任务。[2]

---

[1] 中共中央文献研究室、中国人民解放军军事科学院编：《毛泽东军事文集》第 4 卷，北京：军事科学出版社、中央文献出版社，1993 年版，第 344 页。
[2] 南京军区《第三野战军战史》编辑室著：《中国人民解放军第三野战军战史》，北京：解放军出版社，1996 年版，第 184 页。

第十章　北线战局相继变化

随着刘邓大军、陈粟大军、陈谢集团在南战场大举进行战略进攻，战争形势已根本改观。国民党军队在黄河以北全面转入防御。国民党方面的战史写道："斯时，国军为击灭刘匪伯承部，对原定攻势构想加以修正。""乃集中兵力进剿大别山区刘匪伯承部，除华东地区继续山东半岛之扫荡外，西北、华北、东北地区均暂取持久。"[1]而在北战场的西北、晋察冀、东北地区作战的各路人民解放军，相继转入战略反攻和进攻，先后取得重大胜利。战争的主动权，完全转到人民解放军手中。

先看西北战场。

小河会议结束后，中共中央军委在7月31日正式将西北野战部队定名为中国人民解放军西北野战军，以彭德怀任司令员兼政治委员，习仲勋任副政治委员；并批准成立西北野战军前线委员会，以彭德怀为书记。

本来，胡宗南急于结束陕北战事，以便将主力东调其他战场。7月4日，蒋介石召他到南京，"研究陕北战场能否抽调部队东行"。第二天，在蒋介石处进行作战汇报，陈诚等参加，"决定八月底肃清陕北，在囊形地带逐段推进，先收复太白镇、定边集、保安各地，

---

[1] "三军大学"编纂：《国民革命军战役史第五部——戡乱》第4册（下），台北："国防部史政编译局"，1989年11月版，第5页。

然后占领绥德、米脂,封锁河口,告一段落,而后主力东调"。胡宗南回延安后,又接到蒋介石从徐州打来的电话:"此间情况不佳,速即抽九到十个团,准备五日内用汽车或飞机输送。"胡宗南研究后,决定抽调六个团东援。蒋介石又来电话询问:"抽调部队为何仅六个团?"胡宗南回答:"现各部队皆在前进中,抽调不及,如必须抽调,须在十七日以后。"[1]为了三个团的兵力,蒋介石要亲自同胡宗南反复商量,可见他们兵力不足已到捉襟见肘的地步。这在以前是难以想象的。

这时,刘邓大军即将从鲁西南地区南下,挺进大别山;陈谢集团也已确定改为南渡黄河,挺进豫西。为了配合这一战略行动,把胡宗南集团主力吸引北上,打乱他的作战部署,使他无力抽兵东援,经中共中央军委批准,西北野战军轻装北进,在8月上旬发起榆林战役。彭德怀在旅以上干部会上说:"毛主席说过,这里是战略牵制区,要把蒋介石的战略预备队牵在这里。我们就是要把敌人拖住在陕北,不让他走。我们拖他,毛主席、党中央也在这里拖住他,胡宗南的部队就走不了。"[2]

榆林地处陕北北端和绥远交界的长城线,是国民党军晋陕绥边区总部所在地。守军有邓宝珊部第二十二军和胡宗南嫡系的整编第三十六师第二十八旅等一万五千余人。西北野战军进攻榆林的部队共有八个旅四万五千人,三倍于守军。8月6日,解放军开始发动对榆林城的猛烈攻击。为了确保榆林这个重要战备据点,蒋介石果然又受解放军的调动,在8月7日亲自飞抵延安,命令胡宗南急调整编第一军和第二十九军八个旅,分两路向绥德、葭

---

[1] 于凭远、罗冷梅等编纂:《民国胡上将宗南年谱》,台北:商务印书馆,1987年8月版,第201页。
[2] 转引自《彭德怀传》编写组编:《彭德怀传》,北京:当代中国出版社,1993年版,第327页。

县方向急进；又以钟松率领的整编第三十六师组成援榆快速兵团，轻装沿长城驰援榆林。

他从延安返回南京当天，在日记中写道："榆林被匪围攻，亲飞延安，指导处理一切。对陕北整个扫荡计划亦能全盘决定，此行自觉于剿匪全局实有决定性之作用。"他还得意洋洋地说："亲到延安视察社会地形之实际内容，共匪有此坚强老巢尚不能死守勿去，则更觉匪之只有空言宣传，而无实力可言，其自信心绝无亦可知矣，不难使之整个崩溃与消灭也。"[1]

蒋介石指定驰援榆林的整编第三十六师，是胡宗南进攻延安的主力师之一。它辖有三个整编旅，为半美械装备。它的第二十八旅原留在后方作为胡宗南的机动部队，后因榆林吃紧已调到那里去。钟松接到胡宗南急电，命他率领该师其他两个旅限期赶到榆林。他们走长城外沙漠地驰援，绕过西北野战军的阻击部队，在13日进入榆林。

西北野战军进攻榆林的目的，本来就是吸引胡宗南部主力北上，为刘邓大军和陈谢集团的南下造成有利条件。当整编第三十六师逼近榆林时，彭德怀就在13日把主力转移到榆林东南、米脂西北的地方隐蔽待机，并制造大军将东渡黄河的假象。胡宗南果然又产生错觉，命令钟松迅速率部从榆林南下，同由刘戡率领的沿咸榆公路北上的整编第二十九军第九十师实施南北夹击，以便围歼西北野战军主力。整编第三十六师这时已疲惫不堪。据该师第一二三旅旅长刘子奇回忆："为了这次援榆林，经过长途的急行军，沿途落伍人马很多，到达目的地的官兵极度疲乏。"南下时，又"处在这样敌情不明、地形不熟、民情不了解的情况下，既不敢进，又不敢退，也不敢留在原地，怕落入解放军的圈套"。"因下大雨，

---

[1] 蒋介石日记（手稿本），1947年8月9日，"上星期反省录"，美国斯坦福大学胡佛研究所藏。

又是深沟峻岭的山区，部队行动很困难，而解放军以且战且退、不即不离的方法来吸引着进攻的部队。"[1]钟松是黄埔二期生，一向刚愎自用，此时仍孤军冒进。8月17日，钟松部同刘戡部相距已只有几十里。彭德怀判断钟松部主力必将经沙家店地区东进，决心趁它没有同刘戡部会合前，在运动中加以歼灭。这时，国民党军队仍没有弄清西北野战军主力所在和作战意图。刘戡部没有去增援钟松，而是北进去占领神泉堡和葭县。20日拂晓，西北野战军主力突然将整编第三十六师两个旅分割包围在沙家店地区。刘戡部急忙来援，却被阻挡在钟松部阵地的三十多里外。当天黄昏，西北野战军一举全歼整编第三十六师师部和两个旅，共六千多人。胡宗南只能在当天日记中写道："中夜不能睡，喝白兰地一杯，惚恍睡去，天未明又醒，思虑重重。"[2]当刘戡部援兵赶到时，西北野战军已胜利转移。刘部急忙南撤，又在撤退中被歼四千多人。

这场战役，充分显示出统帅部战略视野的巨大差异，不仅把胡宗南所有能调动的兵力都吸引到榆林、葭县、米脂三角地带，无力东顾，便于陈谢集团能从容地南渡黄河（陈谢集团就是在沙家店围歼战那天开到黄河北岸，并在8月22日、23日渡河的），而且吸引并一举消灭了胡宗南在西北战场的预备队，是扭转西北战局的关键性一仗。中共中央机关当时正转移在距沙家店只有二十里路的梁家岔。合围战一打响，毛泽东便高兴地说："好！这回看胡宗南怎么交代！"[3]战斗结束后，彭德怀在8月23日召开旅

---

[1] 刘子奇：《沙家店战役整编三十六师被歼经过》，全国政协文史资料委员会编：《中华文史资料文库》第6卷，北京：中国文史出版社，1996年版，第632、633页。

[2] 胡宗南著：《胡宗南先生日记》（上），台北："国史馆"，2015年7月版，第674页。

[3] 阎长林：《伟大的转折》，《红旗飘飘》编辑部编：《解放战争回忆录》，北京：中国青年出版社，1961年版，第129页。

以上干部会，毛泽东、周恩来、任弼时等都到会。这是他们和彭德怀在延安分手后第一次见面。毛泽东在会上兴奋地说："沙家店这一仗确实打得好。侧水侧敌本是兵家所忌，而彭老总指挥的西北野战军，在短短一天的时间里，就取得了前无古人的胜利。这一仗，是西北我军由内线防御到内线反攻的转折点，它将使西北形势很快发生变化。用我们湖南话说，打了这一仗，就过坳了。"[1]

国民党统治区出版的《时与文》也发表评论：

> 攻击榆林，是一场激烈的战斗。大公报的榆林通信报道："国军演出了不少壮烈的场面。"可是，共军的主要企图，还不止此，它是想以此吸引胡宗南的三大主力之一（卅六师）北来。八月二十日，卅六师一二三旅全部及一六五旅大部由钟松师长率领北援榆林；二十一日，正当进入米脂北七十华里的沙家店时中伏。这一场战斗以后，共军自恃"从此胡宗南嫡系只余十四个旅，减去守备兵力，其机动兵力不会超过七个旅"。因此，它就扬言西北战场上已"开始反攻"了。[2]

沙家店战役后，西北野战军一下转为主动，胡宗南部走向下坡路，只能被动挨打。9月20日，胡宗南部主力已自绥德地区南撤到延安一带。延安以东和以北的交通线上，只有整编第七十六师师长廖昂率领师部和不足两个旅的兵力担任守备。10月1日至11日，西北野战军第一、三纵队和教导旅、新编第四旅发起了延长、延川、清涧战役。

---

[1] 王政柱著：《彭总在西北解放战场》，西安：陕西人民出版社，1981年版，第69、70页。
[2] 萧遥：《论战局》，《时与文》第2卷第2期，1947年9月19日。

清涧是咸榆公路必经的交通要冲，国民党军队筑有坚固工事，廖昂企图在这里凭险固守。尽管显然已很难抵御西北野战军的进攻，但他认为："不突围尚可凭借工事，拖延时日，予解放军以较大的伤亡。如果突围，脱离了工事的掩蔽，只会增大伤亡，加速被歼。且填防延长是胡宗南的命令，没有胡的命令，就不能撤离。"[1]战役开始后，10月9日，胡宗南在日记中写道："清涧危机，廖昂求援之电，多如雪片。于此知此种干部，在危急存亡之秋，并无担当，所练之兵，亦不堪一战，可耻也。"[2]他命令刘戡率五个半旅由延安增援清涧，却被阻滞在二十公里以外。10月11日拂晓，西北野战军攻克清涧，共歼国民党军整编第七十六师师部、第二十四旅旅部等共八千人，其中俘获该师师长廖昂以下六千六百余人。刘戡的援军在下午4时才到达清涧，又是空跑了一次，胡宗南也没有再骂他"可耻"。这次战役的胜利，使西北野战军取得连续攻坚战成功的经验。

廖昂率领的整编第七十六师和钟松率领的整编第三十六师，都属于整编第二十九军。这两个师先后被歼，刘戡率领的整编第二十九军已经精锐尽失。

由于陕北战场的局势已根本改观，西北野战军赢得了一个从容休整的机会。这年冬季，他们以两个半月时间开展了以诉苦三查为主要内容的冬季整训。开展这次整训的原因，《中国人民解放军第一野战军战史》写道："随着战争的胜利，西北野战军兵力在数量上有了较大的发展，野战军由1947年3月两个纵队又两个旅

---

[1] 刘学超：《整编第七十六师在清涧战役中被歼》，全国政协文史资料委员会编：《中华文史资料文库》第6卷，北京：中国文史出版社，1996年版，第640页。

[2] 胡宗南著：《胡宗南先生日记》（上），台北："国史馆"，2015年7月版，第681页。

两万六千人增加到五个纵队七万五千余人;陕甘宁晋绥联防军所辖地方部队由一万六千人发展到三万四千余人。部队数量的增加,主要是补充了大量的解放战士(俘虏兵),有的连队解放兵多达百分之八十以上。这种情况带来了许多急需解决的新问题:不少解放战士阶级界限模糊,不知为谁打仗,存在着吃谁家粮就当谁家兵的雇佣思想,情绪极不稳定;在部队物资极端困难的情况下,少数人惧怕艰苦,违反群众纪律的现象不断发生;有的人在战斗中贪生怕死。这些问题在少数子弟兵中也不同程度地存在着。"[1]为此,彭德怀、张宗逊在11月27日向中央军委报告,部队需要有一个时期集中整训,整训的要求:"(1)提高阶级觉悟。办法是,普遍深入地开展诉苦运动与土改纪律教育。(2)轮训各级、各种干部。(3)扩大党的组织。"[2]

整训分三个步骤进行:第一步,从土改教育入手,发动战士开展诉苦运动。战士(包括解放战士)大多是贫苦农民出身。在诉苦会上,有的痛诉被国民党政府逼得卖儿卖女、妻离子散、家破人亡的悲惨遭遇;有的痛诉祖祖辈辈给地主当牛做马,到头来房无一间,地无一垄,过着衣不遮体、食不果腹的痛苦生活;有的痛诉被抓丁到国民党军队后吃不饱、穿不暖、挨打受骂、常被捆绑的痛苦遭遇。在这个基础上,提出"穷人要翻身,消灭蒋家军"等口号。第二步,转入三查阶段。最初提出的内容是查阶级、查思想、查斗志,以后发展到查工作、查经济、查纪律、查领导以及查共产党支部和党员的作用,开展批评和自我批评。第三步,开展群

---

[1] 第一野战军战史编审委员会编:《中国人民解放军第一野战军战史》,北京:解放军出版社,1995年版,第108、109页。

[2] 彭德怀传记组编:《彭德怀军事文选》,北京:中央文献出版社,1988年版,第230、231页。

众性的练兵运动。西北野战军的冬季整训收到明显效果，部队的精神面貌发生重大变化，部队的战斗力、共产党在部队中的核心作用大大提高。毛泽东写了《评西北大捷兼论解放军的新式整军运动》，对这种做法给予充分肯定。以后，其他战略区的部队也先后开展整军运动。

再来看晋察冀战场。

晋察冀地区处在华北和东北的枢纽地位，战略地位十分重要。这时，国民党军队在华北地区已同华东、中原、西北各战场隔绝，陆上交通中断，难以相互策应。晋察冀军区的部队在1947年4月转入反攻以后，先后取得正太、青沧、保（定）北三次战役的胜利，消灭国民党军队五万两千多人，切断同蒲、正太、平汉等铁路，使晋察冀和晋冀鲁豫两大战略区连接起来，使石家庄孤立于解放区内，为进一步作战创造了良好的态势；但它的战果同其他战区相比仍有差距，主要是没有整个建制地、有决定性地歼灭国民党军。周恩来在小河会议上谈到各战区成绩次序时，把晋察冀放在后面。它的原因，聂荣臻在晋察冀中央局扩大会议上做了认真的分析：除客观因素外，"军事指导上犯了一些错误，执行大踏步前进、大踏步后退的运动战的方针不够大胆。那时有一种保守性，'怕失地盘'"。"在这样的思想下，主动性不足，集中主力主动进攻敌人，大量歼灭敌人，这种指导思想不明确，因而运动战的思想就不能很好贯彻。这使得我们的自卫战争，在这一年中胜利是很不足的。"[1]

---

[1] 中国人民解放军军事学院编：《聂荣臻军事文选》，北京：解放军出版社，1992年版，第259、260页。

当正太战役正在进行时，刘少奇、朱德从陕北到达晋察冀地区，建立中央工作委员会。6月14日，毛泽东致电朱、刘，把"将晋察冀军事问题解决好"列为中央工作委员会建立后三件大事的第一件。[1]中共中央同意朱、刘的建议，决定重建晋察冀野战军，以杨得志任司令员、罗瑞卿任政治委员、杨成武任第二政治委员。在部队指挥员中，进一步明确打运动战、歼灭战的思想。

9月2日至24日，晋察冀野战军围攻涞水，并出击大清河北。但这一仗没有达到预期的目标，虽歼国民党军队5278人，解放军自身伤亡达到6778人。聂荣臻等在9月15日报告中央军委、中央工委，认为"包围敌人过多，因而兵力分散，因而不能速决，故不得不撤退"。朱德、刘少奇在9月23日致电中央军委，认为："野战军大清河战役，因围敌过多，不能最后解决。""但此次士气极旺，干部大有牺牲精神，较以前不同。"[2]

那时，国民党军队在华北地区共有两个集团：一个是保定绥靖公署的孙连仲集团，下辖四个军十一个师以及整编第六十二师、青年军第二○八师等，主力分布在平、津、保三角地区，第三军守备石家庄；另一个是张垣绥靖公署的傅作义集团，下辖八个师又三个旅，分布于平绥铁路沿线。

当晋察冀野战军围攻涞水、出击大清河北的战役还在进行时，东北民主联军的秋季攻势越打越猛，国民党统帅部从华北抽调三个整编师的兵力出关增援，关内机动兵力不足的弱点更加暴露。10月3日，蒋介石在日记中写道："对黄河以北与东北应暂取守势，

---

[1] 中共中央文献研究室编：《毛泽东文集》第4卷，北京：人民出版社，1996年版，第255页。

[2] 转引自中国人民解放军军事科学院军事历史研究部编著：《中国人民解放军全国解放战争史》第3卷，北京：军事科学出版社，1996年版，第197、198页。

此为今后剿匪之方针也。"[1]解放军晋察冀野战军提出乘机再次出击保北。10月5日,朱德、刘少奇复电杨得志、杨成武、耿飚并告聂荣臻、萧克:"同意你们出击保北,并仍以寻求打运动战为主之方针。"[2]由于华北局势紧张,蒋介石主意又变了。他在10月4日飞往北平,召开华北军事会议。会后,召见驻守石家庄的第三军军长罗历戎,对他说:"石家庄应该固守,可将第三军抽调一师到保定,加强机动部队。"[3]10月12日,孙连仲正式下达命令,要他们以四日行程到达保定。罗历戎留下第三十二师继续守备石家庄,自己率军部、第七师以及原在石家庄的第十六军一个团在15日午后出发北上。蒋介石的主意一变,罗历戎和他所辖的一个多师又被断送掉了。

晋察冀野战军一点也没有错失战机。他们原来正在保定以北地区围攻徐水,吸引国民党军来援,主力在徐水以北和以东地区集结,准备在运动中伺机歼灭从这两个方向开来的援军,只以一个旅监视石家庄方向。聂荣臻得到第三军主力北上的情报后,在10月17日火急地接连向野战军发出两份电报,告诉他们:"石门敌七师并六十六团由罗历戎率领于昨晚渡河北进,当晚停止于正定东北之蒲城一带,今续向北进,上午在拐角铺休息。""南下打敌如时间仓促,可先派一个团急进至望都以南阻击,主力亦须急进,勿失良机。"[4]在哪里打?不能在保定以北打,只能在保定以南打,

---

[1] 蒋介石日记(手稿本),1947年10月3日,美国斯坦福大学胡佛研究所藏。
[2] 刘武生主编:《从延安到北京》,北京:中央文献出版社,1993年版,第295页。
[3] 罗历戎:《胡宗南部入侵华北和在清风店被歼经过》,全国政协文史资料研究委员会编:《文史资料选辑》第20辑,北京:中华书局,1961年版,第156页。
[4] 中国人民解放军军事学院编:《聂荣臻军事文选》,北京:解放军出版社,1992年版,第265、266页。

而且还不能离保定太近，因为保定有国民党的一个军，在它以北的国民党军队更多，要在围歼第三军同时阻击强大的援军是有困难的。这样，便选定保定、望都以南的清风店地区。地点的选择是十分恰当的，问题在于时间。晋察冀野战军司令员杨得志回忆当时那种异常紧急的情况：

> 罗历戎的三军距清风店地区只九十多里，我军主力离清风店最近者一百五十里，最远者二百五十里以上，且正在继续西进。如果战场北移，我们的行程可以缩短，罗历戎的行程会加大，但是，那样便离保定太近，不行；南移，我军的路程将更远，也不行。所以，能不能打上和打好这一仗，关键是我军能不能以最快的速度赶在罗历戎的前边，到达清风店。"兵贵神速"，时间就是胜利！
>
> 我们正常的行军速度一般为每小时十华里。现在情况异常，这样的速度显然不行，要强行军。强行军的速度，每小时可达十四华里。但是连续强行军很难按这个时速计算。因为四个小时以上总要吃点东西，十几小时以上总要有点休息的时间。就算我们的战士不吃不喝不休息赶到预定战场，巨大的体力消耗是很难保证战斗胜利的。另一方面，我们从来不打糊涂仗。当时野战军三个纵队的大部分及上万的地方部队，都在运动中西进，要他们掉头南下，就必须讲清楚这个带全局性变化的原因。这也需要时间。
>
> 就我们部队来说，前三个昼夜在徐水地区，不论是攻城的，阻击打援的，都是在运动中激战，体力消耗大，减员也不少，现在强行军南下，困难自然很多。但是，要抓住罗历戎并且消

灭他，我们的主力无论如何必须在二十四小时之内走完二百里左右的路程，赶到方顺桥以南的清风店地区。否则，不但这个仗能不能打上是问题，即使打上，要消灭他，困难将会更多，更大。

决心既定，绝不动摇。耿飙同志蹲在秋风萧萧的田野里起草命令：全军除原攻击徐水归二纵队指挥的部队不动外，其余各部接令后一律掉头南下，目的地是方顺桥以南的清风店地区。

黎明时分，我们来到大路上。只见几路大军全是跑步向南，向南，向南！像汹涌的波涛奔腾向前。[1]

晋察冀野战军悄悄地绕过保定，终于抢在罗历戎前头赶到了清风店地区。10月19日晚，在那里包围了没有戒备的第三军。第二天拂晓，发起攻击。第三军是胡宗南的嫡系部队，具有相当的战斗力。他们原来知道保定以南没有解放军正规部队，出发后三天内也没有遇到什么情况，因此放胆北进，准备同驻保定的国民党军队会合，根本没有想到解放军主力会突然出现在他们眼前，只得仓促应战。这次战役"自始至终处于激烈状态。双方炮火稠密，入夜火光冲天。尤其是在夜间解放军轮流更番进攻，使该军所占各据点的部队无法喘息。由于战争的激烈，双方军队牺牲很大"。[2] 22日中午，战斗结束。

清风店战役中，晋察冀野战军以损失9192人的代价，歼灭国民党军17253人，其中俘获军长罗历戎以下11098人，缴获大量火

---

[1] 杨得志著：《杨得志回忆录》，北京：解放军出版社，1993年版，第396、397、398、402、403页。

[2] 罗历戎：《胡宗南部入侵华北和在清风店被歼经过》，全国政协文史资料研究委员编：《文史资料选辑》第20辑，北京：中华书局，1961年版，第156页。

炮、轻重机枪、长短枪和弹药物资。国民党统治区出版的《观察》也报道说:"上月共军再攻徐漕,石门守军第三军罗历戎率第七师李用章全部、十六军的一个团和军直属部队驰援徐漕,在望都南西南合附近被共军包围,全军覆没,这是河北国军最大的一次损失。"[1] 蒋介石在日记中写道:"第三军之第七师在望都西南合又遭全军覆没之痛,所部不力,积重难返,不能启导威化,使之日新又新,惟此倍增痛苦与惶愧而已。"[2] 这次战役,是晋察冀野战军转入战略进攻后取得的第一次大胜仗,对扭转华北战局起了关键性作用,并为夺取石家庄创造了极为重要的条件。

下一步的目标,自然是乘胜进攻石家庄。

石家庄,当时和休门庄合称石门市,是华北的重要交通枢纽,平汉铁路和正太铁路在这里汇合。它处在平原和山地的边陲,当山西进出的通路,是河北中部的经济中心,华北的战略要地。它虽然没有城墙,但日本侵略军和国民党军队长期在这里修筑防御工事,建成三道防线:第一道是外围的封锁沟,深二点三米多,宽两米,周长三十多公里,沟外铺设地雷群、铁丝网、鹿寨等,沟内侧设围墙、电网,每隔数十米筑一地堡;第二道是环市区的周长十八公里的内市沟,宽、深各五米,沟内外修筑碉堡和交通壕,还有一道周长二十五公里、由铁甲列车巡逻的铁路;第三道是以市区的正太饭店、铁路工厂、火车站等构成的核心阵地,周围碉堡林立。解放军过去还没有攻下过这样坚固设防的城市。

但在清风店战役中,第三军主力被歼后,由第三十二师师长刘英指挥的石门守军已十分孤立,兵力不足,军心严重不稳。10月

---

[1] 观察记者:《国军全盘战略》,《观察》第3卷第13期,1947年11月22日。
[2] 蒋介石日记(手稿本),1947年10月25日"上星期反省录",美国斯坦福大学胡佛研究所藏。

22日，清风店战役结束的同一天，聂荣臻就向中共中央军委、中央工委报告："现石门仅有三个正规团及一部杂牌军，我拟乘胜夺取石门。军委是否批准此方针，请即复。"[1]第二天，朱德、刘少奇也致电中央军委："我们意见亦以打石门为有利。石门无城墙，守兵仅三团，周围四十里长的战线，其主管官被俘，内部动摇，情况也易了解。乘胜进攻，有可能打开。"[2]中共中央军委在当天批准了打石门的建议。

10月25日，朱德赶到野战军司令部，同他们一起，进行紧张的战前动员和攻坚准备。他对石家庄防备的坚固和攻坚的困难有清醒的估计。他在战前动员中反复强调要做好充分准备，高度重视攻坚的战术和技术，并且学会把军事进攻同政治瓦解相结合，尽量减少自己的伤亡。"他提出'勇敢加技术'的号召，要求各部队在作战中，加强党的领导，精心计划，大搞军事民主，认真钻研战术、技术，严格入城纪律，做好入城教育工作。"[3]他特别重视炮兵在攻坚中的作用，在27日到炮兵驻地视察，并发表讲话。他说：

> 炮兵很重要，为步兵开辟道路，可以减少伤亡。炮不打，口不开。打开缺口可以胜利向纵深推进，扩大战果。
>
> 在战术上要注意，接近敌人要秘密，打炮时要猛，要突然，火力齐整集中，集中里面还要集中，还要注意运用不同地形实施射击，不打则已，一打就打得猛，打得准，打得狠。步炮协

---

[1] 中国人民解放军军事学院编：《聂荣臻军事文选》，北京：解放军出版社，1992年版，第267页。
[2] 中共中央文献编辑委员会编：《朱德选集》，北京：人民出版社，1983年版，第211页。
[3] 聂荣臻著：《聂荣臻回忆录》（下），北京：解放军出版社，1984年版，第662页。

同好，胜仗不断打。[1]

石家庄战役从 11 月 6 日拂晓开始。解放军在炮兵猛烈火力掩护下，以爆破、突击和政治攻势相结合的方法，迅速扫清石家庄的外围据点。接着实施土木作业，把坑道挖到对方阵地前沿，以炸药实行坑道爆破，为步兵开辟道路。经过六昼夜的激战，到 12 日，石家庄守军两万四千多人全部被歼，其中刘英以下两万一千多人被俘，解放军缴获大量武器和弹药。

攻克石家庄，是解放军通过攻坚战夺取大城市的创例。朱德总结道："这次胜利，缴获很多，但最大的收获是我们提高了战术，学会了攻坚，学会了打大城市。"[2]

蒋介石在日记中写道："石家庄失陷实为国军自胜利复地以后惟一重大之损失，士气恐因此不振为虑。"[3]

石家庄战役，在国民党统治区也引起巨大震动。《时与文》上发表了一篇《石家庄之役结束以后》，文中辛辣地嘲讽国民党当局道：

> 石家庄的失守，当局虽然（根据公开发表）处之泰然，但是对北方市民却是一个震动。
>
> 石家庄失守的消息使天津二十天来陆续上涨的股票忽然猛跌两成到三成。我们由此可见战局对人心的影响。
>
> 我们不妨再转引天津益世报载十一月十四日蒋主席在国务

---

[1] 朱德在接见晋察冀军区炮兵旅一团排以上干部时的讲话记录，1947 年 10 月 27 日。
[2] 中共中央文献编辑委员会编：《朱德选集》，北京：人民出版社，1983 年版，第 220 页。
[3] 蒋介石日记（手稿本），1947 年 11 月 13 日，"上星期反省录"，美国斯坦福大学胡佛研究所藏。

会议的报告："石家庄失守,并不重要。因平汉线既不能畅通,石家庄当不如昔日之重要。该处物资虽有损失,但国军在胶东夺回之器材、机器、钢板等类可补此损失。国军现在战略,在华北、东北仅图控制北宁、平绥两线,大部兵力则集中消灭黄河以南共匪。"从打通津浦、平汉演变到保卫北宁、平绥,战争的发展真值得我们细细研究了。[1]

再看东北战场。

在三下江南、四保临江战役以后,国民党军队在东北"南攻北守,先南后北"的作战计划已被完全打破,不得不停止进攻。这时,国民党统帅部正集中兵力进攻山东和陕北,力图在这两个战场上取得成功后,再调动兵力向北推进,进攻华北和东北,实现各个击破。因此,在东北战场上,他们没有足够兵力发动新的攻势,只得全线转入防御。

东北的解放区内却是另一番蓬勃向上的气象。中共中央东北局和东北民主联军抓紧时机,大力发动群众,开展土地制度改革,剿匪反霸,进行东北根据地的建设。到1947年5月初,东北解放区的土地改革已近完成,农业生产有了发展,军事工业初步建立,分得土地的农民踊跃参军,东北民主联军总兵力已达到四十六万多人,其中野战军二十五万多人,兵力的主要来源就是刚刚翻身的农民。毛泽东在5月20日致电林彪、高岗说:"东北在你们领导之下,改革了土地,发动了群众,建设了一支强有力的军队。在全国各区中,就经济论你们占第一位;就军力论你们已占第二位

---

[1] 凌华:《石家庄之役结束以后》,《时与文》第2卷第17期,1947年11月21日。

（山东为第一位）。"[1]

从5月13日到7月1日，东北民主联军发动了夏季攻势。

发动夏季攻势和三下江南、四保临江时不同，由于季节的变换，要冒的风险更大。东北民主联军第一纵队政治委员万毅在回忆录中写道：

> 这多少应该算是一步险棋。因为敌我力量相比敌仍略占优势，铁路交通也掌握在他们手里，而我方此时已无冬季江河封冻之便，万一失利，北满我军不免要背水一战。但这又是一着好棋。我主动将战场引向国民党占领区，寻歼敌人的有生力量和相机夺取中小城市，将打通南北满的联系，从根本上扭转东北战局，配合关内各战场作战。[2]

夏季攻势分为两个阶段：第一阶段，全面出击，歼灭分散守备的国民党军队。攻势的发展比预料的要好：先后攻占怀德、昌图、公主岭、梅河口等地；歼灭第七十一军八十八师和九十一师大部、第六十军一八五师，还有新一军的一个团；北满和南满部队在四平以南会师。国民党军队在接连遭受沉重打击后，被迫收缩兵力，重点守备长春、吉林、四平、沈阳、锦州等战略要点。第二阶段，东北民主联军集中兵力进行四平攻坚战。四平是中长铁路上连接长春、吉林和沈阳的交通枢纽，也是国民党军队长期设防的重要据点，由第七十一军军长陈明仁指挥的三万五千兵力防守。他在原有防御工

---

[1] 中共中央文献研究室、中国人民解放军军事科学院编：《毛泽东军事文集》第4卷，北京：军事科学出版社、中央文献出版社，1993年版，第78页。

[2] 万毅著：《万毅将军回忆录》，北京：中共党史出版社，1998年版，第191页。

事基础上，继续加强工事修筑，把城区划为五个守备区，严令死守。东北民主联军以七个师进攻四平，十七个师阻击从沈阳北援和长春南援的国民党军队。在基本扫清外围据点后，解放军从6月14日晚向四平发起总攻击。陈明仁率领守军顽强抵御。经过十五天的激战，解放军占领四平市区的西半部、歼灭守军一万七千多人，但因沈阳、长春两援军已逼近四平，只得在6月30日撤出战斗。

蒋介石在当天日记中兴奋地写道："本日九时，昌平向四平增援部队已在四平与我守城第七十一军会师。幸邀天父眷佑，四平得以完全解围矣。自此沈长、吉林铁路亦可以打通确保，不有天保，盍竟臻此。"[1]

东北野战军夏季攻势的结果，使东北战局发生重大变化。四平虽未攻下，国民党军队已被压缩在铁路沿线的狭长地区，失去了大规模机动作战的能力。东北解放区各根据地却连成了一片。东北民主联军总部发布的作战公报称：

> 我军夏季攻势自五月十三日开始在东西南满及热河、冀东各个战场上，同时展开对敌之进攻作战，交相配合，至七月一日止，历时五十天，歼敌八万二千余，收复县城四十二座（内有六座被敌重占），解放敌占地区十六万六千余平方公里，人口约千万（冀东除外），控制铁路二千五百余里，完全粉碎了敌军对我东西南北满及冀察热辽各根据地的分割计划，与其所谓"机动守备"的布置，并给了据守四平重点之敌以严重打击，使敌军于惨败之余，被迫收缩于中长路及北宁路之狭长走廊地带，转取所谓"重点防守"。至此，去年四平战役后敌军所侵占之地

---

[1] 蒋介石日记（手稿本），1947年6月30日，美国斯坦福大学胡佛研究所藏。

区，除几个大城市外，均已重获解放，从而改变了东北整个局势，创造了今后我军作战的更加有利条件。[1]

为了挽救东北危局，蒋介石派遣他最信任的参谋总长陈诚接掌东北的指挥大权。8月29日，发表由陈诚兼任东北行辕主任。对这件事，当时正率炮十二团一个营增援东北的郝柏村写下一段有趣的评论："从日记看，蒋公等于直接指挥参谋本部及各战场，教陈参谋总长常驻沈阳，无碍于参谋本部全盘的作战指导。"[2]陈诚在9月1日抵沈阳后，调整机构，扩编军队，声称要在六个月内"恢复东北优势""收复一切失地"，并改取"依托重点，向外扩张"的机动防御方针。但经过东北民主联军几次打击，国民党军队控制的面积缩小到不足十万平方公里，只占东北总面积的11.3%左右。连接沈阳、四平、长春的中长铁路早已不能通车，通往关内的北宁铁路（注：从北平到沈阳的铁路）也时通时断，过去依赖铁路交通线的机动性完全丧失。由于关内难以增援，兵力不足而且十分分散。"以守土为目的，则处处设防，处处薄弱，以攻势歼敌为目的，则部队星罗棋布，无法适应战机，集中转用。"[3]更重要的是：官兵厌战，士气极度低落。美国驻沈阳总领事在5月30日给国务院的报告中写道："过去两月，政府军的士气已加速衰颓。""国军既遭损失又感精疲力竭，国军军官的豪华与士兵的

---

[1] 新华社1947年7月7日电，王迪康、朱悦鹏、刘道新、张文荣、邢志远编：《东北解放战争纪实》，北京：长征出版社，1988年版，第368页。

[2] 郝柏村著：《郝柏村解读蒋公日记（1945—1949）》，台北：天下远见出版公司，2011年6月版，第294页。

[3] "三军大学"编纂：《国民革命军战役史第五部——戡乱》第4册（上），台北："国防部史政编译局"，1989年11月出版，第22页。

饷金和生活菲薄、待遇间的不均引起愤恨日增，以及他们毫无兴趣在远离乡井的异乡与不友好的人民为伍作战。""国军士气已经低落到这样的地步，即无论何时共军欲攻取满洲，整个满洲可能突然的溃败，任由共军占取。"[1]这种严重状况，是陈诚根本无法改变的。

这时，全国的军事形势已发生重大变动。刘邓大军、陈粟大军、陈谢集团开始三路南下，转入战略进攻。东北民主联军也积极准备发动秋季攻势。7月下旬，民主联军总部在哈尔滨召开师以上高级干部会议。"会上，林彪根据夏季攻势作战特别是四平攻坚战的经验教训，提出'四快一慢'的战术原则，即：向敌人前进，抓住敌人要快；抓住敌人后，进行攻击准备要快；突破后，扩大战果要快；追击，行动要快；但发起攻击的时机要慢，要沉住气，以免仓促攻击。同时还对'一点两面'和'三三制'战术作了进一步阐述。"[2]他们在国民党军队还没有完成准备的时候，便发起强大的秋季攻势。

《大公报》沈阳专电说："东北秋季大战正式揭幕。此或为共匪放弃烟台后在东北采取之第六次攻势，此次与第五次攻势所不同者，在战略地理上甚显著，前次系共匪渡过松花江作战，此次则在江南中长路两侧发动，且企图先隔绝关内外，再攻国军海上补给之葫芦岛、营口两港口，现北宁路已告中断，开原、昌图一带似颇感威胁。"[3]

---

[1]《中美关系资料汇编》第1辑，北京：世界知识出版社，1957年版，第357页。

[2] 第四野战军战史编写组著：《中国人民解放军第四野战军战史》，北京：解放军出版社，1998年版，第211页。

[3]《大公报》1947年10月4日。

秋季攻势从9月14日开始,到11月5日结束,历时五十多天,大体可分为三个阶段:第一阶段,进攻首先从辽西走廊开始。这里是辽西的丘陵地带东南侧的沿海狭长地带,是连接东北和华北的枢纽,是双方必争之地。经过三次激烈战斗,歼灭国民党军第四十九军军部和两个师部等,共一万六千多人。陈诚急忙将机动部队新六军的两个师从铁岭西调锦州支援。第二阶段,东北民主联军以远距离轻装奔袭的手段,向守备力量削弱的中长铁路长春至铁岭段全面出击,全歼国民党军一个整师、一个保安支队和四个整团共两万三千余人。中长铁路长春至铁岭间二百多公里内,除四平、开原车站两个据点外,已全部为东北民主联军控制。第三阶段,南线部队出击北宁铁路,攻克新立屯、阜新、朝阳等地,歼击从华北来援的国民党军队;北线部队奔袭吉林、长春外围,围攻吉林。在这个阶段中,歼灭国民党军队三万多人,迫使他们收缩到长春、吉林、四平、沈阳、锦州等三十四座大中小城市及其附近地区内,陷入孤立无援的困境。

由于东北民主联军这次秋季攻势是在国民党参谋总长陈诚亲自来东北坐镇后发生的,而且同他一开始兴致勃勃地声称要在6个月内"恢复东北优势"形成强烈的反差,自然引起格外广泛的关注。当秋季攻势还没有结束时,《观察》的通讯版上发表了一篇《东北共军六次攻势》。它把东北民主联军的四下江南称为四次攻势,把夏季攻势称为第五次攻势,而把秋季攻势称为第六次攻势。文中引了陈诚在沈阳国庆日纪念会上的讲话:"说来惭愧,兄弟到此已经四十天,仍然使匪发动了攻势。"对这次攻势所以要从辽西走廊开始,《观察》的文章分析道:

国军在东北的处境是相当危险的,因为他没有安全的后方。

共军的意图,当然是要控制长城线,切断北宁路,关闭东北的门户。所以他们发动此次攻势的开始就有关闭东北门户之战。

东北国军由接收时期不良的影响,和接收后军纪吏治的不佳,他并没有在东北土地上生根,所以很像飘在北方天空中的一只风筝,那个风筝用一条细线——北宁路系着,在东北天空飘飘荡荡,经过了五次暴风雨。因为有那条线,风筝还能逆着风势凌空不坠,如果线断了,风筝将被西伯利亚吹来的飓风吹到什么地方去呢?[1]

十一天后,也就是秋季攻势快要结束时,和《观察》同在上海出版的《时与文》上也发表了一篇《看东北战场》,对这次攻势带来的结果做了这样的描述:

夏季作战以后,国军在东北的占领区,虽然比去冬要大大缩小,但究竟还维持着一条狭长的走廊,还以北宁路及中长路的一段,分别维持着对关内及对营口的交通。

国军要继续维持它的狭长走廊,共军则伺机想把这条走廊切为数段,以至数块。

由于这一角逐的结果,秋季大战前国军比较完整的狭长走廊,现在是分成数块了:长春、吉林、四平、鞍山、营口……这些都成了或大或小的围城;沈阳周边,则是最大的一块。

显然的,这样的作战方式,乃是以"孤困城市战"为目的,而以"削弱对方有生力量的运动战"为过程的混合形态演出着。

---

[1] 观察记者:《东北共军六次攻势》,《观察》第3卷第9期,1947年10月20日。

战斗时,以运动战削弱有生力量。战斗后,达到孤困城市的结果。正如国军的负责人所说:"共军在这种战争中,吃去小据点与一部兵力,但国军乃努力保卫大据点,使小部队不再被吃掉。"(二十三日《申报》)

究竟是国军的意图实现呢?还是共军的意图实现呢?正在进行的角逐,是有决定影响的。从长城到长春,双方正在角逐中。这是中国内战迈入新阶段的开始,双方将在东北考验"决战的能力"。在这个"内战的试练场"中,将显示明天全国战争的演变:"谁能在满洲的战争中取胜,大概它也就能利用这些取胜的经验用于全国"罢![1]

战争期间,战场形势自然具有决定的意义。毛泽东在这年9月1日曾为中共中央起草了《解放战争第二年的战略方针》的党内指示,对第二年作战提出了一个基本任务和一个部分任务。指示写道:"我军第二年作战的基本任务是:举行全国性的反攻,即以主力打到外线去,将战争引向国民党区域,在外线大量歼敌,彻底破坏国民党将战争继续引向解放区,进一步破坏和消耗解放区的人力物力、使我不能持久的反革命战略方针。我军第二年作战的部分任务是:以一部分主力和广大地方部队在内线作战,歼灭内线敌人,收复失地。"[2]

经过四个月,到这年年底,战争局势完全按照这个战略方针进行,而且发展得比预期的更快。为了实现这一年作战的"基本任务",刘邓大军、陈粟大军、陈谢集团三路南下,形成品字形阵势,

---

[1] 军事观察者:《看东北战场》,《时与文》第2卷第8期,1947年10月31日。
[2] 中共中央文献编辑委员会编:《毛泽东选集》第4卷,北京:人民出版社,1991年版,第1230页。

把中原地区从国民党军队的重要后方变成人民解放军的前进基地，并且站稳了脚跟。为了实现这一年作战的部分任务，解放军在陕北、胶东、晋察冀、东北等战场在内线作战，取得重大胜利。

当时担任国民党军第三绥靖区副司令官的张克侠，在9月21日的日记中写道："以近日来国军战况之不景气，疲于肆应，不断凋零，穷途末路之势已成。由渐变而转于突变，甚有可能，今年殆可为决定年。"[1]

上海出版的英文《密勒氏评论报》在10月25日发表一篇《中国战场现势分析》，写道："国军十六个月来试图驱黄河以南的共军至华北，同时加紧他们对华北与东北主要城市与交通线的掌握，以准备一次全面扫荡战。""国军在内战中显出的最大弱点，是高估了城市在中国那样农业国家中的价值。决定性的东北战争以前，国军大体上保存着战斗力的优势。但是他们继续用城市来加重负担，使大部分军力牵制在这些走不通的胜仗里，不能将必需的军队投入主要战场。"文章还指出国民党军队犯的另一个大错，是"集中太多的军力于战争第一线，而在后方留下极大的真空"。"10月3日天主教的《益世报》评论道：'共军如此容易侵入后方这一事实，指出国军没有足够的力量防守内地，因此在后方存在着一个真空。'"[2]

这年年底的12月30日至下一年1月1日，陈毅在一次报告中也做了个总结性的回顾：

我们的战略方针是集中绝对优势兵力打歼灭战，全部消灭

---

[1] 张克侠著：《佩剑将军张克侠军中日记》，北京：解放军出版社，1988年版，第333页。
[2] 载《国讯》第437期，1947年11月1日。

敌人。即是放开两手，诱敌深入，创造有利时机，选择战场，集中兵力，四面包围消灭敌人，以此改善我们的装备，改变敌我形势，到一定时机转入反攻。采取这种战略方针，要舍得丢地方，抛出空间，争取时间，以歼灭敌人的有生力量，壮大自己；以退为进，先退后进，逐渐改变敌我的形势。一年来自卫战争的基本方针和战争全部过程就是本着这个原则。如华东战场，我们把敌人诱入山东，一直牵到胶东烟台那个牛角尖上。西北战场诱敌进到绥德、葭县，冀鲁豫战场也是三进三出，敌人进到黄河沿岸，甚至渡河攻占大名府。敌人不断占我们地方，他们的有生力量也不断被我们消灭。他们每进一步，占领我们一个城镇，必须付出几个旅的代价，反复如此，这中间是有矛盾的。但到一定的程度，敌人后方空虚，进攻不得不停止了，我们跳过来了，掌握了战争的主动权，进入反攻，敌人便处于被动，掉在我们反攻大军的后面，整个战争过程就是出让地区与消灭敌人有生力量，敌我思想斗争也就是这一问题。战争的复杂奇妙为古今中外所未有。[1]

---

[1] 中国人民解放军军事学院编：《陈毅军事文选》，北京：解放军出版社，1996年版，第412页。

第十一章　农村土地制度的大变动

1947年7月至9月，在刘少奇主持下，中共中央工委在西柏坡召开全国土地会议，总结土地改革运动的经验，通过《中国土地法大纲》。10月10日，中共中央做出决议，公布这个大纲。这是国内局势发展中一件有着举足轻重意义的大事。

中国的人口，百分之八十在农村。农民在封建制度压迫下生活极端贫苦。可是，由于他们是落后的小生产者，十分分散，很难形成规模巨大的一致行动，被看作"沉默的多数"。一旦有人能提出代表他们利益的正确主张，把他们有效地组织起来，他们的潜能便会充分发挥出来，成为令人吃惊的巨大力量。

国民党当局以自己的所作所为失尽了人心。而人民解放军所以能在这场战争中取胜，一个根本原因是得到解放区民众的全力支持。它的关键，又在于坚决领导农民进行了土地制度的改革。

全面内战爆发时，解放区的面积不到全国的四分之一，主要是农村和一些中小城市。解放区民众的绝大多数是贫苦的农民。他们祖祖辈辈受地主阶级残酷的地租剥削，最强烈的愿望是能做自己土地的主人。这是中国近代社会中最迫切需要解决的基本问题之一，也是中国实现现代化必须创造的重要前提。

抗日战争时期，大敌当前，为了团结抗日，中国共产党在农村中实行的是减租减息、合理负担和没收汉奸财产的政策。它明显地减轻了农民的负担,并使相当数量的土地转移到农民手里,调动了农民的积极性,但并没有取消地主的土地所有制。这在当时的历史条件下是完全必要的,也是农民群众能够理解和接受的。

抗战胜利后,情况发生了变化。日本侵略者已被逐出中国。解放区得到很大扩充,其中相当大部分是从日本侵略者手中收复的。在这些地区内,日伪政权虽被摧毁,但不少同日伪有勾结、在当地作威作福的地主依然霸占着大量土地,减租减息在以往也没有进行。山西、河北、山东、华北各解放区的农民纷纷起来,在反奸、清算、减租减息斗争中,利用清算租息,清算额外剥削(如大斗进小斗出等)、清算转嫁负担(如应由地主担负的地亩捐转嫁给农民担负)、清算霸占和吞蚀、清算黑地和挂地、清算无偿劳役及其他剥削等方式,使地主的土地在偿还积债、交纳罚款、退还霸占、赔偿损失等合法名义下,大量地转移到农民手里。拿晋冀鲁豫地区来说,"到1946年3月,全区有50%的地区,贫雇农直接从地主手中获得了土地,实行了'土地还家'、'耕者有其三亩田'(大体人均三亩)。中农也分到一些斗争果实"。[1]

在农民纷纷起来从地主手中取得土地这样一股巨大浪潮面前,中国共产党究竟采取什么态度,是站在贫苦农民一边允许他们获得土地,还是与此相反,已成为一个必须明确做出回答的问题。

1946年4月,薄一波、邓子恢、黎玉分别从晋冀鲁豫、华中、山东地区来到延安,参加刘少奇主持的汇报会,汇报了发动群众、反奸清算、彻底减租减息的情况。刘少奇听取汇报后,认为各地现在是各搞各的,需要有一个统一的政策,发布一个指示,使各地有所遵循。那时,全面内战的爆发已迫在眉睫。为了发动贫苦

---

[1] 薄一波著:《七十年奋斗与思考》第1卷,北京:中共党史出版社,1996年版,第397页。

农民准备进行自卫战争,也使这个问题的解决更加不能拖延。

于是,在刘少奇主持下,薄一波、邓子恢、黎玉等参加讨论,起草了《中共中央关于土地问题的指示》。

5月4日,中共中央讨论关于土地问题的指示。任弼时报告了各地减租清算的情况。刘少奇说:"土地问题今天实际上是群众在解决,中央只有一个一九四二年土地政策的决定,已经落在群众后面了。"[1]毛泽东在发言中,把解决土地问题称为"一切工作的根本",指出只有这样才能在将要到来的严重斗争中得到群众的支持。他说:

> 七大写的是减租减息,寻找适当方法实现耕者有其田。当时七大代表多数在延安时间太久,各地新的经验未能充分反映。现在有了这种可能,使我们在观念形态上解决了这个问题,因而使一万万人得到利益,这样我们就可以进行严重的斗争,而不致失去群众的支持。国民党比我们有许多长处,但有一大弱点即不能解决土地问题,民不聊生。这一方面正是我们的长处。时间太长不好,太短亦不行,这是我们一切工作的根本、下层基础,其他都是上层建筑。这必须使我们全体同志都明了。农民的平均主义在分配土地以前是革命的,不要去反对。要反对分配土地以后的平均主义。富农:旧富农实际上是要侵犯一些的,新富农则不应反对。宣传:暂时不宣传耕者有其田,但将来一定要宣传。[2]

---

[1] 刘少奇在中共中央会议上的发言记录,1946年5月4日。
[2] 毛泽东在中共中央会议上的发言记录,1946年5月4日。

这次会议，原则通过了《中共中央关于土地问题的指示》，通常称为"五四指示"。指示提出的基本原则是："在广大群众要求下，我党应坚决拥护群众从反奸、清算、减息、退租、退息等斗争中，从地主手中获得土地，实现耕者有其田。"在斗争中如何对待中农、富农和地主的政策，指示分别做了具体规定：

> 坚决用一切方法吸收中农参加运动，并使其获得利益，决不可侵犯中农土地。凡中农土地被侵犯者，应设法退还或赔偿。整个运动必须取得全体中农的真正同情和满意，包括富裕中农在内。
>
> 一般不变动富农的土地，如在清算、退租、土地改革时期，由于广大群众的要求，不能不有所侵犯时，亦不要打击得太重。应使富农和地主有所区别，应着重减租而保全其自耕部分。如果打击富农太重，即将影响中农发生动摇，并将影响解放区的生产。
>
> 对于中小地主的生活应给以相当照顾，对待中小地主的态度应与对待大地主、豪绅、恶霸的态度有所区别，应多采取调解仲裁方式解决他们与农民的纠纷。
>
> 集中注意于向汉奸、豪绅、恶霸作坚决的斗争，使他们完全孤立，并拿出土地来。但仍应给他们留下维持生活所必须的土地。[1]

这个指示发布后，解放区的土地政策，实际上由减租减息转

---

[1] 中央档案馆编:《解放战争时期土地改革文件选编》，北京：中共中央党校出版社，1981年版，第2、3页。

向耕者有其田。在东北解放区,动员了一万两千名干部下乡,放手发动群众,掀起了土地改革运动的高潮。其他解放区一般通过清算斗争,发动农民向地主面对面地一笔笔算账,以不同方式从地主手中获得土地。根据新华社电讯和各地方报纸材料,晋冀鲁豫边区到 10 月间已有两千万农民获得土地,每人所有土地可达三至六亩。苏皖边区在 12 月初已有一千五百万农民分得土地,平均每人在两亩以上。而东北解放区由于地广人少,又没收分配了大量日伪控制的土地,到 10 月底为止,农民得地两千六百万亩,每人平均得地约六至七亩。[1]《晋察冀日报》在第二年 3 月 21 日社论《继续深入贯彻土地改革》中写道:"紧跟着清算复仇运动,去年全边区开展了轰轰烈烈的大规模土地改革运动。据初步材料,已有近一千万亩的土地重新回到了劳动农民手里。晋察冀热辽几千万农民身上的封建剥削的枷锁被打碎了。"[2] 到 1947 年下半年,全解放区约有三分之二的地区基本上解决了土地问题。

土地改革运动的发展,农民获得土地,极大地提高了他们发展生产和支援解放战争的积极性。晋冀鲁豫、东北等解放区出现了十多年来没有过的大丰收。全面内战爆发后的四个多月内,各解放区有三十万翻身农民,为了保卫在土地改革中获得的果实、保卫家乡而参加了人民解放军。广大民众和地方游击队积极地投入提供军粮、运输物资、保护伤病员、传递信息、袭击敌军等种种活动。解放军在各方面都得到当地民众的极大支持。战争不只

---

[1]《中国的土地改革》编辑部、中国社会科学院经济研究所现代经济史组编:《中国土地改革史料选编》,北京:国防大学出版社,1988 年版,第 330 页。
[2] 晋察冀日报史研究会编:《晋察冀日报社论选(1937—1948)》,石家庄:河北人民出版社,1997 年版,第 584 页。

是军事上的较量,如果没有民众的这种支持,解放军在双方力量悬殊的情况下要灵活机动地以弱胜强是无法想象的。而气势汹汹地发动进攻的国民党军队,一闯入解放区,很快就发现自己已陷入十分孤立的境地,消息不灵,情况不明,时时遭到袭击,进退失据,难以自拔。这种状况,在相当程度上是由当地贫苦农民的民心向背所决定的。

在"五四指示"中,并没有明确地提出废除封建土地所有制的问题。在解放区内,土地状况虽有很大改善,但问题并没有完全解决。用刘少奇的话来说,这是"五四指示的过渡性"。为什么需要一个"过渡性"呢?这是当时整个国内局势正处在过渡期的大局所决定的。刘少奇在全国土地会议上对这个问题做了回答:

> 我们不能要求中央在今天我们能够根据新的情况肯定答复的问题,在一年零三个月以前就能够肯定答复。原因是在这一年零三个月中,国内国际的情况都转变得很快。在当时,我们只把今天的情况当作一种很大的可能性估计到,故决心拥护农民的土地要求,迅速在解放区解决土地问题,但不能肯定在今天就一定成为现实。在当时,国共关系还没有完全破裂,谈判正在进行,国内某种和平局面的可能还没有最后绝望,特别顾虑到国内国际广大群众对于和平的要求,因此,在当时就还不可能决定一个彻底平分土地的纲领。其次,在当时,我们的经验也还是不充足的,还不能作出这样的决定。虽然,我们在五四指示中并不反对、而且批准了农民的推平土地。

事实上,五四指示是在一个过渡时期——从国共大体合作的抗日民族战争过渡到国共分裂、反对美蒋的国内战争——的指示，因此，五四指示决定的具体政策，也是一种过渡政策——从减租减息过渡到平分土地，即是一种不完全彻底的政策。[1]

在贯彻"五四指示"的同时，中共中央还曾考虑采取对社会震动较小、不是无偿没收的办法，来完成土地改革。

当国民党当局开始发动全面内战后不久，中共中央仍在7月19日向各地提出，对于没有解决土地问题的地区，可否采取以下办法来解决："地主土地超过一定数额者由政府以法令征购之。""征购办法，由政府发行土地公债，交付地主地价，分十年还本，公债基金或者由得到土地的农民担负一部分，农民每年向政府交付一定数量的地价，分为十年至二十年交清，另一部分由政府在自己的收入中调剂，或者根本不要农民出地价，由政府在整个财政税收中调剂。除去公债办法外，在抗日战争期间地主负欠农民的债务，农民亦可当作交付地价折算。""宣布在土地改革后地主所保留的土地及财权、人权均受政府法律保障，不得侵犯，凡依法实行并积极赞助土地改革之地主应受奖励。""凡亲自从事耕种土地之中农及富农的土地，不问其多少，应免于征购。"同一天，中共中央还致电在重庆的周恩来、董必武，要他们向中国民主同盟人士解释中国共产党的土地政策："向他们说明我党中央正在研究和制定土地政策，除敌伪大汉奸的土地及霸占土地与黑地外，对一般地主土地不采取没收办法，拟根据孙中山照价收买的精神，采取适当办法解决之，而且允许地主保留一定数额的土地。对抗战民主运动有功者，给以优待，保留比一般地主更多的土地。"[2]

---

[1] 刘少奇在中共全国土地会议上的报告与结论，手稿，1947年9月。
[2] 中央档案馆编：《解放战争时期土地改革文件选编》，北京：中共中央党校出版社，1981年版，第15、16、17、19页。

中共中央发出关于征购土地的提议后，有些地区要求暂缓发表，以免影响群众的反奸清算运动。这样，这个提议就暂时没有公开宣布。但中共中央并没有放弃这个设想，并在陕甘宁边区试办土地公债。陕甘宁边区也有一些特殊性：因地处后方，地主一般没有充当汉奸的问题；一部分地主长期同边区政府合作，成为开明绅士；经过多次减租减息，地主、旧富农的势力已大大削弱，因此没有像其他地区那样开展反奸斗争。12月20日，边区政府公布了《征购地主土地条例草案》，并派出工作组，在绥德、庆阳、关中三个分区试行。经过试行，在做法上做了些调整。1947年2月8日，中共中央又发出《关于陕甘宁边区若干地方试办土地公债经验的通报》，认为把用公债征购土地分给农民同诉苦清算配合起来这种办法很可在其他解放区采用，并且认为这是"最好办法之一"。《通报》说：

最近在陕甘宁边区若干地方试办土地公债结果，证明这是彻底解决土地问题——最后取消封建土地关系与更多满足无地少地农民土地要求的最好办法之一。

由政府颁布法令以公债征购地主土地的办法，如与群众的诉苦清算运动相结合，决不会减弱群众运动，相反，大大加强群众运动，使群众的清算更加站在合法地位，使群众感觉有政府法令的保证而更敢于斗争，使地主感觉更非拿出全部余额土地不可。

除清算、献地等办法外，如再采用公债征购办法，则地主无法保留多余土地，且可使农民避免某些理由不充分的清算，使自己得到的土地更有合法的保证。

> 根据以上各项,用公债征购土地分给农民的办法,很可在各解放区采用,只要与诉苦清算配合起来,不把它看作一种单纯的买卖关系,是只有好处而无害处的。[1]

但是这个《通报》发出后一个多月,国民党政府便发动对延安的大规模进攻,陕甘宁边区试办土地公债的工作自然无法再继续下去。全国各地越来越紧张的战争局势,更要求必须在较短时间内果断有力地解决土地问题,把解放区广大贫苦农民迅速发动起来,使这种相对比较温和的土地改革方法不可能继续实行。

中共中央撤出延安后,刘少奇、朱德等到晋察冀地区的西柏坡建立中央工作委员会。中共中央规定它在半年内的三大任务之一,是"将全国土地会议开好"。

全国土地会议,中共中央早就打算开了,原定1947年5月4日(也就是五四指示发表一周年的日子)在延安举行,以便进一步讨论和解决土地改革中的各种问题,也因为国民党军队大举进攻延安而不得不推迟召开。

刘少奇在从陕北前往华北的途中,经过晋西北,对当地农民生活和土地问题的状况做了些调查,觉得存在的问题还相当严重,如不加以改变,难以支持长期的战争。他在给贺龙、李井泉、张稼夫的信中写道:

> 从兴县到原平,沿途看了山地农民许多穷困及破产的现象,特别是他们没有衣服穿,如在贵州所见的那种衣衫褴褛的情形,

---

[1]《中国的土地改革》编辑部、中国社会科学院经济研究所现代经济史组编:《中国土地改革史料选编》,北京:国防大学出版社,1988年版,第338页。

更加刺目。许多农民多年来未制过衣服,一家八九口人共穿一套烂衣服。

在沿途稍许询问了一下群众运动的情况,虽然有些地方农民已分得若干山地,有些地主被斗争,有些地方正在进行工作,但群众运动是非常零碎的,没有系统的,因此也是不能彻底的。

他从中得出结论:"没有一个有系统的、普遍的、彻底的群众运动,是不能普遍彻底解决土地问题的。目前你们的任务,就是要有计划的去组织这样一个群众运动,并正确的把这个运动领导到底。"

在这封信中,刘少奇强调要依靠群众的自发运动,并且对农村干部中的问题看得十分严重。他写道:

土地问题的普遍解决,必需而且主要的是依靠群众的自发运动。在个别的村子的典型运动开始后,周围村子的群众就自动照样开始,使运动成为潮流,成为风暴,才能解决问题。

沿途听到了许多我们干部不信任群众、害怕群众的自动性与运动的自发性的例子。在某些地方,群众要斗争某家地主或恶霸,而我们的政府或干部则以各种"理由"不许群众斗争,阻止群众行动。另一方面,当群众还没有起来向地主斗争时,我们的干部却硬要群众去斗争,由农会收回许多土地分给农民,但农民不要,所以有的土地至今未分。我们干部不信任群众,违反群众路线,不尊重与倾听群众意见,不根据群众的自觉与自动去指导群众运动,是你们这里许多群众运动失败的原因。此外,在各种组织中与地主妥协的倾向,某些分子或明或暗的有意阻碍与破坏群众运动与土地改革的现象,也很严重。[1]

刘少奇在晋西北得到的这些认识,显然对他指导稍后不久召开的全国土地会议是很有影响的。

他们到达晋察冀地区后,7月12日,中央工委在西柏坡正式成立。

7月17日至9月13日,全国土地会议在西柏坡召开。参加会议的有中央工委负责人,有东北、晋察冀、山东、晋冀鲁豫、晋绥、陕甘宁等根据地负责人,共107人。刘少奇在开幕典礼上说:

> 召集这个会议的目的是总结经验,交换经验,以便给以后的运动——群众运动、土地改革运动等等运动以新的指导。
>
> 从去年五四指示到现在一年多了。
>
> 根据群众运动的实践经验来校正我们的五四指示是否正确,这个问题现在已经成熟了,因为有一年多的大运动。我们可以开这个会来检讨一番,并且制出一个新的指示,交给人民。
>
> 我们这个会怎样进行法?
>
> 我们想在会议开始的时候不做报告,也不提意见,先由各地做报告,大家讲,反映情况,报告情况,在报告中间不仅是土地改革本身的问题,与其他有关联的问题都提出来,个人的意见也提出来。在报告后大家考虑一下,再进行讨论。讨论后,哪些问题已经讨论成熟了,我们认为可以做决定了,那就做一些决定,由中央批准。[2]

---

[1] 刘少奇致贺龙、李井泉、张稼夫的信,1947年4月22日。
[2] 刘少奇在全国土地会议开幕典礼上的讲话记录,1947年7月17日。

当各地报告快要结束时，8月4日，刘少奇给中共中央写了报告：

> 土地会议各地情况汇报数日即完，将转入讨论，全国土地改革只晋冀鲁豫及苏北比较彻底；山东、晋察冀、晋绥均不彻底，当须进行激烈斗争，才能解决问题；东北热河新区情况尚好。综合各地农民要求有四大项：即土地、生产资本、保障农民自由权利及负担公平，其中土地与民主又是基本要求，而民主是保障与巩固土地改革彻底胜利的基本条件，是全体农民向我政府和干部的迫切要求，原因是我们干部强迫压制群众的作风，脱离群众，已达惊人程度，其中贪污自私及为非作恶者亦不很少，群众迫切要求改变这种作风并撤换与处分那些坏干部。
>
> 两月来，我即考虑如何解决这个问题，现在所发现的惟一有效方法，只有上述经过贫农团和农会，发动群众放手发扬民主，以彻底完成土地改革，改造党、政、民组织与干部，并造成树立民主作风的条件。[1]

这个报告得到中共中央批准。8月20日和21日，刘少奇在全国土地会议上连续两天做了长篇报告。报告内容的重点，一是土地改革，二是整党。关于土地改革，他说：

> 土地改革运动，用一句话来说，基本上就是平分土地，将地主的土地及财产分掉，一部分富农的部分土地财产分掉，一部分富农不动，中农不动，贫雇农得到土地，结果土地就大体

---

[1] 中央档案馆编：《解放战争时期土地改革文件选编》，北京：中共中央党校出版社，1981年版，第71、72、76页。

平均了，农民所有的土地都差不多。去年的五四指示，今天开会，明天开会，全党动员，大家努力，几千万农民起来搞，就是搞的这件事情——土地所有权大体平均。这是中国革命历史上最伟大的事情。我们只要作好了土地所有权大体平均这件事情，我们就基本上完成了一个革命，完成了现阶段的新民主主义革命。新民主主义的基本问题、主要问题就完成了。所谓土地革命讲来讲去，就是这样一件事情：将中国农民土地所有权大体平均起来，一句话就讲完了。这不是很简单吗？但意义很大。[1]

可见，他这里所说的"平分土地"，指的是把地主和一部分富农的土地财产分掉，做到"土地所有权大体平均"，"中农不动"，甚至一部分富农也不动，并不能望文生义地去理解"平分"二字。刘少奇在这次讲话中还专门讲了一段：

> 对于中农。对全体中农（包括富裕中农在内），他们的土地、财产，应该坚决的不动。方针政策上也应该这样的肯定不动。要保证中农的利益不受侵犯，不受有意的侵犯，也不受无意的侵犯。要保证中农的土地财产不受有意无意的侵犯，已经侵犯的要想法补偿，只有这样才能稳定中农，联合全体中农。没有这个条件，联合全体中农是假的，不可能的。分配地主的财产，中农也应该分得一部分，下中农应该分得土地。佃中农没有所有权。原则上佃中农、佃富农都应该把土地拿出来，因为所有权不是他们的。当然他是不赞成的，不过可以照顾一下，在分配中间不使受损失太大，生活程度不降得太低，这是有理由的。

---

[1] 刘少奇在全国土地会议上的报告记录，1947年8月20日。

至于远的土地，换一块比较近一点的，或者少了买一块补偿，这是个别的，而且很少的。这样的动，一般的是不反对。这样对他们没有多大损失，这是可以的。[1]

整党，是一个新问题。前面已经说到，在刘少奇看来，土地改革所以不能彻底，重要的障碍是党内干部队伍不纯。他把这个问题看得十分严重，甚至认为地主富农出身的党员在有些领导机关特别是县以上的领导机关占了优势，因而不能代表贫雇农的利益和要求。解决的办法就是要结合土改，由上而下地进行整党，清理干部队伍。他在第二天的讲话中说：

现在土地改革不能实现的主要原因，是在我们党内，不在党外。党外谁能够阻止我们的土地改革？蒋介石阻止不了。美国帝国主义阻止得了吗？地主富农阻止得了吗？阻止不了。而最大的阻碍、最大的问题是在我们党内。所以要先从党内整起。党整好了就保证了土地改革的彻底完成。没有这一条，土地改革无论如何完成不了。

现在的问题是在党里头、群众里头、干部里头，而干部也不只是村干部，并包括高级干部，所以问题的重要，不只是在村上、区上、县上，而且是在地委、在区党委。在政治上、思想上讲，并包括中央局，因为它动摇，有官僚主义，而这些高级干部又是起决定作用的。所以要整编队伍，整编党内的队伍，整编群众的队伍。高级领导机关，下级领导机关，高级干部，下级干部，以至于一般的党员，都要彻底的整顿一番。这一个

---

[1] 刘少奇在全国土地会议上的报告记录，1947年8月20日。

整顿一番，不仅仅是为了完成土地改革，而且是为了更远大的问题，为了建立一个纯洁的党，来更好的完成一切工作，更密切地联系群众，为了使我们的党在某些地方的官僚主义的脱离群众、贪污、自由主义等等现象都整掉。那基本上对一切都好，否则不仅土地改革不能完成，一切任务都不能完成。[1]

这时已到8月下旬，全国土地会议已进行了一个多月，各项问题的讨论临近结束。但这时在土地改革上发生了一个相当重要的变化，牵动最大的是对待中农的政策。

8月29日，新华社发表了一篇社论《学习晋绥日报的自我批评》。社论中说道："现在我们是处在历史上空前规模的内战之中"，"中国人民要以自己的力量战胜这个敌人，最重要的保证之一，就是土地问题的彻底解决，首先是解放区土地问题的彻底解决"。"在这种情形之下，我党的土地政策改变到彻底平分田地，使无地少地的农民得到土地、农具、牲畜、种子、粮食、衣服和住所；同时又照顾地主的生活，让地主和农民同样分得一份土地，乃是绝对必要的。"[2]刘少奇对这篇社论中"彻底平分田地"这个提法极为注意，认为："这篇社论都是讲的平分土地，是普遍的彻底平分。这篇社论中根本未提到动不动中农的问题，关于不侵犯中农利益的话一个字也未讲到。我想很明显的这篇社论是经过毛主席看过的，彻底平分土地的口号很可能就是毛主席提出来的。"他说："昨天我们几个同志谈了一下，感到普遍的彻底的平分土地的政策简

---

[1] 刘少奇在全国土地会议上的报告记录，1947年8月21日。
[2] 新华通讯社编：《新华社社论集（1947—1950）》，北京：新华通讯社，1960年7月编印，第54、55页。

单明了,贫农也易于掌握,这是毛病最少好处最大的,这是一个大解放。""在我们的会议上大家都认为中农可以不动,这样一来中农就要动了。不过中农也动得不多,只是富裕中农要拿一点出来,下中农还得到土地。"大概是三分之一要拿出来,三分之一多少得到一些地,三分之一不动。"毛病就在这一点,就在关于中农的问题上。"这说明刘少奇内心是有一定矛盾的。但他又觉得:"不动中农而能满足贫雇农的要求的地方比较少。"[1] 9月5日,中央工委向中共中央报告全国土地会议讨论的结果:"多数意见赞成彻底平分,认为办法简单,进行迅速,地主从党内党外进行抵抗可能减少,坏干部钻空子、怠工、多占果实的可能亦减少。""大家认为得多害少,因此,决定普遍实行彻底平分。"第二天,中共中央复示同意。电文中写道:

> 平分土地利益极多,办法简单,群众拥护,外界亦很难找出理由反对此种公平办法,中农大多数获得利益,少数分出部分土地,但同时得了其他利益(政治及一般经济利益)可以补偿,因此土地会议应该采取彻底平分土地的方针,将农村全部土地、山林、水利,平地以乡为单位,山地以村为单位,除少数重要反动分子本身外,不分男女老少,在数量上(抽多补少)、质量上(抽肥补瘦)平均分配。[2]

为什么会发生这个变化?从不动中农到要富裕中农拿出一些土地来?注意到刘少奇所说的"不动中农而能满足贫雇农的要求的地方比较少"这句话,事情看来是这样的:在解放区特别是老

---

[1] 刘少奇在全国土地会议上的讲话记录,1947年9月4日。
[2] 中央档案馆编:《中共中央文件选集》第16册,北京:中共中央党校出版社,1992年版,第528、529页。

解放区内，经过减租、诉苦清算和有些地区的多次土改，土地关系已发生很大变化，地主和旧富农手里可以拿出来分配的土地已大大减少，不能满足渴望土地的贫雇农的要求，而严重紧张的军事形势又迫切地要求将占农村人口多数的贫雇农充分发动起来，怎样才能更好地满足他们的愿望和要求便成为十分重要的问题，在这种情况下便会产生不如要富裕中农拿出一点土地而在其他方面给以补偿的想法，中国共产党在处理土地问题时曾不止一次有过类似的考虑。这种考虑，在当时的具体历史条件下是可以理解的，但毕竟不是一种正确的选择。动了一部分富裕中农的土地，即便在其他方面给以补偿，仍会使大多数中农感到恐慌，挫伤或压抑他们的生产积极性，不利于团结中农和在土改后建设新农村。因此，中共中央对这项政策很快又做了调整，这在下面要谈到。

9月13日，历时两个月的全国土地会议举行最后一次会议，在通过《中国土地法大纲》后宣告闭幕。这个《大纲》经中共中央批准后，在10月10日颁布实行。

《中国土地法大纲》旗帜鲜明地规定："废除封建性及半封建性剥削的土地制度，实行耕者有其田的土地制度。"这是整个土地制度改革的总纲。根据这个根本要求，《大纲》具体规定："废除一切地主的土地所有权"；"废除一切祠堂、庙宇、寺院、学校、机关及团体的土地所有权"；"废除一切乡村中在土地制度改革以前的债务"；"乡村农会接收地主的牲畜、农具、房屋、粮食及其他财产，并征收富农的上述财产的多余部分，分给缺乏这些财产的农民及其他贫民，并分给地主同样的一份"；"大森林、大水利工程、大矿山、大牧场、大荒地及湖沼等，归政府管理。"

对平分土地的具体办法，《大纲》规定："乡村中一切地主的土地及公地,由乡村农会接收,连同乡村中其他一切土地,按乡村全体人口,不分男女老幼,统一平均分配,在土地数量上抽多补少,质量上抽肥补瘦,使全乡村人民均获得同等的土地,并归各人所有";"土地分配,以乡或等于乡的行政村为单位,但区或县农会得在各乡或等于乡的各行政村之间作某些必要的调剂";"地主及其家庭,分给与农民同样的土地及财产";"家居乡村的国民党军队官兵、国民党政府官员、国民党党员及敌方其他人员,其家庭分给农民同样的土地及财产。"[1]

《大纲》还规定农民享有历史上从来没有过的民主权利。

《中国土地法大纲》是一个在全国范围内彻底消灭封建剥削的土地制度的基本纲领,公开树立起消灭封建制度的大旗。在它公布后,经过层层发动,到11月、12月间,各解放区掀起了轰轰烈烈的土地改革运动。

这是一场中国农村社会的大变动,是一场真正意义上的大革命。千百年来,中国一直是农业国家,居民的绝大多数是农民。中国的土地制度极不合理,占乡村人口很少数的地主富农占有大多数的土地,残酷地剥削农民。而占乡村人口绝大多数的雇农、贫农、中农及其他人民,却只有很少的土地,终年劳动,不得温饱。这种严重状况,是中华民族被侵略、被压迫、穷困及落后的根源,是中国的国家民主化、工业化、独立、统一及富强的基本障碍。土地改革所要解决的,就是这个问题。

土地制度的改革是中国民主革命的基本内容之一。不废除地主的土地所有制,便没有彻底的反封建可言,也没有什么中国的现代化可言。在中国,不存在别的代表农民的政党。许多政党和

---

[1] 中央档案馆编:《中共中央文件选集》第16册,北京:中共中央党校出版社,1992年版,第547、548、549页。

它们的代表人物，或者根本不关心农民的土地问题甚至依赖乡村的豪绅来维持他们的统治，或者只是在讲话或文章中说了一些空话。只有中国共产党才最坚决地、脚踏实地地在乡村中领导广大贫苦农民，向统治了中国社会几千年的封建制度猛烈开火，把它从根铲除。这是任何其他政党和人士没有做到的，也是中国共产党所以能领导革命取得胜利的奥秘所在。

农民是最讲究实际的。获得土地，是贫苦农民祖祖辈辈以来的梦想。中国共产党领导农民进行土地改革这个事实，使他们迅速地看清是谁代表着他们的愿望和根本利益，从而得到他们的全力支持。这是一个足以排山倒海的力量，任何其他力量都难以比拟。中国革命的军事斗争同土地制度的改革是不能分开的。没有军事斗争的坚持和发展，谈不上进行有效的土地制度改革；而没有土地制度的改革，没有广大农民的全力支持，军事斗争也会失去力量源泉而不可能取得胜利。如果看不到这一点，或者不能充分认识这个事实的极端重要性，那就是对近代中国的真实情况太隔膜了。

全国土地会议的召开和《中国土地法大纲》的公布实施，在国民党统治区也引起巨大的震动。总的说来，它得到全国大多数民众的同情或支持。同民族资产阶级关系密切的中华职业教育社所办的《国讯》周刊，在已经宣布"戡乱"的国民党统治区，公开出了一个特辑，题目叫：《把握解决时局问题的关键——研究中国的土地改革问题》。它不仅在"参考资料"的名义下刊登了"中国土地法大纲"的原文，而且在《各方面对中国土地问题意见》中刊登了五位知名学者的意见。其中，狄超白说："中国的封建制度绵延已三千余年，而这个残存的封建制度的根柢，就是全国封建性及半封建剥削的土地制度。这是中国社会的穷根与祸根。""中共新颁土地法的内容是很现实的，既非共产主义，也非社会主义。其目的在消极方面是废除封建剥削，积极方面是挖掉中国社会的病根，使农民生产力获得解放，农业生产物能用于扩大再生产，然后才能发展工业。"陆诒说："中国旧有土地制度，正是封建统治的基础；也是受帝国主义侵略压迫的根源。只有把这不合理的反动制度连根拔除，才能一劳永逸的完成反帝反封建的民主革命任务。此外，中国如要挣脱殖民地的枷锁，必然要工业化，工业化的前提亦需先解决土地问题。"黄药眠说："表面看来，今天中国的地主是在彷徨和苦闷当中，表现着动摇和不满的情绪，但终极他们还是支持反民主政权的，对于帝国主义的侵略，不仅倾向妥协投降，且正在不断地摧残民族的生机，所以不能采取抗战时期的办法。但是完全不照顾到地主的利益，在今天的情况是有害而不必要的。这土地改革方案，是资产阶级的政纲，并且是发展工商业的有利条件。"[1]

《中国土地法大纲》公布后，各解放区党政机关派出大批工作队深入农村，在更广阔的范围内，掀起以平分土地为中心的群众运动，使解放区农村的社会结构和阶级关系发生了根本的变化，也使正在进行的解放战争获得了不竭的力量源泉。拿东北解放区后方的合江省来说：

> 经过平分土地运动，合江全省平均每个农民分得土地七亩到十二亩，每四十亩到七十亩地即有一头牲口，房屋和衣服等一般也解决了。这是一个翻天覆地的变化。农民的生产积极性因此特别高涨。一九四八年初，除缴公粮及以粮换盐、换布外，

---

[1]《各方面对中国土地问题意见》，《国讯》第446期，1948年1月17日。

每人尚有余粮六斗至一石。

从一九四六年六月到一九四八年十月，共输送子弟兵六万二千余人到主力兵团。这是土改的重大收获，它为我军提供了丰富的兵源。[1]

人民解放军力量得以迅速壮大，初期主要靠的是土地改革后积极参军的翻身农民。以后，随着解放战争的胜利发展，大量国民党俘虏兵参加了解放军，称为"解放战士"。他们很多原来是在"抓壮丁"中被强行抓来的贫苦农民，过去受尽地主豪绅和国民党军官的压迫和虐待，被俘后经过诉苦活动和政治教育，成为解放军战士，在军中占着越来越大的比重，说到底，依然是一个农民问题。

在《土地法大纲》实施过程中也发生过一些问题，主要是"左"的倾向。例如：《大纲》没有说明必须按照各地区的不同情况，分期分批地、有计划有步骤地去实行分配土地，出现了不分新解放区、老解放区、中心地区、游击地区一律强行平分土地的情况。又如：《大纲》中要求将一切地主的土地及公地"连同乡村中其他一切土地"统一平均分配，这就会导致侵犯中农特别是富裕中农的利益。又如：在有些地区出现没收地主富农经营的工商业，对地主富农进行过重打击，甚至出现乱斗乱杀现象。再如：在整党中，对有些干部的问题做了过于严重的估计，在批评和斗争时出现粗暴行为，如此等等。

中共中央发现这些情况后，经过认真的调查研究，接连发布大量纠正这些偏差的政策指示。毛泽东在1948年1月18日为中共中央起草的《关于目前党的政策中的几个重要问题》的党内指示

---

[1] 方强等：《合江人民的觉醒》，陈沂主编：《辽沈决战》下册，北京：人民出版社，1988年版，第66、67页。

中，就土地改革和群众运动中出现的问题规定了十二条政策。这些政策包括：必须将贫雇农的利益和贫农团的带头作用放在第一位，团结中农和自己一道行动，而不是抛弃中农由贫雇农包办一切；必须避免对中农、中小工商业和一切知识分子采取任何冒险政策；对于那些同中国共产党共过患难确有相当贡献的开明绅士，在不妨碍土地改革的条件下，必须分别情况，予以照顾；必须将新富农和旧富农、富农和地主加以区别，对大、中、小地主，对地主富农中的恶霸和非恶霸，也应有所区别；必须坚持少杀，严禁乱杀；对于某些犯有重大错误的干部和党员以及工农群众中的某些坏分子，在批评和斗争的时候，应当说服群众，避免粗暴行动等。毛泽东说了一句名言："政策和策略是党的生命，各级领导同志务必充分注意，万万不可粗心大意。"[1]

对彻底平分土地的问题，中共中央的态度很快有了改变。毛泽东1947年12月25日在杨家沟中共中央扩大会议上说："土地分配不能搞绝对平均。由于当地地主、富农太少就要同中农扯平，这也是不对的。对同中农有关系的事一定要征求中农的同意。"[2]对《中国土地法大纲》中"连同乡村中其他一切土地"统一平均分配那句话，不久后也以中共中央的名义加了一条注"在平分土地时应注意中农的意见，如果中农不同意则应向中农让步，并容许中农保有比较一般贫农所得土地的平均水平为高的土地量"。[3]事实上，"如果中农不同意则应向中农让步"，那么中农是不会同意把自己的土地拿出来供统一平分的。这样，在实际工作中纠正了曾

---

[1] 中共中央文献编辑委员会编：《毛泽东选集》第4卷，北京：人民出版社，1991年版，第1298页。
[2] 中共中央文献研究室编：《毛泽东文集》第4卷，北京：人民出版社，1996年版，第331、332页。
[3] 中央档案馆编：《中共中央文件选集》第16册，北京：中共中央党校出版社，1992年版，第548页。

经产生的不恰当做法，比较快地回到原来的"不动中农"的原则，没有对中农造成更大的损害。

为什么中共中央和毛泽东在这时要集中精力来研究政策问题？这是客观形势发展的需要，是因为有没有全民族绝大多数人口参加的民族统一战线已成为革命能不能取得最后胜利的重要关键。毛泽东明确地提出："现在敌人已经彻底孤立了。但是敌人的孤立并不等于我们的胜利。我们如果在政策上犯了错误，还是不能取得胜利。"他在西北野战军前委扩大会议上讲得很透彻：

> 如果我们的政策不正确，比如侵犯了中农、中等资产阶级、小资产阶级、民主人士、开明绅士、知识分子，对俘虏处置不当，对地主、富农处置不当，在统一战线问题上犯了错误，那就还是不能胜利，共产党会由越来越多变成越来越少，蒋介石的孤立会变成国共两方面都孤立，人民不喜欢蒋介石，也不喜欢共产党。这个可能是有的，在理论上不是不存在的。[1]

曾有一种看法，认为中国共产党所以能取得胜利，完全由于国民党腐败和无能，使自己完全陷于孤立。这话只说了事情的一个方面。如果共产党不能代表最广大民众的根本利益，如果共产党的政策犯错误，确实仍会如毛泽东所说："蒋介石的孤立会变成国共两方面都孤立，人民不喜欢蒋介石，也不喜欢共产党。这个可能是有的，在理论上不是不存在的。"在胜利行将到来的时候，能不被胜利冲昏头脑，而发出这样清醒的中肯的警告，实在是一件极不容易的事情！

---

[1] 中共中央文献研究室编：《毛泽东文集》第5卷，北京：人民出版社，1996年版，第23页。

第十二章　中间派政治力量的新抉择

中共中央正式发布《中国土地法大纲》后半个多月，10月27日，国民党政府内政部公告中国民主同盟为非法团体。随即，对各地民盟成员加紧迫害。11月6日，民盟总部被迫宣布解散。这就把国民党政府残留的一点"民主"外衣也完全撕去，结果只能使它自己陷于更加孤立的境地。

中国民主同盟主要由国民党统治区有着爱国民主思想的中上层知识分子所组成，包括许多在社会上有相当影响的教授、学者、文化人。它成立于1941年3月中旬，最初的名称是中国民主政团同盟，成员来自国家社会党、青年党、第三党（注：即现在的农工民主党）、职业教育派、乡村建设派，半个月后又增加了救国会，号称"三党三派"。

"民盟从成立的时候，就自认是个中间派的政治集团。"所谓"中间派的政治集团"，指的是国民党和共产党以外，处于中间地位的各个政治集团。它成立的时候，正在蒋介石发动皖南事变后不久。"这件事震动了全国人民。当时重庆的民主人士和在野党派的领袖，就奔走相告，认为在抗战时期两大党的武力冲突是国家极大不幸的事情。这将影响整个中华民族的命运。于是在重庆的一些党派的领袖和一些民主人士就商议联合起来组织一个中间派的集团,以调解国共两党的冲突,结果就组成了民主政团同盟。它当时的主要目的是要求两党团结抗战。"[1]梁漱溟也说到过他们发起成立这个组织时的想法:"因为想来想去,非民主团结,大局无出路,非加强中间派的组织无由争取民主团结。所谓加强组织,从内部说,要矫正散漫无中心之弊;从外面说,不畏强梁,挺起身来,代表民众说话,并见出真是无所偏倚的精神。"[2]

"三党三派"内部的政治倾向相当复杂,彼此间存在很大差异。中国民主政团同盟同这些党派的关系是怎样的?当时担任民盟中央宣传部长的罗隆基这样说:"这些党派领袖是以个人名义参加民盟的,而不是党派以集体名义参加的。党派领袖是盟员,不等于说这些党派都是民主政团同盟构成的集体单位。这些党派还是盟外独立自主的党派。党派的成员是根据各人自愿的原则,履行入盟手续后始得加入民盟。因此,民主政团同盟的决议和行动,在法律上和实际上并不能拘束各党派的独立自主的行动,反之,各党派有决议和行动,亦不能拘束民盟。"[3]这种松散的关系,也是以后中国青年党和民主社会党自行其是、分裂出去的重要条件。

值得注意的是:除来自"三党三派"的成员以外,还有相当一部分不属于任何党派的成员。张澜就是没有其他党派关系,而最早签名发起成立民盟的十七人之一。他是盟内最年长的盟员,是清末四川保路运动的重要领导人,民国初年担任过四川省省长,在作为大后方中心的四川有着很高的声望。正由于他的资历、声望,

---

[1] 罗隆基:《从参加旧政协到参加南京和谈的一些回忆》,全国政协文史资料研究委员会编:《文史资料选辑》第20辑,北京:中华书局,1961年版,第194、201页。

[2] 中国文化书院学术委员会编:《梁漱溟全集》第6卷,济南:山东人民出版社,1993年版,第598页。

[3] 同[1],第198页。

又没有其他党派关系,所以能得到盟内各党派和无党派盟员的共同推重,从1941年冬开始被推举为民盟主席,连续担任这个职务远达十多年之久。以后,盟内没有其他党籍人士的比重越来越大,逐渐成为主体。西南联大等著名高等学府所在地的云南昆明,盟内无党派关系的盟员同有党派的盟员的比例,1944年已超过20:1。在昆明支部的建议下,1944年,民盟中央决定把中国民主政团同盟改名为中国民主同盟,盟内的爱国民主倾向越来越明显。它同中国共产党的关系也越来越密切。

抗日战争的胜利,使中国民主同盟面对一个新局面,同样要回答应该建设一个什么样的中国的问题。1945年10月11日至16日,民盟举行临时全国代表大会(以后被追认为民盟第一次全国代表大会)。大会的政治报告中说:"这次中国民主同盟召集临时代表大会的目的,就在研讨怎样把握住这个千载一时的机会,实现中国的民主。把中国造成一个十足道地的民主国家,是中国民主同盟的责任。"当前中国需要怎样的民主制度呢?报告中勾画出一幅他们设想的蓝图:

> 中国民主同盟在中国所要建立的民主制度,绝对不是,并且绝对不能把英美或苏联式的民主全盘抄袭。我们依靠英、美、苏的经验,树立适合中国国情的民主制度,在我们所需要为中国树立的民主制度上,我们没有所谓偏左偏右的成见,我们亦没有资本主义民主、社会主义民主这些成见。我们对别人已经试验过的制度,都愿平心静气的取其所长,弃其所短,以创造一种中国的民主。
>
> 在民主制度的运用上,我们又坦白的承认英美的议会制度

亦有了相当良好的成绩,是我们建立中国民主制度的宝贵的参考材料。有了这种议会机构,人民就能决定政府的政策,管理政府的政策,管理政府的财政,监督政府的行动。换句话说,有了这种机构,人民才能行使主人的权力,真正做国家政府的主人。

我们亦不忽视,更不否认,英美的议会政治与政党政治也有他们的缺点。但那些缺点,却不是那制度本身发出来的,而在其社会经济制度缺乏调整。在社会上贫富阶级存在,人民间贫富有无的悬殊差别太大,因此,人民那些自由平等权利,在许多方面就落了空,就成了有名无实。调整社会经济制度,从政治上的自由平等扩展到经济上的自由平等,这就是所谓经济的民主。在这方面,苏联一九一七年的革命和苏联将近三十年在这方面的努力,成绩特别多。苏联三十年来的试验,又是中国建立民主制度的极好的参考材料。

拿苏联的经济民主来充实英美的政治民主,拿各种民主生活中最优良的传统及其可能发展的趋势,来创造一种中国型的民主,这就是中国目前需要的一种民主制度。[1]

按罗隆基的说法,这是一种"中间派"所主张的"第三条路线"。他说:

> 当时民盟的一些领导人,大家都认为民主同盟不但在抗战时期应该是个中间派,就在今后建国时期中仍然应该是个中间

---

[1] 中国民主同盟中央文史资料委员会编:《中国民主同盟历史文献(1941—1949)》,北京:文史资料出版社,1983年版,第71、75、76、77页。

派,民盟在建国方针上应该走国民党同共产党两党以外的道路,就是所谓的第三条路线。

由于在建国方针上采取了这个自以为不左不右的路线,于是就相应而来了所谓的第三条路线。这条路线,我们当时认为既非国民党的路线,亦非共产党的路线,既非英美的路线,亦非苏联的路线。我们当时幻想在英美资本主义同苏联社会主义两者之间寻找一条新的路线,即所谓的第三条路线。[1]

毫无实力的中国民主同盟,靠什么来实现"第三条路线",把中国"造成一个十足道地的民主国家"呢?它期待通过和平的方式来实现这个目的,把全部希望寄托在"政治会议""联合政府""国民大会"上。当1946年1月政治协商会议举行时,他们曾抱有很大的期望,采取相当积极的态度,力求使这次会议能够真正有助于中国民主政治的推进。

蒋介石从来对权力把得很紧很紧,根本不想实行什么民主政治。他的算盘上所打的,只有怎样倚仗自己手中的优势武力,消灭一切异己力量。政治协商会议,不过是他们在发动全面内战还没有完全准备好时,用来应付国内外的各种要求和拖延时间的做法。他们不仅把中国共产党视为主要对手,就是对中国民主同盟的态度也觉得难以容忍。这使中国民主同盟中大多数人进一步向共产党靠拢。

会议还没有开始,国民党当局就对民盟使用分化和拆散的手段。本来,政协会议的组成人员已初步商定为国民党、共产党、民

---

[1] 罗隆基:《从参加旧政协到参加南京和谈的一些回忆》,全国政协文史资料研究委员会编:《文史资料选辑》第20辑,北京:中华书局,1961年版,第204、205页。

主同盟、社会贤达各九人,党派代表由各党派自行推选,社会贤达代表由国共两党协商推定。国民党当局指使一向反共的青年党坚决要在民盟的九个代表中占有五席,这自然是极不合理的,一度使会议的筹备陷于僵局。后来,青年党作为独立代表参加政协会议。中国共产党提出,自己让出两个名额、国民党让出一个名额,代表总数再增加两名,使民盟仍保有九席。这样,会议才得以召开,青年党同民盟实际上已经分手。

政治协商会议在各方努力下取得很大成功。它的决议深得人心,在许多人心中燃起新的希望,以为将是中国和平民主建设的开始。但这完全不合蒋介石的心意。还在政协开会期间,政治协商会议陪都(重庆)各界协进会在沧白堂连续举办讲演会。每晚除请政协代表讲演外,并听取各界人民的意见。1月16日晚,民盟的政协代表张东荪等讲话时,特务在台下起哄,使讲演会不得不中途散会。17日、18日、19日这3夜,特务们不仅在会场上狂呼乱骂,还抛掷石块,杂以爆竹。26日,民盟的政协代表黄炎培的住宅遭国民党军警宪兵搜查。

政协胜利闭幕后,2月10日上午,重庆各民众团体在较场口广场举行庆祝大会。到会群众近万人。大会总指挥是民盟中央委员李公朴。突然,一群人冲上台去,大打出手。郭沫若、李公朴、施复亮、马寅初、章乃器等被殴,李公朴伤势最重,会议无法进行下去。唐弢、柯灵主编的《周报》发表文章说:

> 看这次被打成伤的人名,多半是民主同盟的干部人物;而依据英文《大陆报》的记载,简直这次殴打的主要对象,就是民主同盟的会员。我们与民主同盟无间,但我们认为这个组织

是一个中间性的组织，其人物也以中间分子居绝大多数。

玩政治的人第一个必要条件，就是"少树敌，多树友"，而今天殴打的办法却正是拼命多树敌人；这种自绝于人的办法，老实讲，连政客的普通手腕都没有，不必谈什么政治家的丰[风]度了。

这样一个重要的集会竟然给人卑鄙无耻地打散了，这不仅是与各党派（包括主使捣乱行动者自己的党在内）为敌，而且也是与全国民众为敌。这种手段的使用，毫无疑问地，将降低自己的威信，辱没自己的尊严，等于替自己在掘坟墓。[1]

这个月的22日，国民党特务暴徒在捣毁《新华日报》营业部后，又捣毁民主同盟机关报《民主报》营业部。民主同盟主席张澜在第二天致信蒋介石提出严正抗议。信中说：

自我公在政治协商会议开会之初，宣布政府决定实施之事项，首为保障人民的自由，全国人民无不额手欢慰，乃反动阴谋分子在辇毂之下，制造不幸事件，一次扩大一次，横行无忌，愈演愈烈，显为有计划有组织破坏民主团结，反对政治协商之成功。使我公知之而故予优容，则人将疑之不诚；使我公竟不知之，则人将谓之不明。中国民主同盟同人本于爱护国家，促成民主，并为维持我公威信起见，谨请迅予严惩较场口血案及捣毁《民主报》、《新华日报》之主使人，并解散特务组织，责令陪都各治安机关切实保证以后不再发生同样事件，使人权获得有保障，而政治协商会议所郑重通过之一切决议，得以确实

---

[1] 范蕙：《论陪都暴行》，《周报》第24期，1946年2月16日。

进行。[1]

在这以后,中国民主同盟仍积极参与国共两党的谈判,为实现国内的和平与民主而奔走。但是,蒋介石发动全面内战的决心已经下定。民盟为和平与民主的奔走不但收不到丝毫效果,相反,还越来越受到国民党当局的敌视。

这年6月底,全面内战终于爆发。十多天后,在云南昆明发生了李公朴、闻一多相继被暗杀的惨案。李公朴是民盟中央执行委员会委员兼民主教育运动委员会副主席,闻一多是民盟中央执行委员会委员兼云南省支部常委暨宣传部主任,两人都是著名的学者和社会活动家。民盟中央这两位重要成员接连惨死于政治谋杀事件,在国内外引起很大震动,对民盟也是很大打击。它表明:国民党当局所要消灭的,不仅是中国共产党,还包括国内一切要求和平与民主的力量。

李闻惨案发生后,7月18日,梁漱溟以中国民主同盟秘书长的名义发表书面谈话:"李闻两先生都是文人、学者,手无寸铁,除以言论号召外,别无其他行动。假如这样的人都要斩尽杀绝,请早收起宪政民主的话,不要再说,不要再以此欺骗国人。"他在记者招待会上宣读完这个书面谈话后激动地说"特务们!你们有第三颗子弹吗?我在这里等着它!"[2]同一天,民盟主席张澜在成都参加李闻追悼会散会时,又遭特务袭击,头部受伤。20日,民盟参加政协的代表梁漱溟、张君劢、黄炎培、沈钧儒、章伯钧、

---

[1] 龙显昭主编:《张澜文集》,成都:四川教育出版社,1991年版,第248页。
[2] 中国文化书院学术委员会编:《梁漱溟全集》第7卷,济南:山东人民出版社,1993年版,第558、559页。

罗隆基、张申府联名致信国民党参加政协的代表孙科等并转蒋介石，对李闻惨案等一系列事件提出严重抗议。信中说：

> 政府既以实施宪政号召国人，一再公开承认各党派之合法地位，而数月来如《秦风报》事件，如西安、昆明各惨案，皆显然一致地为向本同盟施以摧残压迫，则政府是否准许多政党之合法存在？对于和平公开之政治结社竟如此摧残，是否不惜驱迫其转为地下活动暴力革命？[1]

中国民主同盟本来如梁漱溟所说：主要"是文人、学者，手无寸铁，除以言论号召外别无其他行动"。它总是希望通过"和平公开"的活动，"把中国造成一个十足道地的民主国家"，但现实生活却一再昭示他们，在当时中国的历史条件下，像他们这样持温和态度的人都受到如此残暴的镇压，这条路实在走不通。这才逼使他们说出"是否不惜驱迫其转为地下活动暴力革命"这样激烈的话来。当然，这些话是公开对蒋介石说的，表示他们的愤慨，并不真地表明他们在实际行动中已经准备这样做。

但这时的蒋介石，以为自己已经准备好了，完全陶醉于他军事上的表面优势，决心使国共谈判完全破裂，武力消灭共产党。对中国民主同盟这批"手无寸铁"的人所说的话更不放在心上。10月11日，他不顾共产党人的一再警告，也不顾全国民众的强烈反对，一意孤行，悍然攻占张家口。当天下午，又宣布他们单方面决定召开的国民大会在11月12日召开。为了装点门面，除中国青

---

[1] 中国民主同盟中央文史资料委员会编：《中国民主同盟历史文献（1941—1949）》，北京：文史资料出版社，1983年版，第207页。

年党外，他们又拉拢张君劢为首的民主社会党（由国家社会党和民主宪政党合并而成）参加这个"国民大会"，并且竭力对中国民主同盟施加种种压力，限期要他们交出参加"国民大会"的代表名单，用以孤立中国共产党。10月14日，民盟主席张澜公开对时局发表谈话，严正表示：

> 国民党占张家口，下国大召集令，依我看来，不会有什么效果。政协决议，是要停止内战，改组政府，完成宪草，才能召开国大。开国大的意义，是通过宪草，现在内战没有停下来，国民党的所谓扩大政府基础，也只是请客，不是联合政府。政协决议要的宪法，是民主宪法，不是《五五宪草》。国民党以一个"战胜者"的姿态来召开国大，是威胁？是利诱？我们民盟不能放弃自己的意见和立场，不怕一切威胁和利诱，绝不参加。[1]

当民主社会党交出参加"国民大会"的名单后，据史良回忆："当时滞留重庆的张澜同志，从重庆'特园'同南京民盟总部通长途电话。他严肃说道：'我们民盟必须在政协决议程序全部完成后，才能参加国大，否则就失去了民盟的政治立场。希望大家万分慎重，决不可稍有变动。'当天下午和晚上他又接连两次打电话给民盟总部，反复叮嘱千万不可提交名单。""直到他从报纸上看到民盟总部发表'决不参加'的声明，他才捻髯笑道：'我可以睡得着觉了。'"[2] 11月24日，民盟中央常务会议，正式议决："民主社会

---

[1] 龙显昭主编：《张澜文集》，成都：四川教育出版社，1991年版，第276页。
[2] 史良：《与日俱进，奋斗不息》，龙显昭、郭光杰主编：《张澜纪念文集》，成都：四川教育出版社，1999年版，第20页。

党违反政协,参加'国大',与本盟的政治主张显有出入。""至有民主社会党党籍之盟员而参加'国大'者,应予退盟。"[1]

在开除民主社会党员盟籍的第二天,罗隆基、章伯钧、张申府在南京主持召开记者招待会,并发表民盟的书面谈话,里面说"民盟拒绝参加11月15日举行的国民大会,理由很简单:这次召集的国大违背了政协决议的整个精神,破坏了政协决议的程序,并且这次国大不是全国团结统一的制宪会议,这是举世共同承认的事实。民盟既已历次宣言拥护政协,并历次宣言绝对不参加任何方可以增强分裂的行动,民盟今天自应谨守诺言以取信国人"。[2]

12月31日,民盟又发表声明,指出政协决议已被政府党全部败坏,因此对当天公布的"宪法"持保留态度。

对张澜和中国民主同盟坚决拒绝参加国民党单方面召开的"国民大会"这件事,陈毅做了很高的评价。他在张澜逝世后民盟上海市委所举行的追悼大会上说:

> 这时,民盟和现在的民主党派如果参加了这个一党"国大",那么他们的政治生命也就完了,就不会再有以后的参加一系列的如"反饥饿、反内战"等政治运动了,这就会破坏我们的统一战线。但是民盟在张澜主席的领导下,始终坚持团结,反对内战,不参加也不承认蒋介石自吹自擂的所谓"国大"会议,这种态度直接保持了民盟在政治上的纯洁性,间接地支持了我们的解放战争,在政治上孤立和暴露了蒋介石的反动本质,其

---

[1] 中国民主同盟中央文史资料委员会编:《中国民主同盟历史文献(1941—1949)》,北京:文史资料出版社,1983年版,第255页。

[2] 中国人民大学中共党史教研室编:《批判中国资产阶级中间路线参考资料》第4辑,北京:中国人民大学,1958年版,第118页。

意义非常重大。

这就党派关系说，是保持了和共产党的紧密团结；就阶级关系说，是保持了小资产阶级、民族资产阶级和工人阶级的关系，这些都保证和加强了统一战线的巩固。[1]

这里，顺便说到一个问题。罗隆基在他的回忆文章中有一段话："当时民盟的某些领导人，包括我自己在内，对'中间派'和'第三条路线'在中国的阶级分析上又有一套自以为是的解释。我们认为中国的阶级社会是个橄榄形的社会，它是两头小、中间大的形式。我们认为中国的大资本家和官僚资本家是少数，无产阶级亦是少数。在中国当时的实际情况中，小私有者的农民和城市中的小资产阶级知识分子是极大的多数。这个极大多数是中间层。民盟的成员主要是小资产阶级知识分子，它是代表中间阶层的一个政治组织，所以它是中间派。"[2]

他所说的这种看法，不仅当时民盟的某些领导人包括他在内有，就在以后，有些研究工作者也有类似的误解。这种看法说得更直截了当一些就是：既然中国是一个"两头小、中间大"的社会，而自称奉行"第三条路线"的"中间派"是"代表中间阶层的一个政治组织"，因此自然也就是代表中国"极大多数"人的政治组织了。

罗隆基说他们这种看法是"自以为是"的，但他并没有去分析和说明这种看法为什么似是而非，或者说有哪些地方是被夸大

---

[1]《陈毅悼念张澜》，龙显昭、郭光杰主编：《张澜纪念文集》，成都：四川教育出版社，1999年版，第4页。

[2] 罗隆基：《从参加旧政协到参加南京和谈的一些回忆》，全国政协文史资料研究委员会编：《文史资料选辑》第20辑，北京：中华书局，1961年版，第205页。

了的。我想如果不是望文生义地把两个含有意义有所不同的"中间"那个名词混同起来，那就至少有两点应该注意到：第一，如果从社会结构上来谈"两头小、中间大"，这个"中间大"首先应该是指占当时中国人口百分之八十以上的农民，特别是其中无地少地的贫苦农民。我们在上一节中已经谈到：近代中国并没有专门代表农民的政党，真正关心并代表他们利益的只有致力于帮助他们实现土地制度改革的中国共产党。很难说那些身居城市中、远离贫苦农民、鼓吹"第三条路线"的"中间派"就自然地代表着中国"极大多数"人的利益和主张。第二，如果从政治态度上来谈"两头小、中间大"，政治态度处于中间状态的人其实并不是一种稳定的社会力量。他们总是摇摆不定，在不断分化中。一般说来，当政治局势比较平稳、左右两种政治力量相对均衡的时候，处在中间状态的人就比较多，有些人还在观望，有些人对政治并不那么关心；但当政治局势激烈动荡、左右两种政治势力的冲突异常尖锐，特别是这种冲突直接关系到国家、民族的命运时，原来在政治上处于中间状态的人便会剧烈分化，客观环境迫使他们必须做出选择，表明自己的态度，有的向左转，有的向右转，很少还能在两者间有长期保持中立的余地。马叙伦老先生在1946年底在上海出版的《群众》周刊的"友声"栏目中发表文章说：

> 我们应该晓得，现在是民主和反民主的斗争尖锐化了，所以只有反民主的政府和民主的民众两方面，不能有第三方面的。
> 所以我们惟一该建立一个民主统一阵线，团结全国民主力量，这是和反民主斗争必然的紧急需要的办法。[1]

---

[1] 马叙伦：《论第三方面与民主阵线》，《群众》第13卷第10期，1946年12月22日。

从中国民主同盟来看，进入1947年后，在国内两军对垒的局势日趋尖锐化的情况下，要保持"中间派"地位的余地确实也越来越少了。

1947年1月6日至10日，中国民主同盟在张澜主持下，举行一届二中全会。这次全会最突出的精神是明确地坚持政协立场。张澜在开幕词中说：

> 我们的根本态度，是拥护政协。
> 我们站在坚决拥护政协的立场，毅然拒绝了参加所谓"国大"。因为我们所要的民主，是和平的、团结的、统一的真民主，而不是战争的、分裂的假民主。我们将为真的民主而继续努力。

他还特地做了说明：

> 我们必须把握自己的独立性，无论从主张上说，从组织上说，我们首先要自己立得住脚。必须自己立得住，才会有人跟着走。不过，这并不是说，我们务要求异于人，而是说，我们不能随便抛了自己的主张，而随声附和，勉强从同，尤其重要的，我们决不可被人利诱、威胁以至于自己放弃了立场，只为一时苟且因应之计，而忽略长久远大之图。[1]

全会的政治报告中追述了一年来的和谈历史，认为："民盟对政协会议，在开会以前，在开会期中，在开会以后，都曾用充分的诚意，极大的努力以争取成功。到今天回顾起来，政协会议是成功，而政协决议的执行是彻底的失败。"为什么会失败？报告中

---

[1] 龙显昭主编：《张澜文集》，成都：四川教育出版社，1991年版，第294、295、296页。

说：政协刚结束后的一系列事件"已明白表示国民党方面的反动分子有彻底推翻政协的阴谋"。"从去年三四月间起，国共的战争继续不断在进行，而在另一方面，政府又有了许多的措施，明明白白是背弃政协的行为。""政府在十一月十五号单独召开国大，政府用任何言词不能掩饰这是彻底撕毁政协决议的行为。"对民盟在这个过程中付出的巨大代价，报告满怀激情地写道：

> 从较场口的案件起，去年这一年，在群众运动中，是民主与反民主两种力量的斗争年。民主人士因为拥护政协、争取和平与统一，有了许多轰轰烈烈慷慨激昂的牺牲，而反动分子亦暴露了他们卑劣无耻穷凶极恶的真面孔。在这些斗争中，我们民盟交付的代价的确很大。我们民盟在西安的《秦风日报》被捣毁了。我们的同志王仁被冤杀了。我们的李敷仁同志被绑架枪杀，于死里逃生的情况下脱走到了延安。这里，我们更不能不想起去年七月血染昆明的故事。我们同志李公朴先生于七月十一日被反动分子狙击暗杀了！我们同志闻一多先生于七月十五日被中央警备司令部的军官狙击暗杀了！我们更不要忘记李闻两先烈的遗言，他们准备了"为民主而死"，他们"前足跨出门，后足就不准备跨回来"！这是多么英勇、多么壮烈、多么伟大的精神。的确，民主的斗士，一个倒下去，千万个起来了！从昆明惨案后的民主运动是风起潮涌般的普遍到了全国了！[1]

那么，民主同盟对当前时局的政策是什么？这份报告接着说：

---

[1] 中国民主同盟中央文史资料委员会编：《中国民主同盟历史文献（1941—1949）》，北京：文史资料出版社，1983年版，第283、284页。

"千言万语,民主同盟今天应坚持我们一贯的主张:反对内战,恢复和平。有了和平,国家才有出路,人民才有活路。"具体地说,他们提出四点建议:第一,努力促成和谈;第二,重新举行政治协商;第三,实行以往的政协决议;第四,成立联合政府。它特别强调:"至于民国三十五年一月政协会议的决议,那是中国的大宪章,那绝对不容任何方面片面加以撕毁。"

对中国民主同盟的立场,报告中有这样一段话:

> 但民主同盟的组织是独立的,政策是自主的。我们不否认,站在政团的立场,对国共两党的党争,民主同盟是个第三者,我们应保持不偏不倚的态度。但民盟既是一个独立自主的政团,我们依据我们的政纲政策以争取国家及人民的福利,民盟对国事自然应该明是非辨曲直,是非曲直之间就绝对没有中立的余地。民主同盟的目的是中国的民主,是中国的真民主。民主与反民主之间,真民主与假民主之间,就绝对没有中立的余地。这是我们中国民主同盟坚定不移的方针。[1]

但是,中国民主同盟的善良愿望却根本无法实现。他们还期待着促成和谈,重新举行政治协商,成立联合政府,而国民党政府已经决定完全关闭和谈大门。

2月28日,南京、上海、重庆三地的卫戍司令部、警备司令部分别通知中共联络处和办事处,限中共人员3月5日撤退,勒令重庆《新华日报》停刊。第二天,周恩来致电蒋介石质问,并要

---

[1] 中国民主同盟中央文史资料委员会编:《中国民主同盟历史文献(1941—1949)》,北京:文史资料出版社,1983年版,第265、266页。

求将人员撤退日期展延至3月底。[1]以后,延期了两天。3月7日,中共代表团团长董必武在离开南京时发表书面谈话称:"十年来从未断绝之国共联系,今已为国民党好战分子一手割断矣。"[2]中共代表团在南京、上海、重庆、成都、昆明等处遗留财产"悉数委托中国民主同盟全权保管"。3月8日,中国民主同盟为和谈正式破裂发表宣言,内称:

> 三月一日政府令京沪渝等地中共办事人员限期一律撤退,从国共战事发生以来,双方不绝如缕之和平希望,至此遂演成正式破裂。
>
> 民盟同人在此一年间为奔走和平,不遗余力,因而曾遭遇不能忍受之毁谤,与无法抵抗之高压,至于殴辱,至于残杀,而不惧,而不悔,无他,在求实现和平、民主、统一,以救吾国,以救吾民耳。不幸今日国共两党,终于正式宣告和平破裂,痛心!痛心!
>
> 国共调解工作,虽已宣告失败,同人仍当日日怀念吾天职之所在,吾舌尚存,必发为言论,吾笔未秃,必写为文章。吾人有"富贵不淫,威武不屈"之定力,实本吾人有"苟利于国死生以之"之决心,如定欲横加诬陷,甚而迫害之,则眼前之刀锯斧钺,决不苟避幸免,将来之是非黑白,天下自有公评。[3]

---

[1] 郭廷以著:《中华民国史事日志》第4册,台北:"中央研究院"近代史研究所,1985年5月版,第611、612页。
[2] 潘振球主编:《中华民国史事纪要》1947年1—3月,台北:"国史馆",1996年11月版,第797页。
[3] 中国民主同盟中央文史资料委员会编:《中国民主同盟历史文献(1941—1949)》,北京:文史资料出版社,1983年版,第306、308页。

这以后，国民党当局更步步进逼，加紧对民主同盟的迫害。3月、4月间，民盟中央常委兼西北总支部主任委员杜斌丞、东北总支部执委骆宾基等先后被捕。民盟中央派章伯钧、罗隆基赴南京交涉释放，但连政府负责人也没有能够见到。4月，国民党当局宣布改组政府，青年党、民主社会党参加担任要职，中国民主同盟仍在4月25日发表宣言拒绝参加。5月3日，国民党的中央通讯社发表捏造的《中共地下斗争路线纲领》，称中共"经常派遣代表列席民盟干部会议"。同天，中央社还发表"某政治家"谈话，竟指"民盟组织已为中共所实际控制，行动亦均系中共意旨"，又说"民盟及各民主政团，目前倡组中之民主统一战线，亦为受中共之命，而准备甘为中共之新的暴乱工具"云云。8日，张澜致信刚出任行政院院长的张群，提出抗议，毫无结果。14日，国民党政府行政院新闻局局长董显光在记者招待会上恐吓道："民主同盟与中共曾公开否认宪法及国民大会之合法性，该盟与反叛政府之中共既有密切关系，虽仍宣称系一和平之政党，然政府对该盟之态度将视其政策及行动如何而定。"[1]弦外之音，不问可知。

国民党政府7月宣布"总动员令"后，青年党和民社党立刻表示拥护，陈启天、蒋匀田等向报界发表谈话，主张切实执行。张澜却公开发表书面谈话，称民盟同人"数年以来追随国人之后，竭尽绵力，奔走呼号，同时忍受莫大的耻辱，蒙无名的毁谤和胁迫，不敢求谅于国方，而只求民主和平统一之终得一日实现。不意在政协决议已告成立之后，始则一面和谈，一面战争，继则撤去和谈，由局部战而演成全面战，至今日而政府下总动员令矣。同人

---

[1]《大公报》1947年5月15日。

痛心之下复有何言"。[1]他的话说得很委婉，也很沉痛，真意何在是明眼人谁都看得清楚的。这以后，国民党对民盟的迫害更为加紧。民盟桂林支部的杨荣国、张毕来等在广西被捕。报上又载8月19日四川省政府召开专员会议时，国民党特委会书记徐中齐在会上宣称民盟是反动集团之一，应严拿究办。从一切迹象来看，已是一派山雨欲来风满楼的迹象了。

进入10月，气氛越来越紧张。

10月1日，董显光在记者招待会上竟公然宣称民盟为"中共之附庸"。他说："过去民盟与共党关系密切，主张一致，此为社会共见之事实，无须赘述。政府颁布总动员令后，若干民盟盟员仍不知自爱，公然担任匪区工作，参加叛乱；其海外总支部复尽量宣传，号召人民以行动反抗政府。凡此事实，益足使人深信民盟殊非独立政党，实为中共之附庸。"[2]谁都清楚，在国民党政府宣布"总动员令"以后，"中共之附庸"这一顶帽子将意味着什么。民盟中央由罗隆基、黄炎培出来声辩。3日，董显光又对记者发表谈话说："民盟自参加政协以来，无独立之政治主张，有之惟追随共党，亦步亦趋，为世人所共见。""此事已非文字辩论之问题，而为一事实问题。本人对罗氏此后之辩论，不拟再作辞费，而将于必要时公布事实，作为答复。"[3]从这些话里不难听出，随之而来的不再是什么"文字辩论"，人们可以感觉到国民党当局已在磨刀霍霍、准备下手了。

第二天，罗隆基以民盟发言人的身份在南京梅园新村招待记

---

[1]《大公报》1947年7月9日。
[2]《大公报》1947年10月2日。
[3]《大公报》1947年10月4日。

者，发表书面谈话，最后说：

> 总之，民盟今日亦无意于此种枝节之争辩。民盟自有其独立自主之政治目的，此即民主、和平、统一、团结。民盟亦有其绝对独立自主之政策，反对战争，呼吁和平，与人民共同争取生存机会，此则虽有任何威胁与压迫，民盟决不改变此宗旨也。[1]

对于手中并无实力来保护自己的民主同盟，不管你说些什么，国民党当局都不屑再加理睬了。10月7日，曾经担任陕西省政府秘书长、现任民盟中央常委兼西北总支部主任委员的杜斌丞，竟被陕西全省戒严总司令部以"勾结共军，密谋暴动，贩卖烟毒"的捏造罪名枪决。张澜在当天愤怒地发表声明：

> 地方军政机关可以这样任意违法杀人，国家还有什么法治与民主的前途可言？
> 此次杜案，政府始终拒绝民盟依法处理之请求，竟不经过正当司法手续，突然由地方军事机关将杜斌丞先生执行枪决，此实违背政府历来公布保障人权之法令，且根本破坏国家之司法独立。
> 我民主同盟为一和平而无武力的在野政团，本身绝无武力亦绝对不依靠武力以保障生存。政府对如此和平的在野政团果欲凭其权势及武力加以摧毁以达根绝在野党派之目的，则政府今日自可如愿以偿。惟绝对不容许在野党派存在的国家，尚何

---

[1]《大公报》1947年10月5日。

民主之可言？[1]

一边是"本身绝无武力亦绝对不依靠武力以保障生存"的和平"在野政团"，另一边却是"欲凭其权势及武力加以摧毁以达根绝在野党派之目的"的"政府"。两者较量的结果，不问可知。事实证明，面对这样全副武装的强权势力，"本身绝无武力亦绝对不依靠武力以保障生存"这条路是根本走不通的，更谈不上他们早先提出的用这种方法"把中国造成一个十足道地的民主国家"了。

国民党统治局势的迅速恶化，使他们更加惊惶不安，不能容忍中国民主同盟这样还有"独立自主之政策"的政治团体继续存在。最初，他们仍多少顾忌美国对他们把持有不同政见的和平的政治团体（其中有不少留学英美的高级知识分子）都消除掉会有所不满；民盟负责人在10月14日找司徒雷登表示他们对政府可能宣布民盟非法一事的担心，但那时司徒雷登给国务卿的报告中表示："民盟的共产倾向仍令人怀疑，很少希望它能具有自由运动的核心作用。"[2]可见，美国政府所要求的让持不同政见者的合法存在，不过是指那种"能具有自由运动的核心作用"的政治团体；而对被"怀疑"有"共产倾向"的政治团体却无所顾惜。10月23日起，民盟总部已被特务分子约二十人包围，民盟负责人外出时也受到国防部保密局的吉普车跟踪。到27日，国民党政府内政部便发出公告，宣布中国民主同盟为非法团体，公告说：

---

[1] 龙显昭主编：《张澜文集》，成都：四川教育出版社，1991年版，第323、324页。
[2] [美]肯尼斯·雷、约翰·布鲁尔编，尤存、牛军译：《被遗忘的大使司徒雷登驻华报告》，南京：江苏人民出版社，1990年版，第134页。

查民主同盟勾结共匪，参加叛乱，早为国人所注意。政府对此不承认国家宪法、企图颠覆政府之非法团体，不能坐视不理。证之共匪近来四处流窜，益形猖獗，而该盟分子亦无不到处活动，互为声援。如不立加遏制，后方治安，在在堪虞。本部职责所在，对此在匪区助长叛乱，在后方则为匪声援之不法团体，不得不采取适当之处置，已将该民主同盟宣布为非法团体，今后各地治安机关对于该盟及其分子一切活动，自应依据《妨害国家总动员惩罚暂行条例》及《后方共产党处置办法》严加取缔，以遏乱萌，而维治安。[1]

公告中提出要依据那些《条例》和《办法》"严加取缔"，是十分严重的措施。此前几天，罗隆基已在10月24日，向司徒雷登提出："如有逮捕事件，他预料将由军事法庭秘密处理，过去这种事件结果往往是被捕的人永远失踪。"公告宣布的第二天上午，罗隆基赶到美国大使住宅求救。司徒雷登说他要外出，略谈几句后就指定大使馆一个馆员同罗谈话。那个馆员冷淡地向罗隆基指出民盟"不能希望大使馆或美国政府会为民盟而积极干涉"。[2]

10月28日，国民党的南京、重庆负责方面宣布"中国民主同盟分子自首办法"。南京治安机关称："民盟分子依后方共产党处置办法自首者，应向卫戍司令部或当地治安机关申请登记。"重庆行辕副主任萧毅肃称："所有民盟分子及与民盟有关之团体组织，统限于十一月底前办理脱离民盟手续，逾期则不予保护，并依法制

---

[1] 秦孝仪主编：《中华民国重要史料初编——对日抗战时期》，第七编（2），台北：中国国民党中央委员会党史委员会，1981年9月版，第927、928页。

[2]《中美关系资料汇编》第1辑，北京：世界知识出版社，1957年版，第847、848页。

裁。"南京宪警机关通过中央社发表长篇"民主同盟暴动真相"文章,称自中国青年党、民主社会党先后脱离民盟后,"民主同盟遂成为共匪阴谋暴动之支流,无论在言论上或在行动上,皆与共匪完全趋于一致"。"民主同盟今已成为反对宪法颠覆政府之阴谋暴动团体,其各地总支部之言论行动,已与共匪沆瀣一气,毫无分别,其总部负责诸人,一面秘密从事地下工作,一面仍强作模棱之姿式以掩蔽其阴谋暴动,而混淆中外人士之视听。"民盟以往一直坚持宣称:"民盟自有其绝对独立自主之政治目的,此即民主、和平、统一、团结。民盟亦有其绝对独立自主之政策,反对战争,呼吁和平,与人民共同争取生存机会。"如今却被国民党宪警机关称为"强作模棱之姿式以掩蔽其阴谋暴动,而混淆中外人士之视听",这就把它逼到绝路上去了。同一天,张澜被迫宣布暂时停止民盟一切活动。他说:"本盟争取和平民主,恪守政协决议的精神,要求组织真正联合政府的一贯政策仍然不变。""两个月来政府不断增加压力,迫胁民盟苟同政府的'戡乱'行动和承认'宪法',此种压力到内政部宣告民盟为'非法团体'达到顶点。"但他仍坦然表示:"本盟要求中国之和平民主,对于不严格依照政协决议而由'国大'通过的'宪法'一向保留其意见。"[1]

中国民主同盟的组织和成员一向是公开的。许多盟员在大学任教或有较高的社会地位。要他们一律限期到当地治安机关登记自首,否则"不予保护,并依法制裁",这样做牵动的社会面十分广,并将使许多盟员陷入十分困难的境地。这时,民盟已没有公开活动的可能。为了民盟成员的人身安全,民盟中央推中央常委

---

[1] 潘振球主编:《中华民国史事纪要》1947年10—12月,台北:"国史馆",1996年11月版,第312—325页。

黄炎培偕同叶笃义从上海到南京，同国民党当局进行商洽，"七日之间，会商七次"。[1]国民党当局提出："政府已宣布民盟为非法组织，希望民盟自行结束，解除负责人之责任。"黄炎培做了四点答复，其中很重要的是：要求"各地盟员一律免除登记，并享有一切合法之自由。""如无共党党籍实据，不援用后方共产党处置办法。""至报端发表各种文件，有些盛责民盟之处，各违事实，此时未拟置辩云。"国民党当局表示："如民盟能遵照正式宣告，自行解散，停止活动，各地盟员之登记手续可予免除，并保障合法自由。"

11月5日，民盟中央负责人张澜、黄炎培、罗隆基、沈钧儒、史良、叶笃义、张云川等举行会议，进行讨论。根据讨论结果，在第二天，由张澜以中国民主同盟主席名义公告："最近政府宣布民盟为非法团体，禁止活动，同人已不能活动。""合将洽商经过情形公布周知，并通告盟员自即日起一律停止政治活动，本盟总部同人即日起总辞职，总部亦即日解散。尚希公鉴。"[2]这个公告是黄炎培去南京交涉时由国民党方面提出的。国民党当局并表示：文件上的文字一个字也不许更动，发表的时候如有只字变动即全部作废。

公告发表的第二天，张澜又以个人名义发表声明："余迫不得已，忍痛于十一月六日通告全体民主同盟盟员，停止政治活动，并宣布民盟总部解散，但我个人对国家之和平民主统一团结之信念，及为此而努力之决心，绝不变更。"[3]这个声明只有上海的《时

---

[1] 黄炎培：《我与民盟》，《国讯》第439期，1947年11月15日。
[2] 中国民主同盟中央文史资料委员会编：《中国民主同盟历史文献（1941—1949）》，北京：文史资料出版社，1983年版，第355、356页。
[3] 龙显昭主编：《张澜文集》，成都：四川教育出版社，1991年版，第326页。

代日报》(苏联方面所办)、《正言报》加以披露。

国民党当局在各地对民盟盟员的迫害这时也加紧进行。叶圣陶11月7日的日记中记载道:"(开明书店)成都分店忽来电,谓副经理胡志刚被捕,原因未言明。以意度之,当是被人诬陷,牵入政治。迩来政府指民盟为非法团体,民盟总部宣告解散,而各地以共党及民盟之嫌疑被捕者传闻为数不少。胡君之事或即以此。"[1]

强行解散民盟,在各地任意逮捕民盟盟员以至嫌疑者,这是一件震惊中外的事。司徒雷登对民盟并不支持,但仍说道:"我目前主要担心的是,政府在对民盟的鲁莽迫害中,将进一步使自己声名狼藉。而民盟则获得主张开明宪政的人士的同情,这使民盟更加左倾,并从事地下活动。"[2]

黄炎培11月15日在他担任发行人的《国讯》周刊上发表了一篇题为《我与民盟》的文章,回顾几年来民盟为和平民主统一团结而奔赴的经过,写道:

> 局势已在变了,一群爱国痴情者还在奔走,还在写,还在说,也许当局在暗暗地好笑,痴情者是不管的。
>
> 我只平心静气地问一句话:请大家公正检讨民盟从创始到结束,前前后后所有文件,曾有一字一句,足以构成危害国家、颠覆政府的罪行否?[3]

---

[1] 叶圣陶:《东归日记》,叶圣陶著,叶至善、叶至美、叶至诚编:《叶圣陶集》第21卷,南京:江苏教育出版社,1994年版,第231页。

[2] [美]肯尼斯·雷、约翰·布鲁尔编,尤存、牛军译:《被遗忘的大使司徒雷登驻华报告》,南京:江苏人民出版社,1990年版,第134页。

[3] 黄炎培:《我与民盟》,《国讯》第439期,1947年11月15日。

北平的清华、北大、燕京三所大学著名教授周炳琳、金岳霖、赵紫宸、张颐、朱光潜、朱自清、郑天挺、俞平伯、许德珩、杨人楩、袁翰青、雷洁琼、钱伟长、余冠英、樊弘、容肇祖、严景耀、翁独健、冯至、游国恩、任华、郑昕、李广田、张龙翔、陈达、陈振汉、孙楷第、屠守锷、段学复等48人联名发表《我们对于政府压迫民盟的看法》，说：

最近政府突然宣布民主同盟为非法团体，负责当局甚至谓将适用"处置后方共党临时办法"加以处理。在民主时代的今天，尤其在政府宣称积极行宪的前夕，这不能不说是一件出人意外的事。

政府此举，旨在消灭民盟。且不论其直接效果如何，实对民主宪政之前途留下极恶劣之影响。盖容忍反对的意见，尊重异己的政党，实为民主政治的基本要素。今政府压迫民盟之举，实难免于"顺我者生逆我者死"之诟病。充此而言，势必至于惟依附政府之政党始能活动，惟顺从当局之人士始得自由。一不合作，遂谓之"叛"；稍有批评，遂谓之"乱"，又且从而"戡"之。试问人民的权利安在？人民的自由安在？我们即不为民盟不平，也不能不为国家前途，为人民安全，感到深切的忧虑。政府如简捷了当，明白宣告不复实行民主宪政，我们即无一句话可说。政府既尚宣称维护民权，保障自由，则我们还愿意郑重进其忠言。对于这个异见的在野政团，如民盟者，横施摧残，这是不民主、不合理、而且不智的举动。[1]

---

[1] 周炳琳等：《我们对于政府压迫民盟的看法》，《观察》第3卷第11期，1947年11月8日。

这篇宣言式的文章确实说了些在当时情况下一般人所不敢言的话，如"今政府压迫民盟之举，实难免于'顺我者生逆我者死'之诟病"。发表后，有一个自称"河北平津人民自卫委员会"的组织，也发表宣言，"并电请国府及行政院对周炳琳等予以制裁"。[1]但由于这些都是著名教授学者，而且是48人联名发表的，国民党政府没有敢轻易采取进一步的行动。

民盟被强行解散，也引起国外人士的关注。上海的英文《大美晚报》在10月29日和11月1日先后发表《被认为非法的民盟》和《旁人如此看中国》两篇评论，其中写道：

> 民盟是代表一个小数的留存于国军区的政党，势力殊为薄弱，不若中共之具有军备，能与政府相周旋。
>
> 政府则宣布它为非法，这是一个极端的步骤。至谓民盟勾结中共，实行暴动，似少明显的证据。
>
> 我们所能够加以解释的，不过是国民党决定不容忍其它反对党存在而已。[2]

中共的新华社时评《蒋介石解散民盟》说得更加直截了当：

> 如所周知，民主同盟是一个广泛而松弛的联合，其中一方面容纳许多坚决反对蒋介石独裁和美帝国主义侵略的民主战士，并有一些例如闻一多、李公朴、杜斌丞等，为此献出了他们的生命；另一方面也容纳许多虽然一面反对与不满蒋介石独裁，

---

[1] 文祺：《北平各方对民盟解散的态度和看法》，《时与文》第2卷第11期，1947年11月21日。
[2] 麦祥：《外报论民盟事件》，《国讯》第439期，1947年11月15日。

但在另一面却不但过去而且现在仍然对蒋介石,特别是对美帝国主义怀抱某种幻想的人物。无论如何,民主同盟只是一个赤手空拳的组织,他们"连一枝手枪也没有",并且不打算有,他们的凭借就是言论出版,而这样的武器也早已被蒋介石没收了。

民盟方面现在应该得到教训,任何对美国侵略者及蒋介石统治集团或其中某些派别的幻想,都是无益于自己与人民的。应当清除这些幻想而坚决的站到真正的人民民主革命方面来,中间的道路是没有的。如果民盟能够这样做,则民盟之被蒋介石宣布为非法并不能损害民盟,却反而给了民盟以走向较之过去更为光明道路的可能性。[1]

事实上,民盟确实是沿着这样一条道路前进的。参加民盟中央决定公告民盟总部解散的叶笃义有一段扼要的回忆:"民盟总部被迫解散后,沈钧儒、章伯钧、周新民和其他一部分民盟领导人先后化装由上海到达香港。1948年1月在香港召开了一届三中全会。会上声明:一,不承认总部的解散;二,推翻蒋介石政权;三,宣布同共产党通力合作。之所以说民盟从此进入一个新阶段,这是因为:一,以前民盟总是公开宣称自己是第三者立场,承认国民党政府的合法领导地位,同它进行合法的斗争,现在则公开提出推翻它,改为对它进行非法斗争。二,如上所述,民盟以前在若干重大政治关键问题上同中共采取了互相配合的一致行动,但作为一个公开的政党,民盟总是宣称自己是站在国民党和共产党之间的第三者身份,而现在则公开声明同中共通力合作,明确了

---

[1] 新华通讯社编:《新华社评论集(1945—1950)》,北京:新华通讯社,1960年7月编印,第205、207页。

一边倒的态度。三，以前总是幻想能够争取美国改变援蒋立场，而现在幻想破灭之后，三中全会宣言最后以口号的形式公开提出'反对美国反动派的对华侵略政策'。"[1]

在民盟一届三中全会召开的前几天，1948年1月1日，中国国民党革命委员会在李济深主持下于香港成立。成立宣言中说："吾人当前紧迫的革命任务，为推翻反对民主、破坏和平、媚外卖国的蒋介石之反动独裁统治，此不仅为本党一党之要求。""愿与全国各民主党派、民主人士携手并进，彻底铲除革命障碍，建设独立、民主、幸福之新中国。"[2]

1月5日，主持民盟一届三中全会的沈钧儒在全会开幕词中用十分明确的语言说道："今天国内形势，民主与反民主已壁垒分明，谁也看得清楚。过去国民党发动内战，加诸人民的痛苦太深了，反过来看中共在解放区实行了土地改革，人民生活得到改善，这是民主与反民主鲜明的对照，尽管美蒋勾结，玩弄什么阴谋，都不能欺骗人民，民盟坚决的站在人民的立场，坚决地站在人民这方面奋斗，这个信念是始终不渝的。"张澜、罗隆基等仍留在上海，实际上已处于国民党特务的软禁下。但上海和香港之间仍保持着联系。沈钧儒在全会的闭幕词中特地说道："我们接到上海同志们的来信，他们和我们完全采取了共同一致的意见，这是开会中值得我们骄傲的。""在开大会的第一天上午，我们就通过了'紧急声明'，在那简单的几句中，已把我们新的政治目标和政治路线都

---

[1] 叶笃义：《中国民主同盟的由来和演变》，全国政协文史资料委员会编：《中华文史资料文库》第8卷，北京：中国文史出版社，1996年版，第159页。

[2] 中共中央统战部编：《解放战争时期第二条战线·爱国民主统一战线卷》上册，北京：中共党史出版社，1999年版，第369、372、373页。

指得很清楚,上海同志的来信说,他们每句每一字都同意。"[1]

中国民主同盟政治立场和态度的深刻变化,是整个国民党统治区人心向背变动的重要组成部分。对这个变化的发展过程进行粗略的考察,也可以帮助我们理解人心向背为什么会在不长的时间内发生如此剧烈的变动。

在这个时期,中国思想界还展开过一场关于"中间路线"的讨论。这场讨论大体上是同中国民主同盟的命运同步的。

前面已经讲道:1945 年 10 月,中国民主同盟临时代表大会的政治报告提出:"我们没有偏左偏右的成见。"他们的主张是:"拿苏联的经济民主来充实英美的政治民主","来创造一种中国型的民主"。他们希望能成为"国民党同共产党两党以外"的"中间派"。这其实就是后来所说的"中间路线",但他们当时没有使用这个名称。

比较明确地提出这个问题的,是 1946 年 6 月、7 月间由中国民主同盟的张东荪和民主建国会的施复亮所写的两篇文章。

张东荪的文章是《一个中间性的政治路线》,刊载于 6 月 22 日出版的《再生》第 118 期上。他写道:

> 今天我要提出一个中间性的政治路线和大家讨论。所谓中间性有两重意义……前者是说在所谓资本主义与共产主义之间我们想求得一个折衷方案,其国际的关系便是由于美国采取资本主义而俄国则以共产主义来立国。我们今天不仅在思想上必须设法调和这两个主义并在国际关系的外交方针上亦必须设法调和这两个不同主义的国家。后者是指中国国民党与中国共产

---

[1] 周天度编:《沈钧儒文集》,北京:人民出版社,1994 年版,第 557、559 页

党之间应有一个第三者的政治势力而言,这个第三者在其主张上与政治路线上必须是恰好在他们两者的中间。[1]

施复亮的文章是《何谓中间派》,刊载于7月14日的上海《文汇报》上。他写道:

> 国共问题的合理解决,中国政治的全面安定,和平、民主、统一的真正实现,经济建设的顺利进行,都必须有一个强大的中间派在政治上起着积极的甚至决定的作用。可是中间派决不是中立派,也不是调和派。在是非之间决不应中立,在民主与反民主之间也无法调和。中立与调和,都不是中间派应有的态度。中国的中间派,有它自己的社会基础、政治路线、对内对外的明确政策,以及对国共两党的独立态度。
>
> 中间派的政治路线在政治上必须实现英美式的民主政治,但决不能为少数特权阶级(在今日中国是官僚资本家、买办资本家和大地主)所操纵,在经济上必须发展民族资本主义,奖励民生必需品的扩大再生产,但决不容许官僚买办资本的横行和发展,且须保护农工大众以及一切被雇佣者的利益,提高其购买力和生活水准。简单说,中间派在政治上反对任何形式的一党独裁,也不赞成依赖任何外国;在经济上反对殖民地化,也不赞成在客观条件尚未成熟的时候来实行社会主义。中间派最注意的是现在和最近的将来,并不遥远的将来。
>
> 没有一切中间派的大团结,便不能形成强大的中间派的政治力量。没有强大的政治力量,便不能合理地解决当前的政治

---

[1] 张东荪:《一个中间性的政治路线》,《再生》第118期,1946年6月22日。

问题。一切关心当前政治的国共两党以外的民主人士,都有责任来促成中间派的大团结。[1]

这两篇文章的发表,正好是全面内战爆发的时候。人们关注的焦点都在那一方面。对这两篇文章并没有引起多少讨论,也没有产生很大的社会影响。

这个问题引起更广泛的注意,是 1947 年 3 月《时与文》周刊在上海出版后。这是国民党当局强行驱逐中共代表团人员、完全关闭和谈大门的时候。施复亮在一个多月内,在这个刊物上接连发表了三篇文章:《中间派的政治路线》《中间派在政治上的地位和作用》《中间路线与挽救时局》。在这前后,他还在上海《文汇报》上发表了《论"第三方面"与民主阵线》《再论中间派的政治路线》等文章。报刊上对这个问题展开热烈的讨论,并由《时与文》周刊社将有关的讨论文章编为《中国向何处去》的文集出版,因而受到人们相当重视。

发表在《时与文》创刊号上的《中间派的政治路线》,是施复亮这一组文章中最引人注意的,也是最能提纲挈领地阐明他的主张的。施复亮是坚决拥护政协决议的。他认为政协决议的方向在本质上就是中间派的政治路线,而内战的继续和扩大意味国共两党都抛开了这条和平合作的政协路线。他在文章一开始便写道:

> 政协的路线,虽然曾经为各党派所一致同意,符合全国绝大多数人民的利益和要求,但在本质上,却是一种中间性的或中间派的政治路线。因为在今天中国的客观条件下,只有中间

---

[1] 施复亮:《何为中间派》,《文汇报》1946 年 7 月 14 日。

派的政治路线,在客观上才足以代表全国人民的共同要求和整个国家的真实利益,所以中间派的政治路线,是今天中国最可能为多数人民所拥护的政治路线。

何以见得政协的路线在本质上是中间派的政治路线呢？根本上是因为政协的路线是一条企图用和平合作的方式来实现政治民主化、军队国家化和经济工业化的政治路线,完全跟中间派所代表的中间阶层的历史任务相符合,而且跟中间派的政治斗争的方法和态度相一致。中国中间阶层的历史任务,是要建设一种新资本主义的经济（我过去曾经称它为民生主义的第一阶段）和新民主主义的政治,而其斗争的方法和态度又是和平的、渐进的,在本质上而且是改良的。政协所通过的五项决议,完全符合中间阶层的历史要求；政协所采取的方式,更是中间阶层和中间派所最欢迎的方式。所以我们说政协路线在本质上是中间派的政治路线。

正因为这样,那个代表官僚买办资本家和大地主利益的统治集团,才会坚决地反对政协路线,撕毁政协决议,继续进行内战,企图以武力征服"异己",保持既得的利益和权力。另一个代表工人和贫农利益的革命集团,也就随同抛开政协路线,以武力对抗武力,企图以武力击败它的反对者。这就是今天国共两党一致抛开和平合作的政协路线,继续利用武力从事政争的客观原因。[1]

施复亮虽然强调自己站在"中间派"的地位,对国共两党都提出批评,但并不是各打五十大板那样来显示"公正",他的批评重

---

[1] 施复亮:《中间派的政治路线》,《时与文》创刊号,1947年3月14日。

点仍指向国民党。上面那段引文中,他已说到是国民党"坚决地反对政协路线,撕毁决议,继续进行内战,企图以武力征服'异己'",把破坏政协决议的主要责任归给国民党。下面还有说得更重的话:

> 国民党统治集团目前所执行的政治路线,显然是坚持一党独裁的反政协的反民主的政治路线。
>
> 这样的政治路线,无疑地是违反整个国家利益和绝大多数人民利益的政治路线,也是违反孙中山先生的三民主义和革命传统的反动的政治路线,无论如何是走不通的。假使国民党统治集团始终要坚持这种反动的政治路线,那就势必要逼迫共产党采取革命的政治路线(因为今天中国还只有共产党是惟一有力的革命政党),并且会逼迫中间阶层的群众逐渐走向革命的政治路线。历史的经验告诉我们,任何反动的统治,都不可能长久支持下去;结果不是自己崩溃,就是促成革命。在今天中国具体的条件之下,假使国民党统治集团越要执行违反民意的反动政策,其结果只有越发促成中共革命势力的发展和中共革命的成功。[1]

既然如此,为什么施复亮还要大声疾呼地提倡"中间派的政治路线"呢?因为在他当时看来,国共两党的力量对比各有其优点和弱点,大体可以互相抵销而获得平衡的地位。"当前中国的内战,由于国际国内的具体复杂的条件,如果不能在短期内因国际民主的压力和国内人民的反抗而停止,便很有可能长期化,决不可能在短期内分出真正的胜负高低来。"一旦内战长期化,会给中

---

[1] 施复亮:《中间派的政治路线》,《时与文》创刊号,1947年3月14日。

国带来深重的灾难。因此,"要以广大人民的力量,特别要以中间派的力量去压迫国共双方接受人民的要求,尽速停止内战,恢复和平,回到过去双方所同意的政治路线。"他的最后结论是:

> 要实现这样的政治路线,必须全国的中间阶层在政治上形成一个强大的中间政治力量,能够在国民党统治集团与共产党之间造成举足轻重的重要地位。只有这个力量,才能促成国共两党重新回到政协路线,才能保证政协决议的彻底施行和民主政治的真正实现。[1]

接着,张东荪在《时与文》上发表了一篇《和平何以会死了》,追溯政协失败的经过,强调中间派在促进和平工作中的重要性。他这样写道:"须知在国共的中间,倘使有个势力,十分强大,完全独立,这却与平和很有决定的作用。""可见平和的失败,论起责任来,恐怕第三者一类中有些人是不能逃避的。"[2]

这又引出施复亮那篇《中间派在政治上的地位和作用》。他感慨地说:

> 国民党统治集团与共产党以外的一切民主党派(包括国民党民主派)和民主人士,在目前应当赶紧团结起来,形成一个强大独立的中间派的政治力量,以便及早促进和平,实现和平。
>
> 目前的政局是:国民党既不能用武力消灭共产党,共产党也不能用武力推翻国民党;而国际形势也不许可有一个完全右

---

[1] 施复亮:《中间派的政治路线》,《时与文》创刊号,1947年3月14日。
[2] 张东荪:《和平何以会死了》,《时与文》第3期,1947年3月28日。

倾的国民党政权或完全左倾的共产党政权。在这种客观情势之下，惟一可能的正确道路，就是恢复中间性的政协路线，由国共两党及其它民主党派共同组织民主的联合政府，进行政治、经济、军事、文化上的种种改革。但要走回这条道路，首先必须造成一个强大的中间派，独立于国民党统治集团与共产党之间，取得一种举足轻重的地位。

值得注意的是，尽管施复亮仍主张团结中间派，希望中间派在政治上保持独立的地位，发挥决定的作用，并希望实现中间性的改良路线，但是，在对待国民党和共产党的态度上，他的这篇文章更多地仍是在谴责国民党而同情共产党。文章写道：

> 中间派在反内战的运动中，决不应盲目地同样反对内战的双方，而要特别反对那发动内战的罪魁祸首！
> 我应当顺便声明几点：第一，我虽然强调中间派在和平民主运动的独立地位和决定作用，但决不否认左翼的革命势力在这一运动中的重要地位和推动作用，尤其不能不佩服他们二十年来的艰苦卓绝奋斗精神。第二，在争取和平民主的工作中，我希望中间派跟左翼党派能够结成巩固的民主阵线，协力制止右翼党派的反动路线，但决不参加左翼党派的军事斗争，也不希望他们有超时代的过左政策和行动。第三，我坚决地反对右翼党派的反动路线，坚决地反对国民党的一党专政和坚持内战的政策，同时也很诚恳地希望国民党内一切开明进步的民主分子自动地起来纠正党的错误路线、错误政策和错误行动。第四，我虽然热烈地希望实现中间性的改良路线，但也决不根本反对

左翼党派的革命路线；因为我认定，如果右翼党派坚持它的反动路线，我们便没有理由反对左翼党派坚持它的革命路线。[1]

在《中间路线与挽救时局》这篇文章中，施复亮写道：

> 我们要主张调和国共，不许国民党排斥共产党，也不许共产党排斥国民党。我们要"主张各党共存，都能发展"。也只有这样，才能真正解决当前的党派问题。自然，我们主张调和国共，决不是无原则的，也不是被动的。我们认定在当前国内和国际的情势之下，只有中间路线才是牺牲较少的可能实行的路线，我们要根据多数人民的利益和要求，把那"趋于极端"的国共两党拉回中间性的政协路线，以和平合作的方式达到政治民主化、军队国家化和经济工业化。同时我们要以主动的态度，坚持自己的反战立场与民主原则，努力争取中间路线的实现。[2]

由于他们提出的"中间路线"问题有着相当的重要性，也由于施复亮、张东荪等在爱国民主运动中有许多积极表现，在社会有着不小的影响，这个问题便引起热烈的讨论。伍丹戈做了这样的归纳："这个问题争执的要点有两个：第一，当前的政治路线，除了反动路线和革命路线之外，是否还有一条改良的中间路线？或者是现在仅仅只有民主路线和反民主路线的存在，当中决不容许也不可能产生第三条政治路线，就是中间路线？其次，政协路线是否中间派的路线？还是争取民主的各阶级的共同路线，也就是全民主（注：'主'

---

[1] 施复亮:《中间派在政治上的地位和作用》,《时与文》第5期,1947年4月11日。
[2] 施复亮:《中间路线与挽救时局》,《时与文》第8期,1947年5月2日。

疑为衍字，或为'全民族'之误）的民主路线？"[1]

在同施复亮商榷的文章中，很受人注意的是平心在《文汇报》上发表的长篇文章《论"第三方面"与民主运动》。他在讨论中，对施复亮采取很尊重的态度，在前记中先声明："施先生是我所敬仰的师长之一，文章德业，照耀士林，我本不配评量他的论著；但正因那篇文章，可能引起读者严重的误解，尤以施先生的威望甚高，更恐有人以讹传讹，混乱视听，所以愿站在民主真理的立场上和施先生略为商榷。"在文中又说："我知道，施先生是怀了世人所谓菩萨心肠来看政局，跟某些盗用所谓'中产阶级'名义，打着'中间派'旗帜的伪装'民主'棍子是处于对跖地位。但不能不警惕后者利用施先生的政治主张，经过化装，来蒙混大家。"

对伍丹戈所说的两个问题，平心写道：

社会上有中间阶级，政治上有"第三方面"，这是无可否认的客观事实。但中间阶级与"第三方面"，不等于介于左右之际的中间路线的支持者和执行者。

在一定的历史阶段，基本上只有两个相反的政治方向，也就是代表两种不同集体利益（在每种集团利益之下，可能有不同的利益分子）的政治路线，虽然各集团可以在它们所选择的路线上，采取不同的行动方法。

假如有人要在通往草原与伸向沙漠的两条相反道路之间另辟一路，结果必定弄到非南非北，不东不西，最后免不了迷途。我们如不愿做迷途羔羊，就毋须考虑第三条路。

民主与反民主的分野早已成了历史的棋局；要在它们之间

---

[1] 伍丹戈：《民主路线与中间路线》，《时与文》第8期，1947年5月2日。

铺一条看似公正而其实近于歧途的中间道路，姑不论为事实所不许可，即令能够行通，试问对于整个民主阵线是有所增强，还是有所减弱呢？

即以"第三方面"与中间社会力量而论，除非对反民主势力无条件投降，即使再退让不已，也不能见谅于既得权利集团，更不能解消他们的敌意。从而，也就不能减少中间诸阶层的威胁。何况，中间的政治路线，在理论上极易模糊群众的政治视线，教大家更迷惘，更困惑，并易于限制彷徨分子的进步可能性；适足以涣散民主力量，使"第三方面"由歧途而走向孤立。

展现在我们面前，早已有两条根本相反的现实路线，一条以争取民主、独立、和平、统一、进步为目的，另一条以继续独裁、媚外、内战、分裂、倒退为目的。"第三方面"民主派只能在两者之间选择其一。他们只是民主运动中的一个特种兵团，但决不是两个战线之际中间战线的开辟者。

今天，需要内战的，决不是人民，而是人民的反对力量。停战致和的决定权诚然操在人民手中，但在人民不能以压倒优势来控制大局之时，"第三方面"是不应企图用幻想的和平，来打消现实的战争的。

"第三方面"生存和发展的道途只有一条，就是遵循最大多数人民的进步要求，而不断向前开路。人民的要求是什么呢？是专制旧中国的否定，是民主新中国的产生。这是决定不移的历史方向，任何威力也不能扭回的。

显然，政协路线不是中间派的路线，而是为要求民主、和平、独立、统一、进步的各种社会力量所共同接受的路线；而这并不妨碍最进步的集团与分子对于政协决议及其附属协定方案，保留批评与修正之权。[1]

关于中间路线问题的讨论，不只是个理论问题，更是个现实生活中的实践问题。事实总是比言论更好的教员。1947年下半年，两个事实是大家越来越看得清楚的：第一，战争的发展中，人民解放军经过苦战，已从战略防御转入战略进攻，国民党的颓势越来越明显地表现出来，战争未必会"长期化"，而有可能在不太长的时间内"分出真正的胜负"。第二，更重要的是，顽固的国民党当局不但已对中共发出"戡乱"的"总动员令"，不再有"调和"的余地，而且对中国民主同盟等民主党派和其他民主人士也都已采取镇压手段，根本没有可能取得什么在国共两党之间"举足轻重"的"中间派"的地位。所以，尽管还有少数人仍在说"自由主义者是无法赞同内战，假使他无法阻止内战，至少不应助长内战"之类的话，但许多原来主张"中间路线"的人态度有了明显的变化。施复亮就是这样。第二年1月，他在《观察》上发表的文章中写道：

> 假使中国当前政治斗争的结果，只有两个可能的前途：不是殖民地化的法西斯蒂的前途，便是社会主义革命胜利的前途，那末自由主义者自然只有选择后一个前途而不能有所迟疑。可是从当前国际和国内的情势看来，上述的第一个前途固然绝无实现的机会，而第二个前途也还很少有实现的可能；在最近的将来所能实现的前途，恐怕还只是新民主主义的政治和新资本主义的经济。这正是"今日中国自由主义者"所要走的道路。

---

[1] 平心：《论"第三方面"与民主运动》，罗竹风主编：《平心文集》第2卷，上海：华东师范大学出版社，1985年版，第563—596页。

> 自由主义者必须认识自己所走的道路,只有获得广大人民的同意和支持,才能完全实现。因此,自由主义者必须跟广大人民站在一起,承认自己是广大人民中间的一部分或一分子,以广大人民的利害为自己的利害,以广大人民的要求为自己的要求。这样,自由主义者的目光才会看到多数人的自由,不止看到少数人的自由。
>
> 在人民的政权不曾建立起来或人民的自由不曾获得切实保障以前,自由主义者必然要跟广大人民站在一条阵线上去反对统治者。自由主义者多半希望采用渐进的改良的方法去求得政治、经济和社会各方面的进步,但当他发现了统治者顽固反动,绝无改良希望的时候,他也会毅然决然走上革命的道路。法国革命和辛亥革命的历史,都是最好的证明。[1]

许多原来处在中间状态的人,在事实的教育下,一批又一批地"毅然决然走上革命的道路",已成为谁也无法阻挡的潮流。这也是国内政治生活中出现的一个重要动向。他们中的绝大多数人逐步走上拥护中国共产党的领导、拥护社会主义制度的道路。只有一些人仍倾心他们说的"英美的议会政治与政党政治",也就是毛泽东在1949年8月批评美国白皮书时所说的"自由主义者或所谓民主个人主义者",[2]仍有某些消极作用,当然那只是很少的人。

---

[1] 施复亮:《论自由主义者的道路》,《观察》第3卷第22期,1948年1月24日。
[2] 中共中央文献编辑委员会编:《毛泽东选集》第4卷,北京:人民出版社,1991年版,第1499页。

第十三章　南京政府越来越孤立

进入1947年第四季度，国民党的统治状况江河日下：军事失利，物价飞涨，民怨沸腾，内部争吵不已。南京政府已是败象毕露。只要从一向支持蒋介石的司徒雷登从9月下旬以后给马歇尔的内部报告中摘引出一些话，不需要再做什么解说，读者便可以略知大概。这也许比引用别人的话更能够说明问题。

近数月来，中央政府的政治、军事和经济局势如前所料想的那样继续恶化。现在，由于魏德迈使团可以带来大量财政军事援助的希望的破灭，加上共产党又展开军事行动，两者交相影响，使得中国危机恐慌的趋势进一步加强。

到8月底，通货比5月底膨胀了64%，比年初膨胀了270%。1947年的头5个月一直维持着这样高的通货膨胀率，从年初始，预算赤字与通货膨胀几乎同步上升。而预算收入还不足！至8月的16.5亿美元支出的40%的程度。并且，鉴于物价飞涨和目前的军事局势，在这方面恐怕还要导致进一步恶化。

政府处境继续恶化，行政上仍旧无能，这仍属基本趋势。现在，中央政府犹如病入膏肓的病人。衰弱不堪。（1947年9月20日）

共产党没有任何迹象表明他们的战斗力和士气降低。毋宁说正相反，他们似乎获得了较好的武器供给，自信有继续战斗两三年的能力，估计到时会控制长江以北地区。他们正稳步地改良组织和训练，官兵同甘共苦，为理想而献身战斗，抛弃一切自私的野心和个人享受。很少或者没有迹象表明莫斯科供给他们物质援助。

国民党内充斥腐化和反动势力已是尽人皆知，无须再说。然而，必须铭记的是，一党统治永远会导致腐败。在国民党当政的全部时期中，其内部分歧从来没有停止过。生活费用的日益增长使中国局势更是雪上加霜。前途渺茫中产生的失败主义情绪桎梏了一切创造性努力。（10月29日）

从不同的消息来源得悉，中国高级官员对中国局势的严重程度以及对美国援助的迫切需要的认识日甚一日。我原先考虑，这是否是他们有意放出空气来影响我，并通过我来影响美国国务院。但我最终改变了这一想法。我不认为他们简单地试图对我们施加压力，他们真的惊慌泄气了。（11月19日）

我谨再次对中国内战中的精神因素或人的因素加以评述。这些因素随着军事和财政局势的急剧恶化而日趋明朗。共产党组织者狂热地信仰其事业，并能够激励共产党的工作人员和大部分的部队及当地人民，使他们相信共产党事业是正义的，是有实际利益的，并能够取得最后胜利。与此相反，政府人员更加灰心丧气，毫无斗志，并最后变得一蹶不振，或无所顾忌地营私自肥。这就进一步疏远了必将成为政府主要依赖的自由分子。甚至高级官员也开始失望，这对军队士气的影响不堪设想。（11月29日）

12月2日晚上，我与蒋委员长会谈。我觉得他比以往我所了解的更加情绪低落,但他未向我提及谋杀的事(注:蒋介石的私人秘书沈昌焕告诉司徒雷登:11月29日,蒋介石在北平赴机场途中曾遭人枪击,但未被击中)。(12月4日)

我们认为,这(注:指张治中同司徒雷登的一次谈话)表明政府处境进一步恶化。共产党人将全面取胜,不能想象他们目前会接受和谈。(12月22日)

由于政府行政上失当,它已失去民众的拥护。这种行政失当现已发展到危及政府稳定的程度。每次百姓骚动中,人们都倾向于认为是政府毫无道理,专横地侵害人民的经济的和政治的利益。政府没有提出适当的办法。以便有秩序地解决争执中的各种问题,致使人们除了放弃要求或以群众示威表达这些要求外,别无选择。

中国高级文武官员对于经济、政治和军事形势日趋恶化的悲观与绝望情绪与日俱增,这早已是很明显的了,最近似乎又出现一种更尖锐的看法,即政府不久便会失去维持其统治所必需的最低限度的民众支持。在大多数人中,这种倾向甚至认为政府如无外国援助,便无能力从这种状况中拯救自己,更有甚者,许多人认为,即便有外国援助,政府的处境仍无希望。(1948年2月5日)[1]

"灰心丧气,毫无斗志","政府处境进一步恶化","它已失去民众的支持","悲观与绝望情绪与日俱增",这便是司徒雷登笔下南京政府状况的写真。胡适在10月19日日记中还记载道:"美国

---

[1] [美]肯尼斯·雷、约翰·布鲁尔编,尤存、牛军译:《被遗忘的大使司徒雷登驻华报告》,南京:江苏人民出版社,1990年版,第128、130、133、134、136、137、138、141、145、146、150页。

大使请吃午饭,司徒先生说:中国政府一两个月后就得崩塌。"[1]时间相隔不到一年,它同1947年初国民党政府断然关闭和谈大门、扬言要在半年内消灭共产党时那股不可一世的神气何啻有天渊之别。国民党方面在军事上的严重挫败,前面已经说过;这里再对国民党统治区内经济、政治形势的恶化和民众抗议运动的发展做些叙述。

国民党统治区内,由于军费激增造成恶性通货膨胀而引起物价飞涨的局面,是无法扭转的。"当时流行着这样的笑谈:'在中国惟一仍然在全力开动的工业是印刷钞票。'"[2]上任才半年的中央银行总裁张公权在8月30日已看到事不可为,向蒋介石当面请辞。他在上一天拟具的辞职呈文中写道:"任事以来,已历半载。兢兢业业,致力于市面之暂时安定,以期军事之好转。但国库支用日有增加,不特券料(注:指印制纸币所需原料)难以应付,而发行已达去年底之四倍。是通货膨胀之一切恶果,虽竭尽智能,而势难避免。尤可虑者,外汇来源有限,而支出浩繁,长此继续,必难持久。"[3]和年初不同,他已认识到面对的财政经济危机决不是一时的困难,也看不到任何解决的出路,"长此继续,必难持久"。但他的辞职并未获准。

通货膨胀,物价加速飞涨,使人民连最低限度的生活也难以维持。在城市中,公务员和教师的生活极端困难。大学教授在抗战前的社会地位很高,待遇相当优厚,生活比较宽裕,研究条件好。1947年上半年,教授们的生活已十分窘迫,不得不发出"抢

---

[1] 曹伯言整理:《胡适日记全编》(7),合肥:安徽教育出版社,2001年版,第685页。
[2] 茅盾著:《我走过的道路》(下),北京:人民文学出版社,1988年版,第444页。
[3] 姚崧龄编著:《张公权先生年谱初稿》下册,台北:传记文学出版社,1982年1月版,第890页。

救教育危机"的强烈呼吁。到这时,状况的进一步恶化更达到连最低限度的生活也难以维持下去的地步,至于研究费用就更谈不上了。正担任北京大学校长的胡适,在9月23日的日记中写道:"北大开教授会,到了教授约百人。""大家谈的想的,都是吃饭!向达先生说的更使我生气。他说:我们今天愁的是明天的生活,那有功夫去想十年二十年的计划?十年二十年后,我们这些人都死完了。"[1]清华大学和北京大学的著名教授王铁崖、邵循正、袁翰青、陈振汉、杨人楩、楼邦彦等10人在10月18日公开发表《我们对于改善公教人员待遇的意见》,悲愤地写道:

> 公教人员的待遇,在绝对数量方面不足以维持最低生活,举一例即可了然。今设某人之底薪为四百元,家有五口,供职于京沪或平津区,则其每月之货币收入为一百十六万(底薪乘一千八百倍,基本数四十四万元),此外有配售米八市斗或面粉二袋以及其他零星小量实物(平津区仅在九月份配售过两袋面粉而已)。设每人每日最低谷类消费量为一市斤,则五口之家每月尚缺米面七十斤。平均以六千元一斤计,则添购米面已去其货币所得十分之四,所余七十万,必须支付菜蔬、房租、水电、燃料、衣着、子女教育、医药卫生,以及其他必需的杂项费用。以今日物价之昂,七十万仅抵战前之十元左右,项目如此之多,显将顾此失彼。故公教人员之奉公守法者,都不能维持最低限度的生活,更遑论合理的生活。
>
> 我们赞同九月二十三日北京大学教授会所提出之两项办法:(一)此后每月之收入,其购买力不得低于本年一月所得;(二)

---

[1] 曹伯言整理:《胡适日记全编》(7),合肥:安徽教育出版社,2001年版,第682页。

另以底薪百分之五按物价指数乘之,以为研究费。

公教人员在生活压迫及不平与愤懑的心情之下,恐怕无法求得社会的安定。政府在呼吁节约,但请政府注意公教人员的生活已苦到无法节约,而要求免于冻馁;最近立法院所通过的办法,勉强能使他们免于冻馁;倘使连这一点也办不到,我们不能不怀疑政府全不顾到公教人员的死活。[1]

像这些过去一向清高并且闻名海内外的教授们,竟会一笔一笔地算起日常柴米油盐的开支账来,毫不掩饰他们穷困的窘境,把它公开发表出来,可见现实生活已经把他们折磨到何等程度,而且看不到未来的任何希望。至于穷困而无告的下层民众的生活状况,更可想而知。

五天后,10月23日,北平中小学教职员也向市教育局联合请愿改善待遇。他们的要求十分可怜,只是要求补发8月份实物差额20万元,发清10月份面粉两袋,解决冬季用煤问题。即便这样一点维持最低生活的可怜的要求,仍不能解决。市教育局长王季高向市长称:"干不了啦!"并在当天提出请假。[2]

但是,苦难远没有到它的尽头。政府的财政赤字在继续增长,通货继续膨胀,物价不断飞涨,人们的生活从最低限度的水平继续下滑。它的速度比上一年快得多,甚至比上半年更快。而且,通货膨胀的速度大大超过财政赤字增长的速度,物价上涨的速度更大大超过通货膨胀的速度,一切都脱离了常轨,状况越来越混

---

[1] 王遵明等:《我们对于改善公教人员待遇的意见》,《观察》第3卷第8期,1947年10月18日。
[2] 潘振球主编:《中华民国史事纪要》1947年10—12月,台北:"国史馆",1996年11月版,第242、243页。

乱，这使民众的生活更难以支撑下去。熟知此中底里的张公权写道：

> 为弥补财政赤字而发行的新钞，源源不断地泛滥于市场。中央银行对政府的垫款一九四七年较上一年度增加了三倍，而新钞的发行一九四六年增加三倍、一九四七年竟增加十倍以上，再加上由国民党在内战中失败所引起的国际贸易逆差的扩大和资金大量外逃香港，使形势益形恶化。这使法币的对外价值下跌、金价上升，而这两者又对国内物价起了大为不利的反作用。到一九四七年十二月份，上海批发物价较上年同期几乎增长了十五倍，而在一九四六年一年之内上海批发物价只增长了二倍。
>
> 对于物价人人看涨，以致市场上的商品日益枯竭，消费者越来越不愿储备货币。这两种现象更加快了货币的流通速度。商品出售者补进战时所结余的库存的机会绝无仅有；物价的涨势，使商人对于出售其仅存的少量商品，更加裹足不前。
>
> 所有上述现象，先是在少数主要城市明显起来，后来又遍及整个城市地区，终于连全部农村也被波及；但因各地的供求关系情况不同，而在程度上是有所差异的。因而，内地的农民体会到了，货币价值的下跌是势所难免的，觉察到最好是把他们的产品囤藏起来或是用来交换其他消费品。于是，城市方面便遭受到新的双层压力：从已在商业化的内地运到城市的粮食和其他农产品日见减少；对城市消费品的需求则日见增加。粮食供应的缺乏造成了物价和工资的上升。原料供应的缺乏造成了轻工业产品价格的上涨。[1]

---

[1] 张公权著，杨志信译：《中国通货膨胀史（一九三七——一九四九年）》，北京：文史资料出版社，1986年版，第53、66、67页。

10月份的法币发行额已比年初增加五倍，而物价上涨的幅度更要大得多。《时与文》上一篇文章分析道，当前物价上涨的特征是：通货愈发愈多，愈流愈快；生产力枯萎，物资缺乏；物价涨势，愈来愈猛。依上海经济研究所编制的上海的批发物价总指数，上一年年底是战前1936年的7958倍，到这年10月8日已达88750倍，不到10个月内上涨额超过了十倍。[1] 11月份的物价比10月份又上涨16%，黑市黄金外币的上涨比10月份更在一倍以上。[2] 北平市征信所编制的11月份北平批发物价指数，"较十月份增加百分之三十余。下旬为物价上涨最速时期，突飞猛进近所罕见"。[3] 各地的钞券，都已不敷应用。即便国民党政府的印钞机开足马力拼命赶印，仍然远远不能满足需要。

人们的承受能力总是有一定限度的。就在这样的情况下，国民党政府却又采取了一个火上加油的措施：发行大钞。12月1日，报上发布政府要发行1000、2000、5000三种关金大票。它同法币的比价是1:20，相当于法币2万、4万、10万元。政府宣称"希望人心安定，物价不受影响"，还恐吓道："如果有乘机抬高物价的，决以扰乱金融罪依法严办，绝不宽贷。"10日，大钞正式发行。它的后果是谁都料想得到的。物价随即飞涨，哪里是"依法严办，绝不宽贷"这句话所能制止得了的？第二天，《大公报》的头条消息的标题是："大钞发行，物价波动，各地粮面飞升，金钞尤烈。"[4] 拿北平为例，《观察》的通信中写道：

---

[1] 林沧白：《论当前物价的上涨及其特征》，《时与文》第2卷第7期，1947年10月24日。

[2] 林沧白：《经济新形势》，《时与文》第2卷第14期，1947年12月12日。

[3] 《大公报》1947年12月8日。

[4] 《大公报》1947年12月11日。

大钞的波浪席卷着百孔千疮的故都。请看看大钞发行后的北平吧!

随着一日大钞出笼的消息后,物价普遍的再度上涨。面粉零售每袋五十六万,棉纱又涨三四百万,布每匹涨七万。但是增涨最快的还是金钞黑市,因为金钞是投机品,敏感性大,在大钞发行后,物价高涨的浪潮中,他一马当先。

在这种情形之下,大多数的人在叹息,在叹息着今后生活的无着落。街头巷尾,人们莫不是随时在竞相走告什么又涨了多少倍。"什么涨了多少倍"的消息,这是"物价不受影响"吗?

一个公务员回到家里,会因为一点小事打骂他的孩子们。一个教授的屋子里因为要愁一家三口的伙食费而不得不停止燃煤的使用(请注意,北方的冬天,不生火是不行的呵!)。工人在摇头,学生在愁眉苦脸……这就是在大钞的浪潮下人们生活的实况。这能叫"人心安定"吗?

各有关当局虽然都在想办法平抑物价,但是也都想不出什么彻底的好办法。这一点可以由行辕某负责人的谈话中看到。他说:"大钞发行,当亦刺激物价,但关于物价暴涨,并非局部问题,故行辕对此难谈有何对策。"

据最正确的消息,北平的粮食储备仅仅只能供一个月的使用了。[1]

上海的《国讯》上也发表了一篇《十万大钞出笼与年关危机》。它引用官方经济专家黄元彬的话"根据他十年来的统计,指出在今年六月以前,大抵通货数量增加一倍,物价可涨至八九倍。"文

---

[1] 米兰民:《大钞的波浪在北平》,《观察》第3卷第18期,1947年12月20日。

章预言:"年关将到了。从抗战末期到今年年初的经验,每过一个年关,物价必上涨一倍到四倍。而且这个倍数率也是逐年递增的。今年大钞出笼以后,即遇年关。估计到明年农历正月元宵节时,物价将可能比今天涨十倍。"文章最后说:"经济发展有其本身的规律,绝不是警察和铁甲车所能阻止得了。中国经济是加速度往崩溃飞奔了。"[1]

在民众连起码的生活也无法维持下去的情况下,人们对豪门资本加速集中财富的愤怒越来越强烈。北京大学经济系主任赵廼抟在一次讲演中,给政府在1947年的经济政策做一个"年终结账"。他在讲演中说:"今日中国财富分配不均,集中在少数人手上。战前这种现象已经相当明显,八年抗战的结果,豪门与官僚资本操纵了一切。"他嘲讽地提出政府应该有文和武两个预算,说现在"预算太不民主,支出方面,钱用在老百姓身上的太少,据政府宣布的预算看,真正用在老百姓身上的支出,不过百分之二十。收入方面也不民主。有钱者不出钱,无钱者多出钱"。他嘲讽地说:"我希望有两个预算,一个文预算,一个武预算。打仗的钱由豪门资本去担当,他们在南美的存款大概可再支持两年。文的预算专为老百姓的福利着想,这些钱可以由老百姓担当。这样把打仗的预算与福利的预算分开,可以让老百姓吐一口气。"[2]把文预算和武预算分开,自然是行不通的。作为北京大学的经济系主任还会连这点也不知道?他所以要在公开演讲中这么说,无非只是要为"老百姓吐一口气"罢了。

中国的民族资本主义工商业,在这种状况下,已濒临山穷水

---

[1] 石仲子:《十万大钞出笼与年关危机》,《国讯》第444期,1947年12月20日。

[2] 赵廼抟:《中国经济问题》,《观察》第3卷第21期,1948年1月10日。

尽、奄奄一息的地步，难以继续生存下去。熟知当时财政经济情况的许涤新、吴承明所主编的《中国资本主义发展史》第3卷中做了这样的描述：国民党政府在1947年7月颁布《动员"戡乱"完成宪政实施纲领》后，加强经济检查，敲诈勒索随之而来。到1947年底，民族资本主义工业中最大的纺织厂申新各厂开工纱机共529246锭，尚不足抗日战争前1936年57万锭之数；开工布机3271台，仅为战前5304台的61.7%。再拿缫丝业来说，1947年的生丝产量只及战前的40%，而就厂丝来说，更只有战前的21%，战前生丝已有60%是机器生产，战后却有65%是农家手工生产了。水泥工业是战前兴起的一大民族资本主义工业，战后全面衰落。主要原因是进口的美国水泥，价格较低，又因为交通不畅，远销受阻。最大的启新水泥公司，战前最高年产量曾达到27万吨，1947年只恢复到16万吨。上海水泥公司只恢复到战前产量的三分之一。煤矿业也全面衰退，1947年的产量只及战前1936年的一半，只有1942年最高产量的三分之一，所以各地都感煤荒。[1]

天津《大公报》在10月3日社评《救济北方中小工业》中写道：

> 为说明北方中小工业的厄运，可略举天津情形为例：自去年五月至十二月，歇业工厂共七十二家；而自今年一月至八月，歇业工厂竟达一百三十二家。此其中包括面粉、碾米、榨油、织染、织袜、砖瓦、木作、铁工、橡胶、造胰等各类厂家，这大抵都是有关民生日用必需品的中小工业。至于尚未宣告歇业的厂家，也多实行减产，苟延残喘，似在忧患煎熬中，坐待油尽灯干。

---

[1] 许涤新、吴承明主编：《中国资本主义发展史》第3卷，北京：人民出版社，1993年版，第653、654、660、665、666页。

最近我们调查过一家小造胰厂：它申报资本额三百万元，资金流转额二千万元，每季营业额四千万元；而它要负担所利得税计二百五十万元，营业税二百万元，印花税五十万元，建设捐一季十八万元，城防捐七十万元，其他各项摊派一百万元。试想一个半手工业的小工厂，每年纯益几何，而负担如此其重！所以他们的资本实值，固在通货膨胀中逐渐消失，即其盈利部分，也几乎被重税苛捐剥蚀净尽了。[1]

和民族工业"坐待油尽灯干"的同时，却出现商业的虚假繁荣和投机活动的猖獗。商业的虚假繁荣，是由通货膨胀引起的虚假购买力造成的，是重复交易而非实销，因为实物商品是减少的。投机买卖的对象，主要是黄金、外币、证券、棉纱、棉布、五金、西药、粮食、百货以及房地产等。所以，当时有"工不如商、商不如囤"的说法。这种畸形的社会现象，更使正当的民族工商业难以生存下去，更谈不上什么发展了。倒是中国共产党提出的"保护工商业"和"发展生产、繁荣经济、公私兼顾、劳资两利"的主张，对他们有着不小的吸引力。

一切都显示着：国民党统治区的财政经济状况，正在加速走向总崩溃。《观察》的记者在题为《岁寒谈大局》的文章中，描述了一幅到处人心惶惶的生动图景。他说："各种情形越来越坏，社会危机所表现的程度便越来越深刻。经济方面一点没有办法，物价一级一级的跳，人民受不了。人民受不了，社会秩序便不稳，可能出乱子，要影响政权的存在，所以不得不今天想一个办法，明天想一个办法。可是这个办法既不通，那个办法也不灵，办法

---

[1]《大公报》1947年10月3日。

尽管想，物价照样涨。现在中国，可说人人苦脸，到处怨气。""人人一肚子怨气，碰上机会就发。人民怨气就像黄河的水，政府的军警就是堤，天天用堤来防水，到头还是闹决口。"[1]

《大公报》1947年最后一天发表的社评中也做了这样的描述"经济危机日趋严重，工商百业濒于窒息，人人皱眉，个个叫苦，市面极端萧条，小民生计断绝，而粮食市场且随时大起波澜，创直线上升的惊人记录。综括说来，凡今年所呈显的各种危象，都为过去所未曾有"。[2]

谁都看得清楚：国民党政府的财政经济危机已是无药可救，病情只会一天比一天恶化，根本没有任何康复的希望。等待着的，只是财政经济的总崩溃究竟在何时降临。它的行将到来是确定的，而且时间决不会拖得太久，其结果必将如《观察》记者所说那样："要影响政权的存在。"这是明白无疑的事情。

在政治方面，国民党政府当时正在大吹大擂的，是筹备国民大会代表的选举，准备给青年党和民社党几个国大代表名额，算是实行宪政、"还政于民"，用来应付国内要求民主的浪潮，更重要的也是做给美国看，做出仿佛正在进行"民主改革"的姿态，以争取更多美援。

在国民党看来，似乎只要有几个青年党和民社党的成员参加国大，装点一下门面，就可以表示不再是国民党一党"训政"了，所以对这件事看得很重。青年党和民社党趁此竭力要增加名额，多替党员谋得些一官半职。他们十分热衷于这件事。章乃器在抗

---

[1] 观察记者：《岁寒谈大局》，《观察》第3卷第24期，1948年2月7日。
[2]《大公报》1947年12月31日。

战前期就嘲讽过青年党的"左舜生之流'以给我官做'为主要内容的所谓'开放政权'"。[1]现在这两个长期在野的党觉得良机已到，本来长期自以为不得志的政客们便争先恐后地伸手要位置。而国民党并不想让出太多的席位。至于各地自以为有把握当选为国大代表的国民党员更不甘心把自己原以为稳稳到手的位置拱手让出。于是，争吵便很热闹了。

争吵先从三党的中央开始。代表名额的协商十分艰难。当时担任国民党中央组织部长的陈立夫在回忆录中写道：

> 我被调回组织部，就是来帮助国民大会的选举。这项选举麻烦很多，主要的麻烦不是我们党里的麻烦，而是要各党各派参加选举的麻烦。困难的是多年来友党他们没有什么活动，以前他们有少数党员分布在各县，但这种党员也没有什么活动的成绩，所以要他们在多数国民党党员竞选中产生出来是很不容易的。
>
> 中央为了挽救这项缺点，就给青年党、民社党每个党若干名额，而这些名额要我们党员在各县选出的代表让出来使他们补上去，这是很困难的事。假定我们党内同志努力奋斗许多年，他被选出来了，又要他让给青年党或民社党的党员。而这种党员在当地没有什么服务成绩，又没有什么很大的贡献，要叫党内同志让出名额给他们，这是一件非常艰苦的事情。不过党里既然这样决定，我们组织部就要去达成任务。[2]

---

[1] 章立凡选编：《章乃器文集》下卷，北京：华夏出版社，1997年版，第644页。

[2] 陈立夫著：《成败之鉴——陈立夫回忆录》，台北：正中书局，1994年6月版，第358页。

代表名额的分配，是由国民党中央同青年党、民社党商定的。"依照三党提名协议，国民党候选人占总名额十分之八以上，而青民两党各不足十分之一。"[1]在选举前就规定各党派当选的名额，如果不足额要从原已当选的人中让出来，这本来已谈不上什么"民主"原则。而青年党和民社党对名额还很不满意。司徒雷登在给马歇尔的报告中说"为了扩大政府基础而纳入政府的两个少数党人员，贪心于争权夺利，超过了许多国民党人士"。[2]他们看准国民党这时需要他们来装点门面，胃口大得很，丝毫不肯让步。而国民党许多人也毫不相让，以致蒋介石在纪念周上大发脾气，痛骂这些党员"放弃职责，努力于竞选，可耻！"[3]

选举日期因为三方争执不下，对名额没有达成协议，只得延期至11月21日至23日举行。但青年党和民社党仍不让步。10月2日，民主社会党主席张君劢致信蒋介石，毫不客气地说：这次选举活动"以名额分配问题迁移日久，未能解决，以致影响提名"。他重申：民社党需有国大代表四百名、立法委员一百名。"此项数目在选举总额中仅占极小数额"，"现在选期已迫，似应亟速明确规定名额，俾本党得以早日决定态度"。[4]党的"态度"要视名额而定，实在是笑话。15日，民社党发言人徐傅霖对记者发表谈话，威胁说："若民社党不能获得国大代表四百名、立法委员一百名额，该党将保持在野党地位，放弃本年普选。"并表示这是该党"最低

---

[1] 陈启天著：《寄园回忆录》，台北：商务印书馆，1972年10月版，第216页。
[2] [美]肯尼斯·雷、约翰·布鲁尔编，尤存、牛军译：《被遗忘的大使司徒雷登驻华报告》，南京：江苏人民出版社，1990年版，第132页。
[3] 徐永昌著：《徐永昌日记》第8册，台北："中央研究院"近代史研究所，1990年6月影印，第504页。
[4] 秦孝仪主编：《中华民国重要史料初编——对日抗战时期》第七编（2），台北：中国国民党中央委员会党史委员会，1981年9月版，第822页。

限度之要求"。11月6日,张君劢又致信国民党中央秘书长吴铁城和组织部长陈立夫说:"兹经本党中常会议决认为,台端所提名单中,于本党前提之重要人员,漏列甚多,倘照此公布,将令全党哗骇,有碍于目前合作之局,断难同意。"青年党负责人左舜生、余家菊、刘东岩致陈立夫等的信中说:"兹特送上最低限度必须增改之名单一份,拟请察照增改,始可公布。如贵党对此增改之名单,尚有不能同意之处,务希将本党国大代表候选人名单全部保留,并即约晤,以便商洽。否则,本党对先生等未经采纳本党所请增改之意见,而公布之名单,势必难以承认也。"[1]国民党当局这时已势成骑虎,只得委曲求全,以免破裂。11月中旬,三党联合提名的候选人名单才算协调成功,先后公布。

11月21日至23日,选举如期举行。"报纸上,都以显著的地位刊登选举的消息,特号字的大标题差不多都是说:'民主宪政,国基永奠。'"[2]各地在选举中舞弊和违法行为层出不穷。就拿万众瞩目的中国最大城市上海来说,《国讯》上就有生动的报道:

> 十一月二十一日。红红绿绿的国大竞选标语贴遍了上海的街头巷尾,行人们不时可以接到一些不知从何而来的各式宣传品:有照相,有简历,有铅印的,有油印的……马路上时而有敲敲打打的卡车驰过,方治、潘公展或其他党国要人的大幅肖像竖得高高地,一丛丛的小条子被散在空中飞舞,会打算盘的小贩们在抢着拾来包花生米。竞选的当事人像煞真在过渡一

---

[1] 转引自朱宗震、陶文钊著:《中华民国史》第3编第6卷,北京:中华书局,2000年版,第27、28页。

[2] 杜渐:《皖省国代选举内情》,《时与文》第2卷第13期,1947年12月5日。

"创历史的节日"，绝对大多的人们仍然和往昔一样。

亚尔培路体育馆里有卢家湾区的投票所。里面是静悄悄的，西北风吹翻案上指模寥落的选民册，管理员们在不耐烦地踱着方步。国民党提名的候选人有十余人。管理员告诉我：老百姓对这个都不熟悉，到现在为止还仅二百多票，青民两党的候选人虽亦"配享两庑"，但竟连一块冷猪肉也轮不到！

投票的第二天。

慈淑大楼下有黄浦区第×投票所，予记者的感觉是"门可罗雀"，可是好胜的主持人员竟宣称已有数千人来投过票了。

汉口路老闸区第×投票所里的场面比较兴隆。一个中年的短装汉子从人丛里擎了选票退出来。记者目睹他跌足连声打着"阿呀！"写票员不经意的问他"选啥人？""先生，随便吧，反正我已记不得了！"

另一个老闸区的投票所设在三山会馆。一群妇女熙熙攘攘的围住了领票处。当然啰，公门里的"买卖"于她们是最生疏的。她们像买配给品一样的毫无秩序，很多人把自己的指模按到人家的名字底下去。马上，她们又围住了写票处，只有一个带头的年青女子喊得出被选人的名字来，其余的先都张口结舌，随后又齐声喊"一样"，"一样！"，"香肥皂！"她们中的一个突然冲出了口，管理员马上喝住了她，同伴们也忙着给她掩饰。

一位老妈妈跨上了写票处，写票员毫不迟疑的在选票上挥上"钱大钧"三个大字。记者正在为他惊愕，主任先生的手突然搭上了我的背："老兄，写票的地方请少看一息，这是上面关照的，没办法，要请特别包涵。"

中国毕竟"民主"了。对投票最有兴趣的是车夫、苦力、娘姨、老妈子、小孩子，甚至选鸨儿的妓女。伟大的导演在准备又一幕的演出，好戏正在后面！后台还有写不尽的"花絮"。[1]

再看广州，《时与文》上有一篇生动的报道：

说是"民主"之基、"宪政"之阶的国大代表大选开始了。

在德宣区投票所里，广州市长欧阳驹首先投了刘纪文一票，说是遵从党的决议，投给党的候选人。

之后，来了十多个衣着褴褛的中年男女，其中三人首先各持一张绿色的身份证去领取"选举权票"，再换了一张"选票"，跑到票匦旁的桌前。于是"代书处"负责人便问他们："你选边（那）一个？"三人不知所措地没有回答，那负责人便拿起笔说："选刘纪文啦"，便在"选票"的"被选举人"下写下"刘纪文"三个字。然后由那三个人将"选票"投入字匦里；随后，又有一个像是小贩的男子，做了同样的手续后，负责人没有征求对方的意见便立即代写下"刘纪文"三字；之后，有一男二女前来投票，负责人照样问他们选谁人，那男的便说："选刘先生"，"刘什么？""哦，刘纪——元先生"，负责人便递给那男子一根毛笔说："你搅错了，是刘纪文先生，你写罢。"

同样的事情也发生在市郊的西山投票所里。有一个乡民战战兢兢地跑到警察局门口，经过了道白，守门的警察便让他进去。负责人见是来投票的，便问："你会写字吗？""唔（不）会。""那你选边（那）个人？""唔（不）知道。"另一个负责人便插嘴说："问渠做什么？就写刘纪文啦！"于是那乡民便一

---

[1] 非非：《国大后台见闻录》，《国讯》第442期，1947年12月6日。

声不响地将"选票"投入字匦里。

投票开始不久后,有一个老太婆挤得喘不过气来,气喘喘地说:"我宁愿人工也不要了。"二万元的投票"人工",也许是实情了。

广州大选第一天已过,还有今明两天便告一段落了,虽然有人作种种预测,其实是多余的事。有人说,谁将"榜上有名",不是早已知道了吗?[1]

北京大学教授楼邦彦在一篇文章中讲到北平这次大选时说:"某郊区在投票那一天有很多乡民成群结队到投票所来,拿着国民身份证,说是保甲长叫他们来领面粉,这是多么逼真的一幅社会的缩影!"[2]

连国民党政府行政院新闻局在《南京市本届国大代表普选投票情形报告书》中也写道:"本届选举之最大弊端,为少数不法之徒,竟利用此种罅隙,事前大量搜集选举权证,甚至区镇公所或选举团体负责人径将选举权证扣留不发,待投票时利用中小学生,轮流投票(实则中小学生,多未达选举年龄),常有一人投票至十次以上者。此中情形,以第一日妇女选举时最为普遍。"[3]

至于内地省份,特别在它所属的各县,国民党中央对投票的控制力自然远不如上海、广州、北平、南京这些大城市,闹出的笑话更多。当地有势力的地方豪绅(大多是国民党员)根本不买

---

[1] 于人:《广州大选趣闻》,《时与文》第2卷第13期,1947年12月5日。
[2] 楼邦彦:《论这次的大选》,《观察》第3卷第17期,1947年12月20日。
[3] 中国第二历史档案馆编:《中华民国史档案资料汇编》第5辑第3编,政治(二),南京:江苏古籍出版社,2000年版,第759页。

国民党中央提名的账,自行竞选,而且当选了,三党联合提名的青年党和民社党的不少候选人依然落选。拿四川来说,这是中国青年党在全国势力最大的一个省,但要当选却十分困难。青年党党魁曾琦是四川隆昌人,在隆昌参选,当地却有陈能芬、黄肃芳两个在地方上很有势力的人物也要参选。曾琦如果落选,国民党中央便不好交代了,据说张群、陈立夫等亲自打电报去要他们退出,黄肃芳遵命退出了,陈能芬仍不买账,国民党四川省党部主任委员黄季陆亲自赶到隆昌去说服陈能芬退出竞选,曾琦才算当选。但青年党的四川省党部主任委员姜蕴刚在彭县本籍竞选时却还是落选了。至于民社党在四川所提候选人都是些被当地士绅"瞧不起"的人物,结果仍不能当选。有人给《时与文》所写的通信中说:"我们大概可借这次四川的国代选举证明三件事:第一,一般人民对选举这个权利很感淡漠;第二,却也表现了一点强项的民意;第三,至少证明了国民党对人民的控制力及对党员的支配力是削弱了。"[1]

尽管只是这样一场闹剧,蒋介石在选举结束的 11 月 23 日的日记中却兴高采烈地写道:"国民大会代表之选举,经过无数阻碍与波折,乃能如期举行,此于建设三民主义新国家,将奠定良好基础也。"[2]

但选举的结果,青年党和民社党的候选人大量落选。青年党重要领导人陈启天在回忆中说"单就青年党说,国大代表共三千余人,只提名三百五十余人,而当选者则不过二百三十余人"。[3]

---

[1] 何慧英:《从四川国代选举中观察民意及政府的控制力量》,《时与文》第 2 卷第 14 期,1947 年 12 月 12 日。

[2] 秦孝仪总编纂:《蒋介石大事长编初稿》卷六(下册),台北:1978 年 10 月版,第 585 页。

[3] 陈启天著:《寄园回忆录》,台北:商务印书馆,1972 年 10 月版,第 216 页。

国民党中央也大吃一惊。为了让这两党能有一定数量的成员进入"国民大会"以装点门面,11月28日,国民政府委员会第十六次国务会议上通过决定,强令一些当选的国民党籍的国大代表退出,让青年党、民社党籍的候选人递补为国大代表。12月29日,国民党中常委会议上,又通过《关于国大代表本党党员与友党党员退让实施办法》。[1] 这种不顾选举结果而由党派自行调整的做法,自然更谈不上符合他们口上所说的什么"民主"原则,但国民党当局那时也顾不得许多了。

原定在12月25日召集所谓"行宪国大"显然已来不及,只得改到第二年3月29日召开。但是,那些已经当选而又被强令"退让"的国民党员却并不甘心,一再提出抗议。3月28日晨,也就是"行宪国大"举行的前一天,杨翘新等二十多人要强行进入国民大会堂。他们进去10人后,警卫发现情况不对,立刻阻止其他人入内。已进入的10人就在会堂内开始绝食。另一个当选代表赵遂初买了一口棺材,扬言要在国大开会时在会堂门口自杀。首都卫戍总司令部只得在深夜把他们全部强行拉走,第二天的"国民大会"才得以如期开幕。

即便如此,青年党和民社党仍极为不满。青年党重要领导人李璜在回忆录中写道:由于国民党让出的多是边区僻县,而国大代表必须是本县区籍贯的人方能登记提名。"因之逼得青民两党又不得不临时改推若干适合于该等边僻县区籍贯的代表候选人。这样一来,青民两党其初推出的许多资深党员,在其县中已花了精力与应酬费用,而并未得当选;而其后推出资格较浅的另一批党

---

[1] 潘振球主编:《中华民国史事纪要》1947年10—12月,台北:"国史馆",1996年11月版,第1120页。

员反得当选；于是失败了的资深党员大都认为我中央党部为国民党所骗，中央常委忙于自己去做大官，领导无方，从此不再信任中央领导，而各自为政，去争权夺利起来！"这一来，"国民党固弄得大闹笑话（如在国民大会堂抬起棺材来要寻死之类），而也把青民两党的党中央的威信弄来垮台了"。李璜得出这样的结论："行宪议员选举，拖垮国、青、民三党。"[1]

这一次"行宪国大"，原来被国民党当局大吹大擂，说成是"还政于民""步入民主大道"的新起点。但所谓"国大代表"的选举，一开始在民众中受到的就只是冷冰冰的反应，没有人把它当作一回事来认真看待，以后的一幕幕闹剧，更徒然落下一大堆令人齿冷的笑柄。国民党当局威信扫地，在政治上也可以说"气数已尽"。

在经济、政治、军事局势都迅速恶化的情况下，国民党统治区内民众的不满情绪日益高涨，反抗运动连绵不绝。特别是其中起着先锋作用的学生运动更从以往的波浪式推进进入持续向前发展的新阶段。

五二○运动的高潮掀起后，国民党政府受到很大震动，加强了对学生的迫害。6月23日和9月2日，先后宣布取缔上海学生联合会和解散全国学生联合会。许多学校的学生自治会因负责人被捕或被迫离校而停止活动。暑假期间，上海大、中学生被开除约五百人。许多有正义感、支持学生运动的大学教授也受到迫害。暨南大学35位教授被解聘。复旦大学法学院院长张志让、史地系主任周谷城等被迫辞职。由于国民党政府宣布"'戡乱'总动员令"，政治空气更趋紧张。蒋介石在10月2日的日记中写道："青年学生

---

[1] 李璜著:《学钝室回忆录》下卷增订本，香港：明报月刊社，1982年1月版，第642、645页。

多中共匪宣传之毒,其学风之恶劣,言行之乖戾,足以贻害于社会国家者,实比任何内忧外患为惨毒,若不严加整饬,其将何以复兴?"[1]他们采取了高压手段。一些重要大学内稍有活动,军警以至马队就赶到学校邻近,处于严密戒备状态。学生运动一时曾处于比较沉寂的状态。

但纸总无法把火包住。学生中的愤怒在郁积着,增长着。冲破那种沉寂状态,是由 10 月 29 日浙江大学学生自治会主席于子三被国民党当局杀害于杭州监狱中的悲惨事件引起的。

于子三是山东牟平人,抗战期间从沦陷区流亡到大后方求学,以后考入浙江大学农艺系。"学校复员后,以热心公众福利,今春(注:指 1947 年春天)被举为学生自治会代表会主席,任劳任怨,不屈不挠。"10 月 25 日,他和同学郦伯瑾等去祝贺一位校友的婚礼,深夜 2 时却被警察局二分局逮捕,随后被杭州保安司令部带走,也没有说明逮捕的理由是什么。同学们闻讯后,立刻组织营救委员会,奔走营救。浙江大学校长、著名气象学家竺可桢教授也到治安当局要求依法在 24 小时内移送法院办理。不料到 29 日晚 10 时,消息突然传来,说于子三已自杀了。它的情节异常蹊跷,当局无法做出解释。"浙江省保安司令部说于子三是用玻璃片自杀的,他们还出示两片有血迹之玻片,说是自于君床上和床下拾得的。但是细察此二片碎玻片,却不能凑合。竺校长问牢狱窗上是否有碎玻璃,他们又答不知道。他们领着看了于君死难的牢狱和于君遗体。看到血迹淋漓的尸体,竺校长顿觉头晕,幸而由李校医注射了针剂,始稍回复。司令部的人又拿出已拟具的证明书,请校长签名证明于君系用玻璃片自杀。校长说:'我仅能证明他已死,但不能

---

[1] 秦孝仪总编纂:《蒋介石大事长编初稿》卷六(下册),台北:1978 年 10 月版,第 564 页。

证明他是用玻璃片自杀的。'"[1]

这样的惨案使浙江大学立刻沸腾起来。许多学生痛哭失声。30日上午，浙江大学学生自治会召开紧急全体大会，要求查明真相，要求控告保安司令部及其负责人。下午，一千五百多位学生以于子三的照片和"冤沉何处"四字横幅为前导，进城游行。"至鼓楼前，即见保安队士兵数排，全副武装，挂掷弹筒，负手榴弹，临时戒严。行人车辆可准通行，惟浙大队伍不准通过。一时情势甚形紧张，最后终以同学避免再度发生血案，答应分组通过鼓楼。"[2] 31日，浙江大学教授会为于子三案发表宣言，"认为于生自杀有二疑点：一，狱中防备自杀颇为严密，卸去于生常戴之眼镜，并不准其吸烟；二，竺校长询问自杀用玻片从何而来时，或答不知，或答是窗玻璃，又与此染有血迹之玻璃不能拼合。故要求政府彻查，使真相大白。"[3]教授会并决议在11月3日罢教一天。1日下午，讲师助教会也召开紧急大会，决定提出抗议书，并在11月3日罢教一天。学生自治会11月2日改选完成后，也在3日继续罢课一天。

于子三惨案的消息在11月1日传到北平，那天正是星期六。首先行动起来的是清华大学。3日，清华大学学生自治会代表会开会决定在4日、5日、6日罢课三天，同时到各校进行宣传，为死者募捐。北京大学在3日有许多壁报呼吁罢课。4日，几个社团主张游行。有的社团说："我们何辜，一个同伴死了，无数同胞踪迹不明，多少中华青年呻吟狱中，每一个正直的有血性的人，无不在恐怖或灾难之中。我们何辜！中国青年起来，中华民族的正气

---

[1] 王民：《浙大于子三案纪要》，《国讯》第439期，1947年11月15日。
[2] 幼狲：《浙大被捕同学惨死案续志》，《时与文》第2卷第10期，1947年11月14日。
[3] M.H辑：《浙大教授怀疑于案》，《国讯》第439期，1947年11月15日。

回来！"[1] 5日签名的结果，沙滩区1700人中，有1200人赞成罢课。当晚，代表会决议6日、7两日罢课。6日下午，华北学联在北大民主广场主持举行于子三追悼示威大会，清华到600多人，燕京到300多人，北大到2000多人，其他大、中学也有学生参加，周炳琳、樊弘等教授在会上演讲，许德珩教授因病送来了书面讲话。会议结束后，几千人的队伍，高唱着《团结就是力量》《义勇军进行曲》等歌曲，绕北大民主广场游行。7日，清华、燕京、北大举行小规模的营火会。同一天，北京大学、清华大学教授160多人联名发表告社会人士书，内称"社会这样的不安，人民和社会时时在威胁中，学生们为着营救被非法逮捕的同学，为着保障自身的安全，我们又如何能不同情？""如果处在这种动荡的社会中而毫无感触，青年们岂不是麻木不仁了吗？""希望政府能尊重约法，保障人权，将被捕的学生移送法院，讯明事件真像［相］，依法处理，不应该借故拖延，以致引起严重后果。"[2] 同时，他们也劝学生复课。

接着，昆明市三十多所大中学校的两万多名学生在6日举行总罢课。8日，南京金陵大学学生罢课抗议。10日，上海交通大学和南京中央大学学生罢课。11日，上海圣约翰大学、同济大学、复旦大学、上海法学院、中华工商专科学校、同济高等职业学校等校学生罢课一天。此外，武汉大学、厦门大学、金陵女子大学、东吴大学、大夏大学等校学生也相继罢课。全国约有20个城市15万名学生参加了抗议活动。

悼念于子三、抗议国民党政府暴行的活动，是继反饥饿、反内战运动后掀起的又一次全国规模的学生运动新高潮。这次运动并

---

[1] 凌华：《北平的浪潮》，《时与文》第2卷第10期，1947年11月14日。

[2] 《大公报》1947年11月8日。

没有提出政治性的口号，只是举行种种令人悲痛的悼念活动。但是，国民党政府在口称要"行宪"的情况下，非法逮捕并关押浙江大学的学生自治会主席，在于子三未经审判而惨死狱中后又做不出任何站得住脚的解释，这就使他们在政治上完全输了理，使许多原来不很关心政治的学生也被激怒，行动起来，并且博得社会上的广泛同情。这就冲破了前一阶段学生运动相对沉寂的局面，开始了一波紧接一波地向前发展的新局面。卷入到学生运动中来的人越来越多，活动的形式越来越多样，国民党政府再也无法把它压制下去了。

12月间，上海学生又展开声势浩大的救饥救寒运动。这年冬天，上海的气候特别寒冷。"进入十二月，气温骤降，街头饿殍冻尸每天数十起。据官方统计数字，上旬四百人，中旬五百人。另据报载，其中有一天，仅一夜之间街头冻死者即达一百八十九人。"[1]这些倒毙街头的尸体，只要外出的人都可以看到。少数慈善团体（如普善山庄等）虽然做了一些救济工作，无异杯水车薪。许多自己陷于贫寒困境的学生，面对这种惨状，自然抱有强烈的同情。

12月18日，同济大学基督教团契的八个学生自发地在校内贴出通告，开展劝募寒衣的活动。通告说"昨日本市冻尸一百具。今天天气更冷，不知又有多少人将在寒冷中死去。希望同学，本诸良心，予以捐助"。[2]中国共产党的地下组织经过研究，决定支持这个正义行动，并且提出"救饥救寒"的口号。19日起，同济

---

[1] 中共上海市委党史征集委员会主编：《解放战争时期上海学生运动史》，上海：上海翻译出版公司，1991年版，第134页。
[2] 转引自上海市青运史研究会、共青团上海市委青运史研究室编：《上海学生运动史》，上海：学林出版社，1995年版，第208页。

大学、交通大学、圣约翰大学等相继成立劝募寒衣委员会，上街劝募，到处唱起"募寒衣，请劝助，要募寒衣千万数，寒衣募给难民穿，难民冬天没有衣服"的歌声。复旦、暨南、上医、沪江、震旦、光华、上法、中华工商等大专院校和许多中学纷纷响应，展开各种形式的劝募活动。28日，也就是年底的最后一个星期日，根据交大、同济、圣约翰、东吴、之江五校倡议，全市八十多所大中学的两万多学生一齐出动，冒着风雪，手持三角小旗，进行宣传和劝募。运动从12月中旬到月底，共募得寒衣15万件，现款10亿元，救济了约30万人。

这次运动的一个重要特点是：通过募捐和发放，引导学生深入到社会底层去，直接同挣扎在生死线上的城市贫苦民众相接触。这对许多出身于比较富裕和中产家庭的学生是很深刻的教育，使他们贴近地看到那样多饥寒交迫中贫民的社会众生相，也引起他们思考这种悲惨的情景是怎样造成的。当他们到一些灯红酒绿的场所去劝募而遭到冷遇时，更激起他们的愤慨和不平。到处传唱着电影《一江春水向东流》中的插曲："月儿弯弯照九州，几家欢乐几家愁。几家高楼饮美酒，几家流落在街头。"活生生的社会现实生活，比书本上的道理更强烈地撞击着年轻人的心灵。

对这样的运动，国民党当局虽然想制止和镇压又难以公开动手。一天下午，同济大学劝募寒衣小队到美琪食品店，店主把一只大蛋糕赠送给学生，作为慰问他们的圣诞礼品。学生决定把它义卖给上海市长吴国桢，吴国桢只得买下。第二天上海几家报纸用醒目的标题报道了这个消息，无形中使这个运动更加合法化。

救饥救寒运动也博得社会各界的同情。由黄炎培担任发行人的《国讯》，以"本社"的名义在"亮话"栏目中发表文章说："这一运动，使成千成万的无辜难胞，得免于饥寒交迫而成为今冬上海的冻死鬼或饿殍。在这里，本刊站在国家民族的立场上，谨向参加此次运动的同学致敬！"[1]

这以后，国民党统治区的学生运动便一浪高似一浪地发展起来。

由于学生的家庭大多属于社会的中上层，牵动的社会面比较广，国民党当局对镇压学生运动多一些顾忌，而对镇压下层的工人农民就更加凶狠了。尽管如此，这个时期国民党统治区的工农反抗斗争仍在高涨。

在天津，发生了影响很大的"六号门"事件。那时，天津东站货场六号门的搬运工人受着把头马文元的控制，运费收入的80%要交给马文元，工人生活苦不堪言。这年11月，六号门搬运工人组织起来，派代表找马文元交涉，要求运货对半分账。小件零担运用由工人自理，遭到拒绝。第二天，一千多名工人举行大罢工，货物无人搬运。警备司令部调来大批军警弹压，工人仍不复工。其他码头搬运工人也举行同情罢工。斗争坚持了三天，最后迫使马文元接受工人提出的条件。这次斗争，在新中国成立后不久被拍成电影上映。

上海是中国产业工人最集中的地方，也是工人运动有着强大传统的地方。抗战胜利后，各行各业工厂企业中的工会纷纷建立起来。其中，中国共产党在工会中力量较强的有法商电车电灯自来水公司（简称法电）和美商上海电力公司（简称上电）等。这年9月19日，国民党中统局特务在突然搜查富通印刷公司时，逮捕了前往该公司办事的上电工会理事吴可文等人。23日，上电职

---

[1] 本社：《学生的伟大同情》，《国讯》第446期，1948年1月17日。

工两千多人到上海市社会局门口静坐请愿,要求释放被捕工会干部,散发《告全市人民书》。当天深夜,特务又逮捕工会干部和积极分子七人。第二天清晨,上海市政府和淞沪警备司令部以"鼓动非法请愿"的名义通缉上电工会干部十四人。他们还威胁法电工会不许支援上电,说镇压计划已由蒋介石批准,"如上海不能压平,仗也不必打了"。这种威胁,更加激起工人的愤慨。27日下午,法电工会趁工人回厂领取工资的时机,召开全体会员大会,一致通过罢工决议。当天深夜,国民党政府就将警备车和装甲车开来,对准工会大门架起机枪。10月3日,一千两百多工人举行抗议游行。国民党当局调集大批警备车、骑巡队和保安队前去镇压,当场逮捕工人九十六名。法电工人的斗争坚持了七天半,到10月5日,才在上海社会局答应释放被捕工人、罢工期间工人工资照发等条件后宣布复工。这年年底,随着物价飞涨,工人生活更加艰难。"12月份,米价跳到100万元1石,到1月份,又猛涨到158万元1石。1947年12月份的实际物价指数达到10万倍以上,超过国民党政府官方公布的同月生活费指数6.8万倍的30%多。"[1]12月28日,上海棉纺业同业工会发出"本年度工人年赏——按照上年旧例以八折计算""发给年奖分两期"的通知。1948年1月30日,申新九厂七千名工人同时关机停车,各车间推派代表提出如期发放配给物资、年奖按生活指数计算等要求。2月2日,在淞沪警备司令宣铁吾指挥下,大批军警包围申新九厂并开枪射击,造成工人三人死亡、一百多人受伤、二百多人被捕的血案。

其他地区工人反对饥饿的工潮也猛烈冲击各大城市。据新华

---

[1] 上海市总工会编:《解放战争时期上海工人运动史》,上海:上海远东出版社,1992年版,第188页。

社 1947 年 11 月 28 日电：

> 北平公共汽车公司，员工待遇菲薄，怠工时有发生，本月十三日达最高潮，全市五条路线之六十余辆汽车仅开出一辆。唐山华新纺织厂职工为要求实物津贴全部发面粉，遭厂方借口拒绝后，于上月二十四日下午起开始怠工，至二十五日已获初步胜利。上月中旬开滦矿务局所属唐山、林西、赵各庄、马家沟、唐家庄、秦皇岛六矿中下级职员为反抗蒋匪矿方拒绝增加月煤、改善待遇要求，已分派代表在唐山举行会议，唐山矿已于上月二十五日发起签名运动。据职方负责人表示：不达目的誓不甘休。[1]

农民的反抗活动更是遍及全国。国民党广西省政府主席黄旭初 11 月 17 日在广州发表谈话称："桂省治安情形已今非昔比，今年有十六县发生暴动情事，现尚有横县、武宣两股二千余人未剿平。至于政费、征粮亦较以往困难。""人民生活比以前更加困苦。"[2]

这年年底，清华大学教授、著名文学家、性格温和而富有正义感的朱自清，在《观察》上发表了一篇《论不满现状》，这样写道：

> 老百姓的忍耐性，这里面包括韧性和惰性，虽然很大，却也有个限度。"狗急跳墙"，何况是人！到了现状坏到怎么吃苦还是活不下去的时候，人心浮动，也就是情绪高涨。老百姓本能的不顾一切的起来了，他们要打破现状。他们不知道怎样改

---

[1] 中共上海市委党史研究室编：《解放战争时期第二条战线·工人运动和市民斗争卷》下册，北京：中央党史出版社，1999 年版，第 449 页。
[2] 潘振球主编：《中华民国史事纪要》1947 年 10—12 月，台北："国史馆"，1996 年 11 月版，第 545 页。

变现状，可是一股劲先打破了它再说，想着打破了总有希望些。这种局势，规模小的叫"民变"，大的就是"造反"。农民是主力，他们有他们自己的领导人。[1]

当1948年来临时，《国讯》出了一期专号。这是国民党政府已经宣布"'戡乱'总动员令"以后在国民党统治区公开出版的，因此，使用的语言比较隐讳曲折，但只要稍稍用心去读，便不难从中领会到许多消息。

黄炎培在卷首发表了一首诗《迎一九四八年》，里面有这样的句子："自己在毁灭，快毁灭了，自己还没有察觉。这是从我微薄的脑膜上，写下这最新的记录。"[2]这期《国讯》上辟了一个"一九四八年的希望"专栏，请31位著名学者写笔谈。这些笔谈很值得一读，它反映出国民党统治区许多高级知识分子在此时此刻的心情，尽管他们的表述仍只能是隐讳曲折的。限于篇幅，这里只摘录几则：

> 包达三：年年的岁首，总有希望，临末均归失望。求和平则烽火连天，哀鸿遍地；谈民主，恐怖威胁，人权不得。经济戡乱，人民最后一滴血汗，亦将吸去。然不绝望，还有希望；束紧裤带，再鼓勇气；更努力，更奋斗，只得在这种困难恶劣中忍耐苦撑，所谓穷则变，变则通。[3]
>
> 吴泽：如果说，一九四七年是自由民主的黎明年，那末，一九四八年将是自由民主的胜利年。我预言，我希祈，我准备

---

[1] 朱自清：《论不满现状》，《观察》第3卷第18期，1947年12月27日。
[2] 黄炎培：《迎一九四八年》，《国讯》第445期，1948年1月10日。
[3] 包达三：《穷则变，变则通》，《国讯》第445期，1948年1月10日。

新笔砚,为中国历史写新页。[1]

徐铸成:一九四八年这一年内,中国的大局,总可以见个分晓了。为了民主和恒久的和平,当然不应吝惜任何代价,更不宜姑息而解决得拖泥带水。但我们总希望,在可能范围内,能够避免或减少一切不必要的牺牲,因为国家的元气太亏了,多保留一分元气,建国工作可以少绕多少圈子。而人民也够苦了![2]

章乃器:我希望在一九四八年,全世界的法西斯残余,都跟希忒勒到坟墓里去。希望中国那些残暴、凶狠、阴险、灭绝人性的,丑恶、腐蚀、卑鄙、尽开倒车的,被老百姓压在地下。留下来一些零碎的恶势力,销声匿迹,不敢抬头。从此民主政治可以大踏步的前进,不会再遭横逆。还希望我自己,能把幻想完全肃清;但也不要过分警觉,成为歇斯特里病。[3]

请看,像朱自清这样的著名教授都觉得已"到了现状坏到怎么吃苦还是活不下去的时候",说出"'狗急跳墙',何况是人"那样的狠话来。像章乃器这样的著名银行家,也"希望中国那些残暴、凶狠、阴险、灭绝人性的,丑恶、腐蚀、卑鄙、尽开倒车的,被老百姓压到地下。留下来一些零碎的恶势力,销声匿迹,不敢抬头"。像徐铸成这样的著名报人已在预言:"一九四八年这一年内,中国的大局,总可以见个分晓了。"而且这些话都公开在刊物上发表出来,国民党统治区的民心向背就可想而知。蒋介石在中国大陆的统治已到了日薄西山、众叛亲离的地步。这样的日子还能够维持很久吗?

---

[1] 吴泽:《我准备为中国历史写新页》,《国讯》第445期,1948年1月10日。
[2] 徐铸成:《两点希望》,《国讯》第445期,1948年1月10日。
[3] 章乃器:《一九四八年的希望》,《国讯》第445期,1948年1月10日。

第十四章　历史的转折点

到1947年底，国共双方的胜负趋向已很分明。正在这时，毛泽东自12月25日至28日在陕北米脂县的杨家沟主持召开中共中央扩大会议，通常称为十二月会议。

自从撤出延安后，毛泽东、周恩来、任弼时一直率领中共中央机关转战陕北，先后在枣林沟、青阳岔、王家湾、小河村、天赐湾、梁家岔、朱官寨等处居住过。这些村子都不大，最小的只有二十多户人家。随同他们的警卫部队只有四个连，三百来人。国民党追击部队有时同他们相隔一个山头，但并不知道他们的踪迹。他们就在这样动荡而艰难的环境下，从容不迫地指挥着全国的解放战争，包括从战略防御转入战略进攻。中华人民共和国成立后不久，毛泽东对外宾说过："胡宗南进攻延安以后，我和周恩来、任弼时同志在两个窑洞里指挥了全国的战争。"周恩来接着说："毛主席在世界上最小的司令部里，指挥了最大的人民解放战争。"他没有提到自己，但周恩来当时担任着中共中央军委副主席兼代总参谋长，他的作用自然也是不言自明的。

沙家店战役后，解放军在陕北转入内线反攻，胡宗南部已无力进攻或骚扰，陕北局势比较稳定。11月22日，中共中央迁移到米脂的杨家沟。这里是一个较大的山村，有二百七十多户人家，不通大道，偏僻安静，容易保密，窑洞又多，便于长时间居住和召开较大的会议。中共中央转战陕北八个月了。到这时，才得到一个安定的环境。

十二月会议的规模比较大，除能到会的中央委员、中央候补委员外，还有中央后方工作委员会、陕甘宁边区和晋绥边区的负责人。12月7日至24日，是预备会议。与会者分成政治、军事、土改三个小组，对有关问题交换意见。毛泽东先把《目前形势和我们的任务》的书面报告发给大家讨论。这个报告一开始便指出：

中国人民的革命战争，现在已经达到了一个转折点。

这是一个历史的转折点。这是蒋介石的二十年反革命统治由发展到消灭的转折点。这是一百多年以来帝国主义在中国的统治由发展到消灭的转折点。这是一个伟大的事变。这个事变所以带着伟大性，是因为这个事变发生在一个拥有四亿七千五百万人口的国家内，这个事变一经发生，它就将必然地走向全国的胜利。

毛泽东在这里做出的是一个大判断，是对中国历史发展进程的大判断。那时，国内局势中仍有许多不明朗和不确定的因素，并不是所有人都已看清楚这个历史转折点已经到来。即便有这样那样的感觉，也没有得出如此明晰的结论。毛泽东经过敏锐而审慎的观察和思考，不失时机地以明确的语言做出判断，并且把它昭告全党。对形势的判断，是制订路线、纲领、方针、政策的最基本的依据。有了这个大判断做依据，怎样打倒蒋介石、建立新中国的问题便提到现实的议事日程上来。

怎样打倒蒋介石？决战首先是在战场上进行的。他所讲的"转折点"，首先表现在整个战争形势已从防御转入进攻，而且不再间断，不给对方有喘息余地，而将一直进行到底。毛泽东十分重视总结经验，十分重视总结全面内战爆发后17个月内各个战场作战经验，把它归纳并上升为用来指导作战的军事原则。他指出在军事方面所以取得胜利是因为执行了正确的战略方针：

我们的军事原则是：（1）先打分散和孤立之敌，后打集中和强大之敌。（2）先取小城市、中等城市和广大乡村，后取大城市。（3）以歼灭敌人有生力量为主要目标，不以保守或夺取城市和地方为主要目标。保守或夺取城市和地方，是歼灭敌人有生力量的结果，往往需要反复多次才能最后地保守或夺取之。（4）每战集中绝对优势兵力（二倍、三倍、四倍，有时甚至是五倍或六倍于敌之兵力），四面包围敌人，力求全歼，不使漏网。在特殊情况下，则采用给敌以歼灭性打击的方法，即集中全力打击敌正面及其一翼或两翼，求达歼灭其一部、击溃其另一部之目的，以便我军能够迅速转移兵力歼击他部敌军。力求避免打那种得不偿失的、或得失相当的消耗战。这样，在全体上，我们是劣势（就数量来说），但在每一个局部上，在每一个具体战役上，我们是绝对的优势，这就保证了战役的胜利。随着时间的推移，我们就将在全体上转变为优势，直到歼灭一切敌人。（5）不打无准备之仗，不打无把握之仗，每战都应力求有准备，力求在敌我条件对比下有胜利的把握。（6）发扬勇敢战斗、不怕牺牲、不怕疲劳和连续作战（即在短期内不休息地接连打几仗）的作风。（7）力求在运动中歼灭敌人。同时，注重阵地攻击战术，夺取敌人的据点和城市。（8）在攻城问题上，一切敌人守备薄弱的据点和城市，坚决夺取之。一切敌人有中等程度的守备、而环境又许可加以夺取的据点和城市，相机夺取之。一切敌人守备强固的据点和城市，则等候条件成熟后夺取之。（9）以俘获敌人的全部武器和大部人员，补充自己。我军人力物力的来源，主要在前线。（10）善于利用两个战役之间的间隙，休息和整训部队。休整的时间一般地不要过长，尽可能不使敌人获得喘息的时间。以上这些，就是人民解放军打败蒋介石的主要方法。这些方法，是人民解放军在和国内外敌人长期作战的锻炼中产生出来，并完全适合我们目前的情况的。

毛泽东将解放军的十大军事原则如此清楚地说出来，因为他深知国民党当局即便明白了解放军采取的这些军事原则，仍将一筹莫展，更谈不上同样按照这些军事原则来行动了。

为了打倒蒋介石，单靠军事战线上的胜利仍不够。毛泽东在报告中还强调：第一，要坚决地站在农民方面实行土地改革。他说："全党必须明白，土地制度的彻底改革，是现在阶段中国革命的一项基本任务。如果我们能够普遍地彻底地解决土地问题，我们就获得了足以战胜一切敌人的最基本的条件。"第二，"中国新民主主义的革命要胜利，没有一个包括全民族绝大多数人口的最广泛的统一战线，是不可能的"。因此，必须十分重视实行正确的政策，纠正各种"左"的错误。这样才能团结和争取更多的人，进一步孤立蒋介石。在胜利的形势下更要注意这个问题，决不能轻率从事。第三，必须整编党的队伍，使党能够和最广大的劳动群众完全站在一个方向，并领导他们前进。

怎样建立一个新中国？毛泽东在报告中勾勒出一个基本的轮廓：

> 没收封建阶级的土地归农民所有，没收蒋介石、宋子文、孔祥熙、陈立夫为首的垄断资本归新民主主义的国家所有，保护民族工商业。这就是新民主主义革命的三大经济纲领。
>
> 一九四七年十月，人民解放军发表宣言，其中说："联合工农兵学商各被压迫阶级、各人民团体、各民主党派、各少数民族、各地华侨和其他爱国分子，组成民族统一战线，推倒蒋介石独裁政府，成立民主联合政府。"这就是人民解放军的、也是中国共产党的最基本的政治纲领。
>
> 新中国的经济构成是：(1)国营经济，这是领导的成分；(2)由个体逐步地向着集体方向发展的农业经济；(3)独立小工商业者的经济和小的、中等的私人的资本经济。这些，就是新民主主义的全部国民经济。而新民主主义国民经济的指导方针，必须紧紧追随着发展生产、繁荣经济、公私兼顾、劳资两利这个总目标。一切离开这个总目标的方针、政策、办法，都是错误的。

其中提出的没收官僚资本、成立民主联合政府、新中国经济构成和发展生产、繁荣经济、公私兼顾、劳资两利的总目标等，都是关系全局、影响深远的新的重大决策。

"曙光就在前面，我们应当努力。"毛泽东以铿锵有力的十二个字结束了他的报告。[1]

---

[1] 中共中央文献编辑委员会编：《毛泽东选集》第4卷，北京：人民出版社，1991年版，第1243—1260页。

中共中央在致中央工委、各局、各分局、各兵团首长、中央后委的电报中，通知他们："这个报告是在整个打倒蒋介石反动统治集团、建立新民主主义时期内在政治、军事、经济各方面带纲领性的文件。"[1]

《目前形势和我们的任务》确实是一个纲领性文件。它是在中国人民革命战争达到一个历史转折点的时刻提出来的，初步回答了怎样打倒蒋介石和怎样建立新中国的问题。它比《新民主主义论》和《论联合政府》又大大前进了一步。在这以后，到中华人民共和国成立，中共中央对这些问题一直在实践中继续探索和思考，在认识上不断深化。就拿政权问题来说，毛泽东在1948年9月的中共中央政治局会议上便说："我们政权的阶级性是这样：无产阶级领导的，以工农联盟为基础，但不是仅仅工农，还有资产阶级民主分子参加的人民民主专政。""人民民主专政的国家，是以人民代表会议产生的政府来代表它的。中央政府的问题，十二月会议只是想到了它，这次会议就必须作为议事日程来讨论。""我们采用民主集中制，而不采用资产阶级议会制。"1949年，又有《在中国共产党第七届中央委员会第二次全体会议上的报告》《论人民民主专政》和《中国人民政治协商会议共同纲领》。这些文件的内容是一脉相承、前后相续的，文件中提出的建立新中国的许多重大决策，可以说正是《目前形势和我们的任务》中基本认识的继续和发展。

《目前形势和我们的任务》这篇书面报告，在正式会议开始前。经过半个多月预备会议的讨论，十二月会议便在12月25日正式开幕。毛泽东在第一天上午讲话。他一开始就说："国内形势现在已

---

[1] 1947年12月中央扩大会议简报，1947年12月29日。

经发生了根本性变化。"这同他在书面报告中所说"中国人民的革命战争,现在已经达到了一个转折点"是同样的意思。这个"根本性的变化"或"转折点"怎么会到来的,是与会者十分关心并且希望得到回答的问题。毛泽东从政治、军事、经济三方面做了具体的分析。

他把"政治方面"的变化作为第一条来讲,并且可以看出他对这个问题做过长期的观察和十分审慎的估量。他说:"在政治方面,国民党区域的人心动向变了,蒋介石被孤立起来,广大人民群众站到了我们方面。孤立蒋介石的问题,过去在长时期内没有得到解决。土地革命战争时期,我们比较孤立。进入抗战时期,蒋介石逐渐失掉人心,我们逐渐得到人心,但问题仍没有根本解决。直到抗战胜利以后这一两年来,才解决了这个问题。"人心的向背,决定一切。它总在悄悄地进行,但当超过某种限度时,便会表现出谁都无法阻挡的力量,使局势发生急转直下的变化。毛泽东讲得很坦率"孤立蒋介石的问题,过去在长时期内没有得到解决",甚至在抗战后期"仍没有根本解决"。也就是说,那时比较多的人仍站在承认或支持国民党统治的方面。真正使蒋介石孤立起来而使大多数的人心转向共产党方面来,是在"抗战胜利以后这一两年"内。这个演变是一步一步走过来的。它的过程,在本书中已经做过比较具体的描述。

毛泽东把"军事方面"的变化作为第二条来讲。他说:"在军事方面,蒋介石已经转入防御,我们转入进攻。以前,我们把转到外线作战称为反攻,不完全妥当,以后都叫进攻。"这也是一个历史性的变化。以往十年、二十年间,共产党长期处在防御或被"围剿"的地位。解放战争初期仍是自卫性质。1947年夏,它在历史上第一次从防御转入进攻。这也有个一步一步演变的过程,并且同人心的变化联系在一起,因而是不可逆转的。

毛泽东把"经济方面"的变化作为第三条来讲,并且分析了它的原因:"在经济方面,蒋介石的情况到今年已经很严重了。我们现在也困难,特别是山东、陕北两处,但我们的困难可以解决。从根本上说,是因为我们搞了土改,而蒋介石没有搞;另外我们的主力打出去以后,又减轻了解放区的负担。"东北战局所以会发生重大变化,根本的原因就是进行了大规模的土地改革,才能建立起百万大军来,使这个地区的力量对比发生根本变化。

毛泽东断言:"从现在起到明年一年内,国内形势还会有很大的变化,有利于我们的变化。"这以后一年多的变化,正是沿着他前面所说的三个方面继续向前发展的,只是更加速地进行罢了。

12月28日,他在会上做结论,再次强调:"我们同蒋介石的力量对比问题直到今年中央发出'二一'指示时还没有解决,还准备退出延安,并且后来确实退出了,直到现在这个问题才解决了。二十年来没有解决的力量对比的优势问题,今天解决了。""关于组织革命的中央政府,现在暂不考虑,要等到蒋介石更困难,我们取得更大的胜利的时候,至少在平绥路打通以后再考虑这个问题。"[1]会上也有人主张把社会主义前途加到报告中去。毛泽东说这也是急性病,今天我们还在消灭封建,社会主义还早着哩!何必提社会主义?

"二十年来没有解决的力量对比的优势问题,今天解决了。"这是一个极为重要的政治判断。也就是说:到1947年底,国民党的统治才从20年来的优势转到劣势的地位,而共产党领导的力量

---

[1] 中共中央文献研究室编:《毛泽东文集》第4卷,北京:人民出版社,1996年版,第328—336页。

从20年来的劣势转到优势地位。这已经不是一种估计，而是成为事实了。当然，这个转变并不只是靠1947年这一年做到的，它是整整20年历史发展的结果。但它终究是在1947年实现的。许多条件虽然经过多年的积累和准备，毕竟还只是存在一种可能，要真正实现这个转变仍极不易。它是由前面所说政治、军事、经济三方面的变化综合而成，而且是艰难地一步一步演变的结果。本书力图描述的，正是它怎样一步一步演变过来、直到实现这个转折的具体过程。

国共两党在力量对比上一旦强弱易势，强者变成了弱者，弱者变成了强者，往后的局势发展便顺流而下。如有一块巨石，当把它费力地一步一步挪移到峰顶再往下一推，那股翻滚而下的巨大气势和力量，便跟以前迥然不同。1948年3月，毛泽东从陕北前往华北的西柏坡，途经中央后方工作委员会所在的晋西北双塔时，对杨尚昆说了他对时局的分析。杨尚昆回忆道：

> 毛主席当面对我说，照他的看法，同蒋介石的这场战争可能要打六十个月，六十个月者，五年也。这六十个月又分成两个三十个月，前三十个月是我们"上坡"，"到顶"，也就是说战争打到了我们占优势；后三十个月叫做传檄而定，那时候我们是"下坡"，有的时候根本不用打仗了，喊一声敌人就投降了。毛主席头脑里的这个时间表，给我的印象很深。后来战争的发展基本上符合他的估计。[1]

可见，毛泽东对这以前的三十个月看得很重很重，认为是"上

---

[1] 杨尚昆著：《追忆领导战友同志》，北京：中央文献出版社，2001年版，第12页。

坡"、"到顶"、"打到了我们占优势"。谁都知道，爬坡和攀上峰顶是登山过程中最费力的一段。一旦登上峰顶，以后就可以"传檄而定"了。他在 1947 年十二月会议上宣布"中国人民的革命战争，现在已经达到了一个转折点"，不是一句仅仅为了鼓舞人心所说的豪言壮语，而是经过冷静观察和深思熟虑后做出的慎重判断。犹如他所说，在这年 2 月时还不能这样讲；而到十二月会议以后就开始按照这个判断来安排整个工作的"时间表"了。

在随着到来的 1948 年，演出的确实是一幕幕有声有色、威武雄壮的活剧。但可以清楚地看到：无论在政治上、军事上、经济上的巨大变化，都是 1947 年已发生的那些变化的合乎逻辑的继续和发展，也可以说是水到渠成的事情。当然，"传檄而定"是一句带有夸张性的文学语言，这样说丝毫不意味着降低 1948 年这些变化的巨大历史意义。胜利已经在望，各方面的变化都在加速进行，甚至比过去更加显眼，但仍有许多过去没有遇到过的新的复杂问题需要解决。如果处理稍不得当，仍可能使最后的成功"功亏一篑"。在 1948 年，政治上，中共中央发布五一口号，号召召开没有反动分子参加的新的政治协商会议，筹备建立民主联合政府。这一号召，得到中国国民党革命委员会、中国民主同盟、中国民主促进会、中国致公党、中国农工民主党、九三学社、中国民主建国会、台湾民主自治同盟等民主党派和无党派民主人士的热烈响应。各民主党派负责人和民主人士纷纷进入解放区。国民党统治区的民众更是大群大群转向支持中国共产党，群众性的反抗斗争风起云涌。军事上，继豫东战役、济南战役等后，从那年 9 月起，先后开始了辽沈、平津、淮海这三次中国战争史上规模空前的战略决战，基本上摧毁国民党赖以维持其统治的主要军事力量。经济上，随着国民党政府发行金圆券和强制推行《财政经济紧急处分令》《改善经济管制补充办法》失败后,物价如脱缰野马般一日数涨,国民党统治区的财政经济加速度地走向总崩溃,民族工商业进一步濒临绝境,老百姓更加无法生活下去。谁都看得出来,国民党政府已面对"兵败如山倒"的雪崩式局面,它的统治再也无法维持下去了。

当1949年4月国民党政府拒绝在《国内和平协定》上签字后,中国人民解放军百万雄师迅速横渡长江,占领国民党政府的统治中心南京,宣告延续了22年的国民党在中国大陆统治地位的结束。9月,中国人民政治协商会议在北平隆重召开。毛泽东在开幕词中说:"诸位代表先生们,我们有一个共同的感觉,这就是我们的工作将写在人类的历史上,它将表明:占人类总数四分之一的中国人从此站立起来了。"[1]会议通过《中国人民政治协商会议共同纲领》和《中央人民政府组织法》,选出了中央人民政府的领导人。

1949年10月1日,中华人民共和国成立。中国历史从此翻开了新的一页。

"十月怀胎,一朝分娩。"没有"十月怀胎",便没有"一朝分娩"。当然,"一朝分娩",一个新的生命诞生到世界上来,这是更值得大书特书的。

---

[1] 中共中央文献研究室编:《毛泽东文集》第5卷,北京:人民出版社,1996年版,第343页。

附 录

抗日战争后期中国政局的重要动向[1]

——论1944年大后方的人心剧变和"联合政府"主张的提出

在历史行进的漫长旅程中常常可以看到一些引人注目的重大转折。原先,事情在悄悄地演变着,人们未必都清楚地认识到。这种变化积累到相当的程度,在某些因素的触发下,便急转直下地突破人们习惯了的旧格局,造成一种新的局面。

研究者在考察历史时,特别需要从纷繁现象中,抓住那些重大转折时刻,仔细加以剖析。这样,对它前后的历史演变都会获得一些新的理解。

抗日战争时期大后方人心变动的重大转折,发生在1944年豫湘桂大溃退后。它造成的强大冲击波,不仅影响抗战最后阶段的国内政治局势,而且延伸到战后,在相当程度上埋下了国民党政府失败的重要种子。

一、惊心动魄的豫湘桂大溃退

豫湘桂大溃退是1944年日本侵略者实行"一号作战"计划后

---

[1] 原文载于《抗日战争研究》增刊"1945—1995抗日战争胜利五十周年纪念集"。

出现的。日军在太平洋战场上节节失利和本土开始遭受大规模轰炸的情况下发动这场攻势的。目的有两个：一个是打通平汉铁路、粤汉铁路和湘桂铁路，实现贯通中国东北到越南的大陆运输线；另一个是摧毁设立在广西和湖南的盟国空军基地。

这年4月、5月间，日本华北方面军15万人渡过黄河，在河南发动攻势，迅速占领郑州、洛阳、许昌等重要城市，打通了平汉线。紧接着，他们又集中更大兵力从湖北沿粤汉线大举南下，先后占领长沙、衡阳；再沿湘桂线折向西南，攻陷桂林、柳州、南宁；前锋第十三师团在12月初直达贵州独山，控制了黔桂铁路的末端。

短短八个月内，日军55万兵力侵占了中国20万平方公里的国土。这里，有着大片富饶的粮食产地，有着大后方近三分之一的工矿企业。这对整个大后方经济带来沉重的打击："广漠的中原与富沃的滨湖，是我们粮食的重要产地。而今呢？这些地方的米麦与杂粮，就不会像过去一样，以征实征借的形式，源源地运入国家的仓库。""粮食以外，湖南粤北还有若干工矿的资源。特别是湖南，有煤与铁，有锑与锌，还有其他很宝贵的物资。这一带暂时被敌人占领了，则蕴藏在地底的资源，便会被敌滥取，便没法发挥其增强国防的作用。"[1]在这块国土上，居住着六千多万中国人。战火燃及的地方，到处是焚烧、掠夺、流血和死亡，到处是一幅幅惨绝人寰的地狱景象。桂林、柳州等七地用来轰炸日本本土的盟国空军基地的36个机场，也被日军先后摧毁。

本来，从1938年日军攻陷武汉和广州后，中国战场上形成相持局面。正面战场上的历次战役虽有胜有负，但大体上仍处在拉

---

[1]《从战局谈论经济》，《新华日报》1944年7月10日社论。

锯状态。这种状态已持续了五年多，逐渐被人们习以为常。豫湘桂大溃退像晴天霹雳一样，一下子打破了原有的格局。中国遭受到的失败竟达到如此惨重的地步，整个战局竟会发生如此急速的逆转，国民党军队的抵抗力竟如此脆弱，是一般人根本没有料想到的，整个大后方为之震动。

豫湘桂大溃退是从河南战役的惨败开始。蒋介石派陈诚前去视察。5月21日，陈诚在日记中写道："检讨此次河南战役失败之原因，总括之，答有数端：一，军人经商，走私包运，驻军可称贸易军。二，各自为政，互不协和，计有以下六不和：将帅不和，官兵不和，军政不和，军民不和，军民不和，官兵不和（注：原文如此）。三，各有分野，互不侵犯。计有三不犯，敌不犯我，我不犯敌，军民不犯。数年涣散，已近崩溃，故敌人进攻则无法收拾矣。"23日，他回重庆向蒋介石报告说："现我国军队之不能作战，全国皆然。第一战区不过先行暴露弱点，其余之不能作战，所恃者是敌未来耳。政治亦然，如中央无办法，无论战区或地方均无办法。"[1]

民众中，很多人早已看到这同第一战区副司令长官汤恩伯部队的极端腐败和失尽民心直接有关。"汤恩伯统率四个集团军约有三十万人。连所编的游击队则不下六十万人之众，力量不为不大，但敌人一来，他竟不战而退，个把月时间失地三十县以上，人民涂炭。""汤在河南一向被目为'水旱蝗汤'中之一。在河南两年大饥馑以后，汤军却借政府叫他代购军粮为名，横征暴敛。汤部下军官与奸商勾结，大做生意，资本有多至几万美元者，保护走私，掠夺当地人民的工厂矿山，据为己有。因为执行政府反共命令，到处捕捉无辜青年，不加审讯，随便枪毙。河南战事起来之

---

[1] 陈诚著：《陈诚先生日记》（一），台北："国史馆"，2015年7月版，第552、555、556页。

后，汤不图抵抗，却急急调用军车，护送家眷搬运财货。这种情形，使士兵非常痛愤，根本不愿作战。"[1]

但许多人当时仍没有预料到河南战役的惨败只是开始，整个战局还将更严重地恶化，甚至把它看做局部性的问题和一时性的现象。当长沙陷落时，一向比较偏袒政府的《大公报》社评仍这样安慰人们："目前战局诚然重大，读蒋主席的告全国军民书，可知敌人已无从逃避其败亡的命运，大局正对敌人四面合围，我们自己有信心，能奋斗，绝无不胜之理！"[2]两天后，傅斯年又写文章，用十分肯定的语气说："倭在大陆上的攻势，大体上只能发展到今天的地步。要继续深入西部或真正威胁川滇黔，是绝对不可能的。""自古以来，这些地方的陷落，只是无人守。如有人守的话，到处皆是一夫可以当关、丸泥可封函谷的地形。"[3]可是，被说成"绝对不可能"的却偏偏成为事实，明明"有人守"的地方仍然一片片地丢失。到8月8日，守了47天的衡阳失守。接着，人们原来寄予很大希望、以为可以抵挡一阵日军前进的桂林很快失守。这一来，《大公报》社评的调子也变了，写道："桂林名城天险，调重兵，聚粮械，连布置防务的负责人都说：'桂林能打三个月'，结果呵，三十六个小时而陷，柳州也同日完事！这一路的守军真是太差劲了！"[4]"战事从湘桂一直蔓延到黔省，变化得那么快，实为一般意料所不及。"[5]连国民党军方的《扫荡报》上，也发表记者

---

［1］董必武：《关于参政会的报告》(1944年9月24日)，《中共中央抗日民族统一战线文件选编》下，北京：档案出版社，1986年版，第755、756页。

［2］《抗战七周年献辞》，《大公报》1944年7月7日社评。

［3］傅孟真：《我替倭奴占了一卦》，《大公报》1944年7月9日。

［4］《向方先觉军长欢呼》，《大公报》1944年12月13日社评。

［5］《转折战局的两件工作》，《大公报》1944年12月6日。

南宫博的报道:"独山的失败,也表现军方的无能。守军不战而退,大炮辎重完全抛弃。敌军尚在数十华里之外,我军即已仓惶逃走,对难民毫不关心。"[1]

当时正率部进入贵州的第二十九路军军长孙元良记下了他亲眼所见的"最悲惨的'难民军'的实际景象:"男女老幼汇成一股大人流,随着失陷地区的扩大,敌军的深入,愈裹愈多,简直变成了一股大洪水!人数总在五十万以上。这些难民能够早逃到后方的只占少数,沿途虽然拖掉一些,但入黔的至少还有三十万人。""道路上固是塞满了各式各样的车辆(从手推车到各式汽车),徒步的人群又把间隙拥塞的水泄不通!道路两侧的田地也挤满了人,践踏得寸草不留,成为一片泥泞。田里的蔬菜早已连根吃光,半熟的麦穗也被扯来连壳烧着吃。跑在前头的还可以寻着点吃的,后来的就只好饿肚子了!""因为人生地不熟,怕被土民欺侮,又怕坏人乘机打劫,况且所经都是山区,走小路要爬山越岭,万一落后,就不堪设想了。""此际各种组织既已解体,又没有人出头来领导,大家只顾得各自逃生。""看见沿途倒毙的肿胀尸体,看见呼娘唤子的不幸人们,看见狼藉在路上和两侧的破滥车辆、什物,满地满田的滥泥脚印,一堆一堆的灰黑余烬;极目无一幢完整的家屋,看不见一缕炊烟,听不见鸡鸣犬吠!顿生人间何世之感!"[2]

独山失陷后,作为大后方政治中心的重庆已陷入一片恐慌之

---

[1] 日本防卫厅防卫研究所战史室:《一号作战之三·广西会战·下》中译文,北京:中华书局,1985年版,第199页。
[2] 孙元良:《亿万光年中的一瞬——孙元良回忆录》,台北:时英出版社,2008年7月版,第282、283、284页。

中。王世杰 11 月 30 日日记中写道:"予日前询何部长（注：指何应钦），黔省是否危险？彼云敌不至西进。又询张文白（按：张治中，字文白），彼云：'敌来则不可守，敌不来则可守。'"[1]国民党一些党政机关已向兰州、雅安等地派出先遣人员，作迁移的准备。前方难民大批涌到重庆，挤满街头。《新华日报》描述道："他们在寒风中席地而卧。无情的冷风，实在够他们熬煎了。难胞们几乎共同的都是期望着一个穿的问题的解决。"其实，能逃到重庆的在难胞中已是条件相当好的。这些"难胞们在逃难之前，差不多都是有职业的，各色行业都有。逃的时候也是还带二三万块钱在身边，可是到今天，真已身无长物"。"难胞们的痛苦是说不完的。他们的泪只是向肚子里流！"[2]这种惨不忍睹的情景，对面临同样威胁的大后方其他地区人民的刺激自然不言而喻。他们不寒而栗地感到：这将是等待着自己的命运。

更加使人难堪的是，这场大溃退正发生在整个反法西斯战争节节胜利的时刻。这一年，世界反法西斯战争的形势发生了根本的变化。欧洲战场上，苏联红军在大反攻中收复了全部国土，并把战争推进到德国本土和它一些盟国的境内；英、美、法等国军队在法国诺曼底半岛登陆，随后解放了法国首都巴黎；在意大利，盟军攻克了罗马。太平洋战场，盟军取得塞班岛战役的全胜，接着又在菲律宾登陆，日本本土已遭受盟国空军的大规模轰炸，发动太平洋战争的东条内阁被迫倒台。史迪威将军指挥下的中美军队也解放了缅甸北部重镇密支那，打通了从印度经缅甸到中国的

---

[1] 王世杰著：《王世杰日记》第 4 册，台北："中央研究院"近代史研究所，1990 年 3 月影印，第 458 页。

[2] 《新华日报》1944 年 12 月 10 日，本报专访。

陆上交通线。这些,同中国战场上出现的大溃败形成强烈的对照。《大公报》在1945年元旦社论中痛心地说:"就全战局看来,的确胜利纷纷,但胜利却不在我们这一角;的确反攻处处,除缅北与滇西外,而反攻大致也不在我们的战场,尤其是去年这一年。当去年今日的献岁之始,谁不希望重重,以为必可反攻,必可胜利?但在今天回想起来,去年这一年的经过,实在不能不令人愧悚万分。""到处胜利纷纷,而我们独败;世界反侵略战大大好转,而我们反濒临危机。这事实,太现实了;这经验,太可贵了。"[1]

在中国,人们也看到两种不同的情景:正面战场上出现的是悲剧性的大溃退;而中国共产党领导的敌后战场,在经历了两年极端困难的局面后,又走上了重新发展的阶段。延安《解放日报》这年年底做了这样的总结性报道"根据一年不完全的统计,一年来我军对敌大小战斗两万余次,毙伤敌伪二十二万余名,俘获敌伪三万余名。""收复县城十六个,攻入县城四十七个,克服据点碉堡五千余处,光复国土八万余平方公里,解放同胞千二百万。""由于一年来斗争胜利的结果,我们的正规军由过去的四十七万增加到现在的六十五万,民兵由二百万增加到二百二十万,解放区的人口由过去的八千万增加到现在的九千二百万,这就大大增强了我们的反攻力量。"[2]

在社会各方面的压力下,国民党当局第一次允许中外记者西北参观团21人到中国共产党领导的抗日根据地采访,其中包括美联社、合众社、美国《时代》杂志等六名外国记者。1944年6月9日,他们到了延安。有些人还到了晋西北根据地考察。这些记者所写

---

[1]《今年应为新生之年》,《大公报》1945年1月1日社论。

[2]《敌后战场伟大胜利的第一年》,《解放日报》1944年12月31日。

的大量报道和评论，在大后方和国外一些报刊上陆续刊出。《新民报》记者赵超构的《延安一月》一书，在大后方也产生很大的影响。这些报道和评论，冲破了国民党当局原来的严密封锁，使许多人看到了一个新的天地，耳目为之一新。

7月22日，美军中缅印战区驻延安观察团也到达延安，向政府发出不少报告。延安《解放日报》为这件事发表社论说："关于国民党的抗战不力、腐败无能这一方面，大半年以来的外国舆论与中国舆论，已经成为定论了。关于共产党的真象究竟如何这一方面，大多数外国人与大后方的中国人，还是不明白的，这是因为国民党的反动宣传与封锁政策为时太久的原故。但是情况已经在开始改变。大半年以来的外国舆论中，已经可以看见这种改变是在开始。这次记者团与观察组的来延，将为这种改变开一新阶段。"[1]他们所看到的事实，用一美国人的话来说："共产党以有力的政治和军事组织打入上述地区，提出减租减息，打击那些与傀儡政权勾结的地主，取得了民众的支持。由于共产党保护农民不受敲诈勒索，不被拉去当壮丁，农民们平生第一次觉得他们缴税得到了一些好处。随着共产党根据地的扩大，他们与中央政府相对的地位加强了，他们的信心随之增加了；而国民党在河南的溃败揭示了自己的软弱无能，这种软弱状态迅速恶化。"[2]在湘桂溃败后，到这年年底，他们的相对地位自然更软弱了。

事实从来是最好的教员。那种能使大群大群人感到强烈震惊的事实，尤其是这样。吃了大的苦头后，常能帮助人比较快地惊醒过来。他们在经历了巨大的痛苦后，不能不严肃地深思这一切

---

[1]《欢迎美军观察组的战友们》，《解放日报》1944年8月15日社论。

[2]［美］巴巴拉·塔奇曼：《史迪威与美国在华经验》下册，北京：商务印书馆，1984年版，第666页。

究竟是怎么造成的，中国未来的出路到底在哪里，努力寻求在自己心头积压已久的许多问题的答案。这在当时是相当普遍的现象。

二、痛苦反思引出的人心变动

这场惊心动魄的大溃退引起的最重要的人心变动是：大后方民众对国民党当局的看法普遍发生了巨大的变化。

一般说来，因为大敌当前，战时政府比较容易取得国民的谅解和支持。抗战初期，国民党当局由于实行了人们期待已久的对日抗战，在淞沪、徐州、武汉等战役中表现出较高的积极性，国内民主状况也有改善，从而得到国内大多数人的赞许，它存在的问题多少也易于受到原谅。

抗战进入了相持阶段后，国民党当局的专制和腐败一天天明显地暴露出来，人们对它的失望越来越严重。1940年以后，随着通货膨胀的加剧，物价已像脱缰野马一样飞涨。王世杰1943年6月、7月间的日记中写道："物价高至战前百倍以上，近日政府对于限价物品，实际上只是放任，日用品价格之高尤猛。政府准许公务员照战前薪水增一倍，只是杯水车薪。""物价仍然猛涨，昆明、西安较重庆为尤甚。西南联大教授有月费三四千元而仍不能食肉或米、只食蔬菜与杂粮者，闻友人燕召亭君近状即如此。"[1] 同这种状况形成鲜明对照的是豪门资本倚仗自己手中的特权大发"国难财"，激起人们强烈的愤慨。在政治上，国民党当局不断加强他们的独裁统治，军统和中统等特务组织无法无天地为所欲为，任

---

[1] 王世杰著：《王世杰日记》第4册，台北："中央研究院"近代史研究所，1990年3月影印，第94、103页。

意捕杀爱国民主人士的事件层出不穷。著名经济学家马寅初教授在1940年发表轰动一时的论文——《对发国难财征收临时财产税为我国财政与金融惟一的出路》后,被国民党当局幽禁。王世杰在1944年6月8日日记中写道:"据查重庆一市,实际上实行逮捕人民之机关现时有十八个之多,大半于法无据,且大半为一般人民所不知晓之机关。"[1]

陈诚在1944年的日记中先后写道:"我国现在一般情形,可以'官僚资本'四字概括之。余亦有此感,并深以战争在最短期间不能解,有使社会崩溃之可能。"(1月7日)"今之特务机关林立,重庆一市既有十五个单位可以自由捉人。"(2月17日)"走私、特工人员第一,高级将领第二,政府人员第三,商人第四。"(8月4日)[2]

民众的不满和愤怒在郁积着,发展着。斗争一直没有停息过。但是很长一段时间内,大后方的政治空气仍是相当沉寂的,没有出现大规模的政治风暴。这有多方面的原因:第一,国民党当局的专制和腐败是一步一步发展起来的。人们的不满虽在增长,但仍有相当数量的人缺少以行动表示强烈抗议的决心。第二,由于对日抗战仍在继续,内部潜在的不满受到抑制。在1943年,中国的国际地位有了明显提高:"1月,中国与美英两国签署了结束长达一世纪的治外法权的条约,10月,莫斯科宣言正式承认中国为四强之一。11月,蒋介石及其军事顾问被邀请参加开罗会议,这是他们第一次参加盟国会议。会后发布的开罗宣言庄严地保证把1895年以来

---

[1] 王世杰著:《王世杰日记》第4册,台北:"中央研究院"近代史研究所,1990年3月影印,第328页。

[2] 陈诚著:《陈诚先生日记》(一),台北:"国史馆",2015年7月版,第485、501、605页。

被日本夺去的中国领土（当然包括台湾在内）归还中国。"[1]整个反法西斯战争已胜利在即，使不少人把希望寄托在明天，认为对眼前种种不合理现象只能暂时忍耐一下。《大公报》的社评就曾努力做这样的解释："我们的生活诚然艰难，时势要求大家吃苦。均苦，复奚辞？如山九仞，现在只差最后一篑。我们就必须咬牙奋斗，誓竟全功。"[2]这些话是能被许多人接受的。第三，皖南事变后，国民党政府在大后方加紧实行严厉的高压政策，特务机构任意捕人杀人，政治空气比较沉闷。中国共产党在组织方式和斗争方式上做了调整，采取隐蔽精干、长期埋伏、积蓄力量、以待时机的政策，在社会各阶层、民主党派以至地方实力派中都做了许多深入的工作，但发动大规模群众斗争的时机一时还没有成熟。

战时人们最关心的焦点莫过于军事。"目前形势，论来论去，总是军事第一。敌人数路入桂，战事紧急，国人无一不关心战事。"[3]如果其他问题还可以勉强忍受的话，那么，在这方面出现不应有的严重挫折就使人们普遍感到难以忍受了。豫湘桂大溃退的强烈刺激，使人们的思想情绪普遍激动起来。这次大溃退的到来，而且失败得那样惨，多数人没有足够的精神准备。日本已很虚弱的军队在几乎没有重大战斗的情况下，占领中国大片土地。这样的失败，已无法再以抗战初期所说的敌我强弱悬殊等原因来解释。谁都看得出来，这是国民党当局政治、经济、军事各方面严重缺陷的集中大暴露。

---

[1]［美］约·斯·谢伟思：《美国对华政策（1944—1945）》，北京：中国社会科学出版社，1989年版，第66页。

[2]《抗战七周年献辞》，《大公报》1944年7月7日社评。

[3]《一个对照，一种说明》，《大公报》1944年9月22日社评。

著名作家叶圣陶在 9 月 17 日日记中写道："此次敌自湘入桂，几乎所向无敌，其迅速与豫战同。于此见我方之兵殆已不可用。向谓精兵尚未用，兵源决无虑，皆成纸老虎而被戳穿。且而今而后，敌之进攻将于何底止，亦难测料。""至于我国之不振，不能推言积弱，政治之不善实为主因。此言余自今深信之矣。"在 12 月 4 日又写道："此际黔桂路上，难民之行列恒长数里到数十里，狼狈情形远过于战争初起时之京汉道上。同胞何辜，受此荼毒，思之痛心。更念及最近之将来，我辈殆亦将同历此境。谋国者之不臧，坐失抗战之良机，贻民众以祸害，今当危急，不闻有一谋一策，并不切实之对策而无之，其肉岂足食乎？"[1]

《大公报》第二年初的一篇社评中说："中国政治的不健全，不自今日始。为什么今天特别显得病态百出？一句话，因为现在是战时。""从去年起，战事进入重要阶段，政治的弱点就更显明，贪污中饱、松懈苟且等等毛病都表面化、严重化，而最后腐蚀了军队的战斗力量。"[2]

《新华日报》的"友声"栏目中发表了一篇白薇写的《抢救粤汉铁路》，更淋漓尽致地表达出当时许多人难以忍受的焦躁心情："多少人以盟军在欧洲打希特勒，美海军在太平洋打日寇，似雪片纷飞着光荣的战绩，大为乐观。而我国失地如山崩，国脉将丧尽，遍地被烧杀、掳掠、奸淫，就不引为可耻而心痛吗？""如今，河南、湖南，沿平汉和粤汉铁路那几千里广阔的地带，都遭受敌人无情的浩劫，妖焰逼人，哀鸿遍野。有手有脚有力量，对于这次惨烈

---

[1] 叶圣陶：《西行日记》（下），叶圣陶著，叶至善、叶至美、叶至诚编：《叶圣陶集》第 20 卷，南京：江苏教育出版社，1994 年版，第 295、338 页。

[2] 《倡导新吏风》，《大公报》1945 年 1 月 10 日社评。

的战祸，不能亲手回击敌人一下，反而在乐观，不声不响，静若打坐的禅僧，这是可能的吗？""我很焦躁，心焦到不能再忍耐，我实在不能再忍了，才拿起笔来写。"[1]

民怨空前沸腾，舆论空前激昂。再也没有比这些惨痛的事实更能使亿万中国人猛醒了。"于是，围绕如何挽救危机的问题，国统区的民主运动以空前规模蓬勃兴起。""当时，全国舆论一致要求以民主求团结，以团结争取抗战胜利。"[2]

这种强烈的呼声，实际上表达了对国民党政府已完全丧失信任，要求实行根本性的变革。6月，河南大溃败之后，桂林、昆明、成都等地的民主人士纷纷集会，发表宣言，主张开放政权，实行宪政，改弦更张，挽救危局。6月20日，中国民主政团同盟主席张澜等在成都发起组成的民主宪政促进会提出《对于国事之十项主张》，写道："目前国家内外局势，都到了严重关头。""本会认为非立即实现民主，不足以团结各方，争取胜利。"[3]成都《华西日报》发表社论说："目前的局势，从一切方面证明中国非加速实行民主，不能动员全部国力，不能克服种种困难和危机。""现在这个关头，再也不是坐而言，而是起而行的时候了。"8月18日，西南联大教授吴晗在昆明一次时事座谈会上说"一切重要的焦点在政治，不在军事"。[4]9月初，张澜发表谈话："政治问题是整个的。要是枝枝节节地说，枝枝节节地去做，这不是解决问题的态度，乃是应付的态度。这种态度，应为我们所不取，因为这只是枉费精力。""归

---

[1] 白薇：《抢救粤汉铁路》，《新华日报》1944年7月8日。
[2] 侯外庐：《韧的追求》，北京：生活·读书·新知三联书店，1985年版，第159页。
[3] 《新华日报》1944年7月3日，本报讯。
[4] 本报特辑：《从各个角度发出的争言论自由的浪潮》，《新华日报》1944年9月1日。

根结蒂，关键是在民主。只有民主是中国惟一的道路。"[1]

国民党军队的大溃退，也使国际舆论大哗。美国《纽约时报》记者爱金生当时做了这样的分析："外国人不得不得出这样的结论，即中国政府打算保留它的军队，以作战后维持其政权之用。"[2]外国政府和外交官员中不少人公开表示出对国民党当局的不满。美国外交官谢伟思6月20日给到重庆访问的美国副总统华莱士的备忘录中写道："国民党和委员长的地位与过去十年的情况相比，更加虚弱。""士气民心低沉。沮丧情绪广为扩散，普遍感到绝望。""国民党不仅证明了它没有改变它的行动所造成的崩溃；相反，它的政策正在加速危机的发展。""一位国民党员最近承认，对国民党现政府的不满情绪是如此广泛，以至如果现在举行自由普选的话，百分之八十的人都会投票反对国民党。"10月10日，他给史迪威的备忘录中又写道："随着国民党失败越来越明显地暴露，中国国内的不满在迅速发展。党的威信空前低落，蒋越来越失去作为领袖曾一度享有的尊敬。"[3]

随着国民党的统治危机空前严重，国内要求民主的不断高涨，各界人士强烈要求国民党废除一党专政。国际舆论对国民党当局腐败无能和军事失败的报道越来越多，要求它改组政府的言论时有所见。这些汇合在一起，便形成一股难以抗拒的巨大潮流，使提出成立"联合政府"的时机走向成熟。

---

[1] 张澜：《关于当前政治问题的谈话》，龙显昭主编：《张澜文集》，成都：四川教育出版社，1991年版，第202页。

[2] 茅盾著：《我走过的道路》（下），北京：人民文学出版社，1988年版，第355页。

[3] [美]埃谢里克编著：《在中国失掉的机会》，北京：国际文化出版公司，1989年版，第139、141、147、164页。

三、联合政府主张的提出

公众的不满已经发展到那样普遍而强烈。要把这些不满的人们联合起来，需要有一面旗帜，一面简单明了、能够集中体现大家共同要求的旗帜。这样的旗帜，就是成立联合政府。打出这面旗帜，只有在1944年下半年才有可能，在这以前是不可能的，即便打出来也很难被比较多的人所接受。

为什么它只有在这时才能提出？原因在于国内的力量对比和民心走向发生了巨大变化。当抗日战争开始时，中国共产党的党员和它所领导的军队只有几万人。第二次国共合作虽在实际上已建立起来，但国民党当局一直不愿意正式承认中国共产党的合法地位。1938年国民参政会成立，共产党有七名参政员参加，但名义却是"文化团体"的代表。这看起来使人觉得滑稽，但却是冷酷的事实。国家政权完全在国民党的垄断之下，不容许别人插手。国共两党根本没有平等地位可言。直到1944年6月4日，中共代表林伯渠向国民党提交的《中国共产党中央委员会向中国国民党中央执行委员会提出关于目前若干急切问题的意见》中，关于全国政治的共有三条："一、请政府实行民主政治，保障言论、出版、集会、结社及人身之自由。二、请政府开放党禁，承认中共及各抗日党派的合法地位，释放爱国政治犯。三、请政府允许实行名副其实的人民地方自治。"[1]这里，主要的还是在争取自身的合法地位。

随着湘桂战场上的不断溃败，越来越多的人（包括一般中间

---

[1]《三十三年六月四日中共所提十二条》，秦孝仪主编：《中华民国重要史料初编——对日抗战时期》第五编（4），台北：中国国民党中央委员会党史委员会，1985年11月版，第271、272页。

分子在内）对国民党当局的统治能力失去了信任。废除一党专政、改组政府成为普遍的呼声。中国共产党密切注视着时局的发展和人心的变动，及时地适应这种变化着的情况调整自己的政策和口号。另一方面，国民党当局谈判代表王世杰、张治中8月10日在给中共谈判代表林伯渠的信中坚持说："政府意旨"是"在抗战结束后一年以内"才能"实行宪政，予各党派以同等地位"，并且批评中国共产党所提的"实行民主政治"等要求是"毫无边际之抽象文句"，"于事实究竟有何裨益"。[1]这个批评是无理的，却也促使中国共产党去考虑在民主要求方面怎样提出更加明确具体、易于动员民众的政治主张来。

8月下半月，毛泽东在董必武17日向周恩来的请示报告中批示："应与张（澜）、左（舜生）商各党派联合政府。"[2]成立联合政府的主张，在经过酝酿后终于提到行动日程上来了。9月1日，中共中央召开六届七中全会主席团会议。毛泽东在会上谈到他已对随美军观察团来到延安的谢伟思说明中国共产党的主张："召集各党派代表会，成立联合政府，共同抗日，将来建国。"并且说："联合政府，三条政纲，可在答复张、王时提出。"[3]9月4日，中共中央给林伯渠、董必武、王若飞的电报中说："目前我党向国民党及国内外提出改组政府主张时机已经成熟，其方案为要求国民政府立即召集各党各派各军、各地方政府、各民众团体代表开国事会议，改组中央政府，废除一党统治，然后由新政府召开国民大会实施

---

[1]《三十三年八月十日王世杰、张治中对中共十二条之复函》，秦孝仪主编：《中华民国重要史料初编——对日抗战时期》第五编（4），台北：中国国民党中央委员会党史委员会，1985年11月版，第273、274页。

[2] 毛泽东在董必武向周恩来请示报告上的批示，1944年8月。

[3] 毛泽东在中共六届七中全会主席团会议上发言记录，1944年9月1日。

宪政，贯彻抗战国策，实行反攻。估计此项主张，国民党目前绝难接受。但各小党派、地方实力派、国内外进步人士，甚至盟邦政府中开明人士，会加赞成。因此，这一主张应成为今后中国人民中的政治斗争目标，以反对国民党一党统治及其所欲包办的伪国民大会与伪宪。"对进行的办法，电报中提出："望你们在起草回答张、王的信中加上此项主张，以说明这是我们对于实施民主政治的具体步骤和主张。""在这次参政会中，如取得小党派及进步人士同意，可将是项主张作成提案，即使不得通过或改变性质地通过，我仍可向国内外宣传。"[1]这时已到了国民参政会开幕的前一天了。

9月5日上午，国民参政会第三届第三次会议在重庆开幕。这次会议是在战局严重恶化、群情激昂的时刻召开的，会上发言之热烈，批评之直率，是以往历次参政会上不曾见到过的。蒋介石在开幕式上刚讲完话，老参政员林虎代表全体参政员致答词时就说：年来盟军在欧洲和太平洋战场上着着胜利，"我们回顾国内，瞻念前途，不但不敢稍有乐观，而且抱有杞人的忧虑。""这并非我们故作危言耸听，种种事实都摆在我们面前，为大家所共见共闻的。这也用不着隐讳，也用不着一一列举。""若将现状拖延下去，前途是不堪设想的。"[2]当军政部部长何应钦、财政部次长俞鸿钧等报告后，参政员们提出了严厉的质询和批评。不但说话的人多，而且说得尖锐而直率。以《大公报》一天内的报道为例："何部长报告毕，褚参政员辅成发言。他说：政府这次虽然提高了将士待遇，

---

[1]《中央关于提出改组国民政府的主张及其实施方案给林伯渠、董必武、王若飞的指示》，中央档案馆编：《中共中央文件选集》第14册，北京：中共中央党校出版社，1992年版，第323、324页。
[2]《参政员林虎致词》，《国民参政会纪实》下卷，重庆：重庆出版社，1985年版，第1308页。

但是还是不够的,恐怕军官以后还吃空额。军中如实额不到一半,怎么反攻?""马(毅)氏提醒民众:南美和瑞士也有中国贪官污吏的存款。(鼓掌)贪官污吏在国外的存款,应该一律没收。(鼓掌)""傅参政员斯年发言。他连呼惭愧。他说改善士兵待遇早几年就该办了,而到现在才提出来,真是惭愧。""事情为什么办得婆婆妈妈呢?难道我们要把许多空额留给军官去吃?谁吃空额,枪毙他!(大鼓掌)"冷遹指出:军队坏了,原因并不完全是军队。"'军队坏,'他说,'由于政治也坏。如果政治好,军队不会坏的'。"黄宇人说:"要打破困难,现在是最后时机,以后再没有机会了。(鼓掌)"[1]会上对政府贪污腐败无能等种种黑暗状况,做了痛快淋漓的揭露。

这次参政会上还有一项重要议程:国共关系问题。以前,国民党当局一直只许国共谈判在内部进行,不肯公开宣布。为什么这次把它提到参政会上来谈呢?原因来自国内外普遍要求了解国共谈判真相的巨大压力。9月15日,林伯渠、张治中在大会上分别做了关于国共谈判经过的报告。叶圣陶在日记中说:那一天,"晨阅报纸,敌军已抵全州,我军与激战,桂林已岌岌可危"。[2]人心异常焦灼。这次报告引起了巨大轰动。《大公报》报道说:"昨日上下午国民参政会的两次公开大会,呈现了自该会成立以来所未有的盛况。所有报到的参政员大致全体出席,旁听席都坐满了,又在隙地加凳,还有坐不下的就站着听。雨后的凉秋九月,会场里扇着电扇,却仍是一片热烘烘的氛围,笼罩着会场所有的人的身体与心灵。"[3]

---

[1] 启平:《军政与财政,参政会昨热烈讨论》,《大公报》1944年9月18日。
[2] 叶圣陶:《西行日记》(下),叶圣陶著,叶至善、叶至美、叶至诚编:《叶圣陶集》第20卷,南京:江苏人民出版社,1994年版,第292页。
[3] 《中共问题之公开,民主统一的进步》,《大公报》1944年9月16日社评。

林伯渠在会上公开提出了成立"联合政府"的主张。他在报告结束时响亮地宣布："我们认为,挽救目前抗战危机、准备反攻的急救办法,必须对政府的机构人事政策迅速来一个改弦更张。这几天参政会诸先生的各项询问,也正说明了我们的机构人事到政策都有很多毛病,不能适合今天抗战的要求。因此我坦白的提出,希望国民党立即结束一党统治的局面,由国民政府召开各党各派、各抗日部队、各地方政府、各人民团体的代表,开国事会议,组织各抗日党派联合政府,一新天下耳目,振奋全国人心,鼓励前方士气,以加强全国团结,集中全国人材,集中全国力量,这样一定能够准备配合盟军反攻,将日寇打垮。"[1]

联合政府的主张,中共中央原来是准备在"取得小党派及进步人士同意"后"作成提案"提出的,为什么后来由林伯渠在报告中公开提出?董必武9月24日向中共中央报告说:"我们如想将召集国事会议、改组政府的主张用提案方式提出是不可能的,因为没有人敢连署。如在会议外提出,国民党又会诬蔑说我们阴谋要夺取他们的政权。因此我们对时局的方针,在会上用报告的方式提出最恰当。"[2]这次大会受到万众瞩目,而且是公开举行的,林伯渠报告中的这段话便格外引人注目。连一向亲近国民党的参政员王云五也在当天的大会发言中说:"政权公开,是中共所提的。其实不但是中共所主张,我想全国人民也同样的主张。"[3]会后,国民党中央宣传部的许孝炎特别嘱咐各新闻部门:"关于联合政府的

---

[1] 林伯渠:《在国民参政会上关于国共谈判的报告》,中央档案馆编:《中共中央文件选集》第14册,北京:中共中央党校出版社,1991年版,第334页。

[2] 董必武:《关于参政会的报告》,《中共中央抗日民族统一战线文件选编》下,北京:档案出版社,1986年版,第761页。

[3] 王云五:《对国共谈判的意见》,《国民参政会纪实》下卷,重庆:重庆出版社,1985年版,第1366页。

问题，千万不要见报。"中央通讯社在报道中将林伯渠的这段话全部删去。但9月17日的《新华日报》上还是全文发表了这个报告。"报纸贴在街上，围看的人很多。报纸多销了几千份。"[1]外国记者也纷纷向海外发出新闻稿，产生了广泛的反响。

这个主张一提出，就像一块巨石投入水中，掀起了巨大的波澜。众多的人们有了明确的共同目标：要求废除国民党的一党专政，成立联合政府。这就将大后方的民主运动推进到一个新的阶段。

国民参政会在9月18日闭幕。24日，重庆的各党派、各界代表五百多人举行集会。这是一次很引人瞩目的会议。参加的人员方面广，言论坦率，情绪热烈。会议在张澜主持下进行了六个小时。冯玉祥说："今天如再没有很新的改革，亡国之痛就在眼前。"章伯钧说："应该主张召开各党派会议，不要等到亡国之后！中国今天有强有力的共产党，有强有力的民主同盟。只有立即召集国民会议，实行联合政府，才能挽救危机。"董必武说："要解决，一定要彻底改革。我们向参政会提出的是召开国事会议和联合政权。只有这样，才能全面动员起来，团结全国人民把日寇打出去！"黄炎培说："今天才真正听到了民意。"沈钧儒说："国内外形势，盟邦天天胜利，我们节节失败，真令人着急。大家所讲联合政权、国民会议，其实都很平常，容易做的。问题在政府能否接受，如何实行。"[2]这次盛会成为大后方民意的一次集中表现。

接着，昆明、成都、西安等地的报刊上发表大量社论和文章，许多群众团体举行集会，强烈要求实行真正的民主政治，呼吁政府从根本上改弦更张。张澜在成都对《新中国日报》记者发表谈话：

---

[1] 毛泽东在中央党校给去前方干部所作报告的记录稿，1944年10月25日。

[2] 《新华日报》，1944年9月25日。

"要改革参政会中大家所列举的缺点，必须大开大阖，真正实现民主，才能集中人才，伸张民意。如果仅只枝枝节节的去改，则决不能振作一新。"[1]参政员周炳琳在昆明西南联大报告对国民参政会的观感时说："只有民主政治才能抗战，也只有民主政治才能建国。民主政治须全盘的、彻底的，故不以一点点权限的扩大为满足。"[2]

更加引人注目的是，中国民主同盟在10月10日发表了《对抗战最后阶段的政治主张》。它提出的四项主张中，第二项是"立即结束一党专政，建立各党派联合政权，实行民主政治"，要求"召开各党派会议，产生战时举国一致的政府"。[3]中国民主同盟，是在这次国民参政会结束的第二天，举行全国代表会议，由中国民主政团同盟改组而成的，代表着大后方各种不同政治倾向的中间势力。他们公开发表这样的主张，是一个重要的政治动向：表明建立"联合政府"已不再只是中国共产党的意见，而且反映了大后方相当广泛的包括中间势力在内的共同意向。

对联合政府主张的提出，毛泽东在1945年3月31日举行的中共六届七中全会上做过扼要的叙述："联合政府是具体纲领，它是统一战线政权的具体形式。这个口号好久没有想出来，可见找一个口号、一个形式之不易。这个口号是由于国民党在军事上的大溃退、欧洲一些国家建立联合政府、国民党说我们讲民主不着边际这三点而来的，这个口号一提出，重庆的同志如获至宝，人民如此广泛拥护，我是没有料到的。"[4]这就把提出联合政府主张的由

---

[1]《新华日报》，1944年10月4日。
[2]《新华日报》，1944年10月14日。
[3]《中国民主同盟对抗战最后阶段的政治主张》，中国民主同盟中央文史资料委员会编：《中国民主同盟历史文献（1941—1949）》，北京：文史资料出版社，1983年版，第32页。
[4]《毛泽东在七大的报告和讲话集》，北京：中央文献出版社，1995年版，第101页。

来和过程讲清楚了。

四、美国的斡旋活动

对国共关系这个问题,美国当时的态度是复杂而微妙的。作为反法西斯战争中的盟国,他们关心的焦点是早日取得对日战争的胜利,并尽可能减少美军日后在中国大陆作战时的损失,担心国民党当局的专制和腐败将使他们在作战中难以发挥多少作用,甚至在日军的攻势面前继续溃退,希望这种状况得到改变,同时也希望国共之间取得协议,以便使中国所有军事力量都能用于对日作战,以减少美军在中国登陆时的损失。但最初他们似乎还缺乏明确、具体而肯定的主张,前后说法有时也不一致。

美国总统罗斯福在1943年11月开罗会议时蒋介石讲到过:为了共同对日作战,中国可以组织以国民党为主体的联合政府。在西欧已有这样的先例。蒋介石自然不会接受。这事就不了了之,没有再提起。副总统华莱士1944年6月访华后不久,罗斯福在7月6日致电蒋介石说:"日本人在华中的进攻导致了极其严重的局势,这种局势不仅威胁着你的政府,而且威胁着美国军队在中国建立的一切。""我觉得中国的形势十分危急,如果不立即采取根本的、适当的补救措施,我们的共同事业将遭受灾难性的挫折。"[1]同月14日他又给蒋介石写了一封信,扼要地阐述了他对中国问题的具体主张:"关于目前正在进行的与中共的谈判,你诚意要以政治方式求得解决,我看到特别高兴。"他表示希望看到"中国政

---

[1] [美]约·斯·谢伟思:《美国对华政策(1944—1945)》,北京:中国社会科学出版社,1989年版,第70、71页。

府与中共之间预先取得协议,具体布置如何在华北有效地对日作战"。[1]

这月下旬,美军观察组到达延安。随同前去的美国外交官谢伟思在8月23日同毛泽东进行了一次持续达六小时的长谈。他在27日给美国政府的报告中说"毛主席想要美国支持一个建议,即通过召开一次中国所有主要政治集团参加的会议,建立起一个新的全国性政府"。这看来就是毛泽东9月1日在六届七中全会上提到的他同谢伟思的那次谈话。谢伟思接着写道:"我认为这些陈述是我们迄今所得到的共产党希望在最近的将来在中国全国性事务中起什么作用的想法和计划的最明确的主意。"谢伟思后来又写道:"我的看法和大多数自由主义的美国人的意见是一致的。中国共产党的纲领——他们的统一战线政策和联合政府,被很多美国人,无疑还有我自己,认为是最好的政策。"[2]很清楚,这位美国外交官是把成立联合政府看做中国共产党的想法和建议的。

美国驻华大使高斯这时的活动也很值得注意。由于美国政府对中国战场上的局势正越来越感到沮丧和失望,军方已向罗斯福建议把国共双方的武装力量置于史迪威的统一指挥下。高斯开始一项新的尝试:他派大使馆参赞艾奇逊找国民政府立法院院长孙科进行一次试探性的私人长谈,建议"由委员长(包括共产党在内的)所有派别和他一起组成军事委员会或最高统帅部"。

谢伟思对这件事评论道:"它被批评为是含糊不清和词义不明的,但这正好是它的优点之一和用意所在。""当然,此计划打算

---

[1]《中美关系资料汇编》第1辑,北京:世界知识出版社,1957年版,第583页。
[2][美]埃谢里克编著:《在中国失掉的机会》,北京:国际文化出版社公司,1989年版,第242、246页。

不仅使共产党，而且使中国其他对政府不满的重要团体——各省军事领导人、知识分子和其他被排斥在委员长狭小的权力集团之外的人们——参加政府。可是，它不是一个正式的'联合政府'。"[1]谢伟思在这里使用的"含糊不清和词义不明"的评语特别值得玩味。研究工作者可能会想起，在个别回忆录和会议材料中提到过美国政府曾主张在中国促成成立联合政府，可是，如此大事在大量美国外交文件，包括内部来往密电中却找不到它的踪迹，这是怎么一回事呢？合理的解释看来是：美国政府本来没有明确地提出过这样重大的政策性主张，而是那些"含糊不清和词义不明"的提法又经过未必准确的翻译造成了误解。美国政府确曾想过要促成国民党和共产党间一定程度的联合行动，以便在美国支配下，把中国所有军事力量用来对付日本，特别是在当时那种严重的军事局势下，但并没有考虑过改变国民党一党专政的问题。

高斯那个建议得到美国国务院的支持。但他本人直到8月30日才见到蒋介石，谈话的结果令他失望。第二天，高斯写信给国务卿赫尔，报告他是这样向蒋介石谈到美国政府态度的："美国政府对于中共的事业并无兴趣，然而，我们乐于见到中国内部问题及时解决。这问题表现在中国的武装部队彼此对峙着，而并不面对日本，对日作战。而在战争中的目前危急时期，这是具有特殊重要性的。""我们并没有建议中国应该屈服于共产党的要求之下。美国政府所关心的，仅仅在于使中国能泯除存在的危急情况，并使中国能够统一。我们希望中国人自己之间在这个局面下能获得和平的解决方法。"高斯在信中还写道："当然，我是熟悉国民党

---

[1]［美］约·斯·谢伟思：《美国对华政策（1944—1945）》，北京：中国社会科学出版社，1989年版，第80、81页

的意见的。国民党认为目前只能是一党政府。我乐于看到这个困难能够克服,但即使不可能在广泛的基础上克服这个困难,不可能给小党派参加政府,那末,也可以求得一个有限度的解决方法,使若干特殊的集团或政党中干练的代表参加政府。应该把这些个人请来,参加某种形式的责任的军事委员会,策划并执行计划,以应付中国目前所面对的严重的战争危机。"[1]这是高斯自己的说明。在他看来,现实的要求是把一些"个人请来,参加某种形式的责任的军事委员会",这当然谈不上是在中国促成成立联合政府。

隔了几天,国民参政会开会后,赫尔在9月9日复电高斯,要他同蒋介石再谈一次,"说明你将向共产党代表指出,中国亟需团结以继续抗战并为和平而作准备,为达成这样的团结,友善与容忍以及互相让步精神是重要的;说明目前具有各种政治思想的中国人应为打败日本而合作,并且说明只要牢记着胜利是主要目标,分歧的意见便可以解决了。你可以向蒋说明,以上所述是总统和我的意见"。他接着又说:"我们同意你利用了与蒋谈话的机会,提出你(一如来信所述)对于联合委员会的理想。请向蒋说明,总统与我觉得你的建议既合时宜又切实际,并值得予以审慎的考虑。"对这种机构,他做了具体的解释:"照我们的信念,达到这个目的最有效的机构,是一个在蒋介石领导之下,握有完全的权力的代表一切有力分子的委员会或其他组织。"[2]

9月16日,也就是林伯渠在国民参政会提出联合政府主张的第二天,高斯又致电赫尔和罗斯福,报告他根据赫尔9日来电再次同蒋介石谈话的情况。报告中把前面所讲到的"联合委员会"明

---

[1]《中美关系资料汇编》第1辑,北京:世界知识出版社,1957年版,第584、585页。
[2] 同[1],第586页。

确地解释为"联合军事委员会或类似安排"。报告中说,"基于我提及国民参政会只是一个咨询机构,他说他设想,我的建议不是打算改变政府机构,不应在这时尝试做某些事。我答复说:作为一个愿望,我寻求的是小党派的人进入政府;在面临危机的时刻,一个国家的政府能顺利恢复。但是,我的建议并不是立刻改组政府,而是相当于建立起一个战时内阁,使其他党派或组织的行政及军事领导人参加进来,面对目前形势中的问题,并承担起责任"。[1]

从不厌其烦地摘引的那些来往电报里,不难明白地看清美国政府在中国问题上的基本态度。它的着眼点主要是军事上的考虑,主张国共关系问题在战时要力求实行政治解决,共产党应该把军队交出来,在蒋介石指挥下对日作战,然后在战时内阁中给它几个位置,以便在当前严重局势中共同承担责任,而不是立刻改组政府。这和中国共产党提出的"联合政府"的主张并不是一回事。林伯渠9月间给王世杰、张治中的信中特地说道"决不是请客式的、不变更一党专政实质的、不改变政策的所谓新政府",就是针对这种情况来说的。当然,美国政府的这些要求在此时对国民党当局也多少形成一点压力。

要求成立联合政府的浪潮在整个大后方日趋高涨后,11月7日美国总统私人代表赫尔利来到延安,和中共中央领导人毛泽东、朱德、周恩来等进行会谈。赫尔利带来一份作为"协议的基础"的文件。"这是由他起草并得到国民党谈判代表同意的。"[2]这个文件完全没有提到成立联合政府的问题,其中规定:"中国共产党军

---

[1]《美国驻华大使高斯致赫尔利国务卿和罗斯福总统》,重庆市政协文史资料研究委员会等编:《抗战时期国共合作纪实》下卷,重庆:重庆出版社,1992年版,第348、349页。

[2][美]约·斯·谢伟思:《美国对华政策(1944—1945)》,重庆:重庆出版社,1985年版,第98页。

队，将遵守与执行中央政府及军事委员会的命令"，"在中国，将只有一个国民政府和一个军队。共产党军队的一切军官与一切士兵，当被中央政府改组时，将依照他们在全国军队中的职位，得到一样的薪俸与津贴"等。这实际上是要保持国民党的一党专政，并取得对共产党领导的军队的控制权，当然不能被中国共产党所接受。经过三天的谈判，按照中共中央的提议，双方同意达成五点协定。第二点是："现在的国民政府应即改组为包含所有抗日党派和无党无派政治人物的代表的联合国民政府，并颁布及实行用以改革军事政治经济文化的新民主政策。同时，军事委员会改组为由所有抗日军队代表所组成的联合军事委员会。"第四点是："所有抗日军队应遵守与执行联合国民政府及其联合军事委员会的命令，并应为这个政府及其军事委员会所承认。由联合国得来的物资应被公平分配。"[1] 11月10日，毛泽东以中国共产党中央委员会主席的身份，赫尔利以美国总统私人代表和见证人的身份，在这份协定草案上签了字。但在赫尔利回重庆后，这五点协议却被蒋介石完全推翻了。

这时，战局仍在继续恶化，各地的民主运动继续高涨。为了平抑众怒，国民党当局采取了两项对策：第一是对政府实行局部改组。在11月20日以俞鸿钧接替孔祥熙为财政部长，陈诚接替何应钦为军政部长，12月4日又以宋子文代替孔祥熙主持行政院的工作。但这丝毫没有改变国民党一党专政的实质。第二是蒋介石在1945年元旦广播中宣称："我现在准备建议中央，一俟我们军事形势稳定、反攻基础确立、最后胜利更有把握的时候，就要及时

---

[1]《延安协定草案》及附录，中央档案馆编：《中共中央文件选集》第14册，北京：中共中央党校出版社，1992年版，第393、394、395页。

召开国民大会,颁布宪法,使我们中国国民党在民国二十年受国民会议委托行使之政权,得以归政于全国的国民。"[1]且不说他所开的只是一张空头支票,就是他说要"及时召开"的国民大会,也只是抗战前在国民党一手操纵下产生的,根本谈不上什么"归政于全国的国民"。对这两项对策,大后方多数人都已看透它们都是换汤不换药的把戏,再也引不起人们的兴趣。国民党在大后方早就扫地无余的信誉再也无法挽回了。

五、民族资本家政治态度的变化

随着要求成立联合政府高潮的兴起,民族资本家的政治态度在1944年底也发生具有转折意义的重大变化。

抗战以前,中国工业的一半以上集中在沿海各省,西南和西北地区的民族工业几乎微不足道。据国民政府经济部统计处1943年5月提供的资料,战前后方较具规模的民营工厂,在四川仅有机器工厂两家,电力工厂一家,面粉厂五家,水泥厂一家,纸厂一家;贵州有纸厂一家;陕西有纱厂一家,面粉厂两家。西康、青海、宁夏三省没有近代工业。到了抗战时期,随着政治军事形势的变化,内地的工业出现了飞速发展。其中,上海等地的民族工业内迁起到了决定作用。

这些内迁工厂,为着支持祖国的抗战大业,历经千辛万苦,辗转万里,陆续内迁。其中,移到重庆和四川各处的占一半多。对工业基础十分薄弱的大后方来说,它们带来十多万吨新式器材和一万多名熟练技工,自然成为发展工业的骨干力量。由于战时的

---

[1]《中央日报》1945年1月1日。

需求，从抗战爆发到1941年，大后方的民族工业保持着向上发展的势头。

但从1943年起，它们的处境越来越困难了。出现这种衰退的主要原因有三个：第一，恶性的通货膨胀，使工厂完成生产并把产品销售出去时，所得的价款往往不足以补进再生产所需要的原料，造成流动资金的枯竭；企业按一定比例提取的折旧基金，也常远不足用来更新设备。第二，国民党政府对物资实行垄断性的统制政策。1942年，开始实行盐、糖、火柴的专卖。下一年，又开始对棉纺织品等实行限价和议价。政府规定的收购价、限价和议价，无论同物价指数相比，还是同黑市市价相比，都显然太低，使企业陷入困境。第三，豪门资本控制下的公营企业在1940年以后对民族资本的排挤越来越厉害。[1]

在1943年，民营工业的生产总指数出现抗战期间第一次负增长。1944年，整个大后方工业的生产总指数出现第一次负增长。这年6月，迁川工厂联合会、中国全国工业协会发表的一篇文章已愤愤不平地指出："我们平心静气的检讨，抗战以来在经济上最吃亏的人，是靠少数储蓄、公债维持生活的人；最便宜的人，是依恃特殊势力、囤积居奇、走私漏税而没有人敢过问的少数人，吸收了每天贬值的存款而自行经营每天涨价的商品买卖的一部分的金融业，和广大的资产永不贬值而收入大量增加的地主。工商业，大多数都在困苦艰难中挣扎得几乎喘不过气来。"[2]

豫湘桂大撤退给大后方民族工商业的打击是沉重的。内迁工

---

[1] 参见许涤新、吴承明主编：《中国资本主义发展史》第3卷，北京：人民出版社，1993年版，第548—552页。

[2] 迁川工厂联合会、中国全国工业协会：《敬质伍启元先生》，《新华日报》1944年6月14日。

厂除重庆和四川各处以外,最多的地方便是湖南和广西。抗战后期担任迁川工厂联合会理事长的胡厥文,在将他经营的新民机器厂迁到重庆后,又在湖南祁阳设立新民分厂,在广西桂林创办大中机器厂,规模都很大。湘桂大溃退时,有权势和有钱的人可以把他们的物资抢先运来,而民族工业历尽艰辛迁到后方的机器设备却几乎被丢弃一空。胡厥文那时正在湖南,冒着日机的轰炸,随着逃难的人群,经过广西、贵州,辗转回到重庆。他回忆道:"这次逃难是我生平东西丢得最干净的一次。""据我概略估计,这次西南工业迁出的机器,衡阳只二分之一,祁阳十分之六,桂林、柳州约十分之八,连同其他各处,合计不足一半。至于抵贵阳、独山安全地带的不过百分之一。"这段苦难的经历给他的刺激太大了:"这次湘桂撤退中,使我亲身体验了国民党政府的腐败,国民党军队的无能,以及民营工厂的悲惨处境。11月18日,我在重庆迁川工厂联合会会员聚餐会上,以悲愤而沉痛的心情,向大家介绍了民营工矿撤退的情况。"胡厥文的介绍,使当时在场的工商业者无不为之动容。"事实教育了我们,大家深感我们工业界人士不能只埋头经济而对时局坐视不问。几经议论,大家认为应对国事公开发表主张。年底以中华全国工业协会、迁川工厂联合会、中国国货厂商联合会、中国西南实业协会、中国战时生产促进会等五个工业团体的名义,发表对时局的声明,提出十项政治主张。"这不是一份普通的声明。胡厥文指出:"这是我国民族资产阶级第一次公开发表对时局的政治主张,当时在山城引起了震动。"[1]

这份声明一开始就指明战局的严重性:日军西向,"进占独山,

---

[1] 胡世华、吕慧敏、宗朋整理:《胡厥文回忆录》,北京:中国文史出版社,1994年版,第69、70、71页。

不及兼旬而略地千里，有窥贵阳而威胁川滇之势。当时大局之严重，实为不可讳言的事实"。现在独山光复，"虽然胜利之门已启，敌骑之迹犹在"，"可西可东，主动仍操敌手，心腹之患尚存。吾人应如何痛定思痛，作亡羊补牢之计，此正其时。"声明接着提出对政府的希望，包括："请速实施宪政，厉行民治，在发挥天下为公之精诚"；"请厉行监察制度，加强法治精神，扫除政治上之贪污与腐化，以坚人民信任"；"免除一切不必要之猜防，贯彻官民合作、军民合作之精神，团结一致，争取胜利"等。声明在结束时沉痛而委婉地说："同人等或习商业，或营工矿，未谙政治，但略读诗书，粗明大义，值此抗战艰难阶段，感于领袖戒谨之训，不敢妄自菲薄，爰贡刍荛之见。凡上所陈，卑之无甚高论，行之或裨抗建。谨以万分至诚，以请我全国同胞与政府垂鉴，幸甚幸甚。"[1]

《新华日报》立刻在12月26日发表《经济界需要民主》的社论，欢迎民族工商业者的这个声明。社论描述了湘桂大撤退时民族工业的悲惨遭遇，接着写道："这一段辛酸的故事，不是证明着，抗战大局如果不好转，厂家就没有立足的可能么？政治不民主，就没法使战局着实好转，亦就没法使经济界发展其事业。举目一望，窒息战时经济的措施实在太多了。所谓统制，只能给与正当的工商业以无限的困难，而对于半官半商的两栖类的特种资本，则反而给以不少的便利，便利他们在操纵垄断，便利他们在兴风作浪。这种病民误国的办法，如果不加以扫除，产业商业都休想发展。"社论最后写道："我们欢迎渝市工商界献言的基本精神，我们希望政府能够接受工商界这些最诚恳的呼吁与最低限度的要求。"[2]

---

[1]《新华日报》，1944年12月26日。
[2]《经济界需要民主》，《新华日报》1944年12月26日社论。

一个月后，周恩来从延安到重庆时在特园邀请工商界人士举行一次座谈会，出席的有大后方民族资本家的主要代表人物刘鸿生、吴蕴初、胡子昂、胡厥文、李烛尘、章乃器、余名钰、吴羹梅、胡西园等三十多人。周恩来在讲话中着重强调：抗战要坚持到底，民族要独立，国家要富强，工业家要为国家做出贡献。刘鸿生、李烛尘、章乃器等在会上也坦率地发表了意见。以后，中共中央南方局同民族资本家的往来就越来越多了。这年年底，以民族资本家为主体的民主建国会成立。胡厥文回忆道："我在青年时期，曾厌恶政治，立志不入仕途，要搞实业救国。""由一心搞实业到从政，筹创民主建国会是转折点。"[1]

周恩来后来回忆道："1944年，不仅小资产阶级，连民族资产阶级也靠拢了我们。"中国的民族资本家会向共产党靠拢，曾使海外一些人，以至当时国民党内一些人感到难以理解。其实，这是中国现实社会生活的产物。回顾一下历史，便可以看到，他们政治态度上的这种变化是长期积累的多种因素造成的，而1944年是它的转折点，这同豫湘桂大溃退的严重后果有着直接的关系。

六、结　语

人心的向背，从来在政治局势的演变中起着决定性的作用。

1944年大后方人心大变动的巨大影响，在当时已可明显地感觉到。国民党政府已经失尽了民心。许多人已在开始考虑战后中国的前途问题。叶圣陶在1944年12月7日的日记中写道："就大局而言，大家都吃一些痛苦，将一切腐败因素淘汰净尽，反为前

---

[1] 胡世华、吕慧敏、宗朋整理：《胡厥文回忆录》，北京：中国文史出版社，1994年版，第77页。

途之福。今若幸胜则改革不彻底，殊无可慰。"[1]

　　长期以来，政府只是国民党一党专政的政府，共产党和其他民主党派的合法地位都没有受到正式承认，而现在可以公开地提出改组政府，要求成立各党派组成的联合政府，并且得到社会上广泛的接受或同情。过去，国共两党的谈判只能在内部进行，处在不平等的地位，谈判的情况也无法为国人所了解，现在这些都公开出来，国共双方处在对等的地位，双方谈判的状况成为社会各阶层时刻关心的问题，甚至受到国际上的重视。这是多么大的变化！它自然不是国民党当局所愿意看到的，而是事情长期积累和演变的结果，是客观形势发展的产物。

　　1945年4月24日，毛泽东在中国共产党第七次全国代表大会上做政治报告。报告的题目就是《论联合政府》。他在报告一开始就说："中国应否成立民主的联合政府，已成了中国人民和同盟国民主舆论界十分关心的问题。因此，我的报告将着重地说明这个问题。"这个报告在全国广泛流传，使成立联合政府的口号喊得更响亮了，成为万众瞩目的焦点所在。

　　这种影响一直延伸到战后。抗战胜利后不久就开始的重庆谈判和《双十协定》的签订，表明国共两党已公开地处于对等地位进行谈判并达成重要协议，这在过去是难以想象的。接着召开的有国民党、共产党、民主同盟、青年党和无党派人士代表38人举行的政治协商会议，在相当程度上正是中国共产党1944年要求举行各党各派和各界代表组成的国事会议的变相实现。这次政治协商会议开了22天，达成政府组织案、国民大会案、和平建国纲领、

---

[1] 叶圣陶：《西行日记》（下），叶圣陶著，叶至善、叶至美、叶至诚编：《叶圣陶集》第20卷，南京：江苏人民出版社，1994年版，第340页。

军事问题案、宪法草案案五项协议,受到社会各阶层民众的热烈欢迎。在这以后很长时间内,它成了很多人衡量是非的重要尺度:谁能坚持政协路线,谁就得人心;谁要破坏政协路线,谁就不得人心,就把自己置于同广大民众对立的地位。本已失去民心的国民党当局从来也没有准备去真正履行这些协议,并且很快公开撕毁了它。这又使国民党在全国人民面前输了理,处于更孤立的境地,而共产党却博得更广泛的同情。

1944年大后方人心的大变动,是中国近代历史进程中的一个重要环节。离开这样的人心大变动,就很难对以后时局急转直下的发展有更加深刻而全面的理解。

征引文献

一 文献、日记、档案

1. 中央档案馆编:《中共中央文件选集》第 11 册, 北京: 中共中央党校出版社, 1991 年版。

2. 中央档案馆编:《中共中央文件选集》第 14 册, 北京: 中共中央党校出版社, 1992 年版。

3. 中央档案馆编:《中共中央文件选集》第 15 册, 北京: 中共中央党校出版社, 1991 年版。

4. 中央档案馆编:《中共中央文件选集》第 16 册, 北京: 中共中央党校出版社, 1992 年版。

5. 新华通讯社编:《新华社社论集(1947—1950)》, 北京: 新华通讯社, 1960 年 7 月编印。

6. 新华通讯社编:《新华社评论集(1945—1950)》, 北京: 新华通讯社, 1960 年 7 月编印。

7. 四川大学马列主义教研室卓兆恒等编:《停战谈判资料》, 成都: 四川人民出版社, 1981 年 6 月版。

8. 历史文献社编选:《政协文献》, 历史文献社, 1946 年 7 月版。

9.《中国的土地改革》编辑部、中国社会科学院经济研究所现代经济史组编:《中国土地改革史料选编》, 北京: 国防大学出版社,

1988年12月版。

10. 中央档案馆编:《解放战争时期土地改革文件选编》,北京:中共中央党校出版社,1981年9月版。

11. 晋察冀日报史研究会编:《晋察冀日报社论选(1937—1948)》,石家庄:河北人民出版社,1997年10月版。

12. 刘武生主编:《从延安到北京》,北京:中央文献出版社,1993年5月版。

13. 中国第二历史档案馆编:《中华民国史档案资料汇编》第5辑第3编,政治(一)(二),南京:江苏古籍出版社,2000年1月版。

14. 中国第二历史档案馆编:《中华民国史档案资料汇编》第5辑第3编,军事(二),南京:江苏古籍出版社,2000年1月版。

15. 中国第二历史档案馆编:《中华民国史档案资料汇编》第5辑第3编,外交,南京:江苏古籍出版社,2000年1月版。

16. 《中美关系资料汇编》第1辑,北京:世界知识出版社,1957年12月版。

17. 梁敦镎笺注:《马歇尔使华报告书笺注》,台北:"中央研究院"近代史研究所,1994年1月版。

18. [美]肯尼斯·雷、约翰·布鲁尔编,尤存、牛军译:《被遗忘的大使司徒雷登驻华报告》,南京:江苏人民出版社,1990年7月版。

19. 中国民主同盟中央文史资料委员会编:《中国民主同盟历史文献(1941—1949)》,北京:文史资料出版社,1983年4月版。

20. 中国人民银行总行参事室编:《中华民国货币史资料》第2辑,上海:上海人民出版社,1991年3月版。

21. 上海市学生联合会编著:《新五月史话》,上海:上海市学生联合会,1947年6月编印。

22. 中国人民大学中共党史教研室编:《批判中国资产阶级中间路线参考资料》第 4 辑,北京:中国人民大学,1958 年 9 月版。

23. 秦孝仪主编:《中华民国重要史料初编——对日抗战时期》第五编(4),台北:中国国民党中央委员会党史委员会,1985 年 11 月版。

24. 秦孝仪主编:《中华民国重要史料初编——对日抗战时期》,第七编(2)、(3),台北:中国国民党中央委员会党史委员会,1981 年 9 月版。

25. "国立编译馆"主编,陈志奇辑编:《中华民国外交史料汇编》,台北:渤海堂文化公司,1996 年 4 月版。

26. 蒋介石日记(手稿本),美国斯坦福大学胡佛研究所藏。

27. 陈诚著:《陈诚先生日记》(二),台北:"国史馆",2015 年 7 月版。

28. 胡宗南著:《胡宗南先生日记》(上),台北:"国史馆",2015 年 7 月版。

29. 钱世泽编:《千钧重负:钱大钧将军民国日记摘要》(二),台北:中华出版公司,2015 年 7 月版。

30. 叶圣陶著:《西行日记》(下),叶至善、叶至美、叶至诚编:《叶圣陶集》第 20 卷,南京:江苏教育出版社,1994 年版。

31. 叶圣陶著,叶至善、叶至美、叶至诚编:《东归日记》,《叶圣陶集》第 21 卷,南京:江苏教育出版社,1994 年 6 月版。

32. 王恩茂著:《王恩茂日记——解放战争》,北京:中央文献出版社,1995 年 9 月版。

33. 张克侠著:《佩剑将军张克侠军中日记》,北京:解放军出版社,1988 年 7 月版。

34. 曹伯言整理:《胡适日记全编》(7),合肥:安徽教育出版社,2001年10月版。

35. 徐永昌著:《徐永昌日记》第8册,台北:"中央研究院"近代史研究所,1990年6月影印。

36. 王世杰著:《王世杰日记》第4册、第5册、第6册,台北:"中央研究院"近代史研究所,1990年3月影印。

37. 唐纵著,公安部档案馆编:《在蒋介石身边八年》,北京:群众出版社,1991年8月版。

38. 王子壮著:《王子壮日记》第10册,台北:"中央研究院"近代史研究所,2001年8月影印本。

39. 陈方正编辑、校订:《陈克文日记(1937—1952)》下册,台北:"中央研究院"近代史研究所,2012年11月版。

40. 中央档案馆所藏档案(包括会议记录、电报、谈话记录、简报、手稿等)。

二 文集

1. 中共中央文献编辑委员会编:《毛泽东选集》第4卷,北京:人民出版社,1991年6月版。

2. 中共中央文献研究室编:《毛泽东文集》第4卷、第5卷,北京:人民出版社,1996年8月版。

3. 中共中央文献研究室、中国人民解放军军事科学院编:《毛泽东军事文集》第3卷、第4卷,北京:军事科学出版社、中央文献出版社,1993年12月版。

4. 中共中央文献编辑委员会编:《周恩来选集》上卷,北京:

人民出版社，1980年12月版。

5. 中共中央文献研究室、中国人民解放军军事科学院编：《周恩来军事文选》第3卷，北京：人民出版社，1997年11月版。

6. 中共中央文献研究室、中共南京市委员会编：《周恩来一九四六年谈判文选》，北京：中央文献出版社，1996年4月版。

7. 中共中央文献编辑委员会编：《朱德选集》，北京：人民出版社，1983年8月版。

8. 中共中央文献编辑委员会编：《邓小平文选》第1卷，北京：人民出版社，1994年10月版。

9. 中共中央文献编辑委员会编：《邓小平文选》第3卷，北京：人民出版社，1994年10月版。

10. 彭德怀传记组编：《彭德怀军事文选》，北京：中央文献出版社，1988年9月版。

11. 中国人民解放军军事学院编：《刘伯承军事文选》，北京：解放军出版社，1992年12月版。

12. 中国人民解放军军事学院编：《陈毅军事文选》，北京：解放军出版社，1996年3月版。

13. 中国人民解放军军事学院编：《聂荣臻军事文选》，北京：解放军出版社，1992年7月版。

14. 《粟裕军事文集》编辑组编：《粟裕军事文集》，北京：解放军出版社，1989年7月版。

15. 《李达军事文选》编辑组编：《李达军事文选》，北京：解放军出版社，1993年12月版。

16. 龙显昭主编：《张澜文集》，成都：四川教育出版社，1991年12月版。

17. 周天度编：《沈钧儒文集》，北京：人民出版社，1994年12月版。

18. 章立凡选编：《章乃器文集》下卷，北京：华夏出版社，1997年3月版。

19. 中国文化书院学术委员会编：《梁漱溟全集》第6卷，济南：山东人民出版社，1993年1月版。

20. 中国文化书院学术委员会编：《梁漱溟全集》第7卷，济南：山东人民出版社，1993年6月版。

21. 徐汤莘、朱正直编选：《马寅初选集》，天津：天津人民出版社，1988年5月版。

22. 姜沛南、沙尚之编：《陈修良文集》，上海：上海社会科学院出版社，1999年10月版。

23. 罗竹风主编：《平心文集》第2卷，上海：华东师范大学出版社，1985年8月版。

24. 袁冬林、袁士杰编：《浦熙修记者生涯寻踪》，上海：文汇出版社，2000年1月版。

25. 秦孝仪主编：《蒋介石思想言论总集》卷二十二，台北：中国国民党中央委员会党史委员会，1984年10月版。

26. 傅斯年著：《傅斯年选集》，天津：天津人民出版社，1996年2月版。

三　报纸、刊物

1. 《人民日报》（北京）

2. 《解放日报》（延安）

3. 《新华日报》（上海）

4.《大公报》(天津)

5.《周报》(上海)

6.《民主》(上海)

7.《观察》(上海)

8.《时与文》(上海)

9.《国讯》(上海)

10.《经济周报》(上海)

11.《群众》(上海)

四 回忆录、口述历史

1. 彭德怀著:《彭德怀自述》,北京:人民出版社,1981年12月版。

2. 聂荣臻著:《聂荣臻回忆录》(下),北京:解放军出版社,1984年10月版。

3. 李维汉著:《回忆与研究》(下),北京:中共党史资料出版社,1986年4月版。

4. 杨尚昆著:《杨尚昆回忆录》,北京:中央文献出版社,2001年9月版。

5. 杨尚昆著:《追忆领导战友同志》,北京:中央文献出版社,2001年9月版。

6. 薄一波著:《七十年奋斗与思考》第1卷,北京:中共党史出版社,1996年3月版。

7. 粟裕著:《粟裕战争回忆录》,北京:解放军出版社,1988年11月版。

8. 萧劲光著:《萧劲光回忆录》,北京:解放军出版社,1987年

5月版。

9. 许世友著:《我在山东十六年》,济南:山东人民出版社,1981年7月版。

10. 陈士榘著:《天翻地覆三年间——解放战争回忆录》,北京:中共中央党校出版社,1995年11月版。

11. 叶飞著:《叶飞回忆录》,北京:解放军出版社,1988年11月版。

12. 杨得志著:《杨得志回忆录》,北京:解放军出版社,1993年1月版。

13. 陈再道著:《陈再道回忆录》(下),北京:解放军出版社,1991年7月版。

14. 张宗逊著:《张宗逊回忆录》,北京:解放军出版社,1990年10月版。

15. 秦基伟著:《秦基伟回忆录》,北京:解放军出版社,1996年3月版。

16. 万毅著:《万毅将军回忆录》,北京:中共党史出版社,1998年11月版。

17. 李德生著:《李德生回忆录》,北京:解放军出版社,1997年8月版。

18. 孔从周著:《孔从周回忆录》,北京:解放军出版社,1989年9月版。

19. 茅盾著:《我走过的道路》(下),北京:人民文学出版社,1988年9月版。

20. 李一氓著:《模糊的荧屏》,北京:人民出版社,1992年12月版。

21. 熊向晖著:《历史的注脚——回忆毛泽东、周恩来及四老帅》,北京:中共中央党校出版社,1995年7月版。

22. 帅孟奇主编:《忆钱瑛》,北京:解放军出版社,1986年3月版。

23. 罗元发著:《战斗在大西北》,乌鲁木齐:新疆人民出版社,1983年6月版。

24. 李琦涛等著:《战斗在第二条战线上》,北京:中国青年出版社,1964年9月版。

25. 王政柱著:《彭总在西北解放战场》,西安:陕西人民出版社,1981年8月版。

26. 郑维山著:《从华北到西北》,北京:解放军出版社,1985年7月版。

27. 李银桥著:《在毛泽东身边十五年》,石家庄:河北人民出版社,1991年6月版。

28. 李先念等著:《不尽的思念》,北京:中央文献出版社,1987年12月版。

29. 中共中央文献研究室编:《回忆邓小平》(上),北京:中央文献出版社,1998年2月版。

30. 胡世华、吕慧敏、宗朋整理:《胡厥文回忆录》,北京:中国文史出版社,1994年5月版。

31. 陶菊隐著:《孤岛见闻》,上海:上海人民出版社,1979年11月版。

32. 郭汝瑰著:《郭汝瑰回忆录》,成都:四川人民出版社,1987年9月版。

33. 全国政协文史资料研究委员会编:《文史资料选辑》第8辑,北京:中华书局,1960年10月版。

34. 全国政协文史资料研究委员会编:《文史资料选辑》第18辑,北京:中华书局,1961年6月版。

35. 全国政协文史资料研究委员会编:《文史资料选辑》第 20 辑，北京：中华书局，1961 年 8 月版。

36. 全国政协文史资料研究委员会编:《文史资料选辑》第 23 辑，北京：中华书局，1962 年 2 月版。

37. 郑洞国著:《我的戎马生涯》，北京：团结出版社，1992 年 1 月版。

38. 李默庵著:《世纪之履》，北京：中国文史出版社，1995 年 10 月版。

39. 全国政协、陕西省政协、甘肃省政协、青海省政协、宁夏自治区政协、新疆自治区政协文史办公室合编:《解放战争中的西北战场——原国民党将领的回忆》，北京：中国文史出版社，1992 年 1 月版。

40. 顾维钧著，中国社会科学院近代史研究所译:《顾维钧回忆录》第 6 分册，北京：中华书局，1988 年 7 月版。

41. 何廉著，朱佑慈、杨大宁、胡隆昶、王友钧、俞振基译:《何廉回忆录》，北京：中国文史出版社，1988 年 2 月版。

42. 寿充一、寿乐英编:《中央银行史话》，北京：中国文史出版社，1987 年 10 月版。

43. ［美］裴斐、韦慕庭访问整理，吴修垣译:《从上海市长到"台湾省主席"——吴国桢口述回忆》，上海：上海人民出版社，1999 年 11 月版。

44. 李宗仁口述，唐德刚撰写:《李宗仁回忆录》，香港：南粤出版社，1987 年 2 月版。

45. 陈立夫著:《成败之鉴——陈立夫回忆录》，台北：正中书局，1994 年 6 月版。

46. 孙元良著：《亿万光年中的一瞬——孙元良回忆录》，台北：时英出版社，2008年7月版。

47. 邵毓麟著：《胜利前后》，台北：传记文学出版社，1967年9月版。

48. 张朋国、林泉、张俊宏访问，张俊宏记录：《盛文先生访问记录》，台北："中央研究院"近代史研究所，1989年6月版。

49. 刘凤翰、何智霖、陈亦荣访问，何智霖、陈亦荣记录整理：《汪敬煦先生访谈录》，台北："国史馆"，1993年3月版。

50. 李璜著：《学钝室回忆录》下册增订本，香港：明报月刊社，1982年1月版。

51. 陈启天著：《寄园回忆录》，台北：商务印书馆，1972年10月版。

52. ［美］哈里·杜鲁门著，李石译：《杜鲁门回忆录》第2卷，北京：世界知识出版社，1965年1月版。

53. ［美］迪安·艾奇逊著，上海《国际问题资料》编辑组、伍协力译：《艾奇逊回忆录》上册，上海：上海译文出版社，1978年4月版。

54. ［美］司徒雷登著，程宗家译：《在华五十年——司徒雷登回忆录》，北京：北京出版社，1982年4月版。

55. ［美］C. 赫尔著：《赫尔回忆录》（中），台北：水牛出版社，1971年2月版。

五 综合资料

1. 公孙訇主编：《高树勋纪念文集》，北京：中国文史出版社，1998年版。

2. 中共云南省委党史资料征集委员会、中共云南师范大学委员会编：《一二·一运动》，北京：中共党史资料出版社，1988年8月版。

3. 人民出版社编:《周恩来总理八十诞辰纪念诗文集》,北京:人民出版社,1978年9月版。

4. 鄂豫边区革命史编辑部编:《中原突围》第3辑,武汉:湖北人民出版社,1986年12月版。

5.《苏中七战七捷》编写组编:《苏中七战七捷》,南京:江苏人民出版社,1986年9月版。

6. 北京市档案馆编:《解放战争时期北平学生运动》,北京:光明日报出版社,1991年4月版。

7. 中共北京市委党史研究室编:《抗议美军驻华暴行运动资料汇编》,北京:北京大学出版社,1989年12月版。

8. 中国人民政治协商会议北京市委员会文史资料研究委员会编:《北平地下党斗争史料》,北京:北京出版社,1988年12月版。

9. 中共北京市委党史研究室编:《解放战争时期第二条战线·学生运动卷》上册,北京:中共党史出版社,1997年5月版。

10. 中共南京市委党史办公室编:《解放战争时期第二条战线·学生运动卷》中册,北京:中共党史出版社,1997年5月版。

11. 枣庄市出版办公室编:《鲁南战役资料选》,济南:山东人民出版社,1982年3月版。

12. 山东省政协文史资料委员会、莱芜市政协文史资料委员会编:《莱芜战役纪实》,北京:中国文史出版社,1995年1月版。

13. 中共山东省党史资料征集研究委员会、中共泰安市委党史资料征集委员会、中共莱芜市委党史资料征集委员会编:《莱芜战役》,济南:山东人民出版社,1986年12月版。

14. 赵凤森、郝仲文主编:《四保临江》,中共吉林省委党史工作委员会,1987年11月版。

15. 临沂行署出版办公室编:《孟良崮战役资料选》,济南:山东人民出版社,1980年6月版。

16. 陈沂主编:《辽沈决战》上册、下册,北京:人民出版社,1988年10月版。

17. 伍修权主编:《辽沈决战》续集,北京:人民出版社,1992年10月版。

18. 中国第二历史档案馆、中共南京市委党史办公室编:《五二〇运动资料》第1辑,北京:人民出版社,1985年6月版。

19. 中共上海市委党史资料征集委员会编:《解放战争时期的中共中央上海局》,上海:学林出版社,1989年3月版。

20. 杨国宇、陈斐琴、王伟、李鞍明主编:《刘邓大军风云录》(上),北京:人民日报出版社,1983年9月版。

21. 菏泽地区出版局编:《鲁西南战役资料选》,济南:山东人民出版社,1982年10月版。

22. 杨国宇、陈斐琴、王伟主编:《刘邓大军征战记》第2集,昆明:云南人民出版社,1984年7月版。

23. 《红旗飘飘》编辑部编:《解放战争回忆录》,北京:中国青年出版社,1961年1月版。

24. 杨国宇、陈斐琴主编:《刘邓大军南征记》第1集,郑州:河南人民出版社,1982年3月版。

25. 田晓光、韦敏士主编:《刘邓大军南征记》第2集,郑州:河南人民出版社,1985年6月版。

26. 穆欣编:《陈赓兵团在豫西》,郑州:河南人民出版社,1981年11月版。

27. 粟裕、陈士榘等著:《陈粟大军战中原》,郑州:河南人民出版社，1984年5月版。

28.《陈粟大军征战记》编辑委员会编:《陈粟大军征战记》，北京：新华出版社，1987年5月版。

29.全国政协文史资料委员会编:《中华文史资料文库》第6卷、第8卷，北京：中国文史出版社，1996年4月版。

30.王迪康、朱悦鹏、刘道新、张文荣、邢志远编:《东北解放战争纪实》，北京：长征出版社，1988年11月版。

31.龙显昭、郭光杰主编:《张澜纪念文集》，成都：四川教育出版社，1999年11月版。

32.中共中央统战部编:《解放战争时期第二条战线·爱国民主统一战线卷》上册，北京：中共党史出版社，1999年3月版。

33.中共上海市委党史研究室编:《解放战争时期第二条战线·工人运动和市民斗争卷》下册，北京：中央党史出版社，1999年6月版。

六　传记、年谱

1.《彭德怀传》编写组编:《彭德怀传》，北京：当代中国出版社，1993年4月版。

2.《粟裕传》编写组编:《粟裕传》，北京：当代中国出版社，2000年8月版。

3.秦孝仪总编纂:《蒋介石大事长编初稿》卷四（上册）、卷六（上册）（下册），台北：1978年10月版。

4.蒋纬国著:《历史见证人的实录——蒋中正先生传》第3册，台北：青年日报社，1997年10月版。

5.姚崧龄编著:《张公权先生年谱初稿》下册，台北：传记文学出版社，1982年1月版。

6. 于凭远、罗冷梅等编纂：《民国胡上将宗南年谱》，台北：商务印书馆，1987年8月版。

7. 莫德惠著：《双城莫德惠自订年谱》，台北：商务印书馆，1968年12月版。

8. ［美］福雷斯特·C. 波格著，施旅译：《马歇尔传（1945—1959）》，北京：世界知识出版社，1991年2月版。

七 专著

1. 中国人民解放军军事科学院军事历史研究部编著：《中国人民解放军全国解放战争史》第2卷、第3卷，北京：军事科学出版社，1996年10月版。

2. 第一野战军战史编审委员会编：《中国人民解放军第一野战军战史》，北京：解放军出版社，1995年5月版。

3. 第二野战军战史编辑委员会编：《中国人民解放军第二野战军战史》第2卷，北京：解放军出版社，1990年2月版。

4. 南京军区《第三野战军战史》编辑室著：《中国人民解放军第三野战军战史》，北京：解放军出版社，1996年7月版。

5. 第四野战军战史编写组著：《中国人民解放军第四野战军战史》，北京：解放军出版社，1998年10月版。

6. 资中筠著：《美国对华政策的缘起和发展（1945—1950）》，重庆：重庆出版社，1987年6月版。

7. 许涤新、吴承明主编：《中国资本主义发展史》第3卷，北京：人民出版社，1993年8月版。

8. 汪朝光著:《中华民国史》第 3 编第 5 卷,北京:中华书局,2000 年 9 月版。

9. 朱宗震、陶文钊著:《中华民国史》第 3 编第 6 卷,北京:中华书局,2000 年 9 月版。

10. 穆欣著:《北线凯歌》,武汉:湖北人民出版社,1980 年 3 月版。

11. 华彬清著:《五二〇运动史》,南京:南京大学出版社,1990 年 3 月版。

12. 上海市青运史研究会、共青团上海市委青运史研究室编:《上海学生运动史》,上海:学林出版社,1995 年 10 月版。

13. 中共上海市委党史征集委员会主编:《解放战争时期上海学生运动史》,上海:上海翻译出版公司,1991 年 6 月版。

14. 上海市总工会编:《解放战争时期上海工人运动史》,上海:上海远东出版社,1992 年 10 月版。

15. 共青团中央青运史研究室、团上海市委青运史研究室、中共上海市委党史办、团浙江省委青运史研究室、上海市青运史研究会编:《解放战争时期学生运动论文集》,上海:同济大学出版社,1988 年 12 月版。

16. 张公权著,杨志信译:《中国通货膨胀史(一九三七——一九四九年)》,北京:文史资料出版社,1986 年 8 月版。

17. 郭廷以著:《中华民国史事日志》第 4 册,台北:"中央研究院"近代史研究所,1985 年 5 月版。

18. 潘振球主编:《中华民国史事纪要》1947 年(全 4 册),台北:"国史馆",1996 年 11 月版。

19. "三军大学"编纂:《国民革命军战役史第五部——"戡乱"》

第2册、第3册、第4册，台北："国防部史政编译局"，1989年11月版。

20. 郝柏村著：《郝柏村解读蒋公日记（1945—1949）》，台北：天下远见出版公司，2011年6月版。

21. 陈孝威著：《为什么失去大陆》（下），台北：跃升文化事业有限公司，1988年7月版。

22.［美］西奥多·怀特、安娜·雅各布著，王健康、康元非译：《风暴遍中国》，北京：解放军出版社，1985年12月版。

23.［美］邹傥著，王宁、周先进译：《美国在中国的失败》，上海：上海人民出版社，1997年4月版。

24. 日本防卫厅防卫研究所战史室：《一号作战之三·广西会战·下》中译文，北京：中华书局，1985年版。

25.［美］巴巴拉·塔奇曼：《史迪威与美国在华经验》下册，北京：商务印书馆，1984年版。

26.［美］约·斯·谢伟思：《美国对华政策（1944—1945）》，北京：中国社会科学出版社，1989年版。

27. 侯外庐：《韧的追求》，北京：生活·读书·新知三联书店，1985年版。

28.［美］埃谢里克编著：《在中国失掉的机会》，北京：国际文化出版公司，1989年版。

29.《国民参政会纪实》下卷，重庆：重庆出版社，1985年10月版。

30.《毛泽东在七大的报告和讲话集》，北京：中央文献出版社，1995年5月版。

31. 重庆市政协文史资料研究委员会等编：《抗战时期国共合作纪实》下卷，重庆：重庆出版社，1992年1月版。

后　记

　　为什么我在年过七十以后，还要在公余挤出时间，动手来写这本《转折年代——中国的1947年》？主要的理由，已经在本书前言中做了说明。后记中，想再说说我个人方面的一些因素。

　　套用一句时行的话，多少年来我一直存在一个"1947年情结"。对我来说，这是难忘的一年。这一年内，我从一个高中生到进入大学的历史系读书。更重要的是，这一年内，我从一个关心国事而在政治上处于中间状态的青年学生变成一个几乎全身心投入当时爱国民主运动的积极分子。后一个变化，我自己在这年年初都根本没有料想到，一些原来很熟悉我的人也为之吃惊。其实，那是在周围客观环境急剧变化推动下的结果。那么，周围的客观环境到底发生了什么变化？有人说，一个人的记忆力，往往对年轻时的事比眼前的记得更清楚。时间虽然已经过去了半个多世纪，当年种种仿佛仍历历在目。

　　记得法国哲学家柏格森讲过一个比喻，大意是：如果给你看一百张巴黎凯旋门的照片，包括远景的、近景的、整体的、局部的以至各种细部，你也许仍不能懂得凯旋门；但如果让你在凯旋门前站五分钟，你就懂得凯旋门了。

　　如果借用这个比喻，我在中国的1947年这座"凯旋门"前不是站过五分钟，而是生活了整整一年，经历了它的全过程，亲身感受过当时那种时代氛围和大众心理嬗变。这些在文字记载的历史资料中未必全都详细地记录下来，后人也许只能加入自己的想象，用他们的推测来作为补充，这就难免会带来某些主观随意性。在这个意义上，我可以说也是一个历史见证人。而作为一个史学工作者，"中国的1947年"又恰恰在我的研究范围内。当我读到这个时期的种种历史资料时，常常禁不住把它同自己当年的亲身见闻相对照，相比较。尽管今天我掌握的资料远比那时要多，认识也在深化，但基本的理解同我当年的切身感受是一致的。因此，内心有时会产生一种冲动，想把自己经历过的这个不寻常的历史转折年代作为客观的研究对象写出来。

当然，我决不敢说自己就一定懂得了中国的1947年。柏格森是一个非理性主义者，他对直觉在认识过程中的作用做了过分的夸大。在凯旋门前站立五分钟，未必就能真正懂得凯旋门，何况这里还会有个人视野局限的影响。中国的1947年是远比一座凯旋门复杂得多的对象，即便有一年的亲身观察，肯定仍谈不上因此就真正懂得了它，个人视野的局限更是难以避免。比喻终究只是比喻，很难完全贴切，无非只能取其一端罢了。

正因为存在个人视野的这种局限性，读者可能会注意到：这本书对国民党统治区和双方战事发展的叙述远比解放区状况的叙述要多；引用的期刊中，当时上海出版的《周报》《民主》《观察》《时与文》《国讯》等占的比重很大，这些正是我那时经常阅读的刊物。

至于自己的看法是否都准确，那就只有靠读者来评判了。生活在同一个时代的中国人，对那个时代也会有不尽相同的看法。但这本书总可以多少反映一个当时生活在国民党统治区的青年学生眼中的那一年。正是那股时代潮流,把我这样一个原来在政治上处于中间状态的青年学生一步一步地卷了进去。这至少也是客观历史真实的一部分。何况我确知当时有着同样或类似看法的绝不只是我一个人。

原来还想在结尾时写一章综合性的分析,作为全书的结论。后来想想,历史著作的特点是实证性,应该先把事实写清楚,力求再现或接近当年的历史原貌(至少是它的一部分),才谈得上以史为鉴;而且自己想说的话在各章中大体上已经说到,再写一章,未免画蛇添足。也许有耐心的读者在看完全书后自己回头想一想,从中得出某些结论,要比作者再来说这说那会更好一些。书中引用的文献,通常引得长一些,目的也是想使读者对事实得到比较完整的了解,以便自己来思考和做出判断。

本书叙述的范围是中国的1947年。为了便于读者了解中国是在怎样的情况下进入1947年的,第一章先简略地回顾了从抗战胜利到1946年底这一年多的经过,以便读者更清楚地了解事情的来龙去脉,这看来是必要的。后来又想起一件事:当我在1947年秋天进入复旦大学读书的时候,一位从重庆复员到上海的高年级同学对我说:"你们生活在沦陷区的人,在抗战胜利时会对国民党政府抱有那么大的希望。我们生活在大后方的,在抗战后期就对它不抱多少希望了。"这话的确是事实,给我留下很深的印象。但作为本书的内容,总不宜追溯得太远。所以,又选了一篇在前几年所写的论文《抗日战争后期中国政局的重要动向——论1944年大后方的人心剧变和"联合政府"主张的提出》作为附录。有兴趣的读者如果肯再花点时间读一读,也许可以对这段历史的发展得到一个更加完整的印象。

还需要说明一点，本书虽然用了《转折年代——中国的1947年》这样的书名，但着眼点主要是想考察国民党政府怎样会在这一年中由强者转化为弱者，中国共产党又怎样会从弱者转化为强者，这个历史性的转折究竟是怎么发生的，并不是准备写一本关于1947年中国的通史性著作。因此，这一年中国历史进程中有些重要事实没有提到，或者只是很简单地谈到。这是要请读者谅解的。

2001年12月23日

修订版后记

这本书是生活·读书·新知三联书店 2002 年 10 月出版的，已经 14 年了，先后曾印刷 3 次，共 13000 册，早已售罄。承三联书店好意，准备重印。14 年来，又见到一些新材料。最值得注意的是美国斯坦福大学所藏蒋介石日记手稿本已可提供研究工作者利用，我也曾前去查阅。去年抗日战争胜利 70 周年时，台北又先后出版陈诚、胡宗南、钱大钧等人日记。本来，相隔 14 年后可以对原书做更多修改补充。但我已 86 岁，实有力不从心之感，只能将蒋介石、陈诚等日记和其他资料中以往未曾发表的重要内容做了些补充。

特此说明。

2016 年 2 月 19 日